Heinz Hug

# Die Angsttrompeter

Heinz Hug

# Die Angsttrompeter

Dioxin im Frühstücksei, Pestizide überall
und trotzdem leben wir immer länger.

Die Wahrheit über die Gefahren
aus der Umwelt.

**SiGNUM**

© 2006 by Signum Verlag in der
F. A. Herbig Verlagsbuchhandung GmbH, München
Alle Rechte vorbehalten
Schutzumschlag: Wolfgang Heinzel
Satz: Fotosatz Völkl, Inzell/Obb.
Gesetzt aus der 10.2/12.28 Trump Mediaeval
Druck und Binden: GGP Media GmbH, Pößneck
Printed in Germany
ISBN 3-7766-8013-X
Ab 1. Januar 2007: ISBN 978-3-7766-8013-3

# Inhalt

Mit Ängsten lässt sich trefflich streiten,
Mit Ängsten ein System bereiten,
An Ängste lässt sich trefflich glauben,
Von einer Angst lässt sich kein Jota rauben.

*Frei nach Goethe, Faust I*

# Vorwort

Doch, von Ängsten lässt sich nicht nur ein Jota rauben, sie lassen sich zum Glück verjagen, wenn man den Angsttrompetern das Mundstück verstopft und ihre schrägen Melodien auseinander nimmt. Deshalb breche ich mit diesem Buch eine Lanze wider die internationale Solidargemeinschaft der Angstneurosenzüchter und wider den schrill-schrulligen Lifestile der Woodstockgeneration.

Ich breche auch eine Lanze für den kritischen, gesunden Menschenverstand, den die 68er nach ihrem geglückten Durchmarsch durch alle Institutionen systematisch atomisiert haben, um dem Land ihr System überzustülpen. Dazu möchte ich den Leser den volkspädagogisch eingeimpften Glauben an das potemkinsche System des Ökologismus nehmen. Weil ich dabei mit salvatorischen Vorbehalten und Verbindlichkeiten sparsam umgehe, bin ich auf den Vorwurf vorbereitet, ein Verharmloser zu sein und die Gefahren der Technik auf das Niveau geplatzter Luftballons herunterzureden.

Um diesem Missverständnis vorzubeugen: Ich wende mich nicht gegen einen Umweltschutz mit Maß und Ziel, den ich für eine unabdingbare Überlebensstrategie der Menschheit halte und für den ich mich in Stücke reißen lasse. Ich wende mich gegen die Panikindustrie und Katastrophenvolkspädagogik, die mit fadenscheinigen politischen Intentionen Schlimmes so lange künstlich nachverschlimmert, bis es zum satirischen Öko-Entertainment verkommt.

Im Zusammenhang mit dem Gebrauch des »gesunden Menschenverstands« sei außerdem an Immanuel Kant erinnert: »Aufklärung ist der Ausgang des Menschen aus seiner selbst verschuldeten Unmündigkeit. Unmündigkeit ist das Unver-

9

mögen, sich seines Verstandes ohne Leitung eines andern zu bedienen. Selbst verschuldet ist diese Unmündigkeit, wenn die Ursache derselben nicht aus Mangel des Verstandes, sondern der Entschließung und des Mutes liegt, sich seiner ohne Leitung eines andern zu bedienen. ›Sapere aude! Habe Mut, dich deines eigenen Verstandes zu bedienen!‹ ist also der Wahlspruch der Aufklärung.«

Abgesehen davon ist der Glauben, ohne die 68er und die Grünen wäre der Umweltschutz politisch niemals durchzusetzen gewesen, eine fromme Lebenslüge der Nachhaltigkeitsapostel. Zum Beleg knöpfe ich mir die letzen 35 Jahre unserer Zeitgeschichte vor und beschreibe 68 als das, was es war: eine Realsatire. Weil ich diesbezüglich kein Blatt vor den Mund nehme und die Ho-Ho-Ho-Chi-Minh-Hopser der Lächerlichkeit preisgebe, werde ich mit dem Vorwurf leben müssen, polemisch und einseitig zu überspitzen. Dem kann ich nur ein einziges Argument entgegensetzen: Dies ist ein realitätsorientiertes Buch, das dem schrullig verzerrten Ökozeitgeist einen mit Daten und Fakten gespickten Spiegel vorhält. Abgesehen davon wäre es ohne pointierende Satire ein unverdaulicher Zahlenfriedhof, der über den Unterhaltungscharakter des Telefonbuchs von Bottrop nicht hinauskäme.

Jeder muss sich auch vor Augen halten: Unsere Ressourcen, zu denen ich auch die finanziellen dieses Staates zähle, sind knapp. Deshalb dürfen wir sie nicht vergeuden auf der verbissenen Jagd nach dem Nichts, das bestenfalls eine virtuelle Gefahr darstellt. Wenn wir also dem Ökologismus zuliebe Schulen mit Millionenbeträgen sanieren, um 0,000.004 g/m$^3$ PCB aus der Raumluft zu entfernen, fehlt uns an anderer Stelle das Geld für den Unterhalt öffentlicher Gebäude, deren maroder Zustand zunehmend eine Gefahr für die Benutzer darstellt. Ebenso wenig darf die knappe Ressource der Freiheit zerstört werden, sonst werden sich die Menschen der Demokratie verweigern – Nichtwähler sind ein ernstes Problem!

Ich danke allen, die mich unterstützten und ermunterten, insbesondere den Hochschullehrern und Kollegen, die meine Arbeit mit kritischer Sympathie verfolgten. Mein ganz besonderer Dank gilt dem Verlag Langen-Müller/Herbig, der sich mit der Drucklegung dieses Buchs der Selbstzensur der Verlage entzogen hat.

Heinz Hug, Wiesbaden im Frühjahr 2006

# Zum Geleit

In den letzten 200 Jahren setzte eine rasante Vermehrung der Erdbevölkerung ein. Um die Wende vom 17. zum 18. Jahrhundert wurde die Weltbevölkerung auf zirka 0,5 Milliarden Menschen geschätzt. 1825 soll es zirka eine Milliarde gewesen sein. 1952 wurden 2,5 Milliarden Menschen gezählt, gegenwärtig sind es 6,3 Milliarden, und in zirka 20 Jahren wird die Erde mit acht Milliarden Menschen bevölkert sein. Parallel mit der Vermehrung verläuft eine zunehmende Verstädterung der Menschheit. 47 Prozent dieser Menschen, nämlich 2,9 Milliarden, leben in Städten oder urbanisierten Regionen, in Europa sind es sogar schon 73 Prozent.

Die Energie- und Rohstoffsituation für die Nahrungsproduktion und die Technik ist derzeit dadurch gekennzeichnet, dass sich der Produktionszyklus einerseits wegen der raschen Zunahme der Weltbevölkerung und der finanziellen Gewinnsucht der Industrieländer schneller dreht als der Regenerationszyklus der Natur. Dies führte unter anderem zu erheblichen, weltweiten Umweltbelastungen und Überlebensbedrohungen. Deshalb müssen die Menschen ihre Rolle und Stellung innerhalb des biologischen Systems begreifen lernen. Sie sind nicht Mittelpunkt der Natur, sondern nur ein Glied in einer langen Kette von Entwicklungsphasen und damit den Gesetzen des biologischen Systems unterworfen. Daraus resultiert eine naturwissenschaftlich-technische Herausforderung, der man ohne industrielle Produktion und subtile Erkenntnisse im Sinne der Gesetze von der Natur nicht gerecht werden kann. Ein Naturmystizismus ist dabei ebenso wenig hilfreich wie technokratische Unbekümmertheit. Die Produktion von Waren, Gütern und die Energienutzung dienen letztendlich dazu, die Bedürfnisse der wachsenden Zahl von Menschen nach sauberem Trinkwasser, Nahrungsmitteln, Kleidung, Wohnung und Gesundheitsfürsorge zu sichern. Die hierzu eingesetzten Prozesse müssen sich an den thermodynamischen Hauptsätzen und Naturgesetzen orientieren und nicht an der Gewinnmaximierung einiger Produzenten.

11

Leider bewirkt die heute so stark gepriesene Globalisierung unter dem Gesichtspunkt einer zu schonenden Behandlung der Umwelt und Natur genau das Gegenteil. Die weltumfassende Vernetzung bedeutet nämlich auch eine Globalisierung der Risiken. Weil der private und geschäftliche moderne Tourismus Reisenden ermöglicht, in Regionen mit fremden Mikroorganismen zu gelangen, denen ihr Immunsystem aber nicht gewachsen ist, kommt es zu schweren Erkrankungen mit oft tödlichem Ausgang. Aids (Acquired Immuno-Deficiency Syndrome), Ebola, Hepatitis, Marburg-Fieber, BSE (Bovine Spongiforme Enzephalopathie) und die Vogelgrippe sind einige bekannte Beispiele. Gefährdet sind auch Bevölkerungsgruppen, die vor kriegerischen und bürgerkriegähnlichen Auseinandersetzungen in friedliche Gegenden flüchten müssen, die aber ein anders geartetes mikroorganistisches Umfeld aufweisen. Schwierigkeiten in der Anpassung der Immunsysteme zwischen den aufnehmenden und aufgenommenen Bevölkerungsgruppen sind die Folge.

Ein ebenso großes, wenn nicht noch größeres Risiko sind die weit gespannten Transportströme von Nahrungsmitteln und deren Rohstoffen zwischen allen Ländern der Welt. Sie werden in großem Maßstab zu Halbfertigprodukten industriell verarbeitet und als Schnellgerichte angeboten. Dabei hat ein Nahrungsmittel vielfach Tausende Kilometer unter hohem Energieaufwand zurückgelegt. Zwischendurch wurde es noch einige Zeit in Kühlhäusern gelagert, bevor es vom Endverbraucher verspeist wird. Eine einzige Infektion reicht aus, um sehr viele Menschen einer ganzen Region wegen der weit verzweigten Verteilungsketten (Catering) der Lebensmittel erkranken zu lassen. Die immer wieder auftretenden Salmonellosen sind nur allzu bekannt.

Die zunehmende Weltbevölkerung bedeutet auch einen höheren Aufwand an Hygiene und Gesundheitsvorsorge beziehungsweise -fürsorge. Landwirtschaft, Nahrungsmittelindustrie, Pflanzenschutzmittelproduzenten, Biotechnologie- und Pharmaunternehmen sowie Kosmetikfirmen sind zur Lösung der skizzierten Probleme in gleichem Maße gefordert. Sie begegnen und ergänzen sich in dem weit gespannten interdisziplinären Gebiet der Ökologie. Diese ist eine fachübergreifende Wissenschaft, die sich mit den komplexen Wechselwirkungen der Kräfte der Natur, ihrer biologischen Systeme, des Menschen und der von ihm geschaffenen Technologien befasst. Ihre Aufgabe ist es, die Gesetze dieser Wechselwirkungen zu erkennen und die Regenerationsfähigkeit der Natur mit allen ihren Fließgleichgewichten zu erhalten. Leider ist der Begriff Ökologie zum *Ökologismus* verengt und ideologisiert worden. Dadurch wurde er gleichzeitig politisiert und zu Parteiprogrammen degradiert. Infolgedessen wird die bedeutsame Wissenschaft der Ökologie als Hülse missbraucht, um die Menschen im Sinne einer bestimmten Ideologie zu manipulieren. Es soll politische Macht errungen und die noch bestehende Demokratie zur Autokratie verändert werden.

In dem vorliegenden Buch werden nicht nur die gegenwärtigen gesellschaftspolitischen Zustände beschrieben, sondern es wird ein Bogen gespannt bis in die Zeiten des Mittelalters, die von religiösen Verirrungen und kirchlichem Machtmissbrauch begleitet waren. Darüber hinaus ist das Werk eine Fundgrube für politisch-historisch interessierte Leser. Mehr als 900 Literaturhinweise führen aus der Zeit von vor 600 Jahren in die Brisanz der heutigen innenpolitischen Auseinandersetzungen Deutschlands.

Das Buch *Die Angsttrompeter* wendet sich an die Öffentlichkeit, um die derzeitige gesellschaftspolitische Auseinandersetzung über die unterschiedlichen Auslegungen und Bewertungen der naturwissenschaftlichen Erkenntnisse in ihrer industriellen, landwirtschaftlichen, ernährungsphysiologischen und medizinischen Anwendung offen zu legen. Es weist, mit heißem Herzen und pointierten Formulierungen geschrieben, auf die zunehmenden ideologischen Gegensätze – die Dichotomie – zwischen der Waren und Güter produzierenden Industrie und die in politischen Parteien organisierten systemverändernden Bevölkerungsgruppen hin. Dieser offen ausgebrochene Konflikt wird in die Zeit um 1968 datiert. Anhänger dieses Disputs identifiziert der Autor unterschiedlich stark in allen Altersgruppen und Gesellschaftsschichten unseres Landes.

Jeder Bürger, egal ob in der Politik, Wirtschaft, Technik oder im privaten Bereich, sollte sich in der Pflicht fühlen, die Regenerationsfähigkeit der Natur zu erhalten und mit Energien, Roh-, Werk- und Wirkstoffen sparsam umzugehen. Sonst wird die Natur wegen der Missachtung der Gesetze des biologischen Systems sich zunehmend dem Menschen verweigern.

Januar 2006                    Prof. Dr.-Ing. Vollrath Hopp
                    Ehrenmitglied der Universität Rostock

# Präludium

1953 – endlich Ferien. Weg von Bayern, weg vom Land. Ab zu den Großeltern nach Wiesbaden. In so einer Großstadt gibt es Läden gleich um die Ecke und sogar Kaufhäuser mit Rolltreppen. Kein kilometerweites – ökokorrektes – Radeln bei Wind und Wetter zum Kolonialwarenladen der Huber Babette. Die Freunde warten auch schon. Mit denen kann man im Hof Murmeln spielen, und Bäcker Kyritz im gleichen Haus verkauft dick mit Zuckerguss bestrichene Amerikaner – herrlich.

Am übernächsten Morgen, es war im August 1953, stand ich beim Kaufmann Noll und ließ mir einen Liter Milch in die Kanne abmessen. »Grauenhaft«, sagte eine Wiesbadenerin im besten hessischen Platt neben mir, »jetzt haben die in Amerika schon wieder so eine fliegende Untertasse, so ein UFO oder wie die das nennen, beobachtet.« – »Ja«, meinte Herr Noll, »ich hab es heute Morgen auch schon im Radio gehört. Wahrscheinlich sind Marsmenschen durch die Atombombenversuche angelockt worden.« – »Natürlich«, erwiderte die Frau, »bei meinem Mann auf der Arbeit sagen sie's auch. Ein amerikanischer Professor hätte sogar Beweise dafür, dass Marsmenschen uns besuchen. Sogar die Hitzewelle vor sechs Jahren soll von den Atombomben kommen.[a] Ich mein, die Überschwemmung in Bayern hat auch was damit zu tun.«

Ich wusste nicht recht, was UFOs und Atombomben waren, aber mir wurde es mulmig zumute. Wenn es in der Zeitung steht, muss etwas dran sein. Außerdem hatte ich selbst erlebt, wie es 1953 wochenlang Bindfäden in der Nähe von Freilassing

---

[a] In der *Neuen Zürcher Zeitung* wurde am 6. Juni 1997 berichtet, dass 1947 das absolute Hitzerekordjahr war, das auch durch die heißen Sommer der 90er-Jahre bei weitem nicht erreicht wurde. Drei Hitzewellen fegten über Europa hinweg, deren letzte am 20. September 1947 zu Ende ging. In Zürich wurden am 29. Juli 1947 niemals wieder erreichte 37,8 Grad Celsius gemessen. Damals vermutete man ein Zusammenhang mit dem Einsatz und dem Test von Atomwaffen.

geregnet hatte. Ein kleiner Bach wurde zum reißenden Fluss, und der Putz klatschte in meinem Zimmer von der Decke, weil der permanente Sturm das Dach unseres Hauses beschädigte. Seit dem Teststoppvertrag von 1963 sind oberirdische Atomwaffenversuche Geschichte. Der Glaube, unser Klima würde durch »die Technik« verändert, blieb. Nur ist die Atombombe mittlerweile durch die verheerende »Klimagasbombe« abgelöst worden, die aber offensichtlich, wie sich zeigen lässt, nur in den Computern der Klimaforscher spukt. Trotz allen Fortschritts scheint der naive Glaube an Medienmeldungen und die hysterische Angst vor der Technik unausrottbar zu sein. Die Existenz außerirdischer Lebensformen ist übrigens nicht ganz ausgeschlossen. Unsere Milchstraße enthält nämlich 60 Milliarden Planetensysteme, von denen zwischen 10.000 und zehn Milliarden bewohnbar sein könnten. Der bekannte britische Astronom David Hughes geht von vier Milliarden erdähnlichen Planeten aus, und der Nobelpreisträger für Physik, Murray Gell-Mann, ist sich sogar sicher, dass irgendwo fremde Intelligenzen existieren.[1] Über deren Entwicklungsstadium kann man allerdings nur spekulieren. Ob sie noch in der Steinzeit leben, gerade beim blutigen Hexenwahn angekommen sind oder sich schon bis zum psychedelisch-sanften Ökowahn durchgerungen haben, lässt sich nicht sagen. Vielleicht sind es auch wirklich kritisch-intelligente Lebewesen, die nicht leichtgläubig jedem Medienklamauk auf den Leim gehen und sich nicht als Erwachsene zum Ökotanzbär abrichten lassen, sondern die Nutzung von naturwissenschaftlicher Erkenntnis und Technik als Chance verstehen.

Spielfilme, die um 1950 die Marsmenschenhysterie befriedigten, verstauben heute in Archiven oder flimmern ab und an spätabends als wacklige Schwarzweiß-Alienklamotte über die Bildschirme. Geblieben ist die Glaubenssucht, der die vor etwa 100.000 Jahren aus der primitiveren Vorläuferform Homo sapiens hervorgegangene Gattung *Homo sapiens sapiens* besonders eifrig frönt. Ganz offensichtlich ist diese Marotte sogar ein existenzielles Grundbedürfnis – ein Grundbedürfnis, das Priestern, Gurus, Weltverbesserern und politischen Eiferern die Macht gibt, den Menschen alles, aber auch wirklich alles einzuschwätzen. Und das Schönste: Jedes Exemplar des Homo sapiens sapiens, das einer solchen Glaubensgemeinschaft, wie

16

etwa der grünen Bewegung, angehört, hält sich für besonders erleuchtet. Nicht zuletzt deshalb haben Sekten – wie die der »Kosmischen Lebensschule« – reichlich Zulauf.[2] Deren Gläubige lassen sich vom Raumschiffkommandanten Mairadi vom Wohnplaneten Chuli beflügeln. Seinen Verheißungen nach schafft der Ökolandbau auf Erden das Nirwana im Jenseits – in ewiger ökokorrekter Seligkeit, amen. Natürlich ist bei den kosmischen Endzeitkomikern das Schlachten von Tieren verpönt, denn: »Alles Göttliche ist in Tieren und Pflanzen – und auf eine sehr einfache Art auch in Steinen. Wer in den Garten geht, spürt das.« Jeder, der diesem Mantra folgt, hat einen sicheren Raumschifffensterplatz ergattert und kann am Tage des jüngsten Klimagasgerichts zusehen, wie die Erde im $CO_2$-Fieber verglüht. Apokalypse – wow!

Besonderen Schub bekommt die Irrationalität, wenn sie, wie beim Grünwahn, in ein wissenschaftliches Mäntelchen gewickelt wird. 1997 gewann ein junger Student einen Wettbewerb. Er konnte nachweisen, wie eilfertig die Krone der Schöpfung den *kritischen, gesunden Menschenverstand* ablegt, wenn Alltagserfahrungen wissenschaftlich verbrämt als Risiken verkauft werden. Dazu bat er 50 Exemplare der Gattung Homo sapiens sapiens, eine Entschließung zu unterschreiben, damit die chemische Verbindung »Dihydrogenoxid« verboten würde. Er behauptete, die Substanz

- könne Schweißausbrüche und Erbrechen auslösen,
- sei Hauptbestandteil des sauren Regens,
- könne im gasförmigen Zustand starke Verbrennungen verursachen,
- trüge zur Erosion des Bodens bei,
- könne bei unbeabsichtigtem Einatmen den Menschen töten,
- vermindere die Wirksamkeit der Bremsen von Autos und
- sei in Tumoren beim Endstadium von Krebs nachgewiesen worden.

86 Prozent der gefragten Passanten waren bereit, eine Eingabe zu unterschreiben, damit die gefährliche Chemikalie verboten würde. Sechs Personen wollten sich nicht festlegen, und nur eine einzige Person erkannte das gefährliche »Dihydrogenoxid« als simples Wasser.[3]

Die *Glaubenssucht* des Homo sapiens sapiens feiert tagtäglich fröhliche Urständ, wie beispielsweise 2001 auf der Paracelsus-Messe. Dort fanden »Heilsteine« und Magnetschmuck mit pulsierenden Magnetfeldern gegen Gelenkschmerzen reißenden Absatz. Bei Stirnhöhlenentzündung sollen »Ohrkerzen« helfen. Nach Angaben des Herstellers – der möglicherweise seine Weihnachtsbeleuchtung außerhalb der Saison loswerden wollte – verursacht die flackernde Flamme einen pulsierenden Unterdruck.[4] Dieser soll durch sanfte Massage des Trommelfells die Krankheitskeime vertreiben. Der Patient braucht sich die angezündete Medizin nur ins Ohr zu stecken und dann in Seitenlage den Heilvorgang zu genießen. (Hoffentlich schläft er nicht ein, sonst gibt's heiße Ohren.) Übrigens: Zu Risiken und Nebenwirkungen fragen Sie Ihren Apotheker mit seiner Brandsalbe oder Ihren HNO-Arzt.

Besondere Aufmerksamkeit verdienen Dynamos für »torsionische Felder«, über die das russische Militär angeblich verfügt. Dies sollen kreisende Körper sein, die Heilkräfte besitzen und so geheim sind, dass man weder ihre genaue geografische Lage noch ihren wirklichen Zweck kennt. Sie sind sogar so geheim, dass man nicht einmal weiß, ob sie überhaupt existieren. Dennoch finden sich pfiffige Geschäftsleute, die in Russland für 40 Dollar »torsionische Minigeneratoren« als Heilmittel verhökern.[5] Wie gesagt, der Homo sapiens sapiens glaubt alles, wenn nur genügend Hokuspokus drum herum gemacht wird.

Torsionische »Heilgeneratoren« kommen der »Positivliste« von 2003 der zwischenzeitlich beerdigten rot-grünen Koalition recht nahe. Trotz knapper Kassen empfahl Gesundheitsministerin Ulla Schmidt[b], Phytotherapeutika, Homöopathika und Anthroposophika in die Liste aufzunehmen. Im Gegensatz zu Giftstoffen, die von Schlotbaronen der profitgierigen Pharmaindustrie verhökert werden, sollte bei den »sanften Medikamenten« der Wirksamkeitsnachweis entfallen, weil »Arz-

---

b  Frau Schmidt qualifizierte sich als Lehrerin für Sonderpädagogik und für Rehabilitation lernbehinderter und erziehungsschwieriger Kinder für das MinisterInnenamt. Seit 1983 ist sie Mitglied der SPD, nachdem sie zuvor im Wahlkreis 53 Aachen-Stadt 1976 erfolglos für den maoistischen Kommunistischen Bund Westdeutschland für den Bundestag kandidierte.[16] Das ist natürlich nur eine Jugendsünde und hat mit ihrer Weltanschauung, die sie als Ministerin vertritt, nichts zu tun.

neimittel der besonderen Therapieeinrichtungen ... entsprechend den Kriterien dieser Therapieeinrichtungen beurteilt wurden«.[6,7]

Gemäß den Vorstellungen von Rot-Grün sollten »verordnungsfähig« sein: Colon suis (Schweinedarm – aus Leberwurst vom Ökometzger?), Cor fetalis bovis (fetales Rinderherz), Gunpowder, Hodenextrakte, Lapis albus (weißer Stein – der Stein der Weisen?), Mucosa oculi suis (Schleimhaut des Schweineauges – guten Appetit!), Prostata bovis, viel Schwefel, Testes juveniles bovis (jugendliche Rinderhoden), aber auch Schweinehoden oder gar der Anus bovis (A....loch der Kuh – hoffentlich BSE-frei!). Dazu gesellen sich Brechwurz, Blutegelextrakte, Gold und Potenzholz, wobei die Haut weiblicher Rinderfeten nebst Schweinezahn das »chemiefreie« Wirkstoffglück der rot-grünen Positivliste abrundet.[c]

Bei solch einer leckeren Positivliste gerät die mystische Ökogemeinde ganz aus dem Kranken-Häuschen, fürchtet aber

---

[c] Damit ich nicht missverstanden werde: Prinzipiell ist die alte Medizinerweisheit nach wie vor gültig: »Wer heilt, hat Recht!« Das gilt auch für alternative Methoden. Viele ärztliche Bemühungen führen aber auch nur deshalb zum Erfolg, weil der Patient glaubt (!), das verabreichte Medikament würde ihm helfen. Deshalb besitzen sogar Placebos eine Heilwirkung.[10,11] Umgekehrt scheint die oft beschriebene Wirkung der Homöopathika ausschließlich auf dem Placeboeffekt zu beruhen.[12,13] Da Tiere nicht glauben und nicht wissen können, dass ihnen gerade ein »Wirkstoff« verabreicht wurde, sind bislang sämtliche Bemühungen gescheitert, die Wirksamkeit von Homöopathika in Tierversuchen seriös zu sichern. Oder doch? In einer 1988 in der Zeitschrift *Nature*[14] erschienenen Veröffentlichung wurde über solche Tierversuche berichtet. Danach verhalten sich Homöopathika ähnlich wie chemische Wirkstoffe. Sogar Verdünnungen hinunter bis zu $1:10^{120}$ sollten noch eine 40-Prozent-Wirkung zeigen. Rechnet man nach, dann befindet sich bei der $1:10^{120}$-Verdünnung *ein* wirksames Molekül in einem Würfel mit einer Kantenlänge $2,6 \cdot 10^{35}$ Kilometer. Das ist das 260.000.000.000.000.000.000.000fache des Erdvolumens! Die von »anerkannten Fachleuten« begutachtete *Nature*-Publikation (»peer review«-Verfahren) ist zwischenzeitlich zurückgezogen worden, wird aber immer noch eifrig im Brustton der Überzeugung verteidigt. Unter anderem mit dem Argument: Es muss gar kein Wirkstoffmolekül vorhanden sein, vielmehr hätte das Wasser ein Gedächtnis und würde sich nach der Verdünnung so verhalten, als wäre das Molekül noch vorhanden.

gleichzeitig, dass die chemiefreien »Wirkstoffe« in reiner Form zu stark seien. Deshalb müsse unbedingt »potenziert« werden. Bei dem Vorgang schlägt der Apotheker zur Erzielung der »besonderen Wirkung« das esoterische Mischgefäß zehnmal gegen den Erdmittelpunkt auf den Boden (hoffentlich geht nichts zu Bruch, sonst verätzt konzentriertes A....loch die Fliesen im Offizin). Wäre es nach der Gesundheitsministerin gegangen, sollten alle Arbeitnehmer mit ihren Beiträgen für den Hokuspokus herhalten, obwohl nach Meinung des JU-Vorsitzenden Mißfelder die Kassen noch nicht einmal mehr genug Geld haben, um Zahnprothesen und künstliche Hüften für 85-Jährige zu bezahlen.[15] Man fasst es nicht. Wo bleiben die schwarze Katze, die bucklige Frau und die Heilungsbeschwörung im nächtlichen Kreuzgang eines verfallenen Klosters? Weshalb ist das nicht in die Positivliste aufgenommen worden? Haben weiße Salbe und mitternächtlicher Käuzchenruf etwa keine Heilwirkung? Doch, ähnlich wie das Handauflegen durch den Arzt, das ohne jede materiell-medikamentöse Therapie kurieren kann.[9] Nicht zuletzt deshalb toleriere ich die Homöopathie unter dem Aspekt der Glaubensfreiheit.

Sehr wahrscheinlich haben aber wichtige Repräsentanten und Repräsentantinnen der grünen Glaubenskongregation die Aufklärung, die vor 200 Jahren ihren Siegeszug begann, nicht recht zur Kenntnis genommen. Somit ist es nicht allzu verwunderlich, wenn Krista Sager als Hamburger Wissenschaftssenatorin (!) 1999 den »First World Qi Gong Congress« eröffnete. Punkt neun Uhr sollte es losgehen, »denn genau um diese Zeit, so altchinesische Berechnungen, würden große kosmische Energien auf Hamburg niedergehen«. Nach der Eröffnungsrede der grünen Politikerin konnte man sich für 75 DM die »schlechten Energien« aus den Haarspitzen schneiden lassen. Jutta Ditfurth berichtet: »Fünf Qi-Gong-Meister liefen brüllend durchs Publikum und wedelten mit Armen und Beinen das Qi unter die Leute«.[8] Ein krebskranker Mann soll angesichts des spätmittelalterlichen Hokuspokus sogar in Ekstase gejauchzt haben.

Wer an kosmische Energien und die Heilkraft des Anus bovis glaubt, ist natürlich auch fest von der völligen Wahrheit des Ökohorror-Hochkonzentrats überzeugt, das seit etwa 1970 aus Orwell'schen Sprechtüten auf die Bevölkerung eindröhnt. In Wahrheit wurde die Menschheit selten derart auf den Arm genommen wie mit der neuzeitlichen Ökohysterie. Diese ist streng vom Umweltschutz mit Maß und Ziel zu unterscheiden, der auf der *Wissenschaft Ökologie* aufbaut und nichts mit dem grün-alternativen *Ökologismus* zu tun hat. Bei Letzterem handelt es sich um eine *New-Age-Religion*, die von hysterischen Ökogottesdiensten lebt und die absurdesten Glaubensartikel über Elektrosmog, Schadstoffe, Klima und Nachhaltigkeit verbreitet. Würde es sich dabei noch um ein liebenswertes Öko-Hare-Krishna-Happening mit wallenden Gewändern handeln, könnte man darüber hinwegsehen. Das ist es aber nicht. Der Ökologismus ist nämlich zur abgabenpflichtigen Staatsmonopolreligion entartet, der man sich nicht mehr entziehen kann, wodurch das urdemokratische Grundrecht der Glaubensfreiheit eingeschränkt wird.

Der Wissenschaftsjournalist Gärtner brachte es im Zusammenhang mit der Ökosteuer einmal auf den Punkt (*FAZ*, 19. Mai 2004): »Die Vorsilbe ›Öko‹ im Begriff Ökosteuer bezieht sich nicht auf das zukunftsoffene Bild einer Wissenschaft, sondern auf eine dogmatische Religion, den Ökologismus. Niemand würde es in Deutschland einfallen, Ungläubige zur Zahlung einer Kirchensteuer zu verpflichten. Doch für den Ökologismus soll das nicht gelten. Der Begriff Ökologismus, der bei uns noch bis in die 80er-Jahre gebräuchlich war, um Ökoideologien gegenüber der wissenschaftlichen Ökologie abzugrenzen, ist inzwischen leider aus dem deutschen Vokabular verschwunden. Ohne Not hat die schweigende Mehrheit die Gleichsetzung des religiösen Anliegens einer Minderheit mit einem Sachzwang akzeptiert. Das müssen wir nun bitter bezahlen. Solange niemand es wagt, die Ökosteuer im Namen der Glaubensfreiheit anzugreifen, haben selbst ernannte Weltretter freie Bahn, die produktiv Tätigen weiter auszubeuten.«

So ist es. Obgleich in der Vergangenheit das unabdingbar Notwendige, wie Rauchgasentschwefelung, Verbot wilder Müllkippen, Autokatalysatoren, langlebigere Kraftfahrzeuge[d], wirkungsvolle Kläranlagen, doppelwandige Öltanker, phos-

---

[d] Obwohl die Politik den Autoherstellern diesbezüglich keine Auflagen machte, ist das durchaus ein Beitrag zum Umweltschutz (Stichwort: Wegwerfgesellschaft). Ganz offensichtlich können auch Marktmechanismen ohne staatliche Eingriffe sinnvolle ökologische Funktionen übernehmen.

21

phatfreie Waschmittel und vieles mehr, längst getan worden ist, bezahlen wir Ökokirchensteuer in Form unsinniger Zwänge, Freiheitseinschränkungen und Abgaben, nur damit Ökoschrullenkönige und Endzeitgurus ihrer Gläubigenschar mit der Huldigung von Gift-, BSE-, Klima- und Abgasgöttern imponieren können. Den antreibenden Mechanismus erklärte der Nobelpreisträger Konrad Lorenz vor Jahren mit den Worten: »Den baren Unsinn zu glauben ist ein Privileg des Menschen.« Man kann es noch deutlicher sagen: Es ist vor allem das Privileg des modernen Öko-Homo-sapiens-sapiens, vollkommen alberne Glaubensartikel über Mülltrennung, Klima-»schutz« oder Vergiftungsgefahr durch 0,000.000.001 Gramm eines Pflanzenschutzmittels im Salat nachzubeten.

Das ganze Ökospuk-Elend springt einen an, wenn man sich vor Augen hält, dass Schadstoffgrenzwerte in vielen Fällen einen Sicherheitsfaktor von 1000 haben. Wird ein solcher Slapstick-Grenzwert um das 50fache überschritten, beträgt der Sicherheitsfaktor immer noch mindestens 20. Das BSE-Risiko war ebenfalls nicht das Gedöns wert, das man aus rein politischen Gründen veranstaltete. Selbst der Wald ist entgegen einer um 1980 verbreiteten Behauptung nicht bis zum Jahr 2000 verstorben, sondern lediglich der Realitätssinn. Auch DDT, dem man nachsagt, es sei krebserregend, dürfte bislang bei keinem Menschen zu einer solchen Erkrankung geführt haben.[e] Ebenso wenig kann entgegen der Behauptung DDT zur Unfruchtbarkeit führen. Denn gerade in Entwicklungsländern mit der höchsten Geburtenrate wird immer noch fleißig DDT gesprüht – aber nicht als Empfängnisverhütungsmittel, sondern zum Schutz vor Malaria.

---

[e] Jede dieser Aussagen belege ich später anhand der einschlägigen wissenschaftlichen Literatur Punkt für Punkt.

# 1. Volkspädagogen, Hexenwahn und Ökologismus

Das dem deutschen Ökochonder andressierte »Umweltbewusstsein« ist ein angstbasierter, obrigkeitsstaatlich verordneter Massenwahn, bei dem es in allererster Linie um das politische Machtgeschäft geht. Dabei werden an sich mündige Bürger mit volkspädagogischen Lehrmitteln, wie dem Vorsorge- beziehungsweise Vorsichtsprinzip, dem Treibhaus-Beelzebub, dem Waldsterbenselend, dem BSE-Luzifer, dem Dioxinkrokodil oder dem Krebsteufel, zu Tode erschreckt und systematisch in Panik versetzt. Besonders hohen Unterhaltungswert besitzt das Mülltrennungs-Lustspiel, mit dem man bereits Schulkinder zu Ökotanzbären abrichtet und Erwachsene dauerhaft infantilisiert. Und das Schönste: Die von Politikern Entmündigten verteidigen den Klamauk mit Zähnen und Klauen, weil sie nach 30-jährigem Agitprop tiefgläubige Anhänger des *Ökologismus* geworden sind. Höchst ungern wollen sich die Opfer dieser Volkspädagogik eingestehen, dass sie sich von Panikprofis jahrelang verschaukeln ließen.

Da es ausschließlich um das Politgeschäft geht, tritt die nationale und internationale Solidargemeinschaft der Ängste sofort in Aktion, wenn Wahlkampf angesagt und der Ausgang ungewiss ist. So machte die grüne französische Umweltministerin Dominique Voynet 1998 Wahlkampf für ihre deutschen Ökogebetsbrüder und -schwestern, indem sie Meldungen über Leckagen bei Castortransporten in die Medien lancierte. Angesichts des Strahlenhorrors kam die CDU-Umweltministerin Merkel in arge Bedrängnis, besonders als offenbar wurde, dass der kritische, gesunde Menschenverstand der Wähler wie ein Hefeteig in der Gefriertruhe kollabierte.

Den Ökovolkspädagogen ist jedes Mittel recht, wie Roland Emmerich 2004 mit seinem Film »The Day After« belegt, mit dem er den Wahlkampf des Demokraten Kerry gegen den Republikaner Bush unterstützte. In der Öko-Seifenoper bricht die

23

»Klimakatastrophe« binnen weniger Tage und 100 Jahre früher als vorhergesagt über die Menschheit herein, weil sich ein fiktiver US-Präsident weigerte, die Treibhausgasemissionen gemäß dem Kyoto-Protokoll zu reduzieren. In einem Zeitungsinterview sagt Emmerich von sich selbst, dass ihm Gewitter und Wetterphänomene Angst machen: »Aber das mit der Angst geht bis ins Kleinste: Wenn ich einen Tierfilm schaue und sehe, wie da Löwen ihre Beute jagen, schalte ich um. Kann ich nicht sehen.[1]«

Natürlich werden aufgrund des Ökowahns keine Menschen gefoltert und verbrannt. Dennoch: Analysiert man das Glaubensgerüst des alltäglichen Ökohorrors mit kritischem, gesundem Menschenverstand, findet man zentnerweise Parallelen zum Hexenwahn, wobei es keinen allzu großen Unterschied macht, ob Siechtum und Unfruchtbarkeit den Ultraspuren eines Pflanzenschutzmittels oder Kunststoffweichmachern angehängt werden oder ob man die Schuld alten Frauen zuschiebt, die mit Besen übers Gemüsebeet reiten. In beiden Fällen wird die Leichtgläubigkeit – die Glaubenssucht – des Homo sapiens sapiens schamlos ausgebeutet. So sollen Bürger außerhalb von Produktionsanlagen von Mengen im 0,000.000.001-Gramm-Bereich zu Schaden kommen, obwohl gewerblich Beschäftigte offen mit Tonnen von Kunststoffweichmachern, Pflanzenschutzmitteln oder Holzschutzanstrichen hantieren, ohne dass es je zu Gesundheitsstörungen kam. Damit kehre ich nicht unter den Tisch, dass die Berufsgenossenschaften zahllose Fälle kennen, in denen Beschäftigte durch Chemikalien- oder Strahlungseinwirkung erkrankten. Hier ist Wachsamkeit geboten.

## Der Hexenwahn wird gezündet

Was war das doch für ein Volksfest, als der Ökoklamauk-Konzern Greenpeace den Ölmulti Shell mit der Brent-Spar-Affäre vorführte (siehe Seite 67). Eine Volksbelustigung, die nichts kostete – außer vielleicht ein paar Arbeitsplätzchen. Oder glaubt jemand im Ernst, ein auswärtiger Investor mache sich nicht so seine Gedanken, wenn er in einem Land einen Betrieb ansiedeln will, dessen Bevölkerung sich derart ökopathisch und industriefeindlich verhält? Auch der Hexenwahn hatte etwas von einer Volksbelustigung – allerdings einer grausig-barbarischen, wie die Geschichtsschreibung berichtet:[2] »Zu Hunderten drängt sich grölendes, schaulustiges Volk um einen mächtigen Holzstoß, aus dem die Flammen gegen den Himmel prasseln. Aus Qualm und Rauch dringt der Todesschrei brennender Menschen, übergellt das Gemurmel der Sensationshungrigen, die vor der Hitze zurückweichen, stirbt ab in wimmerndes Röcheln. Noch tagelang nach solchem Autodafé durchzieht die Stickluft verbrannten Menschenfleisches die mittelalterlich engen Gassen, bis wieder neue Flammen emporschlagen. Neue Opfer winden sich, unaufhörlich toben die Brände ... Keine Hand rührt sich, um die Gequälten zu retten, die Opfer sterben im Namen des Rechts, verurteilt von Juristen, Doktoren beider Rechte.«

Wie konnte es im ausgehenden Mittelalter zu einer solchen Barbarei kommen? Gründe gab es viele. Ein wichtiger waren die katholischen Päpste, die unter anderem durch ihre Lebensführung die apostolische Machtstellung gefährdeten und dadurch in die Kritik gerieten.[3] Statt dem Keuschheitsgebot des Zölibats zu folgen, vergnügten sich die Heiligen Väter lieber mit ihren Gespielinnen. Johannes XII. (955–963) ist so ein Beispiel. Er verwandelte den Lateran in einen Harem. Und weil ihm das nicht langte, berichtete Otto von Corvin, »notzüchtigte der ›Heilige Vater‹ alles, Mädchen, Frauen und Witwen, selbst über den Gräbern der heiligen Apostel«[4]. So viel Heuchelei konnte nicht ohne Reaktion bleiben.

Im zehnten Jahrhundert traten die Katharer (griechisch *katharos*: rein) und im zwölften und 13. Jahrhundert die Waldenser gegen das lustige Leben im Vatikan an. Mit ihrem asketischen Lebensstil wirkten beide Bewegungen wie ein Liebestöter in der Hochzeitsnacht. Genervt veranstaltete Innozenz III. 1209 und 1229 gegen die Waldenser blutige Kreuzzüge und erklärte sie nicht zuletzt deshalb zu Ketzern und Hexern, weil sie wie Arnold von Brescia die apostolische Armut des Klerus forderten. Außerdem lehnten sie das Abendmahl, die Kindertaufe und die Priesterweihe ab. Da sich die Päpste nicht nur wegen ihres Lebens in Saus und Braus unbeliebt machten, sondern auch durch ihre Geldgier und Machtpolitik, blieb der Erfolg der asketischen Ketzer nicht aus.[5]

Den ultimativen Trick fand Papst Innozenz VIII. (1484–1492), der als Heiliger Vater öffentlich stolz seine weltlichen Vaterfreuden präsentierte und unendlich viel Geld zusammenscharrte, damit es auch ordentlich was zu vererben gab.[6] Um die Störenfriede in den Griff zu bekommen, erließ er 1484 die berüchtigte *Hexenbulle Summis desiderante affectibus*. Im Originalton beginnt sie mit den rührenden Worten: »Innocentz Bischoff, Knecht Gottes« – »Knecht Mammons« hätte mehr der Wahrheit entsprochen. Und dann geht's richtig los: Dem demütigen Knecht Gottes sei zu Ohren gekommen, dass »in einigen Theilen Oberteutschlands ... sehr viele Personen byderley Geschlechts ... mit den Teufeln, die sich als Männer oder Weiber mit ihnen vermischten, Missbrauch machen«. Sie sollen »die Geburten der Weiber, die Jungen der Thiere, die Früchte der Erde, die Weintrauben und die Baumfrüchte, wie auch die Menschen, die Frauen, die Thiere, auch die Weinberge, Obstgarten, Wiesen, Weyden, Getreide, Korn und andere Erdfrüchte verderben«.

Um Einhalt zu gebieten und vor allem »die Seuche des ketzerischen Unwesens und anderer solcher Verbrechen« zu bekämpfen, sorgte Innozenz VIII. für »Hülffsmittel«, damit »Ertzbistümer, Städte, Bistümer ... nicht ohne das nöthige Amt der Inquisition sein«. Den Inquisitoren soll das Amt »erlaubt seyn« der »Besserung, Inhafftung und Bestraffung« von Personen, die sich der »vorgenannten Verbrechen und Laster hinzu gelassen«[7].

Die Einrichtung der Inquisition durch die Hexenbulle war der Initialzünder des spätmittelalterlich-neuzeitlichen Ketzer- und Hexenwahns, der als epidemische Psychoseuche eine bis sechs Millionen unschuldige Menschen das Leben gekostet hat. Bei der Hexenverfolgung ging es übrigens auch um sehr viel Geld, denn das Vermögen der Verurteilten fiel nach einem genau festgesetzten Schlüssel an die weltliche und die kirchliche Obrigkeit.[2,8,9] Die mit Ängsten verrückt gemachte Bevölkerung denunzierte fleißig und half bei der Jagd auf Hexen – beim *Hexenschutz* – eifrig mit. Neid, Missgunst, Gier und Rachsucht blühten. Ein Gerücht genügte zur Verurteilung. Ganz wie beim modernen Vorsorgeprinzip des Ökologismus war bereits der Verdacht der Beweis!

# Countdown zum Ökowahn

1969. Draußen regnete es in Strömen. Die vorweggenommene Klimakatastrophe rann an den Fenstern des Oval Office runter. Drinnen, im Weißen Haus, herrschte trübe Endzeitstimmung. Fatalismus verbreitend saß der 37. Präsident der USA, Richard Nixon, im Kreis seiner Berater. Nichts trieb ihn mehr um als die ständige »Sorge, welches Bild er einmal in der Geschichte abgeben wird«[10]. Wie sollte es weitergehen? Wie konnte man sich noch den Wählern empfehlen? Der Vietnamkrieg, den bereits John F. Kennedy vorbereitet hatte, war Ende der 60er-Jahre vollkommen aus dem Ruder gelaufen.[12] Junge US-Wehrpflichtige mussten in einem Krieg dienen, dessen Sinn sie auch nicht entfernt begreifen konnten.

Jimmy Cliff sang den 68er-Schocker: »Hey, Vietnam, Vietnam ..., Yesterday I got a letter from my friend fighting in Vietnam and this is what he had to say: ›Tell my friend that I'll be coming home soon my time'll be up some time in June‹ ... Vietnam, Vietnam, Vietnam ... It was just the next day his mother got a telegram it was addressed from Vietnam. Now mistress Brown she lives in the U.S.A. and this is what (it) said: ›Don't be alarmed but Mistress Brown your son is dead!‹ and it came from Vietnam, Vietnam, Vietnam ...«

Es ist nicht zu leugnen, in Vietnam wurden sinnlos 58.000 GIs verheizt und mehr als zwei Millionen Zivilisten getötet. Es war ein Krieg, der nur bedingt der demokratischen Kontrolle unterstellt war, hauptsächlich jedoch von der Militäradministration der USA geführt wurde, die es versäumt hatte, die Bevölkerung über die Kriegsziele aufzuklären.[11] Möglicherweise waren sich die Betreiber des Konflikts selbst über ihre Ziele nicht recht im Klaren. Vor allem Verteidigungsminister McNamara konnte als ehemaliger Industrieboss lange nicht begreifen, dass Kriegführung mehr ist als ein Managementproblem[12]. Ein weiteres kam hinzu: Der Vietnamkrieg war der erste moderne Krieg, den das neue elektronische Medium Fernsehen direkt ins Wohnzimmer der Amerikaner übertrug. Damit wurde jeder Bürger täglich Augenzeuge eines sinnlosen Gemetzels.

Die damaligen Proteste sind also verständlich – die Dekadenz, die Zerstörungen der westlichen Kultur in den darauf folgenden 30 Jahren durch die 68er dagegen nicht. Viele Bürger

27

sehen noch heute in den »kritischen, netten, jungen Leutchen«
Sympathieträger ersten Ranges. In Wirklichkeit regierte 1968
auf dem Campus westlicher Hochschulen der Mob – marxis-
musgläubig und Mao-hörig, satt, überfüttert, mit flegelhaften
Umgangsformen und wohlstandsverdrossen. Lange Haare, ver-
filzte Bärte waren »in«. Wenn Eltern entsetzt über das ver-
gammelte Äußere ihrer Sprösslinge stammelten, man solle
doch wenigstens »ein bisschen gepflegt aussehen«, wurden sie
niedergemacht. Die »Nazi-Generation habe eben nichts gelernt; in Vietnam sterben Kinder, und die Eltern wüssten
nichts Besseres, als über den Schnickschnack von Benimm-
regeln zu reden«[13].

Tatsächlich war 1969 der Vietnamkrieg so populär wie
Pest und Cholera. Nixons Vorgänger Johnson, der den Konflikt
erst so richtig entfacht hatte, war wegen des Debakels schon
nicht mehr zur Wiederwahl angetreten. Er »hinterließ seinem
Nachfolger … einen Krieg, der weder gewonnen werden konnte noch verloren werden durfte, und eine zutiefst aufgewühl-
te amerikanische Gesellschaft«, schreibt der Historiker
Schwarz.[12] Der konservative Politiker Nixon benötigte also
dringend ein Ventil zum Abbau der gesellschaftlichen Span-
nungen; und nicht nur eins – nein, gleich mehrere. Da er sich
von morgens bis abends um seine Wiederwahl sorgte, versuchte er sich zunächst als linksliberaler Entspannungspoliti-
ker und verhandelte zum Entsetzen seiner Anhängerschaft
mit Mao. Daneben pumpte er zur Stärkung seiner Position zusätzliche Gelder in die Sozialpolitik und führte damit die Re-
formen von John F. Kennedy weiter.[14] Heute wird jedoch vollkommen verdrängt, dass Nixon der neongrünste Präsident
war, der jemals die USA regierte. Gegen ihn waren Bill Clin-
ton und sein ultragrüner Vize bleiche Schatten.

Dies kann man noch heute nachlesen in einem knapp 60 Seiten umfassenden Zeitdokument mit dem Titel »*Das Atlantische Bündnis und die Umweltkrise*«. Darin werden zunächst
die ersten beiden Dimensionen der NATO beschrieben (Bei-
stand im Angriffsfall und Entwicklung dauerhafter Beziehungen). Dann wird eine *dritte Dimension* vorgestellt:[15] »Am
20. Jahrestag der Vertragsunterzeichnung veranlasste die
rasche soziale Entwicklung in den Mitgliedsländern des Bünd-
nisses den Präsidenten der Vereinigten Staaten, Richard Nixon,
in dieser Richtung einen kühnen Vorschlag zu machen. Vor

den am 10. April (1969, d. Verf.) in Washington versammelten Außenministern der Bündnispartner erklärte er seine Überzeugung, dass das westliche Bündnis eine soziale Dimension benötigt, um sich mit unseren Besorgnissen mit der Qualität des menschlichen Lebens im letzten Drittel des Jahrhunderts zu befassen.«

Damit kein Missverständnis aufkommt: Mit der »sozialen Dimension« ist nicht etwa mehr Kindergeld oder Sozialhilfe für alle, sondern der *Umweltschutz* gemeint. Der Journalist Gärtner analysiert das Geschehen:[16] »Nixon verstand die ›dritte Dimension‹ der NATO als Antwort auf die Infragestellung des westlichen Nachkriegs-Wirtschaftswunderkonsenses durch die Studentenbewegung von 1968 und die wachsende Opposition gegen den Vietnamkrieg und dessen soziale Folgen. Diese Protestbewegung erscheint im Rückblick als eine Art Betriebsunfall des Kalten Kriegs.« Im Klartext: Die Einführung des neuzeitlichen Umweltschutzgedankens durch Richard Nixon war nichts als ein Ökoschnuller zur Beruhigung der 68er-Gossenkämpfer!

## Die Ökobulle des US-Präsidenten

Im oben genannten NATO-Protokoll von 1972 wird von einer weltumspannenden ökologischen Krise gesprochen, die hauptsächlich drei Ursachen habe: die Verstädterung, die Bevölkerungsexplosion und »die schädigende Auswirkung menschlicher Technik«[17]. Auf die Apokalypse anspielend heißt es:[18] »Dass wir uns in einer Krise befinden, steht jedoch außer Frage – einer Krise, die sich letzten Endes für die Menschheit als genauso ernst erweisen mag wie die Fragen von Krieg und Frieden oder die Beziehungen zwischen den Rassen. Die Qualität des Lebens – und vielleicht die *Möglichkeit* des Lebens für die gesamte Menschheit – steht auf dem Spiel.« Nach der dramatischen Einleitung werden in dem NATO-Papier von 1971 die Anzeichen der Umweltkrise aufgezählt:

– Durch Unfälle sind zum Teil tödliche Chemikalien in die Flüsse gelangt (zum Beispiel Rheinverseuchung 1969).
– Die Bleiverschmutzung der Luft ist durch Benzinzusätze stark angestiegen.

- Tödliche Verkehrsunfälle, die wie eine Epidemie die ganze Welt befallen haben. In den NATO-Ländern kamen 1965/66 dadurch mehr als 110.000 Menschen um.
- Das Artensterben. 150 Arten von Vögeln seien bereits durch den Menschen ausgerottet und weitere 1000 Arten selten geworden.
- »Die Atemluft des Menschen«, so heißt es wörtlich, »wird durch etwa zwölf Milliarden Tonnen Kohlendioxid verseucht, die jedes Jahr von unserer Industriegesellschaft freigesetzt werden. Dies kann Auswirkungen auf unser Klima (!) haben.«
- Die Lärmbelastung. Sie ist insbesondere in den Industrieländern beträchtlich angestiegen.

Der letzte in dem NATO-Papier genannte Punkt betrifft tatsächlich eine noch heute hoch aktuelle Landplage, gegen die der Gesetzgeber so gut wie nichts unternimmt. 70 Prozent aller Deutschen fühlen sich durch Straßenlärm und 50 Prozent durch Fluglärm belästigt. Auch der ach so umweltfreundliche Schienenverkehr nervt durch Güterzüge, die durch ihr Quietschen und Rattern die Anwohner regelmäßig aus dem Schlaf schrecken lassen.[19]

Nach 1969 folgten zahllose Konferenzen, deren Ziele und Ergebnisse in den einschlägigen NATO-Heften nachgelesen werden können.[20,21,22,23,24] Nicht die »kritischen, netten jungen Leutchen«, die 68er, haben den modernen Umweltschutz in die Politik eingeführt oder gar erzwungen. Nein, es war der US-Präsident Richard Milhous Nixon. Nach seinen Vorstellungen sollte die NATO etwas unternehmen gegen die Ölverschmutzung der Weltmeere, die Verseuchung der Gewässer und die Luftverschmutzung. Sie sollte sich um die Einführung des abgasfreien Automotors kümmern, Schritte zur Erhöhung der Straßenverkehrssicherheit und der Konstruktion des unfallsicheren Autos einleiten.[25] Alles Maßnahmen mit Maß und Ziel, die mittlerweile im Wesentlichen durchgesetzt wurden. Inzwischen hat sich der Umweltschutz zu Tode gesiegt, was die Paniktrompeter nicht wahrhaben wollen. Ihr schönes Politgeschäft! Auf keinen Fall wollte Nixon mithilfe der NATO die 68er an die Macht bringen, die heute in Deutschland sämtliche Parteien mehr oder minder infiltriert haben und für Ökologismus, Ökochondrie, Ökoblasmusik sowie Ökoveitstanz verantwortlich zeichnen.

## Hexenjäger waren nicht dumm – Wissenschaft und Inquisition

Im elften Jahrhundert lösten Scholastiker an den mittelalterlichen Hochschulen sprirituell-mystizistisch geprägte Intellektuelle ab, die von einer Vision in die andere taumelten. Merkmale der neuen Philosophie waren die Betonung des menschlichen Verstands und der unbedingte Glaube an die christliche Offenbarung als unangezweifelte Wahrheit. Durch ihre Rhetorik erlangten die Gelehrten der Scholastik schnell Einfluss und hohes Ansehen. Umso bedeutender ist es, dass sie im vermehrten Auftreten von Hexen den *Beweis* für die Machtergreifung des Antichristen sahen, der als Satan oder Herr der Fliegen seit Anbeginn die Menschheit bedrohte. Zur Rettung im letzten Augenblick lehnten sich die Gelehrten der Scholastik ab 1230 sehr weit aus dem theologisch-philosophischen Hexenfenster. Wortgewaltig »bewiesen« sie »wissenschaftlich« die Existenz von Hexen und Zauberern.[26] Demnach sollten folgende fünf Merkmale das Hexenwesen charakterisieren:

- der Teufelspakt,
- die Teufelsbuhlschaft (»Hochzeit« mit dem Teufel),
- der Hexenflug,
- der Hexensabbat und
- das Maleficium (der Schadenszauber).

Der einflussreichste Scholastiker, Thomas von Aquin, glaubte fest an Hexen und Dämonen und wies um 1254 alle Versuche zurück, das Maleficium als Unsinn abzutun. Die Empiristen, die alles aus praktischen Sinneserfahrungen herleiten, oder gar die bösen Positivisten, die nichts glauben als das, was naturwissenschaftlich messbar ist, waren noch gar nicht geboren.[27,28] Deshalb war zur Zeit der Scholastik der einzige Prüfstein für Falsch oder Richtig das philosophische Gedankengebäude, der geistige Dampf, das Konstrukt.[29] Daher konnte Thomas von Aquin dank seiner wissenschaftlichen Autorität eine *virtuelle* Gefahr zu einer *realen* Bedrohung aufblasen. Mit anderen Worten: Die *Meinung* eines bedeutenden Gelehrten war schlicht und einfach nicht nur ein notwendiger, sondern ein hinreichender »*Beweis*« für die Existenz des Hexenspuks samt Maleficium.

Die Hexenjäger waren also alles andere als dumm. Sie versteckten sich hinter dem, was man *damals* Wissenschaft nannte. Im Dienst der Inquisition stehend, brachten die promovierten Dominikanermönche Heinrich Institoris (eigentlich Heinrich Kramer) und Jakob Sprenger 1489 mit angeblicher Approbation (Zulassung) der theologischen Fakultät zu Köln ein Buch heraus, das wahrhaftig ein Hammer war: *Der Hexenhammer*, lateinisch »Malleus maleficarum«. Das zwei Jahre nach Erlass der *Hexenbulle* durch Innozenz VIII. erschienene Machwerk wurde mit 29 Auflagen zwischen 1487 und 1669 *die* rechtswissenschaftliche Grundlage der Hexenverfolgung. Es besteht aus drei Teilen:[30]

1. Buch: Beschreibt die Hexerei im Allgemeinen und beschäftigt sich mit Kobolden, die durch Geschlechtsverkehr mit Menschen Teufelskinder zeugen. Bereits die Leugnung des Maleficiums erfüllte den Tatbestand der Ketzerei. Weiterhin wird in dem Buch aufgezählt, mit welchen Praktiken Hexen den Menschen schaden, wobei man sich auf eine Unzahl kirchlicher Autoritäten (Gelehrte) beruft. Man beachte: Die Meinung von Experten als »Beweis«! (vergleiche Klimakatastrophe, Seite 233)

2. Buch: Hierin wird erklärt, wie man sich vor den verschiedenen Arten der Hexerei verwahren und wie man »Zaubereien lösen und heilen könne«. Alle Frauen sollen von Geburt an über magisch-böse Künste verfügen. Auch »beweisen« die Autoren in diesem Teil »streng wissenschaftlich«, sprich scholastisch, die aerodynamischen Kompetenzen der Besenreiterinnen.

3. Buch: Hier entpuppt sich der *Hexenhammer* als Gebrauchskommentar für Hexenrichter und Schöffen. Man kann diesen Teil als praktische Anleitung zur Nachhaltigkeit beim Hexenschutz interpretieren. Auch wird hier einiges zur »Beweisführung« erläutert, mit der man die »Wahrheit« herausfinden sollte. Es ging um Folter und Hexenproben. Dazu wurde die mutmaßliche Hexe mit kreuzweise zusammengebundenen Armen und Beinen ins Wasser geworfen. Ertrank sie, war sie zwar tot, aber durch das reinigende Element Wasser zur ewigen Glückseligkeit gelangt. Schwamm sie oben, war sie eine Hexe und musste verbrannt werden.[a]

---

[a] Bei der so genannten Klimakatastrophe gibt es zwischenzeitlich ein ähnliches Strickmuster. Wird es weiter heiß, ist die technische Zivilisation mit ihren Treibhausgasen schuld. Kühlt es in nächster Zeit ab, dann wurde der Golfstrom durch die Rückstrahlung besagter Treibhausgase beeinflusst.[63]

Nicht nur Thomas von Aquin und die Verfasser des *Hexenhammers* glaubten die Lehre vom Maleficium. Daneben gab es einflussreiche Professoren wie den Theologen Thumius, der 1621 ein Buch über die »Gottlosigkeit der Hexen, ihrem Unvermögen zu schaden und der Schwere ihrer Bestrafung« schrieb. Ein Professor Doktor Mathäus Meyfart war leidenschaftlicher Verfechter des Hexenglaubens und verfasste 1635 sein Buch *Christliche Erinnerungen*. Darin empfahl er, den Hexen keinerlei christliche Gnade zuteil werden zu lassen. Von unschätzbarem Wert für die Inquisition war vor allem Professor Jean Bodin, der in seinem Buch *De magorum Daemonomania* »die weltliche Obrigkeit als Vollstrecker empfahl«, wenn die vier Tatbestände Teufelspakt, Eheschließung mit dem Teufel, Schadenszauber und Hexensabbat erwiesen seien.[31]

Wegen der ihnen unterstellten unersättlichen geschlechtlichen Lust waren Frauen das bevorzugte Ziel der Inquisition. Mit »wissenschaftlichen« Methoden meinten mittelalterliche Theologen herausgefunden zu haben, dass Eva als Urmutter alle schlechten Eigenschaften, alles Böse auf ihre weibliche Nachkommenschaft vererbt habe. Das »schwache Geschlecht« wurde schlicht zur personifizierten Erbsünde und mit dem Teufel auf eine Stufe gestellt. Als »Hexenprinzessinnen« lebten Hebammen ganz besonders gefährlich, weil man ihnen die Schuld an geistiger Fehlentwicklung, Kindbettfieber und frühem Kindstod unterschob. Zwischen 1627 und 1630 wurde dadurch in Köln der Berufsstand der Hebammen nahezu ausgerottet.[9] So viel zunächst zum Hexenwahn.

## Wissenschaft und Ökoquisition

Weil »(wir) heute geradezu vor einer Flut von neuen Erkenntnissen stehen, die aus Universitäten und anderen wissenschaftlichen Instituten kommt«, wird im NATO-Protokoll »die Nutzbarmachung wissenschaftlicher Erkenntnis bei der (politischen) Entscheidungsbildung« empfohlen. Besondere Würdigung erfährt die *Ökologie* als »Wissenschaft des Verhältnisses der verschiedenen Lebensformen und ihrer Umwelt«. Bis vor kurzem sei sie »eine kaum zur Kenntnis genommene, esoterische Disziplin von ausschließlich akademischem Interesse« gewesen. Deshalb sollten nach Nixons Umweltinitiative »Forschungsstipendien auf dem Gebiet des Umweltschutzes« eingerichtet werden.[32]

Im Klartext: Politiker vergeben Forschungsaufträge an Universitäten und Institute, um von diesen wiederum ökopolitische Handlungszwänge auferlegt zu bekommen. Das hat System, wie man aus einer Veröffentlichung von 1976 erfährt:[33] »Ehe zum Beispiel ein staatliches Forschungsprogramm verabschiedet wird, ehe ein Institut beauftragt oder begründet wird, laufen politische Prozesse ab, deren Ausgang von Faktoren abhängt wie Einfluss, Repräsentanz, Macht. Nicht selten sind daher die politischen Parteien, die Medien ... an der Organisation und Artikulation des Forschungsbedarfs beteiligt.«[b]

Daraus entstand durch Vermischung von Politik, Naturwissenschaft, Soziologie und Massenpsychologie die volkspädagogisch agitierende *Ökoquisition*, deren Betreiber – Politiker, Forscher, Umweltschutzverbände, Meinungsfabrikanten und Ökoindustrie – ein virulent-verfilztes, undurchdringliches Geflecht bilden. Die für die Ökoquisition tätigen Naturwissenschaftler spielen dabei als Politiker im Laborkittel eine tragende Rolle, indem sie das multinationale, hektische Angsttrompetengeschäft ständig mit neuem Werbematerial versehen. Hauptsächlich wird dabei mit nicht von vornherein auszuschließenden – aber für längere Zeit nicht widerlegbaren – Hypothesen gearbeitet, die mittels Messungen von Ultraspuren und Bagatelleffekten eine Scheinbestätigung erfahren. Damit das richtig »flutscht«, wird Hand in Hand gearbeitet, wobei Groß-Ökoquisitoren repräsentativer Demokratien den Forschungsbetrieb einerseits mit Steuergeldern finanzieren, um andererseits dessen Absonderungen für ihre Panikattacken zu missbrauchen, mit denen sie sich im Wahlkampf als Nothelfer empfehlen. Ein hervorragendes Geschäft für beide Seiten!

Der ultimative Trick der Ökoquisition besteht in der Projizierung von Ereignissen in die fernere Zukunft, womit man sich nicht nur geschickt der Widerlegung entzieht, sondern auch der ernsthaften wissenschaftlichen Diskussion. Somit ist

---

[b] Die Methode ist nach wie vor hoch aktuell. So richtete die Regierung Kohl im Jahr der Rio-Konferenz 1992 das »Potsdaminstitut für Klimafolgenforschung« ein, das sich unermüdlich um den täglichen Klimahorror verdient macht.

für die Ökoquisition alles, was *verdächtig* wirkt oder eine *denkbare* Gefahr darstellt, auch gleichzeitig »bewiesen« – ganz besonders, wenn die vermutete Ökokatastrophe von irgendeinem Professor aus einem der so genannten »renommierten Institute« verkündet wird: *Vorsorgeprinzip* oder auch *Vorsichtsprinzip* nennt sich das. Nicht zuletzt deshalb reichen Ökofiebervisionen »anerkannter Autoritäten« wie die des »Club of Rome« im Psychogeschäft vollkommen aus. Obwohl die auf »wissenschaftlichen Computermodellen« basierende Weissagung von 1972[c], mit der die Öko-tütelüt-Company eine beachtliche Panikattacke auslöste, im Wesentlichen falsch war, tat es dem Ansehen keinerlei Abbruch. Wo ist da der Unterschied zum Mechanismus der Inquisition?

## Gerüchte, Kanzelprediger und Medienprediger

Wie konnte sich der Hexenwahn breit machen? Da der Buchdruck zunächst noch gar nicht existierte, war von Zeitungen und Wochenmagazinen weit und breit nichts zu sehen, von den elektronischen Medien ganz zu schweigen. Die beim fiktiven mittelalterlichen Frisör ausliegende Zeitschrift »Frau im Sarg« hätte rührende Geschichten bringen können von jungen Mädchen, die, vom Teufel verführt, jetzt auf den Scheiterhaufen müssten.

Da also die wesentlichen Unterrichtsmethoden der heutigen Volkspädagogik noch fehlten, halfen nur Gerüchte, ab und an eine Volksbelustigung, etwa ein schönes Autodafé mit prasselnden Scheiterhaufen, und natürlich Prediger wie Abraham a Sancta Clara (1644–1709). Dazu gesellten sich sowohl Landesfürsten wie Ferdinand von Wittelsbach (1577–1650) als auch Päpste wie Gregor IX. (1227–1241) und Bonifatius VIII. (1294–1300), die sich alle eifrig an der Verbreitung des Hexenwahns beteiligten. Auf keinen Fall darf man die Dominikaner vergessen, die 1248 offiziell von Papst Innozenz IV. mit der Inquisition beauftragt wurden.[39,61] Um 1450 kam nach der Erfindung des Buchdrucks weitere Schubkraft hinzu. Niemals hätte der *Hexenhammer* eine solch verheerende Wirkung

---

[c] Meadows et al., *Die Grenzen des Wachstums*.

entfalten können, wäre da nicht die Erfindung des Johannes Gutenberg gewesen.

Folgt man den Lehren der Hexentheoretiker[35] Johannes Nider (1473), Jakob Sprenger, Heinrich Institorius (1487), Ulrich Molitorius (1489), Jean Bodin (1581), Johann Georg Gödelmann (1584), Peter Binsfeld (1589), Nicolaus Remy (1595), Martin Delrio (1599), Benedikt Carpzov (1638) und vieler anderer mehr, sollten die Zauberweiber nicht nur die Lüfte unsicher machen, sondern Unwetter, Missernten, Viehseuchen, Krankheiten, männliche Impotenz, weibliche Sterilität und Unfruchtbarkeit des Nutzviehs verursachen. Selbst wenn Schnecken als Landplage die Gemüsebeete verheerten, wurde das dem vermehrt »beobachteten« Aufkommen von Zauberern und Hexen angelastet.[62] Heute sind wir »aufgeklärter« und wissen, dass das alles Mumpitz ist. Unwetter werden angeblich von $CO_2$ emittierenden Autos verursacht, und Krankheiten wie die Fettleber beruhen auf Umweltgiften und nicht auf maßlosem Alkoholgenuss.

Ach, hätte es zur Zeit des Hexenwahns schon das *Fernsehen* nebst *Computeranimation* gegeben! Welch wundersame Steigerung wäre möglich gewesen! Man stelle sich vor: Hexen auf dem Besen in Angriffsformation auf Städte und Dörfer – und das im Fernsehen! Stürme brausen, hühnereigroße Hagelkörner fallen, rechts und links der Flugbahn verendet das Vieh, unterhalb der tollkühnen Besenreiterinnen verdorrt der Wald, giftiger Rauch quillt aus den Schornsteinen der Hexenkaten, und rechtzeitig zur Kaiserwahl tritt die Elbe über die Ufer. Im Hintergrund die besorgte Stimme des Monitormoderators Klaus Bednarz: »Neuere Erkenntnisse der Scholastik belegen eindeutig den Zusammenhang zwischen Hexenflug und Unwetter. Die Wissenschaftler warnen seit langem vor dem Treiben der Satansweiber.« Wie wunderbar hätte man bereits damals Politik mit Bildern machen können! Schließlich ist alles, was im Fernsehen erscheint, wahr – sonst wäre es ja nicht gesendet worden.

Viele gegenwärtige, modernste politische Errungenschaften, die wir schmerzlich missen würden, gäbe es sie nicht, hätten sich zur Zeit der Inquisition nützlich machen können. Ich denke dabei an hysterisch wertvolle Hilfslehrer, so genannte »Nichtinquisitionsorganisationen« (NIOs), welche die Volkspädagogen bei ihrer schweißtreibenden Erziehungsarbeit unterstützt hätten. Weshalb sollte es im 15. Jahrhundert nicht den international umtriebigen Antimalefizkonzern *Inquisi-Peace* gegeben haben, dessen Akteure sich von Zeit zu Zeit spektakulär von Stadttürmen abgeseilt hätten? – Immer dann, wenn das Volk beim Hexenschutz nicht mehr so richtig mitmachen wollte. Ein Riesenspaß! Gaukler und Jahrmarktstruppen wären vor Neid erblasst, wenn *Inquisi-Peace* mal wieder publikumswirksam das Rad geschlagen hätte.

Der Hexenschutzklamaukkonzern hätte sich beispielsweise die kapitalistisch orientierte Muschel-Hanse vorknöpfen können, weil diese eine alte, morsche Kogge einfach im Nordatlantik versenken wollte. Ein Prisenkommando von *Inquisi-Peace* wäre mittels Ruderbooten an Bord gelangt. Ein sympathisierendes Kamerateam vom spätmittelalterlichen Dampffernsehen hätte den »heldenhaften« Einsatz dokumentiert, und am nächsten Abend wäre am Guckkasten das Innere der Kogge mit Tausenden herumliegenden Hexenbesen zu bewundern gewesen. Und nicht mit zwei oder drei, wie die Muschel-Hanse behauptete.

Die Nähe zur Brent-Spar-Affäre, an die wegen ihrer Bedeutung ab Seite 67 noch einmal erinnert wird, ist natürlich beabsichtigt. Im Juli 1995 zeigte ARD den Film »Kampf gegen Shell«. Originalton: »Und dann stoßen die Besetzer auf radioaktiven Müll und fassweise giftige Ölschlämme, versetzt mit Schwermetallen wie Cadmium und Blei.« Groß im Bild tauchten Absperrbänder mit dem Radioaktivitätswarnsymbol auf. Es ist bislang ungeklärt, wer diese angebracht hat. Der Zuschauer sollte glauben, dass mit der Brent Spar radioaktiver Müll und Schwermetallabfälle illegal entsorgt werden sollten. Nichts davon ist wahr – außer der Tatsache, dass Politik heutzutage mit Bildern gemacht wird. Ach, hätte es doch zwischen 1590 und 1670 schon das Fernsehen gegeben! Wie viel Hexenschutzbewusstsein hätte damals geweckt werden können! Neben *Inqisi-Peace* wären zweifelsohne andere NIOs, wie der *BIND* (Bund der Inquisitionsnutzer Deutschland), von unschätzbarem Wert gewesen. Was haben die Leute damals alles versäumt!

## Das verdiente Ende des Hexenwahns oder
## Der Sieg des kritischen gesunden Menschenverstands

Obwohl oder gerade weil es damals keine Aufklärungsmöglichkeit über die Massenmedien gab, war 200 Jahre lang jeder Versuch, sich der Hysterie entgegenzustellen, zum Scheitern verurteilt. Zweifellos gab es bereits damals eine Art Schweigespirale, mit der auch heute noch Falsches durch einflussreiche Meinungsbildner zur voll synthetischen, öffentlichen »Wahrheit« wider besseres Wissen wird.[34] Wer heute gegen die unerträgliche Widerwärtigkeit der Political Correctness angeht, die Kennzeichen eines versteckten Totalitarismus ist, muss Mut haben. Im 16. Jahrhundert bedurfte es der Todesverachtung, gegen den Hexenwahn anzugehen.

Der Arzt Dr. Jan Weyer (geb. 1515) kämpfte unter ständiger Bedrohung durch die Inquisition gegen den Blödsinn. Der Hexenwahngegner Agrippa von Nettesheim (1486–1535) musste unter Todesandrohung widerrufen, und der besonders mutige, äußerst verdienstvolle Hochschullehrer Friedrich von Spee (1591–1635) wurde mit Vorlesungsverbot bedroht. Nicht vergessen werden darf der verdienstvolle Frankfurter Rechtsgelehrte Johann Fichard. Er veröffentlichte 1590 seine *Consilien*, die das Hexenprozessverfahren als unzulässig verurteilten.

1592 startete der Rostocker Rechtsprofessor Johann Georg Gödelmann mit seinem *Tractatus* (1592) einen Frontalangriff gegen den Hexenjäger Jean Bodin, einen der übelsten Inquisitoren. Ebenfalls um diese Zeit verlangte der Heidelberger Philosoph und Mathematiker Hermann Witekind, dass man »den Arzt und nicht den Folterknecht zur Behandlung der Besessenen heranziehe«[35]. Erst nachdem Johann Reiche 1703 für sein Sammelwerk mit dem bezeichnenden Titel *Unterschiedliche Schriften vom Unfug der Zauberei* unter Mühen einen Verleger gefunden hatte, ließen sich die meisten Juristen vom Unsinn des Hexenwahns überzeugen.[9] Die Franzosen fanden einen besonders eleganten Weg zur Bekämpfung der Hexenmassenpsychose. Sie nannten es »Doktorrezept«. Angebliche Hexen und Hexer, die von den untergeordneten Gerichten verurteilt worden waren, ließ man von zuverlässigen Ärzten untersuchen, die dann die Delinquenten für unzurechnungsfähig erklärten. Die mutmaßlichen Hexen und Hexer wurden freigesprochen.

Zweifellos war die Ketzer- und Hexenverfolgung eine Singularität, bei der die Obrigkeit unter Ausnutzung von primitiven Urängsten, Dummheit, Aberglauben, mangelnder Bildung und Profitgier eine Massenhysterie auslöste. Das erklärt aber nicht alles. Mit dazu gehören Stimmungen und das wohlige Wir-Gefühl, das Menschen empfinden, wenn sie mit der »veröffentlichten Meinung« übereinstimmen, die das Rudel als Wahrheit anerkennt. Exakt das aber ist der Hebel, mit dem Volkspädagogen aller Couleur arbeiten.

Oft sehen sich die lärmenden Meinungsbrigaden als avantgardistische Lichtgestalten oder werden von wohlwollenden Medien zu diesen gemacht. Meist sind sie aber nur ein Teil von jener Kraft, die stets das Gute will und meist das Dumme schafft. Solange es dabei bleibt, mag es angehen. Volkspädagogik kann aber auch ein Instrument übelster Machart sein. Ein Beispiel wirkungsvoller Volkspädagogik aus der neueren Geschichte beschreibt Alfred Zänker:[36] »Eklatante Beispiele der Massenpsychose hat das Dritte Reich geliefert. Unvergessen ist die ›Stunde der Idiotie‹ im Berliner Sportpalast nach der Niederlage von Stalingrad, als Propagandaminister Joseph Goebbels der entfesselten Masse zurief: ›Wollt ihr den totalen Krieg?‹, und ein jubelndes ›Ja‹ zurückkam.«

Offensichtlich lässt sich der Homo sapiens sapiens alles, aber auch wirklich alles, weismachen, insbesondere, wenn er als Masse handelt. Dies hatte Friedrich Schiller unter dem Eindruck der Französischen Revolution treffend pointiert:»Jeder, sieht man ihn einzeln, ist leidlich klug und verständig. Sind sie in corpore, wird gleich ein Dummkopf daraus.«

## Diagnosekriterien der Hexen- und Ökomassenpsychose

Zwar wird niemand gefoltert oder verbrannt, dennoch weist der Ökowahn unübersehbare Analogien zum Hexenwahn auf. Keiner kann das berufener bezeugen als der ehemalige UNEP-Chef und einstige Bundesumweltminister Klaus Töpfer, der auf einer Pressekonferenz am 29. April 1987 sagte:»Im Mittelalter soll es in der ersten Stufe der Inquisition bereits ausgereicht haben, mit der Anwendung der Folterinstrumente zu drohen. Das könnte man im übertragenen Sinne auf die heutige Umweltschutzpolitik anwenden.«[37] Richtig, Herr Töpfer, statt der Inquisition haben wir heute die Ökoquisition. Sogar die mittelalterliche *Scholastik* feiert fröhliche Urständ, und zwar als *Ökoscholastik*. Ging es im Mittelalter um den Wahrheitsbeweis kirchlicher Glaubensdogmen – auch entgegen der offen zutage liegenden Wirklichkeit –, geht es heute um den Wahrheitsbeweis ökologistischer Weltuntergangsdogmen. Die Scholastik benutzte als Methode spitzfindig geführte Disputationen und als Beweis die Aussagen von Autoritäten. Heutzutage bedient sich die Ökoscholastik spitzfindiger Computermodelle (engl.: »sophisticated models«), und den Wahrheitsbeweis liefert das Vorsorge- oder Vorsichtsprinzip.

Die Rolle der Hexen hat heute der Autofahrer, die Technik, die Chemie, die Kernkraft – kurz: die Industrie übernommen, von der das Land lebt. Mit im Karzer sitzen die modernen Wohlstandsbürger, die ganz und gar nicht von ihrer Bequemlichkeit lassen wollen. Im Einzelnen lassen sich folgende Kennzeichen eines organisierten Massenwahns auflisten:

1. *Ausdeuten von Personen, Gruppen oder auch Sachen, die an einem Missstand schuld sein sollen.* Hexen und Juden sollen Brunnenvergifter gewesen sein. Außerdem sollten sie durch das Maleficium Krankheiten wie die Pest, Unfruchtbarkeit, Siechtum und Unwetter verursachen.[64] Vorgeblich zum Erhalt der Schöpfung hat man sich heute die Ferienflieger, die Autofahrer, die Industrie, die Technik und natürlich die modernen Wohlstandsbürger vorgeknöpft. Sie werden von der Ökoquisition mittels einer wackligen Treibhaushypothese angeklagt, Klimaänderungen und Unwetter zu verursachen. Ganz schlechte Karten hat die Chemieindustrie. Sie zählt bei den Ökomätzchenbetreibern zu den geübtesten Brunnenvergiftern – als Giftschleuder schlechthin. Dazu gesellen sich die Energieerzeuger mit ihren Kernkraftwerken, denen Strahlinsten das Radioficium anhängen, während die moderne Molekularbiologie von Paniktroubadouren des Genoficiums beschuldigt wird.

2. *Machthaber oder Gruppen mit hohem Einfluss- oder Überzeugungspotenzial (»die Betreiber«), die von der Hysterie der Massen (»die Betriebenen«) profitieren.* Mittelalterliche

Päpste versuchten, ihre Macht durch Ketzerverfolgung, Inquisition und Hexenwahn zu festigen.[5,38] Davon profitierten Mönchsorden wie die Dominikaner.[39] Sowohl der Papst als auch die Ordensleute klammerten sich, solange es irgend ging, an die von ihnen heraufbeschworenen Gespenster. Ähnlich verhält es sich mit der von Richard Nixon initiierten Ökoquisition, der sich heute im Sinne der Schweigespirale sämtliche Politiker angeschlossen haben, um mit grünen Zaubersprüchen zu punkten. Die Rolle der Dominikaner übernahmen NGOs, wie Greenpeace, BUND, NaBu sowie Agenda-21-Gruppen und manche kämpferisch-engagierte »Gschaftlhuber« in Stadtverordnetenversammlungen. Sie alle dienen der Ökoquisition, die tagtäglich das zweifellos sinnvolle Umweltschutzprinzip durch maßlose *Überdehnung* missbraucht und allmählich unglaubwürdig macht.

Die Regierung Kohl hatte 1983 einfach nur Pech. Sie war am ersten Kulminationspunkt der Waldsterbenshysterie angetreten und agierte dennoch zunächst industrie- und wohlstandsfreundlich. Der ehemalige Abteilungsleiter im Bundesforschungsministerium, Dr. Günter Keil, analysiert als intimer Kenner des Waldschadensklamauks, wie die bürgerliche Koalition durch Nutznießer von Verheißungs- und Angstmythen unter Druck geriet. Als Ross und Reiter nennt er:[65,66]

- Umweltschutzgruppen
- Medien, die Mythen verwenden, um Leser/Hörer und Zuschauer zu bedienen
- Karrieristen, die Mythen nutzen, um auf deren Basis mit großem Engagement nicht existente Probleme[d] erst aufzubauschen, um sie dann entschlossen zu bekämpfen – wobei sie mit höherer Anerkennung rechnen
- Geschäftemacher, die an Irr- und Aberglauben sowie an unrealisierbaren, unwirtschaftlichen beziehungsweise

---

[d] Keil erläutert, wie die Waldschadensstatistik aufgrund fehlerhafter Annahmen zustande kam[65,66]: »Der Nadel- und Blätterverlust lieferte systematisch zu hohe Schadenszahlen. Umweltverbände und Medien protestierten gegen eine Änderung des Verfahrens und die Regierung sah sich veranlasst, unliebsame, kritische Forstwissenschaftler aus dem Expertengremium auszuschließen.«

unwirksamen Plänen Geld verdienen oder andere Vorteile daraus ziehen. Vorzugsweise Angstnutzung. Dies können renommierte Wissenschaftler sein.

Die überschwappende Tschernobylhysterie von 1986 gab der bürgerlichen CDU/FDP-Koalition den Rest. Sie verlagerte die Zuständigkeit für Umweltfragen vom Innenministerium zum neu geschaffenen Bundesumweltministerium. Obwohl die CDU nach wie vor an der Kernenergie festhielt, machte sie den Grünen das Leben schwer, weil sie noch grüner als die Grünen wurde. Infolgedessen gab es für den von 1998 bis 2005 agierenden grünen Umweltminister Trittin relativ wenig zu tun. 800 Umweltgesetze, rund 2770 Umweltverordnungen und fast 4700 Verwaltungsvorschriften existierten 2000 in Deutschland, die hauptsächlich eine Hinterlassenschaft der Regierung Kohl waren.

3. *Behauptungen, die zur Zeit der Massenhysterie weder falsifizierbar noch verifizierbar sind.* Der Klimawandel im 13. Jahrhundert brachte verheerende Unwetter. Bei der »Luciaflut« von 1287 kamen 50.000 Menschen um. Die erste große »Mandränke« verwüstete 1362 Schleswig-Holstein, und am 11. Oktober 1634 kam die zweite »Große Mandränke«, die »Burchardiflut«. Allein in Nordfriesland ertranken 9000 Menschen in den Fluten. Die Insel Strand wurde in Nordstrand und Pellworm zerrissen. Die Halligen Nübbel und Nieland verschwanden, und über 1300 Häuser, 28 Windmühlen und 50.000 Stück Vieh gingen verloren. Da die Grundkenntnisse der Meteorologie nicht vorhanden waren, wurde unter anderem behauptet, die Unwetter beruhten auf Gottesstrafe und Maleficium. In einer Chronik wird berichtet: »In diesem Jahr war ein sehr großer Hagel und Wind als nie zuvor gewesen, thät großen Schaden, ihro wegen fing man allhier etliche Weiber, welche den Hagel und Wind gemacht haben sollen, die man mit Urthel und Recht verbrennt.«[40]

Heute haben Autofahrer und Wohlstandsbürger die Rolle der Besenreiterinnen übernommen, obwohl die politisch erwünschte und gestützte Treibhaushypothese weder das mittelalterliche Klimaoptimum noch die kleine Eiszeit ab 1400 erklären kann. Mit Bannstrahl, Knoblauch und Rufmord verfolgt die Klima-Ökoquisition alle Wissenschaftler, die meinen, das Klima werde durch die von kosmischer

Strahlung abhängige Wolkenbedeckung gesteuert. Worin unterscheidet sich da die Ökoquisition von der Inquisition? Um 1980 wurde behauptet, der Wald sei nicht mehr zu retten. Selbst bei sofortigem Ergreifen von Gegenmaßnahmen sei Deutschland im Jahr 2000 weitestgehend entwaldet. Leider musste man zirka 20 Jahre warten, bis der Nonsens von 1980 widerlegt war. Unter dem Titel »Lüstern auf Tartarennachrichten« kommentierte die *FAZ* 1983 das Ökohysteriegeschäft: »Mit geringem geistigem Aufwand leisten ›Dokumentaristen‹ ihren Beitrag zur Katastrophenstimmung. Fotografen und Filmemacher sorgen für Horrorbilder von Umweltbeschädigungen, die niemand als Verallgemeinerung in Zweifel ziehen darf, ohne äußerster Böswilligkeit, Verstocktheit und Verantwortungslosigkeit geziehen zu werden. Die Zulieferer der Unheilsverkündigungsbranche sind noch lange nicht vollständig aufgezählt. In keinem Fall werden ihnen bei mangelhafter Stimmigkeit ihrer Befunde Korrekturen abgefordert. Sie lassen sich einfach ein neues Thema einfallen, wenn das alte nichts mehr hergibt.«[41]

4. **Volkspädagogik und Experten.** Zum Eintrichtern der politisch erwünschten Geisteshaltung wie dem »Hexenschutzbewusstsein« bediente man sich früher der Kanzelprediger, Marktschreier und Dominikaner. Dieser schweißtreibenden Psychowahnarbeit gehen heute Ökopein-Lyriker in den Medien oder Umweltschutzgruppen und Ökoleuchten aus der Politindustrie nach, die natürlich alle zum stolzen Kreis der unfehlbaren Wahrheitsbesitzer gehören – die so genannten Experten.

Muss man hierzulande wirklich noch daran erinnern, welch unsägliches Unheil ausgebuffte Volkspädagogik in jüngerer deutscher Vergangenheit anrichtete? Vor 70 Jahren hatte man sogar ein eigenes Ministerium für die Volkspädagogik – das Propagandaministerium! Man stelle sich einmal vor, um 1935 hätte es Superrechner gegeben, mit denen »Experten« wie heute das Klima »modellieren« könnten, und Goebbels wäre darauf abgefahren. Kampf gegen Klimagase bis zum Endsieg? Das Ein-Liter-Auto, des »Führers« neuer KdF-Wagen! Oder die Klimageheimwaffe: England, Russland und Amerika mit $CO_2$-Gasflaschen angreifen? Ist wirklich in Vergessenheit geraten, dass insbesondere Diktaturen von der indoktrinären Volkspädagogik leben, oder lieben gerade die Deutschen den Totalitarismus über alles? Weshalb sonst lassen sie sich derart von der Ökodialektik einwickeln? (Beispiel: »Sie sind für Kernenergie? Denken Sie denn gar nicht an die Kinder und Kindeskinder?«) Angesichts dieses Schmodders fragt man sich: Weshalb wird die Glotze nicht einfach abgeschaltet, wenn wieder mal ein Ökokasperltheater mit BSE, Klimakatastrophe, Kunststoffweichmachern und Acrylamidhorror nebst Schadstoff der Woche angesagt ist? Wo bleibt der vernunftgesteuerte Menschenverstand? Fällt dem durchschnittlichen Otto-Normalfernsehkonsumenten nicht auf, dass wir gesund und munter sind und ständig älter werden, trotz unsäglicher Gefahren, die von durchdringenden Ökotröten tagtäglich heraustrompetet werden?

Nach über 30-jähriger Ökoquisition glaubt manch einer, »natürliche« Tomaten hätten im Gegensatz zu gentechnisch veränderten keine Gene, Steuerzahlen sei Entlastung (vergleiche Ökosteuer zur Senkung der Rentenbeiträge), Sklaverei Freiheit (vergleiche Anwohnerparkausweis) und Krieg Frieden (vergleiche Brokdorfkrawalle oder Castortransportfestspiele).

5. *Heuchelei und Pharisäertum.* Die Päpste, die den Hexenwahn betrieben, kümmerten sich einen feuchten Kehricht um Armut, christliche Demut, Keuschheitsgebot und Nächstenliebe. Da es immer weiter menschelt, ist Wasser zu predigen und Wein zu trinken gerade in der Ökoszene recht geläufig. Die gleichen Leute, die um 1980 als 68er-Chaoten mit paramilitärischen Mitteln die Startbahn West bekämpften, hoben auf derselben von 1998 bis 2005 im Dienstflugzeug als Minister zu Staatsgeschäften ab.

Ein anderes Beispiel ist das Erneuerbare-Energien-Gesetz (EEG), das den Strom immens verteuert, aber umgekehrt für einen schnellen Euro beim Lieferanten alternativer Energien sorgt. Ärgerlicherweise zählen Grünen-Wähler vielfach zu den Besserverdienenden, von denen mancher ökoschizoid mit seinem Crossover-SUV samt Wohnwagen 3000 Kilometer im Urlaub abspult oder mit dem Porsche bei Aldi vorfährt. Zur Beruhigung des Gewissens montieren dieselben ökokosmetische Solarzellen auf das Bungalowdach, die durch das EEG eine fette Rendite abwerfen. Bezahlen tun's immer die anderen. Weil aber Rentner und Arbeitslose auch Stromverbraucher sind, hat das zur Folge, dass besser verdienende Ökos sich ihre Hobbyenergie vom kleinen Mann bezahlen lassen: die perfekte Umverteilung von unten nach oben – hin zu den Bessermenschen.

Grünen-Wähler zählen zu den gebildeten Schichten, und die verdienen nun einmal ordentlich. Das mittlere Nettoeinkommen der Grün-Enthusiasten liegt 2003 zwischen 2000 und 2500 Euro, wobei 32 Prozent sogar ein mittleres Monatseinkommen von mindestens 3000 Euro haben.[42] Die automatische Rolex tragen sie natürlich nur, weil sie ohne Batterie läuft.

»Uns wählen nicht die Reichen, sondern die Gescheiten«, meint der grüne Fraktionschef im Stuttgarter Landtag, Kretschmann.[42] Sind seine Wähler wirklich so gescheit, oder verfügen sie nur über mangelhafte naturwissenschaftliche Kenntnisse und sind nicht hinreichend informiert? Beispielsweise darüber, dass sich Pflanzenschutzmittelgrenzwerte an den Möglichkeiten moderner Messmethoden orientieren und weniger an deren Toxizität. Zweifellos sind auch einige besser verdienende Chemiker, Mediziner, Biologen oder Physiker darunter, die an ihre eigenen Spukgeschichten glauben und beim Ausbuddeln des täglichen Ökohorrors klammheimliche Freude bei der Vorstellung empfinden, wie Politiker mit dem Forschungsabfall aus der Panikindustrie bewaffnet neue Ökodaumenschrauben für die Bürger begründen. Es lebe der Totalitarismus der Berufsflagellanten!

6. *Panik.* Im 13. Jahrhundert konnte man die Menschen in Panik stürzen mit der Behauptung, Krankheiten und Unwetter beruhten auf dem Maleficium. Heute klappt's mit Tschernobyl oder Dioxin. Worin unterscheidet sich eigentlich die Ökoquisition von der Inquisition?

Ein schönes Beispiel stammt aus Belgien. Dort suhlten sich 1999 die Medien in einem Dioxin-Futtermittelskandal. Die Bevölkerung war also genügend sensibilisiert, als in einer Coca-Cola-Abfüllanlage durch menschliches Versagen eine geringfügig erhöhte Menge des zur Konservierung verwendeten Lebensmittelzusatzstoffs Natriumhydrogensulfit

(E 222) in die Brause gelangte. Noch beeindruckt vom vorangegangenen Dioxin-Kasperltheater, gerieten Dutzende Schülerinnen in Panik, erlitten Schwindelanfälle, Kopfschmerzen, Müdigkeitsattacken und Unwohlsein, nachdem sie von der etwas eigenartig schmeckenden Cola getrunken hatten. Viele mussten mit Angstattacken in Krankenhäusern behandelt werden. Der Klamauk war erst beendet, nachdem Professor Nemery von der Universität Leuven mitgeteilt hatte, in der Coca-Cola sei keinerlei Dioxin enthalten gewesen, und die gefundenen Verunreinigungen würden nicht zu den geschilderten Erkrankungssymptomen passen. Im Ergebnis mussten 160 Millionen Flaschen vernichtet werden, was dem Getränkekonzern einen Verlust von umgerechnet 100 Millionen Euro bescherte[43,44]. Eigentlich hätten die Panikmacher in ihren warmen Redaktionsstuben für den Schaden aufkommen müssen.

7. *Irrationalität, Hysterie und Zerstörung des kritischen, gesunden Menschenverstands.* Hysterie ist nach Brockhaus eine Auffassungsweise, die sich nicht auf Verstandesgründe, sondern auf gefühlsmäßige Gewissheitserlebnisse stützt. Und genau diese gefühlsmäßigen Ökogewissheitserlebnisse werden der Bevölkerung heute von Autoritäten eingebläut (siehe Punkt 4). Die Irrationalität offenbart sich schon im REACH-Konzept (EU-Chemikalienrecht seit 2006), das der Umweltminister Trittin deshalb für notwendig hält, weil die Chemie bisher einen »Großversuch am Menschen« durchgeführt habe und die Bevölkerung bei weitem noch nicht hinreichend vor den Gefahren der Chemie geschützt sei. Hier ist noch einmal zu fragen: Weshalb ist dann der altersbereinigte Gesundheitszustand der Bevölkerung auf einem weit höheren Level als in der guten, »ungiftigen« vorindustriellen Zeit? Weshalb werden wir dann, wie im Bild 1 gezeigt, seit der Industrialisierung immer älter? Weshalb eigentlich wird der kritische, gesunde Menschenverstand durch Umweltminister und »Experten« systematisch atomisiert?

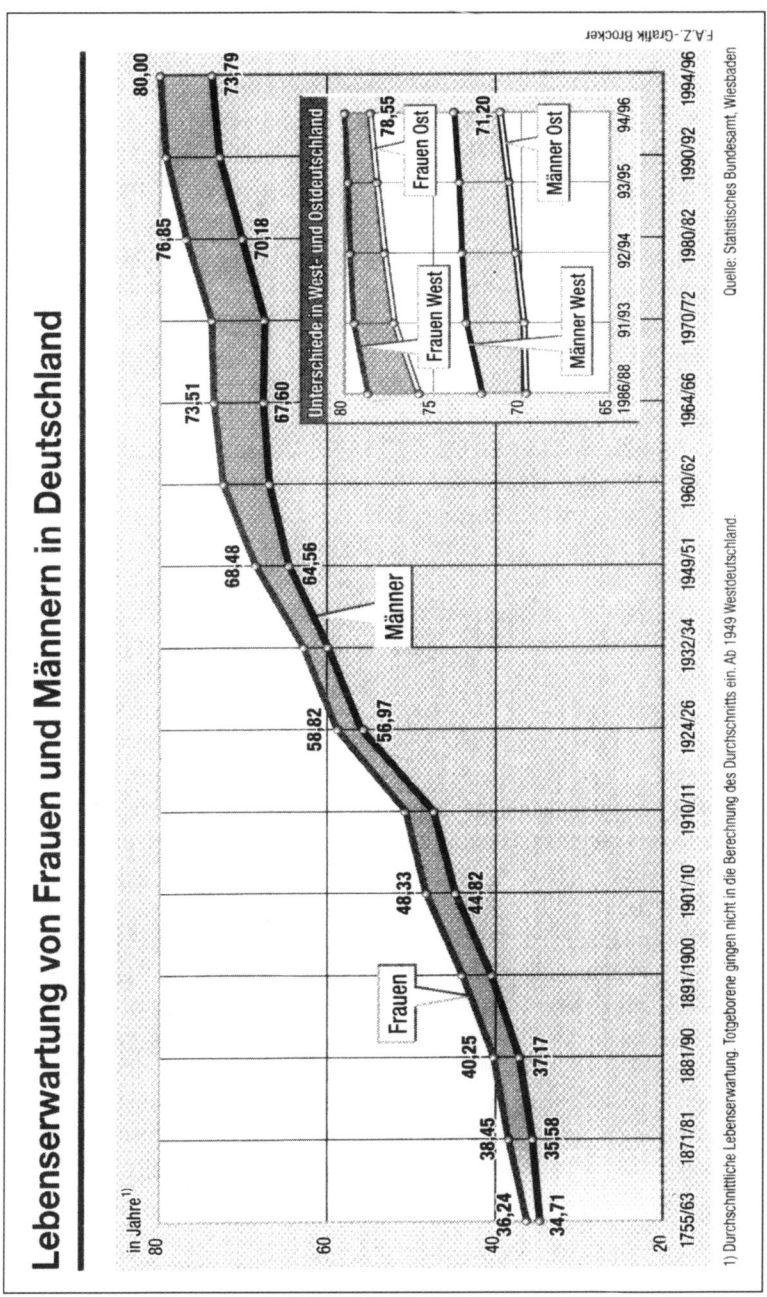

*Bild 1: Entwicklung der Lebenserwartung*

8. *Glaube, Ideologie, Religion, Religionsersatz, mangelndes Wissen.* Entgegen einer verbreiteten Vorstellung hat die moderne Wissenschaft den Hexenglauben keineswegs verdrängt, meinen die Philosophin Karen Green und ihr Kollege John Bigelow. Vielmehr seien die dämonologischen Theorien (Schadenszauber, Hexenritt), die als Rechtfertigung für Folterungen und Autodafés dienten, Früchte vom selben Baum der Wissenschaft wie die Physik Galileis oder Newtons.[45]

Tatsächlich ist keine Religion stärker naturwissenschaftlich begründet als die Umweltgesundbeterei, derer sich die Öko-tütelüt-Society in unserer säkularisierten Zeit als Glaubensersatz bedient.[46]

Sicherlich hätte sich die Solidargemeinschaft der Ökojammertaler nicht ohne die besonders im Westen der Republik weit verbreitete naturwissenschaftliche Legasthenie derart ausbreiten können.[47] Sie betrifft vor allem auch das so genannte Bildungsbürgertum, wie Dietrich Schwanitz bekennt: »Naturwissenschaftliche Kenntnisse müssen zwar nicht versteckt werden, aber zur Bildung gehören sie nicht.«[48] Doch! Würde der Begriff Entropie (zweiter Hauptsatz der Thermodynamik) nur ansatzweise zur Allgemeinbildung gehören, so wäre die alberne Vorstellung von einer »Welt im Gleichgewicht« bei wachsender Zahl der Bedürfnisträger und steigendem Wirtschaftswachstum längst beerdigt. Es gäbe auch keine nekrophilen Rituale mit liebevoll getrenntem Gelber-Sack-Müll, der von städtischen Bestattungsunternehmen unter hohem Spritverbrauch eingesammelt wird, um auf dem »Wertstoffhof« einer Auferstehung als minderwertige Recyclingware entgegenzusehen. Der Siedlungsabfall würde schlicht in den Ofen wandern, wo er hingehört samt der Töpfer-Merkel-Trittin-Verpackungsverordnung. Niemand würde mehr an das ewige Leben von Joghurtbechern und Spülmittelflaschen glauben, wäre der Entropiebegriff Bestandteil der Allgemeinbildung.[e]

---

[e] Nach dem Entropiegesetz nimmt die Unordnung bei jedem natürlich ablaufenden Prozess zu. Das kann jeder erfahren, der ein aufgeräumtes Kinderzimmer nach einiger Zeit wieder betritt. Leider muss man beim Aufräumen mehr Arbeit (Energie) aufwenden als beim Durcheinandererzeugen. Das ist ein Naturgesetz, das vom Bundestag auch

Ökologismusapostel können ihre profunde naturwissenschaftliche Legasthenie auch nicht kompensieren, indem sie als Teil der Ökoquisition hochkarätige, voll ausgebildete Naturwissenschaftler in ihren Sold stellen. Sie bleiben weiterhin ohne eigenen Intelligenz-Input.»Denn jeder Naturwissenschaftler, wenn er denn fürs Ökomarxistische schwärmt oder sonst wie ›kritisch‹ angehaucht ist, kann selbstverständlich genügend Materialien gegen unsere Technik- und Wohlstandsgesellschaft zusammentragen«, schrieb ich 1997.»Und noch etwas übersehen die Anhänger unserer ›kritischen‹ Umweltsanitäter: Sie wähnen sich im Alleinbesitz der ›universellen Wahrheit‹ und merken nicht, dass sie lediglich Mitglieder einer weit verbreiteten ›Nörgelsekte‹ sind. Auch halten sie ihre Kritikfähigkeit für den Ausfluss hoher Intelligenz. Noch nicht einmal das stimmt, denn ein Wohlstands- und Technikquerulant benötigt keineswegs viel Intelligenz. Seine Argumente liegen überall wohlfeil und von den Medien mundgerecht zubereitet herum. Er braucht sie nur aufzugreifen. Das ist alles. Deshalb ist der technikkritische Nörgelkult etwas für Denkfaule oder gar für Dumme!«[49]

9. *Geld- und Machtgier der Hysteriebetreiber.* Päpste sicherten ihre Macht durch die Hexenverfolgung, und die Inquisition machte ein gutes Geschäft, weil das Vermögen der Opfer an die Betreiber des Prozesses fiel. Heute leben Machtsuchtknochen aus dem Politbetrieb, die sich nicht nur die Demokratie zur Beute gemacht, sondern sie auch geschädigt haben, vom täglichen Ökohorror. Es ist halt zu schön, wenn man einen Chauffeur hat, der den Wagenschlag aufreißt; wenn man auf Steuerzahlers Kosten erster Klasse verreist, Machtknöpfchen drehen darf wie Kinder am Regler der Spielzeugeisenbahn, Sonderflüge genießt, an Informationen

mit einer Zwei-Drittel-Mehrheit nicht geändert werden kann. Will man also aus dem Gelber-Sack-Müll wieder einen Joghurtbecher herstellen, muss mehr Energie hineingesteckt werden als bei der Herstellung desselben aus Erdöl. Ein anderes Beispiel sind ausgebrannte Raketenstufen im Weltall. Würde man Raumfahrzeuge hochschießen, um sie wieder einzusammeln, müsste man aus Gründen der Entropie mehr Energie – und Kapital – einsetzen, als der ganze Weltraummüll wert ist.

kommt, die dem Rest der Bevölkerung vorenthalten bleiben, ständige Beachtung findet, alle Ritt lang ein Mikrofon vorgehalten bekommt, damit man Epochales hineinplappert und dann das dirigierte Volk nach Belieben die verrücktesten Tanzfiguren vollführen lässt. So etwas macht süchtig! 1968 der Cannabisjoint – 30 Jahre später der Machtjoint. Süchtig sind auch die Umweltschutzverbände, und zwar nach Geld und Beachtung. Da sie sich nach eigenem Eingeständnis als Dienstleistungsunternehmen (!) verstehen, haben der BUND und der NaBU 1995 Drückerkolonnen losgeschickt, die für jedes neu geworbene Mitglied 80 Prozent des ersten Jahresmitgliedsbeitrags bekamen. Dass Greenpeace eine Geldmaschine ist, hatte 1991 bereits der *Spiegel* aufgedeckt. Selbst den Brent-Spar-Klamauk betrieb Greenpeace, um die flaue Geschäftslage etwas aufzubessern.[50]

10. **Angst und Gespensterglaube.** Der vor 1900 Jahren lebende Stoiker Epiktet formulierte bereits die Praxis der Inquisition und Ökoquisition:»Nicht die Dinge selbst, sondern die Meinungen von den Dingen beunruhigen die Menschen.« Nicht die bucklige, kranke, alte Frau an sich beunruhigte ihre Zeitgenossen, sondern die *Meinung*, sie beherrsche das Maleficium. Der Philosoph H. L. Mencken beschreibt diese gern geübte Politpraxis als Methode, »die Bevölkerung mit herbeigeredeten Gespenstern zu alarmieren, sie kontinuierlich in diesem Zustand zu erhalten, und anzubieten, die Gespenster zu vertreiben, falls man sie wähle«[51].

11. **Verunsicherung, Einschüchterung und Feigheit.** Um ja nicht anzuecken, halten viele Naturwissenschaftler, die anderer Meinung als die Ökotrommler sind, den Mund. Unter dem Titel »Ist Ihre Wissenschaft ›ökopolitisch korrekt‹?« schrieb 1997 das österreichische Magazin *a3Um-Welt:*[52] »Das letzte Jahrzehnt ist von einem subtilen Druck auf Wissenschaftler gekennzeichnet, ihre Forschung auf die Unterstützung partikulärer Umweltpolitik auszurichten. Es scheint, dass wissenschaftliche Untersuchungen nicht mehr nach streng wissenschaftlichen Kriterien, sondern eher nach den möglichen politischen Implikationen der Schlussfolgerungen bewertet werden.« Das klassische Bei-

spiel hierfür ist Al Gore, der als US-Vizepräsident seine politischen Druckmittel mehrfach aufs Intensivste einsetzte, um Forschungsprojekten die gewünschte ökopolitisch korrekte Richtung zu geben (Näheres siehe auch Seite 249 ff.). Forscher, die beim ökoreligiösen Psychotheater nicht mitmachen, werden stigmatisiert. Als der Freiburger Professor Spieker 1996 beim Waldsterben entwarnte, fiel die Ökoquisition über ihn her.»Der Rektor und alle sonstigen Würdenträger duckten sich weg und warteten passiv und geduldig das Ende der Steinigung ab.«[65] Kary B. Mullis, der für die Entdeckung der Polymerase-Kettenreaktion den Nobelpreis erhielt, hat es da leichter. Er kann es sich erlauben, nicht an die kanonisierte $CO_2$-Klimakatastrophe zu glauben, und äußert das öffentlich vollkommen ungeniert.[53]

12. **Beamte, Wissenschaftler, Wahrheitsverkünder und Ähnliche im Dienst politisch gesteuerter Kampagnen.** Um 1540 richtete Paul III. in Rom das *heilige Offizium* als Kardinalskollegium ein, das über die Reinhaltung der Glaubens- und Sittenlehre wachen sollte. Schnell wurde offenbar, dass die heiligen Sitten- und Denknormdirektoren überhaupt keinen Spaß verstanden. So wurde 1600 der Humanist Giordano Bruno öffentlich verbrannt, weil er das heliozentrische Weltbild Kopernikus' vertrat. Schließlich steht in der Bibel:»Sonne, stehe still zu Gibeon, und Mond, im Tal Ajalon« (Josua 10,12–13). Folglich dreht sich die Sonne um unseren Globus und nicht umgekehrt. Basta! Genau deshalb musste sich auch Galilei 1633 vor dem *heiligen Offizium* verantworten. Nur weil er widerrief, kam er mit dem Leben davon. Um ihn im Auftrag der Regierenden zu widerlegen, schauten 1610 im Haus des Professors Magini 20 Professoren »der Reihe nach mit würdevoll strenger Miene durchs Fernrohr – und erklärten, nichts gesehen zu haben«[54].

Geschichte wiederholt sich nicht, dennoch spiegeln sich historische Ereignisse in immer neuen Facetten wider. Der Hysteriebedarf, ohne den der Ökologismus nach kürzester Zeit sein wohlverdientes Ende finden würde, wird heute durch nationale und internationale Umweltbehörden bedient, die als Teil des grünheiligen *Ökoffiziums* die Einhaltung der täglichen Happy-Öko-Hour überwachen. Nach Meinung des Wissenschaftssoziologen Peter Weingart wird »der Umgang der Politik mit wissenschaftlichem Wissen ... immer instrumentell bleiben«. Mitspieler finden sich leicht, denn es geht inzwischen »in der Wissenschaft zuweilen um viel Geld und um Karrieren«. Als Grund, weshalb die Politik ständig nach wissenschaftlichem Wissen giert, nennt Weingart: »Die Antwort liegt in der hohen Autorität, die wissenschaftliches Wissen bei uns immer noch genießt. Wer als Politiker zeigen kann, dass seine eigenen Interessen sich zumindest scheinbar im Einklang mit der Wissenschaft befinden, hat die höchste Legitimation.«[55]

13. *Unterdrücken von Meinungen, die das Glaubensfundament einer Massenhysterie angreifen.* Bücher wider den Hexenwahn wurden entweder nicht gedruckt oder ignoriert. Heute stellen Buchhändler aus der abgetakelten 68er-Riege ökokritische Bücher nicht gerade in die erste Reihe der Verkaufsregale. Auch schlagen Rezensenten bei Antiökoquisitionsfibeln die Hände über dem Kopf zusammen, weil sie das hohe geistige Entgiftungspotenzial fürchten. Die gleichen Leute geraten bei Al Gores Weltuntergangsklamotte *Wege zum Gleichgewicht* vor Freude aus dem Öko-Häuschen.

Manche Bücher, die die Augen öffnen könnten, werden erst gar nicht übersetzt. Dieses Schicksal erlitt Aaron Wildavskys Buch *But is it True?*, das 1995 von der *Harvard University Press* verlegt wurde. Wildavsky hatte als Universitätsprofessor in Berkeley Hunderte Studenten beauftragt, gängige Weltuntergangsszenarien anhand der Fachliteratur auf ihren Wahrheitsgehalt hin abzuklopfen (zirka 2000 Literaturzitate). Zusätzlich bat er angesehene, unabhängige Fachleute, die nicht am Tropf der steuergeldgenährten Ökohysterieforschung hängen, seine Schlussfolgerungen zu überprüfen. Sein sauber belegtes Fazit: Von A wie Asbest bis Z wie Zyklone durch die Klimakatastrophe wird die Menschheit seit Jahren mit Tartarenmeldungen auf den Arm genommen. – Obwohl Wildavskys Buch in Amerika ein Bestseller war, wurde es nie ins Deutsche übersetzt, obgleich man hierzulande am stärksten unter der Ökopsychose leidet und dringend Genesung benötigte.

Werden Bücher unterschlagen, mag es noch angehen; wenn jedoch inquisitionsähnlich gegen unliebsame Anti-Öko-Autoren vorgegangen wird, beginnt sich Geschichte zu wiederholen – allerdings ohne Autodafé, dafür aber mit wissenschaftlichem Rufmord! Der dänische Statistikprofessor Björn Lomborg musste das erfahren. Er hatte das Buch *The Skeptical Environmentalist* geschrieben, das in viele Sprachen übersetzt wurde (deutsch: »Apocalypse No!«, zu Klampen Verlag, 2002). Für Berufsapokalyptiker und Ökoknallerbsen ist Lomborgs Buch eine unerträgliche Zumutung, weil er wissenschaftlich sauber den Unfug der Ökoquisition belegt.[56] Da drohte Gefahr, insbesondere, weil das Werk im englischsprachigen Raum sehr gut ankam.[57] Das Wissenschaftsmagazin *Scientific American* beauftragte den von der Klimahysterie lebenden Forscher Stephen Schneider mit der Überprüfung von Lomborgs Thesen.[58] Da dieser zu den größten Sirenendrehern der Klima-Alarmszene zählt, hätte man genauso gut einen Mops beauftragen können, einen Wurstvorrat zu bewachen. Schneider lieferte prompt das politisch gewünschte Ergebnis, Lomborgs Untersuchungen und Zusammenfassungen seien fehlerhaft und wissenschaftlich unhaltbar. Wer hätte denn das gedacht?

Am 6. Januar 2003 machte sich die Ökoquisition offiziell über Lomborg her. Der dänische Nationalfonds (DRA) warf ihm wissenschaftliche Unredlichkeit vor. Dazu berief man unter der Bezeichnung »Danish Committees on Scientific Dishonesty« (DCSD) ein hohes Ökoquisitionsgericht ein. Den Tiefpunkt markierten die Ökowissenschaftler (!) Stuart Pimm und Jeff Harvey, »als sie die Argumentation Lomborgs mit derjenigen von Auschwitzleugnern gleichsetzten – und das nicht am Stammtisch, sondern in der Wissenschaftszeitschrift *Nature* vom 8. Januar 2001«[57,59].

Die Faschismuskeule ist die letzte, die ultimative Stinkbombe, mit der Gutmenschen um sich werfen, wenn sie nicht mehr weiterwissen. Bei der Masche gerät schon jemand in Verdacht faschistoider Grundhaltungen, wenn er das Deutschlandlied summen kann, pünktlich auf der Arbeit erscheint und für Atomenergie ist. Weil damit das Faschismusargument wie eine Faschingsklatsche inflationär missbraucht wird, beleidigen die Betroffenheitsartisten jedes Mal die Opfer der größten Barbarei des 20. Jahrhunderts. Unabhängig davon ist es einfach skandalös und passt nicht in unser angeblich aufgeklärtes Zeitalter, wenn Jahrhunderte nach dem Ende der Inquisition mit einem Artikel in einer Zeitschrift die Hexenjagd auf einen Wissenschaftler eröffnet wird. Erst nachdem sich die Vorwürfe der Gegner als vollkommen unhaltbar erwiesen hatten, rehabilitierte das dänische Wissenschaftsministerium Lomborg und beschuldigte zu Recht das DCSD-Gericht, es sei ehrverletzend sowie wissenschaftlich unsauber vorgegangen. Außerdem habe es mit null und nichtigen Argumenten gearbeitet.[60]

Die Heftigkeit, mit der die etablierte Umweltbeamtenschaft – pardon, Forschergilde – gegen Lomborg vorging, ist verständlich. Letztendlich geht es um die Reputation der Herren Professoren und um die der Ökopolitiker, die durch Mehrheitsbeschluss alle im Vollbesitz der Wahrheit sind. Dennoch, auf die Dauer wird die internationale Ökoquisition nicht verbergen können, dass sie die zivilisierte Menschheit mit maßlos übertriebenen Katastrophenszenarien seit mehr als 30 Jahren systematisch von früh bis spät ins Ökobockshorn gejagt hat und weiter jagt. Wie aber konnte es 200 Jahre nach Beginn der Aufklärung zu solch einem *Glaubensspuk* kommen?

# 2. Panikkapellmeister, Dom-Pérignon-Society und Ökoschunkelgruppen

Richard Nixons Öko-Halali war noch nicht ganz verhallt, da begann auch schon das Öko-Orchestrion eifrig zu klappern: »In der kurzen Zeit, seit der »NATO-Ausschuss für Aufgaben der Modernen Gesellschaft« (CCMS) im November 1969 ins Leben gerufen wurde, zeichnet sich bei den Mitgliedsstaaten eine wachsende Tendenz ab, Sonderministerien, -behörden oder -ausschüsse zu gründen, die sich koordiniert mit Umweltfragen befassen«, heißt es in einem NATO-Dokument.[1] Frankreich schuf 1971 ein neues Ministerium für Umweltfragen, die USA gründeten eine Umweltschutzbehörde, die EPA (»Environment Protection Agency«) mit ihrem ersten Chef William Ruckelshaus. Großbritannien und Kanada standen dem in nichts nach. In Deutschland aber, dem heutzutage ökohysterischsten Land, lag der Umweltschutz anfangs noch in den Händen des Innenministers.

## Die Freunde und Freundinnen der schlimmen Botschaft

Sechs Jahre nach Nixons politischem Startschuss traf man sich auf Initiative der US-Regierung im »Fogarty International Center« (Bethesda, Maryland) zum Woodstock der Ökosuchtszene. Dies allerdings immer noch unter Ausschluss der »kritischen netten jungen Leutchen« – den 68ern. Die hingen damals total verkifft in ihren WGs herum und versuchten mittels Mao-Bibel, billigen Rotweinen, halluzinogener Pilze und Räucherstäbchen psychedelische Kraftnahrung zu tanken für ihren Sturm auf die Demokratie.

In Bethesda reichte die 74-jährige Anthropologin Margaret Mead statt eines Joints ein Patentrezept zum Angst-und-Bange-Machen herum, das sie vor den versammelten Wissenschaftlern ausbreitete:[2] »*Wir stehen vor einer Periode, in der die Gesellschaft Entscheidungen im globalen Rahmen treffen muss ... Was wir von Wissenschaftlern brauchen, sind plausible, möglichst widerspruchsfreie Abschätzungen, die Politiker nutzen können, ein System künstlicher, aber wirkungsvoller Warnungen aufzubauen, Warnungen, die den Instinkten entsprechen, die Tiere vor den Hurrikan fliehen lassen ... Es geht darum, dass die notwendige Fähigkeit, Opfer zu erbringen, stimuliert wird. Es ist deswegen wichtig, unsere Aufmerksamkeit auf die Betonung großer möglicher Gefahren für die Menschheit zu konzentrieren.*«

Damit verlangte Frau Mead von den Wissenschaftlern nichts anderes als die Schaffung einer vollsynthetischen Scheinrealität. Womit der *Ökologismus* als *Umweltschutz-* und *Schadstoffreligion* aus der Taufe gehoben war. Ergänzend dazu wurde die Einsetzung der *Ökoquisition* beschlossen, die von plausiblen und schwer widerlegbaren Szenerien lebt, mit denen die politisch gewollte lückenlose Angstversorgung der Bevölkerung gesichert werden kann. Die wichtigsten Glaubensartikel des Ökologismus lauten unter anderem: Der Wald stirbt durch Autofahren; Krebs kommt von Chemiegiften; REACH schützt die Gesundheit; natürliche Radioaktivität gibt es nicht; Kernkraftwerke verursachen Leukämie. Ergänzt wird der Kladderadatsch von der Klimakatastrophe, Gentechnik, verseuchten Lebensmitteln und Schadstoffdämpfen aus Teppichböden. Da man bekanntlich dem Homo sapiens sapiens alles, aber auch wirklich alles, einschwätzen kann, ging die Paniksaat prächtig auf. Das Ende aller Zeiten ist nah – heiliger Sankt Ökologus, steh uns bei jetzt und in der Not!

Auf Seite 34 des NATO-Protokolls[3] findet sich folgende harmlos klingende Notiz:»Im Jahre 1971 nahm die (deutsche) Bundesregierung eine völlige Reorganisation ihrer Struktur vor, um den Fragen des Umweltschutzes den ihnen gebührenden Platz einzuräumen.« Genau das war die Stunde von Genschers Staatssekretär Dr. Günter Hartkopf, der den Aufbau des deutschen Ökokasperltheaters verantwortlich leitete. Als Sprecher der 1971 gegründeten Arbeitsgemeinschaft für Umweltfragen übernahm er nicht nur den Begriff Umweltschutz

(»Environment Protection«) aus dem Amerikanischen, sondern entwickelte Nixons Umweltprogramm zum galoppierenden Ökowahn – dem modernen Morbus germanicus.[1,4] Nicht die Medien, die Bürgerinitiativen oder die 68er setzten den Ökokarnevalswagen in Bewegung. Nein, die Hysterie ist nachweislich ein von der sozialliberalen Regierung Brandt/Schmidt veranstalteter Klamauk, der als politisches Perpetuum terribile unter Töpfer während der Ära Kohl unaufhörlich weiterklapperte. Wie das ablief, schildert Hartkopf 1986 in Bad Kissingen. Klar und deutlich beschreibt er in einer Rede die Kriegführung der Politik gegen die Wohlstandsgesellschaft, die Industrie und deren Arbeitnehmer.[5] Zunächst berichtet er, wie die Vorstände großer Unternehmen am 3. Juli 1975 auf Schloss Gymnich geleimt wurden, als sie sich gegen überzogene Umweltauflagen zur Wehr setzen wollten. Originalton Hartkopf: »*Hohe Beamte in wichtigen Ressorts, die das Buch über die ›Grenzen des Wachstums‹ nicht nur gelesen, sondern auch verstanden hatten, organisierten daraufhin im Vorfeld des Treffens den Teilnehmerkreis so um, dass eine beachtliche Umweltstreitmacht den Wirtschaftsbossen gegenübergestellt wurde ... Der argumentative Sieg der Verwaltung über die Wirtschaft und die ihr nahe stehenden Politiker war gegen Abend des denkwürdigen Tages eindeutig. Die Wirtschaft hat nie mehr versucht, ein zweites Gymnicher Gespräch zu verlangen.*« Spiel, Satz und Sieg für die Ökoquisition!

Im Rückblick verwundert es nicht allzu sehr, weshalb die Vorstandschefs großer Industrieunternehmen – von Ausnahmen abgesehen – sofort der Ökofahne nacheilten und ihre leitenden Mitarbeiter die Suppe auslöffeln ließen, während die kleineren Angestellten zu Hause fleißig den Müll trennten. Dies hat Folgen, denn die allgemein akzeptierte vollsynthetische Scheinrealität macht Unternehmen erpressbar, wie der Fall der Brent Spar belegt. Und genau aus diesem Grund haben sämtliche Firmen inklusive Shell die freie Meinung aufgegeben und sich bei der Ökopolonaise eingereiht.

In Bad Kissingen offenbarte Hartkopf dem Auditorium weitere erstaunliche Details: »*Die Umweltverwaltung – die ja zum weit überwiegenden Teil aus Beamten besteht – (setzt) mit langem Atem einen Großteil ihrer Vorstellungen durch, weil sie genau weiß, wann die Zeit gekommen ist, neue Grenz-*

*werte in die politische Entscheidung einzubringen. Eine reine Staatsorganisation könnte auch nicht übermäßige Erfolge vorweisen, weil als Gegner fortschrittlichen Umweltschutzes große finanzkräftige Wirtschaftsorganisationen mit Verbündeten innerhalb und außerhalb der Verwaltungseinheiten vorhanden sind. Zur Organisation des Umweltschutzes und damit zur Unterstützung der Umwelt bedarf es daher einer Lobby, die außerhalb von Verwaltung und Parlament Forderungen für Umweltschutz erhebt und damit in Politik und Medien gehört wird.«*

Nun folgt das Interessanteste. Hartkopf erklärt, wie Bürger mithilfe hoher Beamter der Ökodressur unterworfen und Bürgerinitiativen mit Steuergeldern (!) produziert wurden. Im Originalton:»*Nachdem zu Beginn der eigentlichen bundesdeutschen Umweltpolitik eine solche potente Gegenseite nicht vorhanden war, musste sie geschaffen werden ... Es waren vorwiegend Beamte, die den Grundstein für die Arbeitsgemeinschaft für Umweltfragen legten und sie mit Leben und sachlichen Mitteln ausstatteten ... Doch die Arbeitsgemeinschaft für Umweltfragen ist kein umweltpolitischer Kampfverband. Weil ein solcher fehlte, musste er eben gebildet werden. Es waren wiederum Beamte, die den Plan vorwärts trieben, örtliche Bürgerinitiativen zu einem Dachverband zusammenzuschließen, und die die Gründungsversammlung und noch einiges finanzierten.*« (Fast ein Staatsstreich!)

Was die Beamten mit Steuergeldern aus der Taufe hoben, waren Ökosingsangvereine, wie der »Bundesverband Bürgerinitiativen Umweltschutz« (BBU), der die bürgerkriegsähnlichen Schlachten um Brokdorf und Gorleben leitete und finanzierte. Nicht zu vergessen: Auch bei der Startbahn West, wo ein Polizist von einem der »kritischen jungen Leutchen« erschossen wurde, mischte der BBU mit. Hartkopf nennt 1986 in Bad Kissingen auch eine bemerkenswerte Zahl: »*Eine Mitgliedschaft von rund vier Millionen Bürgern kann jederzeit mobilisiert werden und bildet daher ein beachtliches Potenzial, an dem die Politik nicht vorbeigehen kann.*« Das muss man sich noch einmal durch den Kopf gehen lassen. Da schaffen sich Politiker und politische Beamte mit Steuergeldern (!) eine Öko-Sturmabteilung, um auf deren Druck hin der Bevölkerung gutmenschliche Öko-Correctness und später höhere Steuern zu verordnen!

In seiner Rede geht Hartkopf auch darauf ein, wie die Ökoquisition die Medien zu nützlichen Idioten machte. Er drückt
es etwas vornehmer aus und spricht von »*Tendenzinformationen*«, mit denen die Zeitungen – besser wäre Zeitgeistma-
cher – gefüttert wurden. Zur Glaubwürdigkeitssteigerung der
gezielt in die Welt gesetzten Tartarenmeldungen erschienen
Berichte in Wissenschaftsjournalen, die nach Hartkopf *»aus
der Feder von Beamten stammen, wenn man die Veröffentlichungen von Professoren und ihren beamteten Mitarbeitern
an Universitäten mit einbezieht. Die Fülle der substanziellen
Fachartikel ist so groß, dass die Wirtschaft weder von der
Menge noch von der Qualität her mithalten kann«.* Als einzelne Bundesländer in den 70er-Jahren versuchten, überzogene Grenzwerte im Interesse des gesunden Menschenverstands
und der Wirtschaft abzuschwächen, wurden sie nach Hartkopfs
Aussagen »*mithilfe der Medien wegadministriert*«[5].

Das Medium wurde somit selbst zum Medium, zum Trans-
portmedium der politisch gewollten Wirklichkeitsverzerrung –
der blanken Manipulation, wie Franz Alt 1976 in einem Anfall von Ehrlichkeit in *Bild der Wissenschaft* eingesteht: »*Meine Erfahrungen beschränken sich … auf die politischen Magazine. Aber natürlich gibt es hier keinen objektiven
Journalismus, aber natürlich müssen wir manipulieren – im
Fernsehen noch mehr als beim Rundfunk und bei der Zeitung
und im Magazin noch mehr als bei der Tagesschau. Ein Journalist, der sein Tun reflektiert, wird die Subjektivität seiner
Arbeit nicht bestreiten können … Diese Manipulation ist
nötig und möglich. Da sich aber in einem Ordnungssystem mit
freier Publizistik die intentionale Manipulation nicht ausschließen lässt, ist wesentlich, dass es einen Pluralismus der
Manipulationen, Manipulationsziele und Manipulationstech-
niken gibt. Es gibt keine Information ohne Manipulation …*«[6]

Folgt man dem Kieler Agrarwissenschaftler von Alvens-
leben, dann spielt bei Ökodressurakten die Bildkommunika-
tion eine Schlüsselrolle:[7] »Bilder sind ›schnelle Schüsse ins
Gehirn‹. Sie werden von den Konsumenten schneller wahrge-
nommen und besser in Erinnerung behalten. Sie unterlaufen
die gedankliche Kontrolle der Empfänger … Verbraucher werden durch diese Bildwirkung auf eine Weise konditioniert, wie
sie rational schwer zu kontrollieren ist.«

Ohne Flimmerkiste wäre die tägliche Ökohorrormanipulation niemals derart erfolgreich gewesen. Der Generaldirektor des italienischen Fernsehsenders RAI wünschte sich schon vor Jahren, seine Mitarbeiter sollten vor einer Sendung bekennen, welche Partei sie wählen. Das ließ sich natürlich nicht durchsetzen. Geschähe dies in Deutschland, gäbe es reihenweise Reklamationen bei den Händlern, weil jeder meinte, sein Gerät hätte einen Rot-Grün Stich. Nach einer Infratestumfrage von 1996 wählten von den Fernsehjournalisten, die eine Angabe machten: 27 Prozent die Grünen, 25 Prozent SPD, 11 Prozent die CDU und nur 4 Prozent die FDP[8].

Hartkopfs Ökoquisitions-Meisterstück wurde vom Vorstandsmitglied der BASF AG, Dietrich Kley, in einer Rede treffend kommentiert:»Im Jahre 1986 hat der ehemalige Staatssekretär im Bundesumweltministerium, Hartkopf, eine bemerkenswerte Rede gehalten ... In dieser Rede beschreibt er, wie eine Clique von Beamten, von ihren umweltpolitischen Zielen überzeugt, begonnen habe, systematisch ein Netzwerk aufzubauen, zwischen Behörden, Umweltverbänden, Medien, um auf diesem Wege die Politik durch öffentlichen Druck zu zwingen, was diese Gruppe als richtig empfand.[a] Das System hat funktioniert und funktioniert noch heute. Die Frage der demokratischen Legitimation wird nicht gestellt. Wie arbeitet das System? Innerhalb des Bundesumweltministeriums und des Bundesumweltamtes, in offensichtlich enger Abstimmung mit den selbst ernannten Blockwarten der Nation, den Umweltverbänden, werden Gesetze, Verordnungen und Verwaltungsvorschriften ausgearbeitet. Dabei wird die Zusammenarbeit mit den Verbänden (der Industrie), aber auch mit anderen beteiligten Ministerien und dem Kanzleramt, bis zur allerletzten Minute herausgezögert, um ja nicht wirtschaftlichen und fachlichen Sachverstand berücksichtigen zu müssen. Gleichzeitig werden die entsprechenden Unterlagen den Um-

---

[a] Der Autor des »Angsttrompeters« erinnert sich sehr genau, dass auf einer anderen Baustelle, nämlich in der Bildungspolitik, in Hessen in den späten 70er-Jahren eine Seilschaft gebildet wurde, die im beruflichen Schulwesen die »emanzipatorische Pädagogik« der Neuen Linken durchsetzen wollte. Dies ist in vieler Hinsicht gelungen, weil ein Referent des Kultusministers gezielt Befürworter der amtlich erwünschten Liebespädagogik mit der Bemerkung »ein guter Mann« förderte.

60

weltverbänden bis zu geeigneten Journalisten zugeschickt, um gegebenenfalls Änderungs- oder Ergänzungsvorschläge über die Presse oder anderen Medien sofort – also eine Art Präventivschlag – mit dem Bann des umweltpolitischen Blockierens belegen zu können. Das funktioniert heute so gut, dass Greenpeace mit einem Brief an einen subalternen Beamten des Bundesumweltministeriums die Haltung der deutschen Delegation auf einer internationalen Konferenz bestimmen kann, ohne dass die anderen Ministerien oder das Kanzleramt auch nur eine Chance hätten, dazu gehört zu werden.«[9]

Bleibt zu ergänzen, dass Hartkopf unter Klaus Töpfer und Angela Merkel unverdrossen im Umweltministerium weiter werkelte. Selten war nach 1933 mehr Manipulation im Lande!

## Ein ulkiges Buch – Realityshow oder Fiction?

1967 erschien in Amerika ein merkwürdiges Buch »*Report from Iron Mountain on the Possibility and Desirability of Peace*«, das auf Deutsch unter dem Titel *Verdammter Friede* erschien. Der Text schildert ein angebliches Treffen von 15 Spitzenkräften der US-Wirtschaft im Atombunker *Iron Mountain* bei New York.

Nach Überzeugung der Auftraggeber der Konferenz ermöglichte damals nur das »Kriegssystem«, stabile Regierungen zu bilden, weil es den notwendigen gesellschaftlichen Druck ausübe, politische Herrschaft zu ertragen. Die 15 Personen sollten nach »wahrhaft Schrecken erregenden stellvertretenden Feinden« suchen, welche die gesellschaftsstabilisierende Funktion des Kriegssystems ersetzen könnten, wenn es einmal zwischen der UdSSR und den USA zu einem Frieden käme. Die neuen, erfundenen Feinde sollten »aufgrund unmittelbarer und ständiger Bedrohung die unerschütterliche Ergebenheit einer Gesellschaft und damit die Anerkennung politischer Autorität sicherstellen«[10]. Als neue Klammern demokratischer Gesellschaften wurden von den Teilnehmern der *Iron Mountain*-Konferenz unter anderem diskutiert:[11,12]

– Glaubhaftmachen einer drohenden Invasion aus dem Weltraum durch UFOs

- Wiedereinführung der Sklaverei und Schutz davor durch demokratisch gewählte Regierungen
- »Blutspiele« als Wiederbelebung der Gladiatorenspiele
- Wiedereinführung »einer Art spanischer Inquisition auf modernem Niveau«, die dem Ziel der »gesellschaftlichen Reinigung« und der »Staatsicherheit« dienen soll

Besonders hartnäckige, sozial unzufriedene, minderbemittelte, psychologisch unkorrigierbare oder anderweitig schwierig integrierbare Individuen sollen, statt dem strengen militärischen Reglement unterworfen zu sein, »in mehr oder minder eifrige Sozialarbeiter umgewandelt« werden.[13]

Keiner der diskutierten Vorschläge stellte die Experten zufrieden. Deshalb einigte man sich auf eine »zweitbeste Lösung«. Als denkbaren, neuen Stellvertreterfeind, mit dem eines Tages die Bedrohung »der Massenvernichtung durch nukleare Waffen« ersetzt werden könnte, *erfand* man »*die Gefahr totaler Verschmutzung der gesamten Umwelt*«[14].

Leider würde es aber noch zwei bis drei Generationen dauern, ehe diese Bedrohung glaubhafte Ausmaße erreichen könnte. Sollten sich jedoch vorhandene Umweltschutzprogramme hinreichend aufbauschen lassen, könnte man die Bedrohung viel früher glaubhaft machen. Damit so richtig Schwung aufkäme, wurde sogar an »ein Programm zur Förderung der Umweltvergiftung« gedacht.[14] Ziel war, die »forcierte Umweltvergiftung so glaubhaft darzustellen, dass die Gesellschaft sie als wirklich bedrohlich empfindet«[10]. Diese Aufgabe sollten Medien und Filmproduzenten übernehmen.

Nach seinem Erscheinen landete der »Iron-Montain-Report« umgehend auf der Bestsellerliste der *New York Times*, wurde in 15 Sprachen übersetzt und in Deutschland unter anderem im *Spiegel* und in der *Süddeutschen Zeitung* besprochen. Nur über den Auftraggeber der *Iron Mountain*-Konferenz schweigt sich das Buch aus. Eventuell wegen des hohen Aufsehens – ganz ist das nie geklärt worden – bekannte der Autor Leonard C. Lewin 1972, er habe sich das Ganze als Satire aus den Fingern gesogen. Bleibt als Fazit: Wenn es auch nicht stimmt, so ist es doch gut erfunden und noch besser, es wird sogar danach gehandelt.

Spätestens seit den »Protokollen der Weisen von Zion« sollte man mit Verschwörungstheorien äußerst vorsichtig umgehen, dennoch ist es bemerkenswert, wenn man im amerikanischen Original des Berichts des Club of Rome von 1991 *(Die globale Revolution)* folgenden Satz findet:[15] »Auf der Suche nach einem neuen Feind, der uns [die Gesellschaft] wieder zusammenbringen könnte, kam uns die Idee, dass Umweltverschmutzung, die drohende Klimaerwärmung, Wasserknappheit, Hunger und dergleichen das Gleiche leisten können.« Ist doch interessant – nicht wahr?

## Dom-Pérignon-Society und Umweltschutz

Vom 8. bis 9. Dezember 1969 traf sich der »Ausschuss für Aufgaben der Modernen Gesellschaft« des Nordatlantikrates zum ersten Mal in Brüssel, um die Umsetzung der dritten Dimension der NATO zu beraten.[16,17] Nixon schickte seinen Sonderberater Daniel P. Monyhan, während die deutsche Regierung durch die Staatsekretäre Ralf Dahrendorf und Günter Hartkopf vertreten war.[1,17] Neben dem Treibhauseffekt, der Luftverschmutzung und anderem mehr ging es damals um praktische Fragen, wie beispielsweise um die Unterstützung von »Bürgerinitiativen« und »Pressure Groups«[18].

Dabei waren solche Gruppen keine allzu neue Idee, wie die Existenz des »World Wildlife Fund« (WWF) belegt, der sich um die Rettung des sibirischen Tigers und des Java-Nashorns verdient gemacht hat.[19] Als »Elite-Club« der Ökobewegung wurde der WWF bereits 1961 unter anderem von Luc Hoffmann, dem Erben des Schweizer Pharmakonzerns Hoffmann LaRoche, gegründet. Hoffmann hat sein ganzes Leben dem Schutz von Zugvögeln und den für sie überlebensnotwenigen Feuchtgebieten gewidmet. Im Gegensatz zum Otto-Normalmalocher konnte der Milliardär Beruf und Hobby unproblematisch zur Deckung bringen, denn sein Vermögen erlaubte ihm, 1952 nach seiner Promotion keinen mäßig bezahlten Job als Chemiker zu suchen, sondern sorglos seiner Lieblingsbeschäftigung nachzugehen – der soliden Finanzierung des Zugvogel- und Feuchtgebietsschutzes in der Camargue.[20]

Anders als die Greenpeaceleute mit ihrer Ökozirkusakrobatik, der NaBu und der BUND mit ihren Schikaniernummern, arbeitet der WWF vornehm geräuschlos wie ein mit Connollyleder ausgeschlagener Zwölfzylinder-Rolls-Royce.[21] Deshalb fanden und finden sich in dem Verein Honoratioren zusammen wie Prinz Philip Herzog von Edinburgh, Prinz Bernhard der Niederlande sowie Schah Reza Pahlevi von Persien. 1971 kam es auf Initiative des WWF zu einer heute recht bizarr anmutenden Koalition zwischen der niederländischen, der französischen, der englischen, der indischen und der südafrikanischen Regierung.[20] Auch der unfreiwillige Held der Regenbogenpresse, Prinz Charles, der aus Umweltschutzgründen bei der Jagd auf Bleimunition verzichtet und stattdessen scheinbar weniger giftige Antimongeschosse[b] verwendet, zählt zu den erlesenen Clubmitgliedern. In Deutschland ist man ebenfalls aktiv. Hier wurde die Sektion des WWF vom Mann fürs Liechtensteiner CDU-Spendengeld gegründet, Prinz Casimir von Sayn-Wittgenstein. Bekannterweise hat der Prinz bei der Grünfärbung der CDU während der Kohl'schen Regierungszeit kräftig mitgetüncht.

Außer dem WWF wurden und werden auch andere Institutionen der Ökoquisition von denjenigen unterstützt, denen es an nichts fehlt, weder am Rolls-Royce, Maybach, Porsche, 7er-BMW noch an einer Yacht, einem Schloss mit Jagdrecht oder einem Flugzeug. Sie alle sorgen sich, dass steigender Massenwohlstand nicht nur ihre herausragende Stellung mindern könnte, sondern auch, dass dadurch »die Schöpfung zerstört wird«. Allerdings ist da ein Pferdefuß. Die »Prinzengarde« der Ökobewegung merkt nämlich nicht, wenn der Benzinpreis auf zehn Euro pro Liter steigt – es sei denn, der Bevölkerung vergeht jegliches Interesse an Konsum und Arbeit, weil ihre Einkünfte in Form von Ökosteuern und -abgaben auf dem »Wir haben die Welt nur von unseren Kindern geborgt«-Altar geopfert werden. Dann fehlen plötzlich die zur Aufrechterhaltung der Wirtschaft benötigten Kunden. Es fehlen dann auch die Heloten, die den Rolls-Royce blank wienern und morgens zur Arbeit in die Fabriken oder ins Büro fahren.

---

b Hier sollte »Seine Königliche Hoheit« aufmerken, denn nach neueren Untersuchungen kommt die Umweltrelevanz von Antimon der von Blei nahe. Dabei ist zu beachten, dass ein Gewehrgeschoss um die acht Gramm wiegt und die moderne Analytik noch 0,000.000.000.000.001 Gramm messen kann. Da viel Antimon des Hasen Tod sein könnte, bevor er erschossen wurde, existieren Überlegungen, Grenzwerte in diesem Bereich festzulegen. Zumindest gaben im Jahr 2005 Experten »der Hoffnung Ausdruck, dass der Umweltrelevanz von Antimon in Zukunft mehr Augenmerk geschenkt wird«[66].

Die Sorgen des 2000-Euro-Otto-Normalverbrauchers sind auch nicht entfernt nachvollziehbar für Leute, die monatlich von 20.000 Euro aufwärts verbraten können. Deshalb ist Maxeiner und Miersch zuzustimmen, wenn sie die Ökoquisition als »gnostischen Reinheitskult westlicher Eliten« charakterisieren.[22] Dass vor allem die Führungsschicht der Industrieländer dem Ökologismus huldigt, wird vom ehemaligen Bundespräsidenten Walter Scheel bestätigt, der sich in den 70er-Jahren für Umweltbürgerinitiativen stark machte, um den nach Nixons NATO-Initiative propagierten Technikgefahren zu begegnen. Auf Vorhaltungen der Interviewpartner, dies könne doch nicht die bürgerkriegsähnlichen Ausschreitungen um Brokdorf rechtfertigen, entgegnete der damalige Bundespräsident: »Ich bin ein Anhänger von Bürgerinitiativen. Das folgt aus meiner Grundeinstellung.«[23]

# Die Ökosingsangvereine

Den höchsten Unterhaltungswert besitzt Greenpeace – eine Ökologismussekte[c], die 1970 aus einer Friedensinitiative des Quäkerehepaars Dorothy und Irving Stowe hervorging. Noch heute begleitet der Quäkerslogan »Bearing Witness« (Zeugnis ablegen) die Umweltartisten, wenn sie einen Gasmaskenball vor einem Chemiewerk inszenieren oder mal wieder ein kleiner Hausfriedensbruch wie beim Brent-Spar-Klamauk angesagt ist.

Als Gründungsdatum des geschäftstüchtigen Ökokonzerns gilt der 15. September 1971.[d] An diesem Tag lief das Schiff »Phyllis Cormack« aus dem Hafen von Vancouver aus, um gegen amerikanische Atomversuche vor der Aleuten-Insel Amchitka zu protestieren. Wahrscheinlich wären die grünfriedlichen Schlauchboothüpfer längst abgesoffen, hätten ihre tiefreligiösen Gründer nicht den im Südatlantik gelangweilt herumsegelnden Millionär David McTaggart kennen gelernt. Der brachte auch gleich die brillante Geschäftsidee mit, Spender um sich zu scharen und der Ökologismussekte eine straffe,

---

[c] Der *Spiegel* bezeichnete die Organisation einmal als McDonald's der Umweltszene.

[d] Auch hier kamen die »kritischen netten jungen Leutchen« wieder zu spät, denn Nixons NATO-Umweltinitiative war bereits 1969!

fast paramilitärische Struktur zu geben. Dies hat zur Folge, dass von den 534.713 deutschen Zahlmeistern (2004) gerade einmal 37 Personen (0,007 Prozent) bestimmen, wofür die Kirchensteuer – pardon: die Beitragssumme – auf den Kopf gehauen wird.[24,25]

Die Autoindustrie produziert Autos, Schuhfabriken Schuhe, Chemiewerke Farben, Kunststoffe, Seife, Medikamente und anderes mehr. Greenpeace produziert Hysterien und Ängste. Damit treffen sie das kuhwarme deutsche Romantikergemüt mitten ins Herz. »Angst und Sorge sind ja sowieso deutsche Spezialitäten«, schreibt die *Wirtschaftswoche* und erläutert:[26] »Vorsorge und Fürsorge dürfen zwar als gesunde Tugenden gelten. Doch bei den Deutschen mutieren sie zur Sorge schlechthin ... Eine Million Deutsche, so stellten Wissenschaftler der Universität Göttingen unlängst fest, sind krank vor Sorge. Generalisierte Angststörung nennt die Psychiatrie diese deutsche Volkskrankheit.« Dies erklärt nicht nur die Ökomassenpsychose – oder den sanften Ökowahn –, sondern auch den Erfolg der grünen Bewegung in Deutschland. Wäre Greenpeace eine Partei, säßen die 37 dirigierenden Mitglieder längst im Bundestag und nicht nur ein paar wie die Abgeordneten Monika Griefahn und Marco Bülow (beide SPD).

Es tut der Beliebtheit des Angstproduzenten auch keinerlei Abbruch, wenn seinen Produktionsbändern ein Flop nach dem anderen entschlüpft.[27,28] Die Journalisten Aune und Graf Praschma haben sogar ein Buch darüber geschrieben, in dem sie eine grünfriedliche Fehlzündung nach der anderen auflisten.[29] Eine Autowerkstatt mit ähnlichen Qualitätsmängeln wäre nach kurzer Zeit pleite! Nicht so Greenpeace. Bedauerlicherweise gibt es für fahrlässiges Schüren von Hysterie- und Angstkampagnen (Volksverhexung) kein Haftungsrecht, sonst hätte die Ökologismussekte längst Konkurs anmelden müssen. Die Gefahr besteht allerdings kaum, denn der spezifisch deutsche Selbsthass, die *Selbstverstörung und Selbstzerstörung*, geschürt durch unsere linksintellektuelle Meinungsschickeria, sind ein hoch wirksamer Schutz.

In Kanada ist man noch nicht so meschugge und hat den Ökoklabauterfrauen und -männern den Status der Gemeinnützigkeit aberkannt. In der Begründung heißt es, die Organisation handle »nicht im öffentlichen Interesse«; vielmehr sei das Ziel ihrer Aktivitäten, Betriebe stillzulegen, was für viele

Menschen »Armut bedeute«! Die Richter ordneten Greenpeace auch gleich einem neuen Dienstleistungsgewerbe zu,
dem Gewerbe des Bangemachens.[30,31] In Deutschland bleibt
der Psychokonzern ein Selbstläufer und ist so attraktiv, dass
sogar gestandene Industriemanager zu Greenpeace wechseln,
wie 1997 der Leiter des Vorstandsstabs des Bertelsmann-Buch-
konzerns, Walter Homolka.[22]

Wie Greenpeace arbeitet, offenbarte sich 1995, als der Um-
weltkonzern den Ölmulti Shell des *Ökofiziums* bezichtigte,
weil die Firma einen großvolumigen, leeren Blechkanister im
Nordatlantik versenken wollte (Achtung, Ökoschaumtüten:
Hier ist wegen Verharmlosung engagiert-kämpferische Empörung angezeigt!). Wahrheitswidrig wurde behauptet, nicht der
Nordatlantik, sondern die Nordsee sei für die Entsorgung der
Brent Spar vorgesehen. Außerdem seien noch 5500 Tonnen Öl
darin vorhanden – tatsächlich waren es knapp 50 Tonnen.
Solch kleine Irrtümer um schlappe 11.000 Prozent schaden
dem Ansehen der Ökologismuspriester nicht, sondern erhöhen
neben dem Unterhaltungswert auch noch die Glaubwürdigkeit.[e] Schließlich lässt sich ein echter Endzeitfreak nicht durch
Lappalien von seinem Psychowahn kurieren.

Dann wird es besonders interessant. Greenpeace behauptete, die Brent Spar enthalte größere Mengen Schwermetalle, die
das Meer hoch belasteten. Hierzu die Fakten:

– Das im Nordatlantik liegende hydrothermale Schlotfeld
  Broken Spur – eines von Hunderten – speist *jährlich* zwischen 500.000 und einer Million Tonnen Schwermetalle in
  das Meer ein.[33] Das ist das 34,5- bis 69fache des Gesamt-
  gewichts der Brent Spar! (Wo bleibt eigentlich der kritische,
  gesunde Menschenverstand der Ökopanikmeister?)
– Nicht zuletzt wegen maritimer Schlotfelder enthält Meerwasser[f] im Verhältnis zur Kontinentaloberfläche 5000-mal

---

[e] Die Organisation rangiert in der Vertrauensskala oberhalb der Cari-
  tas und knapp unterhalb des Roten Kreuzes.[67]
[f] In einem anderen Zusammenhang schrieb die *Medical Tribune* einmal:[68] »Wenn unser Herrgott heute für die von ihm erschaffene Erde
  bei der zuständigen Behörde die Dauerbetriebsgenehmigung einho-
  len müsste, würde sie ihm verweigert werden, denn die Erde hat zu
  viele Gebiete, die über den zugelassenen Grenzwerten liegen.«

mehr Kobalt, 4000-mal mehr Mangan, 1500-mal mehr Nickel, 150-mal mehr Kupfer und zehnmal mehr Zink.[34]
– Geht man irrtümlicherweise davon aus, dass sich die in der Brent Spar *elementar vorliegenden* Schwermetalle so leicht wie Kochsalz auflösen würden, wäre der Bleigehalt der Nordsee (hätte man die Brent Spar tatsächlich dort und nicht wie vorgesehen im viel größeren Nordatlantik versenkt) um 0,000.9 Prozent und der Nickelgehalt um 0.000.003 Prozent angestiegen.[35] Das war's.

Da man dem Öko-Homo-sapiens-sapiens bekanntlich alles, aber auch wirklich alles, einschwätzen kann, benahm sich halb Deutschland beim Shell-Boykott wie eine vom Hornissenschwarm gestochene BSE-Rinderherde.

Die umweltfreundlichste Entsorgung des Öltanks wäre die Versenkung im Nordatlantik gewesen. Darüber waren sich damals und sind sich heute die Fachleute einig.[36,37] Für 60 Millionen Euro wurde die Brent Spar vor der norwegischen Küste in große Zylinder zerschnitten. Schon die Energiebilanz fällt für die Ökopharisäer katastrophal aus. Statt des von den Versenkungsgegnern behaupteten Nettoenergiegewinns von 50.000 Giga-Joule brachte die Zerlegung einen Nettoenergieverlust von 115.000 Giga-Joule. Die Versenkung hätte nur eine Emission von 4000 Tonnen $CO_2$, 70 Tonnen $NO_x$ (Stickstoffoxide) und drei Tonnen $SO_2$ bewirkt. Im Gegensatz hierzu wurden bei der von Greenpeace verlangten Zerlegung 11.000 Tonnen $CO_2$, 116 Tonnen $NO_x$ und 179 Tonnen $SO_2$ in die Atmosphäre eingetragen[37].

Statt 60 Millionen hätten die Versenkungskosten weniger als 25 Millionen Euro betragen. Würde es mit rechten Dingen zugehen, müsste Shell den Differenzbetrag von Greenpeace gerichtlich einfordern. Wegen des moralischen Ansehens und des damit verbundenen hohen Erpressungspotenzials der Ökokapellmeister passierte natürlich nichts. Im Nachhinein hat sich Greenpeace bei Shell entschuldigt. Das allerdings war reine Heuchelei, denn »der Kampf gegen Shell habe unheimlich Spaß gemacht«, tönte es nach der Abbitte aus der Ökokonzernzentrale.[38]

In einem Leserbrief bringt es *FAZ*-Leser Pöhlmann auf den grünfriedlichen Punkt:[39] »Die manipulierten Fakten sind notwendig, um Unbedeutendes zu einem Katastrophenszenario aufzublasen. So zeigt man Präsenz und belegt die Notwendigkeit von Greenpeace. Aber: Es geht nicht um den Schutz der Umwelt, es geht um Macht, Einfluss auf Politik, Industrie und Gesellschaft und letztendlich um viel, viel Geld.« Tatsächlich war die Kampagne notwendig, weil Greenpeace wie bereits erwähnt in Geldschwierigkeiten steckte.

Patrick Moore, ein ehemals führendes Mitglied von Greenpeace, charakterisierte einmal die ausgebufften Angsttrompeter als »eine Bande wissenschaftlicher Analphabeten mit Gestapotaktiken[40] ... Emotionen waren schon immer die Stärke von Greenpeace. Wir wussten (in der Gründungsphase), wie man Auftritte so dramatisch inszeniert, dass die Fernsehsender nicht widerstehen konnten. Ich finde, man darf emotional wirkende Bilder, Filme oder Reden einsetzen, wenn die Sache wahr und gerecht ist. Wenn sie jedoch nicht stimmt, ist es egal, welche Taktik oder Rhetorik man anwendet. Es bleibt eine Lüge.«[41]

Dann legt Moore noch eins nach und sagt: »Greenpeace hat sich von der Logik und Wissenschaft entfernt ... Das lenkt die Öffentlichkeit ab und schadet dem Umweltschutz. Brent Spar war ein typisches Beispiel. Das Versenken dieser Ölplattform im Atlantik hätte keinerlei ökologischen Schaden angerichtet. Auch mit der totalen Ablehnung gentechnisch veränderter Nahrungsmittel erweist man meiner Meinung nach weder der Umwelt noch den Menschen einen Dienst.«[41]

Wissenschaftlich fundierte und lösungsorientierte Naturschutzgruppen werden noch lange überleben. Greenpeace gehört nach Moores Ansicht nicht hierzu. Längst hat der McDonald's der Umweltszene wie jeder andere Konzern eine betriebliche Alterssicherung aufgelegt. Moore kommentiert: »Ich hatte mir die Umweltbewegung nicht als bürokratischen Betrieb mit Rentenanspruch vorgestellt.«[41]

Nach intensivem 35-jährigem Greenwash-Prozess können die grünfriedlichen Schlauchboothüpfer tun und lassen, was sie wollen. Klagt das Ökotanzorchester gegen die Bahn, weil diese ein »giftiges« Herbizid verwendet, wird sofort gesprungen – auch wenn dessen Toxizität geringer als die von Kochsalz ist.[42] Natürlich reagierten die Veranstalter der Olympischen Spiele in Melbourne im Jahr 2000 ebenfalls sofort, als der Umweltkonzern gegen Kühlsysteme agitierte, die mit angeblich klimagefährdenden Kühlmitteln laufen.[43]

Meist ist bei Aktionen des Ökosingsangvereins auch ein

Kasperltheater angesagt, wie im Fall der Firma Nestlé, die in Deutschland einen amerikanischen Krokantschokoriegel namens »Butterfinger« anbieten wollte. Weil Greenpeace meinte, da seien schrecklich gefährliche Gen-Erdnüsse drin, pappten Ökoclowns in lächerlichen Schutzanzügen Gefahrenhinweise an die Regale: »Achtung, genmanipuliert!«[44,45] Nestlé beugte sich dem Ökoschrullenkonzern, widerrief und räumte die Lager. Pikanterweise musste ausgerechnet das von 1998 bis 2005 in Berlin regierende rot-grüne Panikorchester kurz vor seinem Abgang gentechnische Lebensmittel aufgrund einer EU-Regelung zulassen.[46] (Wann bekomme ich endlich wieder meine Nestlé-Butterfinger?)

Wenn's um die Freude am Nörgeln geht, macht Greenpeace selbst vor der ehemaligen Verbraucher-»schutz«-ministerin Künast nicht Halt. Angeblich wäre sie untätig, weil die gesetzlich erlaubten Höchstmengen für Pestizide in Lebensmitteln deutlich angehoben wurden. Bis 2003 seien 391 Werte erhöht und nur 145 Grenzwerte abgesenkt worden.[47] Welch grässlicher Schrecken, welches »Siechtum« da lauert, wird bewusst, wenn man sich vor Augen hält, dass die meisten heute zugelassenen Pflanzenschutzmittel eine Toxizität in der Größenordnung von Kochsalz besitzen und der gesetzliche Grenzwert der Stoffe 0,000.0001 Gramm pro Liter beträgt. Wo bleibt eigentlich der kritische, gesunde Menschenverstand?

Von der Politik ermuntert, mischt die Szene überall mit. Ein Beispiel ist der seit 1970 (!) geplante Weiterbau der Autobahn A 7. Die Straße soll die Bewohner der Allgäuer Orte Roßhaupten, Rieden, Hopferau, Seeg, Weißensee, Pfronten und Nesselwang von Abgasen, Straßenlärm und Stau in den engen Ortsdurchfahrten entlasten. Weil Dagegensein dem Ökologismus dient und andere zu ärgern einen unschätzbaren Spaßfaktor hat, blockierte der »Bund für Umwelt- und Naturschutz Deutschland« (BUND) jahrzehntelang den Weiterbau des 14,3 Kilometer langen Autobahnabschnitts.

Mit ständig neuen Einsprüchen vor Gericht schikanieren die Öko-Ordensbrüder und -schwestern geplagte Straßenanwohner bis zum Weißbluten. Nicht nur den Autofahrern, auch den Bürgern platzt der Kragen, wie man aus dem Internet erfährt: »Mit seiner starren Vorgehensweise hat der Bund Naturschutz seine Glaubwürdigkeit verloren; er stempelt sich zum ewigen Neinsager und wird zum Ärgernis für die Mehrheit der Bevölkerung.«

Das hat System, wie die jahrelange Blockierung der dringend notwendigen Neutrassierung der B 299/B 304 nördlich von Traunstein durch den BUND belegt. Die Philosophie der Naturapostel ist schlichten Geistes und lautet: Der Bau von Straßen zieht mehr Verkehr an. Als würden die Leute mehr Autos kaufen, wenn neue Verkehrswege gebaut werden. Mehr Gaga geht nicht. Auch Arbeitsplätze werden von den Ökosingsangvereinen ins Visier genommen. Beispielsweise sabotierten 1994 balzende Trappvögel den Aufbau Ost, weil der NaBu fürchtete, der Weiterbau eines Betonwerks würde die brütenden Vögel stören.[48] Auch anderweitig hintertreibt die Ökoquisition erfolgreich den »Aufbau Ost«, wie die Ostseeautobahn A 20 belegt. Obwohl die Schnellstraße dem Land Mecklenburg-Vorpommern mit seinen 20 Prozent Arbeitslosen zugute kommt, wurde sie erst 2005 mit 13-jähriger Verzögerung fertig. Der Autobahn stellten sich nämlich balzrufende, scheue Wachtelkönige (lat. Crex crex), Großpilze, die EU-Flora-Fauna-Habitat-Richtlinie (FFH) und Mollusken entgegen. Im Namen krabbelnder Käfer, Frösche und des Crex crex klagte der BUND jahrelang erfolgreich gegen das Projekt und bekam Unterstützung von einer »in die Jahre gekommenen Jeanne d'Arc mit ihrem ökologischen Scharfrichter«, wie der FDP-Fraktionsvorsitzende Kubicki die schleswig-holsteinische Landesregierung unter Heide Simonis charakterisierte.[49]

Überall mengen die Ökogschaftlhuber mit, keine Mobilfunkantenne, keine Autobahnerweiterung, keine neue Brücke, kein geplantes Fabrikgebäude, keine Müllverbrennungsanlage, keine Baugebietserweiterung und Ortsumgehung entgeht der »Weltmacht in Grün«, wie der Spiegel die Ökobewegung euphemistisch charakterisierte. Besonders Golfplätze, die ja nur dem Vergnügen »der Reichen« dienen, werden schon in der Planungsphase abgewürgt.[50] Soll eine Moselbrücke gebaut werden, blockiert der BUND erfolgreich, weil die Brücke ein vom Grau-, Schwarz- und Mittelspecht bewohntes Vogelschutzgebiet überspannen würde.[51]

Die Würgemale der Ökogarotte kann jeder wahrnehmen, der mit wachen Augen das Zeitgeschehen beobachtet. Selbst die beliebte Silvestersendung »Dinner for One« geriet ins Visier der Moralelite, weil ein präparierter Tigerkopf darin vorkommt, über den der angesäuselte Diener ständig stolpert. 1996 meinten Artenschützer: »Dies sei keine gute Anregung für Zuschauer«, und wollten die Sendung verbieten lassen.[52] Bei der Cartoonsendung »Roadrunner«, in der die Zeichentrickfigur »Karl der Coyote« ein Missgeschick nach dem anderen erfährt, ist es der Moralelite tatsächlich gelungen. Anfang der 80er-Jahre intervenierte eine schrill-schrullige Landtagsabgeordnete aus Rheinland-Pfalz erfolgreich beim ZDF. Die Sendung wurde abgesetzt, weil sie gegen eine gefährdete Tierart gerichtet und rassendiskriminierend sei – irrer geht's nicht!

Wenn's ums Ökonirwana geht, kümmern Mehrheiten einen feuchten Kehricht. Obwohl sich 70 Prozent der Wähler von Edertal, Frankenau und Vöhl gegen die Ausweisung des Kellerwalds als Nationalpark aussprachen, paukte die Grün-Junkszene mit allen Mitteln das Ideologieprojekt durch.[53] Dies verwundert nicht allzu sehr, denn wir leben, seit die 68er sich durchsetzen konnten, in einer *Demokratur*, in der ein Denknormdirektorium der Guten die Richtlinien der Politik bestimmt. Hans-Hermann Hoppe spießt dies in seinem Buch *Demokratie: Der Gott, der keiner ist* mit den Worten auf: »Deutschland ist kein freies Land.«[54] Es fällt schwer, ihm zu widersprechen.

Auch im Kleinen sind die »Bürger«-Initiativen höchst erfolgreich. Ausgerechnet die grüne Umweltministerin Margarete Nimsch bezog 1997 verbale Prügel. Eine an Boshaftigkeit kaum zu überbietende rechthaberische Bürgerinitiative »Crumschter[g] gegen SVA« nahm sie in einer Podiumsdiskussion kräftig in den Schwitzkasten, weil sie gemäß der Rechtslage die Verbrennung von 1000 Tonnen italienischen »Giftmülls« durch die Hessische Industriemüll GmbH (HIM) genehmigen musste.[55,56] In Wirklichkeit handelte es sich bei den »hochgiftigen Abfällen« um mit Wasser verdünntes Aceton, das in Italien bei der Filmproduktion anfiel. Zur Erinnerung: Mit Aceton lösen sich Damen den Nagellack von den Fingernägeln.[h] Ein Abgrund von Umweltvergiftung!

Da man bekanntlich dem Öko-Homo-sapiens-sapiens alles einreden kann, forderte die Bürgerinitiative erfolgreich ein Biomonitoring.[57] Ergebnis: Der Betrieb der HIM ergibt keine nennenswerte Zusatzbelastung an Dioxin, polychlorierten Biphenylen (PCBs), Schwermetallen und anderen Schadstoffen

---

[g] Mit »Crumschter« ist der hessische Ort Crumstadt gemeint.
[h] Weil die Nägel wegen Fettverlusts dadurch brüchig werden können, werden heute auch Ersatzstoffe verwendet.

für das hessische Ried. Müllverbrennungsanlagen sind heutzutage sogar Dioxinsenken, weil der zur Verbrennung kommende Müll mehr von dem Giftstoff enthält als die anfallenden Abgase und Schlacken. Nicht von ungefähr sagte der Karlsruher Professor Vogg anlässlich einer Anhörung:[58] »Wer seine Umwelt liebt, verbrennt den Müll am besten.« Inzwischen ist die Ökoquisition in Form der NGOs international tätig. Im Europäischen Umweltbüro (EUB) haben sich beispielsweise 124 Umweltorganisationen aus 25 Ländern zusammengeschlossen, die den Willen der Ökoschrullen erfolgreich in der EU durchsetzen.[59] Somit sind wir auf dem besten Weg zu einer europäischen Lösung – zur europäischen Ökovolksdemokratie.[i]

# Wohin die Reise geht

Seit 1970 verfolgten grüne Ideologen äußerst erfolgreich eine geschichtlich bewährte Methode der Machtsicherung: Zunächst wurden die Menschen mit unsäglichen Bedrohungsszenarien erschreckt und verdummt. Hatte man hinreichend Ökobeelzebuben aufgebaut, brauchte nur noch das Maleficium gegen das *Ökofizium* ausgetauscht zu werden. Sieht man schließlich noch vom notorischen Missbrauch der chemischen Ultraspurenanalyse ab – dem modernen *Hexenhammer* –, dann besteht der einzige Unterschied zum Hexenwahn lediglich in der Auswahl der Schuldigen. Es sind die Energieerzeuger mit ihrer Kernkraft, die Chemieindustrie, das Handy samt Elektrosmog, der Autofahrer – kurz, die ganze moderne, technische Zivilisation. Ihnen hat man die Rolle der alten, besenreitenden Weiber zugedacht. Nachdem jahrzehntelang äußerst erfolgreich mit erfundenen Katastrophen gedroht wurde, verheißen grüne Zeitgeistpriester heutzutage das Ökonirwana durch Mülltrennung, Carsharing, Senkung des Lebensstandards, »gen- und chemiefreie« Nahrung sowie freudig geduldetes Abzocken zur Förderung alterna(t)iver Energien.

Weil die volkspädagogische Hysteriereiterei wie geschmiert

---

[i] Einen leichten (!) Dämpfer erhielt der (beabsichtigte?) Aufbau der »europäischen Räterepublik« durch die ablehnenden Referenden zur Verfassung in Frankreich (Mai 2005) und den Niederlanden (Juni 2005).

schnurrt, bescheiden sich immer mehr verunsicherte Bürger mit dem Glauben statt der kritischen Nachfrage. Dies hat in Deutschland zu einer gepflegten Technikfeindlichkeit geführt, die uns so schnell keiner nachmacht. Nicht zuletzt aus diesem Grund ist die Diesseitsreligion Ökologismus äußerst perfide: Sie sperrt den Homo sapiens sapiens in eine Denkfalle, erschwert den technischen Fortschritt und ebnet den Weg für totalitäre Regierungsstrukturen, ähnlich, wie sie im Werk *1984* von George Orwell oder im Roman *Schöne neue Welt* von Aldous Huxley beschrieben wurden.

Huxley skizzierte 1932 eine Welt, in der vollkommen fremdbestimmte Menschen für ihren jeweiligen Verwendungszweck gezüchtet werden und als Psychotonikum täglich Dosen der Glücksdroge »Soma« schlucken. »Die Liebe zur Sklaverei kann nicht fest verankert sein«, schreibt Huxley, »wenn sie nicht das Ergebnis einer tiefgehenden persönlichen Revolution in den Gemütern ... der Menschen ist. Um diese herbeizuführen, bedarf es unter anderen ... einer sehr verbesserten Methode der Suggestion.«[60] Er nennt das Prinzip Hypnopädie – ein didaktisches Mittel, dessen sich die moderne Ökovolkspädagogik in Form gebetsmühlenhafter Wiederholungen falscher Behauptungen bedient.[j] Offensichtlich war Huxley vor 70 Jahren seiner Zeit weit voraus, denn der »Brut-und-Norm-Direktor«, der die Züchtung von Menschen mit den gewünschten Eigenschaften und Bewusstsein überwacht, heißt in der deutschen Übersetzung pikanterweise »BUND«.[69] Selbst multilaterale Behörden, die, wie die EU nicht demokratisch legitimiert, die Bürger in ein Netz freiheitsfeindlicher Gesetze einspinnen, ahnte Huxley bereits, denn sein Utopia der Soma-Glückseligen wird von einem »Weltaufsichtsrat« (WAV) regiert.[70]

Der WAR kommt den Vorstellungen des Chefs der Weltbank, James Wolfensohn, recht nahe, der in einem *FAZ*-Interview äußerte: »Wir brauchen einen Exekutivausschuss, der die Erde regiert.«[61] Den jugendfrohen Aufbruch dorthin haben die Regierungschefs bereits eingeleitet. Im Kleinen, in Europa, gibt die EU immer mehr Normen vor, denen sich die Mitgliedsstaaten

---

[j] Weder ist der Wald gestorben, noch ist nach Angaben der seriösen wissenschaftlichen Literatur jemals ein Mensch durch DDT oder Dioxin an Krebs erkrankt. Das kann jeder nachlesen!

zu beugen haben. Im Großen hat sich die UNO zusehends zur Weltgouvernante gemausert. Ein Glied in dieser Regierung besonders guter Gutmenschen ist die UN-Umweltschutzorganisation, die UNEP, die den Weltgipfel von Rio-92 einberufen hatte, auf dem die Obrigkeiten der Welt die Agenda 21 verabschiedeten. Mit der Agenda 21 wird das erste globale Programm zur Umsteuerung unseres Wirtschaftssystems bezeichnet, aus dem 1997 das Kyoto-Protokoll hervorging, das die deutsche Ökoquisition benutzt, um der Industrie sowie den Bürgern nachhaltig besonders tief in die Tasche zu greifen.

Eine Weltwohltatenbürokratie ist auch das Ding von Jürgen Trittin, der wegen des Radikalenerlasses in den 70er-Jahren noch nicht einmal Ministeriumspförtner hätte werden können. 2001 schwärmt er von einer »Weltumweltorganisation«, die den Industrieländern und deren Bürgern zeigt, wo's langgeht, und liegt damit genau auf der Rille des französischen Staatschefs Jacques Chirac, der den Umweltschutz zum globalen Thema des 21. Jahrhunderts erklärte.[62] Der Ökoaktionismus soll in Frankreich sogar Verfassungsrang erhalten.[63]

Im Ergebnis brandmarkt die Ökoquisition alle die Menschen, deren Überleben von der Umwandlung der Natur in eine Kulturlandschaft abhängt, als Umweltzerstörer. Deshalb sind wir alle schuldig und bedürfen ständig der staatlichen Aufsicht und Bevormundung. Zwar können wir wie bei der Erbsünde durch Ablasszahlungen (Ökosteuern und Spenden) an selbst ernannte Weltenretter (Regierung und Öko-NGOs) unsere Schuld mindern, aber niemals tilgen. Mit welcher Unverfrorenheit dabei vorgegangen wird, offenbarte Greenpeace 2001, als die Organisation die größten amerikanischen Unternehmen aufforderte, sich binnen einer Woche (!) von der Klimapolitik des amerikanischen Präsidenten zu distanzieren. Im Weigerungsfall müssten die 100 größten Konzerne mit weltweiten Gegenmaßnahmen rechnen.[64] Man fasst es nicht – Greenpeace als Welthausmeister und Nebenregierung!

1997 wagte der CSU-Abgeordnete Singhammer noch ein offenes Wort und sprach von Unbehagen, wenn rein private Organisationen wie Greenpeace in Konkurrenz zur Politik träten. »Die demokratische Legitimierung der Spitze dieser oder anderer Organisationen mag innerverbandlich sichergestellt sein, fußt jedoch niemals auf allgemeinen, freien und geheimen Wahlen.«[65] So ist es.

# 3. Das Waldsterbenselend

Entsinnen wir uns. 1971 forderte Margaret Mead von den Wissenschaftlern plausible Szenarien, mit denen man die Bevölkerung in Panik versetzen könne (siehe Seite 56). Prompt wurden die erwünschten Drehbücher geliefert, sodass Ende der 70er-Jahre ein grandioses Schauerspiel aufgeführt werden konnte. Plötzlich jagte die Ökoquisition fiktive, dürre Gestalten auf klapperigen Gäulen über einen schwefelgelben, gespenstisch fahlen Himmel. Apokalyptische Saure-Regen-Reiter machten sich über den deutschen Wald her – das Jüngste Gericht nahte mit unvorstellbarem Grauen! Wunschgemäß sträubten sich beim deutschen Ökojammertaler die Nackenhaare. Unablässig dröhnte das Endzeitgrammofon, die Bäume seien von einer »unsichtbaren Pest«, einem »ökologischen Hiroshima«, bedroht. Die Panikproduzenten hoben ab und schwebten im siebten Himmel, war ihnen doch ein echtes Meisterstück gelungen, das ihnen so schnell keiner nachmacht.

Die deutsche Romantikerseele, vom kuhwarmem Glück am Dorfbrunnen träumend, war zutiefst verstört. Ganz besonders, wenn sie im VW-Käfer traurig knatternd den Schwarzwald heimsuchte und meinte, die Tannennadeln fallen zu hören. Vom vergötterten Transportmittel zum Mordinstrument war es nur ein Sprung. Nicht von ungefähr tönte die *taz* 1992: »Jeder weiß, dass ›Autofahren‹ ein Synonym für ›Bäumetöten‹ ist.«[1] Wo aber soll Waldi das Beinchen heben, wenn alle Bäume futsch sind? Der deutsche Wald, in dem Sylphen, magische Geister, der Schatzhauser und die sieben Zwerge leben, liegt im Koma – nur weil unverbesserliche Komfortsuchtknochen die Blechlawine am Rollen halten und bei Schlotbaronen der Schornstein qualmt.

# Schwefel, Tod und Teufel

Zwölf Jahre nach Nixons Umweltinitiative bejammerte der *Spiegel* das Waldsterbenselend:[2]

- In den Wäldern tickt eine Zeitbombe, weil »Schwefel – jener Stoff, an dem im Mittelalter der Teufel zu erkennen war« – freigesetzt wird. 1978 quoll so viel davon aus Industrieschloten, Auspuffrohren und Haushaltschornsteinen, dass auf jeden Europäer exakt 46,42 Kilogramm kam.[a] Die Folge, so der *Spiegel:* Wissenschaftler registrieren ein »millionenfaches Baumsterben«.

- Nicht nur SO₂, auch Fluor aus Glashütten (Frankenwald) und die gefährliche Flusssäure aus Aluminiumwerken (Hamburg, Altes Land) sollten angeblich den Wald meucheln.

- Ökohorror ohne Grenzen – denn die Hochschornsteinpolitik der 70er-Jahre würde die Schadstoffe nur in weiter entfernte Regionen verteilen. »›Acid rain‹ geht in den Vereinigten Staaten nieder«, schrieb das Magazin, »wo der Säuregrad von Seen bisweilen dem des menschlichen Magensafts entspricht.« Und weiter wurde geheult: »Die Franzosen säbeln uns den Schwarzwald ab, und wir helfen den Engländern, die skandinavischen Wälder auszurotten.« Nordische Gewässer seien so sauer wie Weinessig. Deshalb wären bereits 20.000 kristallklare Seen so gut wie tot, und 10.000 würden folgen.

- Weil der saure Regen aus den Alumosilikaten des Bodens toxische Aluminiumionen freisetze[b], würden die Wurzeln der Bäume verätzt.[3,4] Fachleute befürchten erste Vorzeichen einer weltweiten Umweltkatastrophe von unvorstellbarem Ausmaß.

- »Am Westhang des Bayerischen Waldes modern bereits vier Fünftel aller Fichten«, tönte damals der *Spiegel* als Zentralorgan der Ökoquisition.

---

[a] In der DDR waren es damals 118 Kilogramm pro Kopf und in der Tschechoslowakei 103 Kilogramm pro Kopf. Das aber waren gute Schadstoffe, weil sie aus sozialistischen Ländern kamen – dem damals heiß ersehnten Paradies unserer schrecklich intelligenten Intellektuellen.

[b] Ein Ökomärchen, das sich bis heute hält.

- Und weiter ging die Litanei: In Nordrhein-Westfalen seien 58 Prozent der untersuchten Fichten akut gefährdet, während in der Rhein-Main-Region bereits 3000 Hektar Wald mit dem Tod rängen.
- »Neuere Forschungsergebnisse nähren böse Befürchtungen«, meinte das Magazin. Die Männchen der Furchenbiene seien gegen Schwefeldioxid besonders empfindlich (die arme Furche). Davon könnten auch andere Insekten betroffen sein. Deshalb wäre das Sexualleben der Bäume mangels Bestäubung akut gefährdet. Auch die Menschen seien jetzt an der Reihe – zwar nicht mangels Sex, aber: »Es sieht auch nicht nach Zufall aus, dass im Saarland wie in Nordrhein-Westfalen, Länder mit besonders hoher $SO_2$-Belastung, Krebserkrankungen der Atmungsorgane besonders häufig auftreten.«

Abschließend kartete der *Spiegel* in seiner Endzeitklamotte von 1981 nach und behauptete, »hochgiftiges Blei, Cadmium und Thallium« nebst Stickoxiden aus PKW-Auspuffrohren würden beim Menschen unausweichlich zu Nierenleiden und Erbschäden führen.

## Hilfe, die Atemluft wird knapp!

Ein guter Freund, der vom Mediengetöse beeindruckt der Ökoquisition Anfang der 80er-Jahre manches abnahm, war jedes Mal erstaunt, wenn im Frühjahr die Bäume erneut ausschlugen. Wie viele glaubte er damals, der Sauerstoff würde knapp und in jedem Fall unter 21 Prozent sinken, weil die Photosynthese in toten Bäumen nicht abläuft. Möglichweise wäre die Menschheit dem Erstickungstod ausgeliefert! Stimmt das? Nein! Erstens kann der Mensch Sauerstoffgemische bis hinunter zu acht bis neun Prozent gerade noch ohne Schaden in seiner Lunge verwerten.[5] Zweitens werden mehr als zwei Drittel des atmosphärischen Sauerstoffs von Algen im Meer erzeugt.[6]

Landpflanzen spielen die zweite Geige. Das sei hier schon einmal zur Milchmädchenrechnung des Klimazweigs der Ökoquisition angemerkt, die allen Ernstes meint, man könne durch Waldanpflanzung den $CO_2$-Gehalt der Luft merklich reduzieren ($CO_2$-Sequestrierung). Dem ist nicht so, wie James Lovelock, der »Erfinder« der Gaia-Hypothese, herausfand.

Nach seinen Untersuchungen erzeugt der brasilianische Urwald so viel Sauerstoff (Photosynthese), wie er verbraucht (Verwesung). Nicht zuletzt deshalb ersetzt die Photosynthese aller Pflanzen jährlich gerade einmal 0,027 Prozent des gesamt vorhandenen Sauerstoffs.[7] Abgesehen davon ist der atmosphärische Sauerstoffvorrat mit $10^{15}$ Tonnen so gewaltig, dass er um weniger als zwei Promille sinken würde, wenn man sämtliche zurzeit bekannten fossilen Brennstoffe (Öl, Kohle, Erdgas) verheizen würde.[7] So viel zum Thema Ersticken.

## Die Dirigenten des Waldsterbens-Tamtam

Zur Untermauerung des Waldschauermärchens fabulierten 1982 die Feld-, Wald- und Wiesengelehrten Schütt, Wentzel und Ulrich in *Bild der Wissenschaft*:[8] »Eine Kulturkatastrophe – Der deutsche Wald stirbt.« Und legten dann richtig los: Wegen »Ätzschäden infolge plötzlicher hoher $SO_2$-Konzentrationen« würde der Wald schwarz dastehen und leiden. Der Göttinger Bodenkundler Ulrich meinte herausgefunden zu haben, dass die Pflanzen infolge der Bodenversauerung vermehrt Giftstoffe wie Chrom, Nickel, Blei und Kupfer aufnähmen. Infolge der Giftigkeit der Metallionen komme es zwangsläufig zu Schäden an Rinden, Knospen und Trieben. »Dies gilt besonders dann, wenn stark saure Nebel- und Wolkentröpfchen, die pH-Werte um 2,7 aufweisen können, in die Krone von Bäumen eingetragen werden, die bereits durch Wurzelschäden geschwächt sind.«

Als Chefdirigent der Wald-Opera-buffa legte Professor Ulrich kräftigst nach: »Es besteht kein Grund zu der Annahme, dass der Mensch davon ausgeschlossen ist. Das Baum- und Waldsterben in Mitteleuropa als der am längsten und am stärksten belasteten Großregion der Erde deutet aus unserer heutigen Sicht darauf hin, dass die Abwehrmechanismen sowohl einzelner Individuen als auch die ganzer Ökosysteme einer solchen Dauerbelastung nicht gewachsen sind.«

Leider verhielt sich die Industrie nicht gerade sehr geschickt. Statt einen mit erheblichen Mitteln ausgestatteten Fonds zu gründen, der die Luftballons der Ökoquisition durch harte Fakten von morgens bis abends zum Platzen gebracht hätte, duckte sie sich weg und wiegelte matt ab. Offensichtlich waren die Industriebosse durch Hartkopfs Bubenstück auf Schloss Gymnich vollkommen verunsichert (siehe Seite 57). Dazu hinterließ man einen verheerenden Eindruck wie im Fall der Farbwerke Hoechst AG, deren Umweltsachverständiger anlässlich einer Anhörung meinte, in einem hochindustriellen Land gebe es halt ein gewisses Risiko für die Pflanzenwelt, das in Kauf genommen werden müsse. Außerdem wäre da noch die Möglichkeit, dem Land eine andere, widerstandsfähigere Vegetation zu verschaffen.[2]

## Des Kaisers neue Kleider

Tatsächlich war das Waldsterbenselend nichts anderes als eine nachhaltige Bewusstseinstrübung, wie das amerikanische »National Acid Precipitation Assessment Program« (NAPAP) belegt. In einem 500 Millionen Dollar teuren zehnjährigen Dauerversuch überprüften 700 Wissenschaftler die Wirkung des »sauren Regens«. Dazu hatte man Setzlinge in einer Art Glashaus auf möglichst schlechtem Boden gezogen und anstelle von natürlichem Regen nur mit Wasser von pH = 4,2 berieselt. Die Säurebelastung war damit zehnmal höher als die maximale gemessene Umweltbelastung in natürlicher Umgebung. Statt die Nadeln hängen zu lassen, erfreuten sich die Bäumchen bester Gesundheit und gediehen prächtig![9] In ihrem Bericht schrieben die Wissenschaftler: »Es gibt keinen einzigen Beweis für ein generelles oder unübliches Waldsterben in den Vereinigten Staaten oder in Kanada aufgrund von saurem Regen.«[10]

Dies ist keine Einzelmeinung. »Die Waldsterbensszenarien der frühen 80er-Jahre haben sich nicht bestätigt«, schrieb 1994 der Ordinarius für Allgemeine Botanik, Otto Kandler, und zählt auf:[11]

1. 1900 bis 1928 ordnete man in der Schweiz 16 bis 41 Prozent des Waldbestands der Schadstoffstufe 2 bis 4 zu. 50 Jahre später, zwischen 1978 und 1986, waren es sogar nur 16 bis 21 Prozent.

2. Nadelanalysen, Jahresringmessungen und »landesweite Inventuren des Ernährungszustands der Wälder« zeigen keinerlei Zusammenhang der behaupteten Schäden mit Stickstoffbelastungen durch Gülle. Entgegen den Erwartungen gedeihen Wälder an extrem verkehrsbelasteten Autobahnen trotz sehr hoher $NO_x$-Luftbelastung bestens. »Lediglich an den besonders

mit Fäkalien belasteten Autobahnrastplätzen ohne Entsorgungseinrichtungen weisen Kiefern- und Fichtennadeln überoptimale N-Gehalte (größer zwei Prozent) auf, aber ohne ausgeprägte Verfärbungen oder andere Schäden zu zeigen.«[c]
3. Auch Ozon ist als Übeltäter auszuschließen. Experimente mit Ozonbegasung ergeben keine Verminderung des Magnesiumgehalts und damit einhergehende Vergilbung der Fichtennadeln.[d]
4. Rauchschäden durch hohe $SO_2$-Konzentrationen (100 bis 140 Milligramm pro Kubikmeter) beschränkten sich auf Fichtenwälder am Kamm des Erzgebirges in Höhen von 900 Metern. Ähnliches war im Ruhrgebiet Ende des 19. Jahrhunderts zu beobachten, wo Nadelbäume auf Flächen von 80 Quadratkilometern abstarben. Die Bodenversauerungshypothese ist deshalb nicht haltbar.
5. Genauere Untersuchungen belegen deutlich höhere Schäden bei neutralen bis basischen pH-Werten der Waldböden! Zur Klärung der Versauerungshypothese hatte man drei nebeneinander liegende 80-jährige Fichtenparzellen auf saurem Humusboden unterschiedlichen Bedingungen ausgesetzt. Die eine Parzelle wurde mit der 20fach erhöhten $SO_2$-Luftbelastung bei pH = 2,7 beregnet. Die andere Parzelle hatte man dagegen gekalkt. Nach acht Jahren wurde verglichen. In der *sauer* beregneten Parzelle *lagen die Schäden um 22 Prozent niedriger* als in der vollkommen unbehandelten Kontrollfläche. Die Fichten in der gekalkten Parzelle wiesen sogar mehr Schäden auf als die in dem unbehandelten Vergleichsareal. Das war's.

Liest man die hier zitierte Veröffentlichung Kandlers unvoreingenommen, bleibt als Resümee: Die neuartigen Waldschäden haben mit dem »sauren Regen« so viel zu tun wie Hitler mit dem Friedensnobelpreis. Spricht man Waldbesitzer darauf an, kommt meist die stereotype Antwort: »Weshalb muss ich dann in meinem Forst den Boden kalken?« Ganz einfach, weil Wissen gegen Glauben ausgetauscht wurde.

---

[c] Mit N ist das Elementsymbol von Stickstoff gemeint. (Weshalb mir die Anmerkung notwendig erscheint, kommentiere ich an dieser Stelle nicht.)
[d] Magnesium ist Bestandteil des grünen »Blattfarbstoffs« Chlorophyll.

## Meucheln Ozon, Insekten und Fäkalien den Wald?

Für das Ökovolkstheater vom Waldsterben konnte bislang weder ein eindeutiger Beweis noch eine eindeutige Ursache gefunden werden. Das passiert immer, wenn man einer Fiktion aufsitzt. Eine herbe Enttäuschung für die Waldsterbensbegleiter bereitete eine Untersuchung von 1990. Die Wissenschaftler fanden heraus, dass in Nadeln, die durch den sauren Regen bedingt einen besonders hohen Schwefelgehalt aufweisen, die Photosynthese vollkommen ungestört und normal abläuft.[12] Obwohl bereits dadurch der Saure-Regen-Luftballon platzt, wird unermüdlich weitergedudelt.

Damit die Ökoquisition dennoch Recht behält, hat man den ganz normalen Borkenkäferbefall umfunktioniert. Die Priester des Öko-Sadomasokults trommeln unverfroren bar jeglichen Beweises, die Bäume seien erst durch Schadstoffeinwirkungen für die Insekten schmackhaft geworden. Das kann nicht sein, denn mehr oder minder starker Insektenbefall gehört von alters her zu den »strukturierenden Elementen des Nadelwaldes«.[13] Hier meldet sich der von der Ökoquisition ganz und gar nicht geschätzte kritische, gesunde Menschenverstand und fragt: »Welche Industrie, welche Autos haben zur Römerzeit oder im Mittelalter Schadstoffe emittiert, damit es den Insekten besser schmeckt?« Wer jetzt meint, man könne Ökosprechtüten mit großen Portionen gesunder Logik zum Verstummen bringen, täuscht sich. Den Endzeitpriestern geht es in Wirklichkeit weniger um die Umwelt als um die ökoheilige Freude am Nörgeln und Nölen – eigentlich ein Betätigungsfeld für Psychotherapeuten.

1994 konnte man in einer Veröffentlichung des Freiburger Botanikers Mohr ein Ölgemälde aus dem Jahr 1832 (!) bewundern, auf dem Weißtannen deutlich das Schadbild der »neuartigen« Waldschäden aufweisen (Storchennestwipfel, subapikale Verlichtung). Weil Waldschäden demnach nichts Neues sind, machte Mohr den erhöhten Ammonium-Stickstoff-Eintrag verantwortlich: »Das Kardinalproblem bleibt die Entsorgung der unaufhörlich wachsenden Menge tierischer Exkremente und menschlicher Fäkalien.«[14] Was machen die Kargheitsapostel der Ökoquisition daraus? Richtig: Schnitzel- und Bratenesser scheißen mit stickstoffhaltigen Fäkalien den Wald tot.

1997 erschien in einem Wissenschaftsjournal ein Artikel, der unter der Rubrik »Fröhliche Wissenschaft« abgeheftet werden sollte. Danach sei alles noch viel komplexer als bisher angenommen. (Nebenbei bemerkt, ist das Komplexitätsargument eine Allzweckkeule der Gutmenschen, mit der sie Pragmatiker attackieren.) Nach Meinung der Forscher ist die zu *saubere* Luft am Waldsterben schuld! Die Melodie geht so: Wegen des Rückgangs basischer Schwebeteilchen in der Atmosphäre durch gesetzliche Regelungen zur Staubemission (TA Luft) würden die geringer gewordenen $SO_2$-Mengen nicht hinreichend neutralisiert und könnten ihr zerstörerisches Werk durch Aluminiumionenfreisetzung im Waldboden fortsetzen. Einfach irre – eine Nummer für den Lachsack.[15]

Zum »waldzerstörenden« Ozon sei angemerkt, dass dieses der Hypothese nach aus Kohlenwasserstoffen wie Toluol entsteht, die, kaum dem Pkw-Auspuff entwichen, mit Stickstoffmonoxid über einen komplexen Mechanismus zu Ozon reagieren.[16] Dem ist entgegenzuhalten: Bei Verletzung oder Nährstoffentzug emittieren viele Pflanzen Toluol[e], eine Verbindung, von der man bis 1999 meinte, sie stamme aus Verkehrsemissionen.[17] Auch produzieren die Wälder andere Ozonvorläufersubstanzen, und zwar in erheblichen Mengen. Es sind die besonders bei Hitze emittierten Terpene, welche den würzigen Geruch von Tannennadelgrün charakterisieren.[18] Der Eintrag ist so hoch, dass der Schwarzwald, wäre er ein Industrieunternehmen, wegen zu hoher Terpenemission nicht genehmigungsfähig wäre. Zum Vergleich: Pflanzen setzen jährlich 1000 Millionen Tonnen Kohlenwasserstoffe frei, die als Ozonvorläufersubstanzen infrage kommen. Allein die Eichen bringen es auf 450 Millionen Tonnen, während die technische Zivilisation gerade einmal 100 Millionen Tonnen schafft.[19,20]

Schwarzwaldkurorte warben früher mit ihrer würzig-gesunden, ozonhaltigen Luft. Da es aber den »Verkehrsent-

---

[e] Die DFG (Deutsche Forschungsgemeinschaft) stuft Toluol übrigens als fruchtschädigend (embryoschädigend) gemäß der Klasse C ein. Da zwischen dem im Chemiebetrieb verwendeten Toluol und dem »Biotoluol« der Bäume kein Unterschied besteht, müssten nach dem »Vorsichtsprinzip« – das irrste Konstrukt der Ökoquisition – auch Pflanzen als »Grund für das pränatale Heranwachsen von behinderten Kindern« in Betracht gezogen werden.

schleunigern« in Gemeinderäten, Bürgerinitiativen und Amts-
stuben weniger um die Freude am Fahren als um die Freude
am Schikanieren geht, würden sie den Schwarzwald wegen der
Verkehrsemissionen am liebsten in die Tempo-100-Kli-
nik einliefern. Dies, obwohl Tempo-100-Versuche keinerlei
»Schadstoff«-Minderung brachten, genauso wenig wie Tempo-
30-Zonen. Vielfach ist der Luftschadstoffgehalt durch diese
Maßnahmen sogar gestiegen![21]

## Narrhallamarsch und Abgesang

Für Professor Ulrich war das Waldsterbenselend ein glänzen-
des Geschäft. Er bekam 1998 für die von ihm ausgelöste Hysterie von der Umweltstiftung eine Million Mark.[22] Das rettet
die falsche Theorie nicht. Der Polit-Waldfriedhof hat mit
Sicherheit nichts mit dem sauren Regen zu tun. Massive
Rauchschäden waren und sind vielmehr nur in einigen Gegenden, wie im Erzgebirge, zu beobachten.[23]
   Die Ernüchterung, der kalte Guss, kam in den 90er-Jahren.
Gestützt auf das Gutachten von 17 Forstwissenschaftlern
berichtet das Bonner Forschungsministerium 1997:»Eine Ab-
leitung von Waldschäden aus der Erhebung des Kronenzu-
stands ist nach heutigen Erkenntnissen nicht möglich.«[24] 2002
gab die Bayerische Landesanstalt für Wald und Forstwirtschaft
(LWF) lapidar bekannt:»Lichte Baumkronen sind wahrscheinlich kein Krankheitsbild ... Je älter ein Baum, desto
schütterer seine Krone.« Auch dem Bundesforschungsminister
dämmerte 1997, die Waldschadensstatistik sei wissenschaftlich nicht haltbar. *Auf Nachfrage beteuerte der Minister, der
Druck von Umweltschutzgruppen »war ausschlaggebend
dafür, dass das unzulängliche Verfahren zu einer Dauerein-
richtung wurde«*[25]. Unglaublich, wo leben wir eigentlich?
   Die deutsche Marotte kursierte in Spanien als »El Waldsterben«. Die wenigsten Fernsehzuschauer merkten, dass ein
und dieselben Bilder einmal für das Erzgebirge, dann für den
Schwarzwald oder den Bayerischen Wald und ein andermal für
das Fichtelgebirge herhalten mussten. Der Sachbuchautor Hol-
zinger lieferte nach eingehender Analyse einschlägiger Me-
dienberichte den Abgesang:»Der deutsche Wald stirbt im
Trommelfeuer, in analogen Bildern von Krankheit und Kata-

strophe. Der ›Waldfriedhof‹ ist das besiegelte Schicksal einer Genese, die von der Wissenschaft angestiftet und von den Journalisten begierig aufgenommen wurde.«[26] Zur Erinnerung: In Bad Kissingen sprach Hartkopf von »Tendenzinformationen« (!), mit denen man die Medien versorgen ließ. Diese stammten »*aus der Feder von Beamten, wenn man die Veröffentlichungen von Professoren und ihrer beamteten Mitarbeiter an Universitäten mit einbezieht* (vergleiche Seite 59)«.

Ganz offensichtlich kann man der Journaille vorsetzen, was man will; wenn sich ein schöner, brühwarmer Ökosud daraus kochen lässt, dann wird er dampfend serviert. So 1973, als in ARD der $SO_2$-Schocker »Smog« von Wolfgang Menge lief. Die Handlung ging von einer über viertägigen Smogwetterlage im Ruhrgebiet aus. Unter düsterer Musikuntermalung bahnte sich langsam die »menschverursachte Umweltkatastrophe« an. Anfänglich wunderten sich die Bewohner, dass es nicht hell wurde, dann lösten sich die Nylonstrümpfe von Hausfrauen im »Säurenebel« auf. Schließlich verachtfachten sich die Todesanzeigen. Hektische Aktivitäten bei Politikern und Behörden waren die Folge. Fiktion und Dokumentation wurden von Wolfgang Menge derart geschickt miteinander verflochten, dass während der Ausstrahlung etliche Zuschauer vollkommen aufgelöst beim Fernsehsender anriefen. Zur Abwendung einer Massenpanik musste der WDR ein Spruchband mit dem Hinweis einblenden, dass es sich bei »Smog« um eine fiktive Fernsehsendung handelt. Hier wird noch einmal besonders klar: Politik wird mit Bildern gemacht!

Liest man heute, was der *Spiegel* 1981 schrieb, kann man sich nur noch an den Kopf langen: »Für den Göttinger Professor Bernhard Ulrich besteht schon kein Zweifel mehr, was die kahlen Tannen in den Forsten und die dahinkümmernden Alleen in den Städten ankündigen. Europa und womöglich die gesamte westliche Hemisphäre ... stünden am Anfang einer sich über mehrere Generationen dahinziehenden Waldvernichtung durch industriell erzeugte Luftschadstoffe wie Schwefeldioxid ... *Die großen Wälder sind nicht mehr zu retten.*«[2] Wörtlich wurde 1981 behauptet: »Im Jahr 2000 werden wir keine Straßenbäume mehr in den Städten haben.« Der Münchner Waldforscher Peter Schütt setzt noch eins drauf: »Wenn Ulrich Recht hat, droht die gigantischste Umweltkatastrophe, die es je gab.«[2]

Man braucht sich nur einmal in einer Großstadt umzusehen, um den Moritatensong vom »sauren Regen« als platte Phantasmagorie zu entlarven. Die Straßenbäume stehen immer noch, und der Wald ist auch nicht verschwunden. Obwohl die Luftreinhaltungsgesetze der letzten Jahre durchaus zu begrüßen sind, scheiden sie als Nothelfer der Tannen aus. Die tatsächlich auf Rauchschäden zurückzuführenden Waldeinbußen sind nämlich äußerst geringfügig. Sie betragen gerade einmal 0,3 Prozent der 2,5 Millionen Quadratkilometer großen europäischen Forstfläche.[27] Dennoch: Wissenschaftlich fundierte Fakten und vor allem die Realität können gleich geschaltete Endzeittrompeter nicht aus dem Ökotakt bringen. Unverdrossen verkündete die *rot-grüne* Bundesregierung 2001, auf 42 Prozent der Waldfläche wiesen die Bäume leichte Kronenausdünnungen auf, und 22 Prozent seien deutlich geschwächt.[28]

Augenscheinlich sterben die Bäume noch immer für die Statistik der Ökoquisition, obwohl die Waldfläche seit dem Krieg um mehr als 5,5 Prozent zugenommen hat und weiter wächst.[29] 2004 setzten die Sirenendreher sogar noch eins drauf und behaupteten im Waldzustandsbericht: »Der deutsche Wald ist so krank wie nie zuvor.«[30] Dies sieht der Waldforscher Reinhard Hüttl vollkommen anders: »Das europäische Waldsterben war ein Konstrukt.«[31] Sogar Bernhard Ulrich, der das Waldsterbenselend vor Jahren auslöste, schrieb 1995 in einem Aufsatz: »Die Hypothese von einem großflächigen Waldsterben für die nahe Zukunft ist nicht von Daten gedeckt und kann verworfen werden.«[32]

Bleibt anzumerken: Das Waldsterben wäre nie derart hochgekocht, hätte die Kohl-Regierung 1983, anstatt das Aktionsprogramm »Rettet den Wald« zu beschließen, auf kritische Wissenschaftler (»Skeptiker«) gehört. Die Gründe erläutert Günter Keil (siehe Seite 41): »Die Regierung Kohl (BML I. Kiechle, J. Borchers) hatte ihren Apparat nicht unter Kontrolle. Dessen Forstabteilung vermochte ihre CDU-Minister über die gesamte Regierungszeit zu manipulieren ... Mit der Übernahme des BML/BMVEL durch die Grünen erbten diese ein frisch gehaltenes Umweltpanikthema – zur weiteren Nutzung ... Die CDU-Landwirtschaftsminister haben somit ihre politischen Gegner erst mit aufgebaut und später gefördert.«[33] So ist es: Die CDU, so abenteuerlich das klingt, hat die Grünen erst richtig hoffähig gemacht.

Ganz offensichtlich ist nicht der Wald krank, sondern der kritische, gesunde Menschenverstand. Er liegt wahrscheinlich sogar auf der Intensivstation und ringt mit dem Tod. Möglicherweise wurde er auch bereits in den 80er-Jahren des vergangenen Jahrhunderts auf dem Saurer-Regen-Waldfriedhof verscharrt. Wenn nicht, dann hat es ihn spätestens beim DDT erwischt, dem wir das nächste Kapitel widmen.

# 4. Die DDT-Paniktrompeter

Selten besitzt eine chemische Verbindung für die Ökogebetsmüller so viel Fetischcharakter wie das DDT. Deshalb macht sich, wer die Ultragefährlichkeit des Insektizids infrage stellt, eines schweren Ökoficiums schuldig. Genau das soll hier geschehen, und zwar mit Genuss, denn die Ökogeisterbahn ist hochgradig politisch manipuliert. Zunächst ist zu fragen: Weshalb hält man gerade diese Verbindung für so gefährlich? Die Antwort lautet schlicht und einfach: Es war die erste Verbindung, auf die sich die Ökobetriebsszene noch vor Richard Nixons NATO-Initiative von 1969 stürzte, und dies nur, weil durch die moderne chemische Analytik plötzlich eine geeignete Messmethode zur Verfügung stand, mit der DDT im Ultraspurenbereich bestimmt werden konnte.[1]

Zwischen 1940 und 1972 wurden vier Millionen Tonnen des Insektizids, für das der Chemiker Paul Hermann Müller 1948 den Medizinnobelpreis bekam, in die Umwelt eingetragen. In Verruf geriet die Verbindung, weil man plötzlich immer mehr Eierschalen von Brutvögeln fand, die so dünn waren, dass sie nicht bebrütet werden konnten. Schuld sei das DDT, das im Fettgewebe der Tiere gefunden wurde.[2,3] Eine klassische Korrelation und kein eindeutiger Beweis (Näheres auf Seite 143 und 163). Der Ökoquisition reicht das!

Im »Alten Testament« des Ökologismus, dem Bestseller *Der stumme Frühling (Silent Spring)*, schrieb die Meeresbiologin Rachel Carson 1962: »Zum ersten Mal in der Geschichte der Welt ist jedes Lebewesen heute dem Kontakt mit gefährlichen Chemikalien ausgesetzt, und zwar vom Augenblick der Empfängnis bis zum Tod.«[4] Die gefährlichste aller Chemikalien aber sei DDT.

Und hier muss noch einmal betont werden: Nicht die 68er, sondern die Konservativen rührten in Deutschland als Erste den DDT-Ökogedönsbrei an. Zeitungen, die wahrhaftig nicht der linken Gutmenschenszene zuzuordnen sind, marschierten vorneweg. Am 13. September 1970 erschien in der *Welt am Sonntag* ein Aufsatz mit dem Titel: »Wir, die Selbstmordgesellschaft«. Darin wurde DDT als Ultragift beschrieben, das der Menschheit kaum noch eine Überlebenschance lässt. Auch die *FAZ* brachte am 22. Januar 1969 einen Anti-DDT-Artikel mit dem Titel: »Wie eine Atombombe um die Welt«. Die *Bunte* (24. März 1970) und der *Stern* (3. Mai 1970) preschten nach. Da die Journaille, den Wünschen Staatssekretär Hartkopfs folgend, ein beachtliches Ökohupkonzert veranstaltete, beschloss das Kabinett Brandt 1971 – obwohl es noch keine Grünen gab (!) – ein »Sofortprogramm der Bundesregierung für den Umweltschutz«. Seit dem 7. August 1972 gibt es in der BRD ein DDT-Anwendungsverbot.

Auslöser des hektischen Aktionismus war das oben erwähnte Buch von Frau Carson. Professor Gordon Edwards von der San Jose State University (Kalifornien) ist das kanonisierte Alte Testament des Ökologismus Seite für Seite durchgegangen und fand serienweise gravierende Fehler.[5] Der gröbste ist wohl die Behauptung, heutzutage brauchten wir vor Infektionskrankheiten keine Angst mehr zu haben, weil Chemikalien wie DDT wesentlich gefährlicher seien. Hiervon würden die Erde und die Menschheit bedroht. Eine solche Behauptung ist reine Blasphemie angesichts von Aids, Ebola, SARS, Malaria, resistenten Erregern und der Rückkehr der Tuberkulose. Abgesehen davon sterben allein in Deutschland jährlich 10.000 Patienten an Krankenhauskeimen, wohingegen von DDT-Spuren in der Luft, im Trinkwasser oder im Salatkopf bislang nachweislich niemand geschädigt wurde. Es sei denn, er leidet ökoreligiös beeindruckt an der »multiplen chemischen Sensitivität« (MCS, engl.: Multiple Chemical Sensitivity). Und selbst bei dieser so genannten »Chemiekrankheit« gibt es keinerlei Zusammenhang zwischen Chemikalienexposition und Erkrankungssymptomen.

## Das stumme Vogelnest

Das DDT-Verbot beruht hauptsächlich auf folgenden vier Argumenten:

– Die Eierschalen von wild lebenden Vögeln sollen durch DDT dünner werden. Kaum sitzt die Vogelmutter auf dem Gelege – schon macht es knacks.

89

- DDT soll krebserregend sein.
- DDT soll mutagen[a] sein.
- DDT soll teratogen sein.

Außerdem wird gegen das Insektizid vorgebracht, es wäre fischtoxisch und würde sich wegen der schweren Abbaubarkeit (Persistenz) in der Natur akkumulieren. Lange Zeit konnte die Solidargemeinschaft der Endzeitängste damit auftrumpfen. Heute sieht man es in der Wissenschaft – nicht in den Medien und der Politik – differenzierter. Inzwischen kann als gesichert gelten, dass DDT unter Einwirkung von UV-Licht sehr schnell zu $CO_2$ und Chlorwasserstoff (HCl) abgebaut wird.[6,7] Eine Eigenschaft, die es übrigens mit dem Seveso-Dioxin gemeinsam hat. Richtig ist, dass sich DDT, durch die Nahrungskette bedingt, im Fettgewebe anreichern kann.[8] Dort ist es aber biologisch völlig unwirksam – wie übrigens auch Dioxin.[9]

Wie hieb- und stichfest ist das Eierschalenargument? Überhaupt nicht! Beispielsweise ging in England 1945/46 die Eierschalendicke der Wanderfalken dramatisch zurück, obwohl das Insektizid erst drei Jahre *später* in größeren Mengen ausgebracht wurde.[10] Vielleicht wirkt aber DDT auch dann schon, wenn es noch gar nicht in die Umwelt gelangt ist.

Der Hypothese nach soll die Eierschalenverdünnung vor allem durch das Abbauprodukt des DDT, das DDE, verursacht werden. Dies meint man durch Hochdosistierversuche belegt zu haben, bei denen man Stockenten bis zum 100fachen der normalen DDE-Belastung aussetzte. Unter diesen Bedingungen waren die Eierschalen im Gelege tatsächlich 13 Prozent dünner, was man auf eine von DDE verursachte »enzymatische Dysfunktion« im Eileiter zurückführte.[11,12,13]

Ist das tatsächlich ein Beweis? Nein! Hier ist eine erste Bewertung angebracht. Was beim Hexenwahn das peinliche Verhör oder die Hexenprobe, ist beim Ökologismus der Hochdosistierversuch, bei dem man die Tiere so lange einer steigenden Dosis der verdächtigen Chemikalie aussetzt, bis man endlich eine Erkrankung beobachtet.[b] Motto: Ein Kilogramm Giftstoff

---

[a] Mutagen: Erbgutverändernd; teratogen: Führt bei Keimdrüsen und Embryonen zu Fehlbildungen.

[b] Wie im Kapitel 7 näher erläutert, wird diese Vorgehensweise von den bestens mit der Materie vertrauten Berkeley-Forschern Bruce N. Ames und Lois Swirsky Gold für nicht beweiskräftig gehalten.

pro Kilogramm Ratte, und das Tier ist tot. Wer hätte denn das gedacht? Mit Hochdosisversuchen gelingt es sogar, durch Kochsalz oder Vitamin A bei Mäusen Krebs auszulösen! Wie bei der mittelalterlichen Folter, bei der die mutmaßliche Hexe gelegentlich behauptete, mit den verhörenden Pfaffen am Blocksberg um den Ziegenbock getanzt zu haben, gehen auch Hochdosistierversuche ab und an vollkommen in die Hose. So offenbaren Fütterungsexperimente mit extremen DDE-Dosen bei Wachteln und Hühnern entgegen den Hoffnungen der Schadstoffinquisitoren keinerlei Wirkung.[7] Andere Forscher fanden bei Möwen sogar eine strenge *negative* Korrelation zwischen DDE-Rückständen in Eiern und der Schalendicke. Auf gut Deutsch: Die Eierschalen waren umso dicker, je mehr »DDE-Gift« im Eiweiß nachgewiesen werden konnte.[10] Auch etliche Finkenarten verstießen hartnäckig gegen die »Ecopolitical Correctness«. Nach kräftigen DDT-Mahlzeiten legten sie Eier, deren Schalen bis zu sieben Prozent dicker waren als gewöhnlich.[14] Ganz offensichtlich hat die Ökoquisition mit ihrer DDT-Hysterie ein dickes Windei gelegt. Heute wird vermutet, das beobachtete Phänomen der dünnen Eierschalen sei weniger auf DDT beziehungsweise DDE als vielmehr auf polychlorierte Biphenyle (PCB) in der Umwelt zurückzuführen.[6]

## Krebs und Siechtum durch DDT?

Aus Hochdosistierversuchen meint man herleiten zu können, DDT sei krebserregend, wobei Leber- und Lungenkrebs dominieren. Hierzu die Ergebnisse von Tierversuchen:

- Leberkrebs kann man bei Mäusen im Hochdosistierversuch auch mit Salzbrühe oder Phenobarbitalen (Schlafmitteln) auslösen.[15]
- Ungarische Forscher verabreichten Mäusen 3 parts per million DDT im Futter, und zwar über fünf Generationen hinweg. Eine andere Gruppe bekam unbelastetes Mäusemüsli. Im Vergleich zu dieser Kontrollgruppe erkrankten die mit DDT gefütterten Tiere 14-mal häufiger an Lungenkrebs. Auch war die Lymphom- und die Leukämierate deutlich erhöht.[16]
- Eine andere Forschergruppe verfütterte 46,4 Milligramm pro Kilogramm – das 853fache der Durchschnittsbelastung –

über eine Schlauchsonde. Bei dem Hochdosisversuch wurde erwartungsgemäß ebenfalls eine erhöhte Krebsrate gefunden.
- In anderen Versuchsreihen versagte der Hochdosistierversuch schmählich. Obwohl man Hamster sinnbildlich bis zum Erbrechen mit DDT fütterte, kam es nicht zu Krebserkrankungen – den Tieren war nur ganz furchtbar schlecht.[17]

Wie verhält es sich beim Menschen? Hierzu gab und gibt es noch immer genügend menschliche »Versuchskaninchen«. Es sind die Fabrikarbeiter, freiwillige Versuchspersonen und Anwender. Zur letztgenannten Personengruppe muss man die Bewohner von Häusern in der Dritten Welt zählen, deren Wände jahrelang im Rahmen des Antimalariaprogramms der WHO mit DDT derartig besprüht wurden, dass sich vielfach eine Kruste bildete. Untersuchungen belegen, dass die Betroffenen *keine* erhöhte Erkrankungsrate aufweisen. Auch haben sie nicht weniger Kinder, obwohl behauptet wird, DDT beziehungsweise DDE beeinträchtige die Fortpflanzung.[6] Im Gegenteil, in der Dritten Welt ist das Bevölkerungswachstum trotz DDT am stärksten.[c] Erst als man die Verwendung des Insektizids einschränkte, verlangsamte sich die Zuwachsrate etwas – weil mehr Menschen Opfer von Malaria und anderen Tropenkrankheiten wurden. Ein wahrhaft stolzer Sieg der Ökoquisition mit ihrem »Vorsichtsprinzip«! Die weiteren Fakten:

- Mark Ortelee vom U. S. Public Health Service untersuchte eine größere Gruppe Arbeiter, die in der DDT-Produktion beschäftigt waren und beim Entleeren der Produktfilter mit ihren Gummistiefeln in Tonnen des Insektizids herumwateten. Ortelee fand keinerlei Gesundheitsbeeinträchtigungen bei den Personen, obwohl sie über Jahre hinweg der 200fachen Durchschnittsbelastung eines Amerikaners ausgesetzt waren.[18]
- Ein anderes Beispiel ist die Montrose Chemical Corporation in Kalifornien, die von 1947 bis 1982[d] nichts anderes als

---

[c] Bei fertilitätsbeeinträchtigenden Stoffen spricht man von endokrin wirkenden Substanzen, wobei DDT $1/8.000.000$ der Wirksamkeit von Östradiol besitzt.[19] In Sri Lanka, wo viel DDT gesprüht wird, beträgt das Bevölkerungswachstum 1,8 Prozent, in Deutschland ist es trotz DDT-Verbots nahezu gleich null.

[d] Nach dem DDT-Verbot von 1972 wurde für den Export in malariaverseuchte Länder produziert.

DDT produzierte. Man untersuchte langjährig tätige Arbeitnehmer und fand, dass ihr DDT-Spiegel im Körperfett bis zu 647 parts per million betrug. Das ist die 80fache Belastung eines Durchschnittsamerikaners. Beim offenen Hantieren mit dem »Ultragift« inkorporierten die menschlichen Versuchskaninchen täglich etwa 18 Milligramm – ohne jegliche Gesundheitsbeeinträchtigung![20] Auch das ist interessant: Jährlich führten die Fabrikarbeiter ihren Körpern mindestens 3600 Milligramm DDT zu. Weil umgekehrt die Ökoquisition das Insektizid als »hochgefährlich« einstuft, darf ein Gramm Hausstaub höchstens 0,005 Milligramm DDT enthalten.[21] Um auf die Belastung der oben genannten Arbeitnehmer zu kommen, müsste ein Mensch täglich 200 Gramm Hausstaub essen, der mit dem Zehnfachen des Grenzwerts belastet ist. Guten Appetit!

– In den 50er-Jahren wurde in den USA Gefängnisinsassen, die sich freiwillig zur Verfügung stellten, über einen längeren Zeitraum täglich bis zu 35 Milligramm DDT verabreicht. Das ist das *1000fache der Belastung* des Durchschnittsamerikaners während der *höchsten Belastungsphase*, als DDT noch tonnenweise versprüht wurde. Bei den Gefangenen wurden auch nach längerer Zeit keinerlei Schäden irgendwelcher Art beobachtet – auch keine erhöhten Leberwerte.[22]

In diesem Zusammenhang sind erste Überlegungen zu Grenzwerten angebracht. Bei DDT gibt die WHO für Trinkwasser einen Grenzwert von 2 Mikrogramm pro Liter an.[23] Nimmt man einmal ein Trinkwasser, das mit dem 100fachen dieser Größe belastet ist, dann müsste ein Mensch jeden Tag 175 Liter der ultrahoch belasteten »Giftbrühe« trinken, um auf jene 35 Milligramm DDT zu kommen, die den Gefangenen als menschlichen Versuchskaninchen täglich verabreicht wurden.

## Mein Name ist Ruckelshaus, ich weiß von nichts

Was ist zur akuten Toxizität zu sagen? In den Medien wird Alarm geschlagen, wenn irgendwo im Salatkopf 0,001 Milligramm DDT gefunden wird. Hierzu heißt es in einem Standardlehrbuch der Toxikologie und Pharmakologie: »Berufliche Vergiftungen sind wegen der geringen Toxizität des DDT praktisch ausgeschlossen.«[24] Schaut man etwas verwirrt im Vergiftungsregister nach, liest man: Erste akute Symptome treten bei 300 bis 500 Milligramm auf. Dazu müsste man mindestens 300.000 der »DDT-verseuchten« Salatköpfe runterwürgen oder 1500 Liter Wasser trinken, das mit dem 100fachen des WHO-Grenzwertes belastet ist. Gesundheitsschäden sind nicht auszuschließen, wenn auch aus gänzlich anderen Gründen. DDT ist akut so ungiftig, dass sogar Selbstmordversuche mit 18 Gramm (18.000 Milligramm) noch überlebt wurden.[25] Bei E 605 (Parathion), das vielfach als DDT-Ersatzstoff verwendet wird, reicht beim Erwachsenen bereits ein Gramm.

Weshalb jaulen dann Ökosirenendreher in höchsten Tönen, wenn ein Liter Trinkwasser mehr als 0,000.002 Gramm DDT enthält? Die Antwort ist schlicht und lautet: Grenzwertfestlegungen basieren nur untergeordnet auf exakter Wissenschaft, sondern vielmehr auf politischen Vorgaben (Vorsichtsprinzip!), und Politiker irren niemals.[e] Vom August 1971 bis zum April 1972 gab es ein offizielles Hearing vor dem US-Kongress, in welchem Hunderte Sachverständige in unzähligen Gutachten ihre Stellungnahme abgaben. Edmund Sweeney, der Vorsitzende des Komitees, konstatierte am Ende der Anhörung:[26]

- *DDT erzeugt beim Menschen keinen Krebs.*[27]
- *DDT ist von geringer akuter Toxizität.*
- *DDT hat, wenn es sachgemäß angewendet wird, keine schädigende Wirkung auf Süßwasserfische, Brachwasserlebewesen, wild lebende Vögel oder andere frei lebende Lebewesen.*
- *Die DDT-Gegner brachten keine belastbaren Beweise vor.*
- *Es besteht gegenwärtig ein dringendes Bedürfnis für den weiteren Einsatz von DDT.*

Das können demokratische Politiker, die lieber die Zahnbürsten ihrer Kollegen der Reihe nach benutzen, als Fehler einzugestehen, keinesfalls auf sich sitzen lassen. Der Gesichtsverlust der Vierjahreskaiser und -könige – undenkbar! Nun kommt der Jurist William D. Ruckelshaus ins Spiel. Er leitete damals das bereits in Kapitel 2 erwähnte amerikanische Umweltministerium (EPA). Ruckelshaus, der selbst das oben

---

[e] Weshalb Grenzwerte nur sehr bedingt eine naturwissenschaftliche Basis, aber dafür eine umso stärkere politische Basis haben, wird im nächsten Kapitel erläutert.

genannte Hearing einberief, überging Sweeneys Zusammen-fassung geflissentlich und erklärte: DDT ist hochgefährlich, es ist persistent, verteilt sich überall auf der Welt, vergiftet Fische, beeinträchtigt die Fruchtbarkeit, tötet Vögel und verursacht beim Menschen Krebs.[28] Insbesondere die letzte Behauptung ist nachweislich vollkommen falsch.[29] Dennoch entschied Ruckelshaus kraft seines Amtes, die Anwendung von DDT in den USA ab dem 1. Januar 1973 zu verbieten. Basta! Da die Entscheidung von weit reichender Bedeutung war, wurde nachgehakt. Dabei musste Ruckelshaus zugeben, er habe nur kurze Dossiers, aber kein umfangreicheres Schrift-stück gelesen, an der Anhörung gar nicht persönlich teilge-nommen und den Abschlussbericht des Hearings nicht einmal zur Kenntnis genommen.[28] Offensichtlich hatte es ihn nicht allzu sehr interessiert. Er war damals damit beschäftigt, die EPA, das neue Politspielzeug des US-Präsidenten Nixon, in die Gänge zu bringen. Dies ist ihm bestens gelungen, denn die EPA hat sich zwischenzeitlich zum staatlichen Ökohysteriebetrieb mit mehr als 15.000 Mitarbeitern entwickelt.

Als man Ruckelshaus vorhielt, er habe sich ja gar nicht ernsthaft mit der DDT-Problematik auseinander gesetzt, ant-wortete er:»Letztendlich handelt es sich um eine politische Entscheidung. Im Falle der Pestizide ist die Zuständigkeit, sol-che Entscheidungen zu fällen, in unserem Lande der EPA über-tragen worden. Weil wir uns keine ›Weichheit‹ erlauben kön-nen, haben wir aufgrund der politischen Stimmung so entschieden.«[30,31] Mit anderen Worten: Damit der US-Präsi-dent Nixon mit seiner Ökoschrulle glücklich war, brauchte die EPA zwei Jahre nach ihrer Gründung ein Erfolgserlebnis. Für Ruckelshaus selbst war das Politgeschäft mit den Bürgerängs-ten äußerst rentabel, denn er machte eine steile Karriere un-ter anderem beim FBI.[32]

## Narrhallamarsch und Abgesang

Das Verbot erschien auch deshalb begründbar, weil sich unter hoher DDT-Einwirkung resistente Insekten bildeten.[33] Nicht zuletzt deshalb meinte man bei der Bekämpfung des Malaria-überträgers, der Anopheles-Mücke, auf das Insektizid ver-zichten zu können.

Was war das Ergebnis? 1946 gab es in Sri Lanka 2.800.000 Fälle von Malaria, die nach DDT-Einsatz 1962 auf 31 zurückgingen. 1963 stellte man die DDT-Anwendung ein. Daraufhin wurden bereits 1968 wieder 2.500.000 Malariafälle registriert. Seit Anfang der 70er-Jahre wird wieder moderat mit DDT gesprüht, sodass nach offiziellen Angaben die Fallzahl im Jahr 2000 auf 210.000 sank.[34,35]

Zieht man hier einmal ein erstes Resümee, folgt:

- Das Waldsterben war eine Phantasmagorie der Ökoquisition. Entgegen den Prophezeiungen war der Wald nämlich im Jahr 2000 nicht verschwunden. Gesetzliche Regelungen zur Luftreinhaltung (TA Luft) hatten hierauf kaum Einfluss, weil unter anderem die »Wurzelverätzungstheorie«, wonach der saure Regen Schwermetalle im Boden löst, wissenschaftlich unhaltbar ist. Das Waldsterben ist auch deshalb eine Ökofalle, weil die im Fernsehen gezeigten Rauchschäden nur 0,3 Prozent der europäischen Waldfläche betreffen, die von den Medien dem gerade aktuellen »Waldschaden der Woche« zugeordnet wurden.
- Die DDT-Ökofalle ist genauso wenig naturwissenschaftlich begründbar. Im Vergleich zu Nachfolgesubstanzen wie E 605 ist DDT sogar relativ ungiftig. Das Insektizid ist weder karzinogen, noch mindert es die Fruchtbarkeit oder führt zu dünnen Eierschalen bei Vögeln. Auch baut es sich unter Lichteinwirkung nach relativ kurzer Zeit ab, sodass es nicht in dem Maße persistent ist, wie die Schadstoffabteilung der Ökoquisition behauptet. Am Nordpol ist es vor allem deshalb nachweisbar, weil die Methoden der Messtechnik so empfindlich sind und die Zersetzung durch mangelnden Sonnenschein und Kälte behindert wird. Das Insektizid wurde verboten, weil der erste EPA-Direktor William Ruckelshaus den Politikmachern (»Policy Makers«) ein erstes Erfolgserlebnis liefern musste. Angesichts der Seuchengefahr nach der Tsunami-Katastrophe vom Dezember 2004 regten sogar der WWF und Greenpeace an, DDT zur Malariabekämpfung wieder stärker einzusetzen – Ökoschizo hoch drei![36]

Nichts offenbart die Heuchelei der Ökoblechtrompeter mehr als das DDT-Verbot, dem in der Dritten Welt Millionen Menschen zum Opfer fielen. Deshalb widmen wir dem Gutmenschendirektorium das nächste Kapitel.

# 5. Im Sozialismus ist noch ein Ökohimmelbettchen frei

Mit seiner NATO-Initiative trat Richard Nixon etwas los, das in Deutschland weit reichende Folgen hatte und immer weniger mit Umweltschutz zu tun hat als vielmehr mit der Durchsetzung der ausgeflippten Lifestylepolitik zugedröhnter 68er. Es ist wie eine infektiöse Krankheit – und man muss sich sehr zurückhalten, um nicht von einer geistigen Krätze zu schreiben –, die vor allem die Linke befallen hat. Weshalb, das erläutern die Journalisten Maxeiner und Miersch: »Menschen aus dem politisch links stehenden Milieu entdeckten die Umwelt ... als eine Art Ersatzproletariat.«[1] Das verwundert nicht allzu sehr, denn da gibt es etwas, das die Linke abgöttisch liebt – ja, aus dem heraus sie sich sogar definiert. Es ist: dirigieren, regulieren, rationieren, wegnehmen, Mangel verwalten, gleichmachen, verbieten und einschränken. Und wenn es besonders gut kommt, dann kann man auch ein bisschen schikanieren – bevorzugt die Autofahrer mit unfallträchtigen Straßenumbauten, absichtlich den Verkehr behindernden Bushaltestellen[a] und Tempo-30-Zonen zum »Entschleunigen« der Gesellschaft. Mit der auf Hochglanz polierten Ökokeule kann der Staat einmal richtig zeigen, wozu er eigentlich da ist und was er alles drauf hat.

Um in den vollen Genuss der Ökogesetzesflut zu kommen, brauchte die Republik aber nicht bis 1998 zu warten. Nachdem das Thema entdeckt war, tobten sich die Christdemokraten mit ihrem Umweltminister, dem BUND-Mitglied Klaus Töpfer, genauso tatkräftig aus, als hätte Trittin bereits in den 80er-Jahren das Ministerrädchen drehen dürfen. Und genau im glei-

---

[a] Wie immer geht es dabei um Heuchelei, denn das Argument lautet, mit der Verkehrsbehinderung wolle man die Sicherheit der Busfahrgäste erhöhen.

chen Takt sozialdemokratisierte sich die nach Tschernobyl vollends ergrünte CDU – Gesetze, Gesetze und abermals Gesetze (siehe Bild 2).

Da gutmenschliches Glücksempfinden proportional mit der Zahl von Rechtsregelungen steigt, schweben Ökonormdirektoren und -direktorinnen heute im siebten Himmel. Was »Normdirektoren« und ihr weibliches Pendant sind? Der Begriff stammt vom bereits erwähnten Schriftsteller George Orwell, der seinen Roman *1984* als Persiflage auf das Stalinregime schrieb.

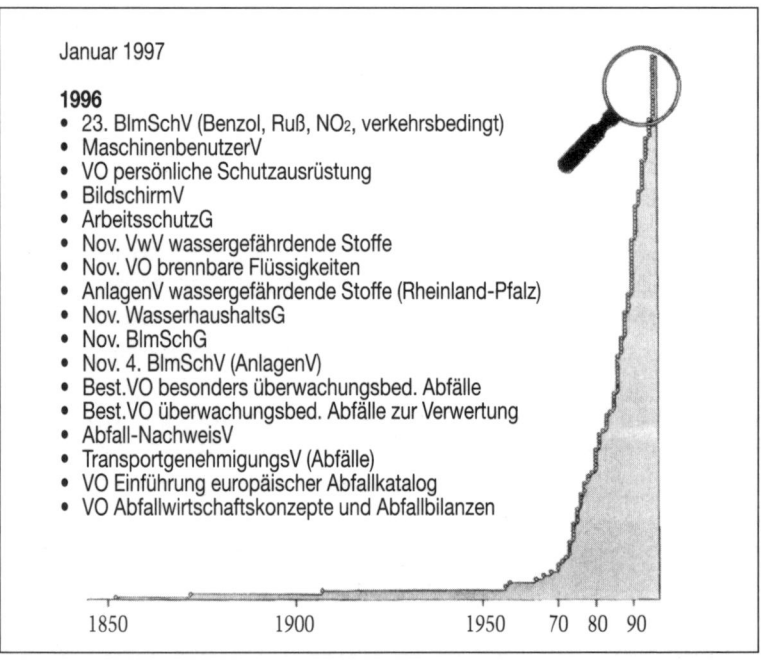

Bild 2: *Umweltgesetzdiarrhö in Deutschland*[27]

Nicht 1984, aber danach erhielt der Roman eine immer aktuellere Bedeutung, wie die Political Correctness belegt, mit der Tabugouvernanten die freie Meinungsäußerung ahnden. Orwell beschreibt ein utopisches Land namens »Ozeanien«, in dem der Diktator »Big Brother« allgegenwärtig ist und die Bevölkerung mittels »Telescreen« überwacht und lenkt. Als oberster »Big-Gutmensch« ruft er ständig zu irgendwelchen

Aktionen auf, und alle machen mit – wie beim Brent-Spar-Klamauk, der Ökosteuer[b] oder beim Dosenpfand. Auch die Heuchelei, die ein subtiles Merkmal von Unfreiheit ist, wird von Orwell treffend parodiert. Bei ihm heißt das Ministerium der Wahrheit »Minitrue«, womit wohl die Kultusbürokratie der Volkspädagogik gemeint sein dürfte. Bei kritischer Betrachtung erinnert tatsächlich manches, das Ökoprediger heute ablassen, an Absonderungen aus dem »Minitrue«. Ein Beispiel ist das Waldsterben, das nicht sterben darf, weil es politisch gebraucht wird.[c] Zu beachten ist auch das Wirtschaftsministerium von Ozeanien. Es heißt »Ministry of Plenty«, kurz: »Miniplenty«. Ob Orwell vor über 50 Jahren schon an rot-grüne oder gar schwarz-grüne Regierungen dachte? Mit seinem Roman *1984* soll er seiner Zeit weit voraus gewesen sein!

Pikanterweise skizziert Orwell auch schon das Prinzip der Political Correctness (PC). Sie heißt bei ihm »Neusprech« (engl. »newspeak«) und ist eine künstlich veränderte Sprache, in der das *Bedeutungsspektrum* der Wörter verändert oder verringert wird, um die Kommunikation der Bevölkerung in enge, kontrollierte Bahnen zu leiten. Zweck ist die Verhinderung so genannter *Gedankenverbrechen*.

PC-Newspeak nistet sich ähnlich einer Virusinfektion zunächst unauffällig in den Köpfen ein. Ist das erst einmal gelaufen, kann man den Homo sapiens sapiens hervorragend fernsteuern und manipulieren, weil das vollkommen Absurde und Abgedrehte schleichend zur Normalität gemacht wird. Die vollsynthetische Scheinrealität! Ein relativ harmloses, aber treffendes Beispiel für PC-Newspeak ist die Bezeichnung »Schaumküsse«, die Hersteller von »Negerküssen« heute auf die Verpackungen schreiben, obwohl nach wie vor Negerküsse darin sind. Selbst das Kinderliedchen von den zehn kleinen

---

[b] Die Steigerung der Ökosteuer und das Erneuerbare-Energien-Gesetz (EEG) wären zu verhindern gewesen durch die Bundestagswahl 2002. Aber da trat zufällig die Elbe über die Ufer, und im Irak bahnte sich ein Krieg an.

[c] Wie bereits erwähnt fabulierte die ehemalige Verbraucher-»schutz«-ministerin Künast 2004 bei der Vorstellung des Waldzustandsberichts allen Ernstes, dem Wald ginge es so schlecht wie nie zuvor. Nur 28 Prozent der Bäume wären nicht geschädigt – Tusch und Narrhallamarsch![2]

Negerlein erhielt absolutes PC-Verbot[d] und darf auf keinen Fall mehr im Kindergarten gesungen werden. Ersatzweise dürften die Kleinen bald das Liedchen von den zehn kleinen Restmülltönnchen lernen, die so nach und nach verschwinden. Eine andere Probe gutmenschlicher Normdenke ist die Bezeichnung »Gewerkschafter«, damit niemand mehr an Gewerkschaftlhuber denkt, wenn er den Begriff »Gewerkschaftler« hört, wie es jahrzehntelang üblich war. Die seit Generationen übliche Redeweise »Es ist sinnvoll« oder »Es ergibt einen Sinn« wurde auch ersetzt, und zwar durch die Wendung »Es macht Sinn«.

Ganz offensichtlich leben wir im Land der »Sinnmacher«, wie der von Denknormdirektoren und -direktorinnen umgedeutete Begriff der »Toleranz« belegt. Die Gutmenschen wollen damit *Gedankenverbrechen* verhindern. So auch in Holland, wo die Diskussion über die »Zuwanderung« jahrelang mit der Totschlagvokabel »Toleranz« erstickt wurde, bis 2004 der islamkritische Filmemacher Theo van Gogh von einem Fanatiker umgebracht wurde. Zur Erinnerung: 1995 trat Rot-Grün gegen die CDU in Hessen mit dem Slogan an: »Damit Hessen tolerant bleibt«.

Etwas teurer wurde es für den Steuerzahler, als Sprechnormdirektoren und -direktorinnen vor Jahren das Bedeutungsspektrum des weiblichen Geschlechts verringerten. Die wahrhaftig nicht herabsetzend gemeinte Bezeichnung »Fräulein« für eine unverheiratete weibliche Person wurde generell gestrichen. Gleichzeitig wurde das politisch korrekte Umstandssprech der Doppelnennung eingeführt (Bürger/Bürgerin). Die politisch korrekte Umänderung von Gesetzen und Rechtsregelungen kostete in den 80er-Jahren allein in Hessen 100 Millionen Steuer-Peanuts. Wir sind ja so reich!

## Das Ersatzproletariat

Der Gutmensch ist ein Teil von jener Kraft, die stets das Gute will und meist das Dumme schafft – so auch beim Umweltschutz. Statt das Notwendige zu tun und das Unsinnige zu las-

---

[d] Den Slapstick hatte am 23. Dezember 1994 das Wochenjournal *Die Zeit* mit einem Artikel ausgelöst.

sen, wurde der *Ökologismus* mit seinen Hysteriegottesdiensten[e] kreiert. Stellvertretend für unzählige Ökosudköche, die hierfür verantwortlich zeichnen, sei ein SPD-Politiker skizziert, den wir einfach Genosse Relppe nennen wollen. Geboren als Sohn eines Pfarrers, trat Relppe 1956 in die SPD ein und arbeitete zunächst als Studienrat, bis ihn der Deutsche Bundestag einfing, wo er als Lehrer den Querschnitt der Bevölkerung repräsentierte.[f] Im magischen Jahr 1968 durfte Relppe als Hans im Glück sogar das hoch begehrte Ministerrädchen drehen. Doch als der böse Pragmatiker Helmut Schmidt den Visionär Willy Brandt ablöste, war es mit der idealistisch geprägten Harmonie vorbei. 1974 schied er aus der Regierung.

Im Schmollwinkel interessierte sich Genosse Relppe zunehmend für den esoterischen Zweig der Ökologie, den Ökologismus, und brachte die SPD im Südwesten auf schrillschrulligen Ökokurs. Die Umwelt als Ersatzproletariat war entdeckt! Die notwendige naturwissenschaftliche Sachkompetenz musste sich Relppe ganz offensichtlich durch seine Dissertation über »den Aufbegehrenden und den Verzweifelnden als Heldenfigur der elisabethanischen Tragödie« erworben haben.[3]

Möglicherweise versteht Genosse Relppe von den naturwissenschaftlichen Grundlagen der Ökologie aber nur so viel wie die Kuh vom Segelfliegen. Das macht nichts, denn Hochschulen und Forschungsinstitute halten genügend Chemiker, Biologen, Physiker oder Toxikologen vor, auf die Ökopriester jederzeit zurückgreifen können. Wie bereits geschildert, liefern Forscher immer die richtigen Noten zur Ökoblasmusik – ganz wie von Margaret Mead und Staatssekretär Hartkopf gewünscht –, wenn etwas dabei herausspringt. Das klappte beim DDT und funktionierte beim Waldsterben. Allerdings stärkte Genosse Relppe mit seiner Ökonummer die schärfsten Konkurrenten der SPD. 1980 gelang den Grünen der Einzug ins baden-württembergische Parlament und damit erstmals der Sprung in den Landtag eines deutschen Flächenstaates.

---

[e] Vgl. AKW-Krawallprozessionen in Brokdorf, Straßenblockaden bei Castortransporten, ökoreligiöse Müllrituale oder die Klimamesse von Kyoto.

[f] Nach dem Handbuch des Bundestags sind mehr als zwei Drittel der Abgeordneten entweder Lehrer oder Juristen.

Politisch ordnet sich Genosse Relppe links von der SPD ein und setzt wie alle vom Mantra Erleuchteten (oommmh!) auf die Vision vom »Weltstaat«, der als »Institution der Guten« alles kontrolliert und überwacht – damit Friede, Kerzendemo, Freude, Eine-Welt-Gedöns und Eierkuchen herrscht. Als Vorstufe wäre eine Weltpolizei mit Gewaltmonopol gar nicht mal so schlecht, schwärmte Relppe auf dem Kirchentag 1999.[4]

Weil der Staat nicht genügend Mittel (Weißgeld) hat, um für wohltätige Gerechtigkeit zu sorgen, jammert Genosse Relppe über privaten Reichtum (Schwarzgeld) und öffentliche Armut. Als Ausweg sieht er eine drastische Verschärfung des Steuerstrafrechts und die Einstellung von mehr Finanzbeamten zur Überwachung der Steuerzahler. Richtig so, bereits George Orwell wusste, die Zukunft gehört den Edlen, den Guten, den Überwachenden und den Überwachten.

Als Präsident des Deutschen Evangelischen Kirchentags und Friedensaktivist übte sich Relppe nicht nur in engagiert-kämpferischer Betroffenheit, sondern auch in der Ökonummer »Die Schöpfung erhalten«. Wer will das nicht? Aber welcher Weg ist der richtige? Schrullenökologismus oder pragmatische Ökologie? Genosse Relppe entschied sich für das Erste. In einem Interview äußerte er:

»Offenkundig schafft ein ökologischer Umbau von Wirtschaft und Gesellschaft mehr Arbeit und nicht weniger. Weil wir immer nur auf das Wirtschaftswachstum starren, das die Arbeitslosigkeit beseitigen soll, vergessen wir alles andere, was auch Arbeitsplätze schaffen könnte. Eine ökologisch organisierte Landwirtschaft braucht nicht weniger, sondern wesentlich mehr Menschen als die jetzige. Auch eine ökologisch orientierte Energiewirtschaft, die auf Sonnenenergie setzt, braucht wesentlich mehr Menschen als eine, die auf Atomenergie setzt.«

So lieben wir es: weg mit der Industrie und ihren Giftküchen – hin zum rückenfreundlichen Unkrautjäten mit Hacke und morgendlichem Lerchengesang, wenn die Sense um fünf Uhr früh durchs taufrische Gras saust, während glückliche Kühe im dampfend-warmen Stall vor sich hin dösend auf die frische Mahd warten. Welch wundersames Glück in einer schönen, neuen, romantisch-heilen Welt! Auf der Heimfahrt mit dem Pferdegespann lässt der ökologisch gleich geschaltete Landwirt wohlwollend seinen Blick über Windspargelfelder schweifen und genießt hübsche Photovoltaikdächer, mit denen Strom im Überfluss erzeugt wird. Heute ist sogar ein besonderer Tag. Unser Landwirt darf 2,358 Kilowattstunden Strom verbrauchen.[8] Nun muss er nur noch mit der Familie beraten, wie viel davon für die Melkmaschine und wie viel zur Beleuchtung verwendet werden soll. Vielleicht reicht es auch für ein Viertelstündchen Fernsehen – wenn die Beleuchtung beim Besuch des Plumpsklos aus bleibt. Der aktuelle Lehr- und Unterhaltungsfilm über den großen Bruder Morgenthau und seinen unermüdlichen Kampf an der Kyoto-Klimafront soll besonders unterhaltend sein.

Genosse Relppes Visionen vom ökologischen Umbau der Wirtschaft decken sich mit den Visionen von Maurice Strong, der als Mitglied des Club of Rome 1992 den Weltumweltgipfel in Rio de Janeiro leitete. In einem Interview erläuterte der Große Vorsitzende die Ziele der Öko-Soap-Opera:

*»Was ist, wenn eine kleine Gruppe führender Persönlichkeiten in der Welt feststellt, die prinzipiellen Risiken für die Schöpfung beruhen auf der Lebensweise der reichen Länder, und der einzige Ausweg zum Überleben der Menschheit darin besteht, freiwillig die Umweltbelastung und den Lebensstandard vertraglich einzuschränken? Wird man es tun? Nein, die reichen Länder werden ihre Konsumgewohnheiten nicht ändern wollen! Um dennoch den Planeten zu retten, wird die Gruppe einflussreicher Persönlichkeiten beschließen, die industrielle Zivilisation komplett zu zerstören. Liegt es deshalb nicht in unserer Verantwortung, für diesen Zusammenbruch zu sorgen? Jene Gruppe führender Persönlichkeiten hat sich nun darauf verständigt, die Wirtschaft zusammenbrechen zu lassen.«*

So viel zu den wahren Intentionen der Rio-Konferenz von 1992. Weshalb ist dieses Interview nicht in Deutschland, sondern in einem kanadischen Magazin abgedruckt worden?[5] Weshalb muss man erst bei der ehemaligen Gouverneurin von Washington, Dixie Lee Ray, nachlesen, um auf die Leitidee des Weltumweltgipfels von 1992 zu stoßen?[6]

Wer aber ist Maurice Strong? Zunächst einmal ein steinrei-

---

[8] Strom wird in der neuen, guten Welt gerecht verteilt und deshalb von den Zuteilungsdirektoren und -direktorinnen vom »Minishare« bis auf die dritte Stelle nach dem Komma vorausberechnet.

cher Multimillionär, der von 1973 bis 1975 der erste UNEP-Chef[h] war. Trotz seines Reichtums ist er bekennender Marxist, der von sich selbst sagt: »Von der Ideologie her bin ich Sozialist, vom Lebensstil und der Methode her ein Kapitalist.«[7] Wegen seiner Weltanschauung und seines Geschicks, Leute auf seine Seite zu ziehen, schätzte ihn Ronald Reagan als gefährlichen ultralinken Mauschelideologen ein. Der betörend zarte Duft der linken Lebensart scheint offensichtlich in der Familie zu liegen, denn seine Cousine, Anne Louise Strong, lebte als aktive Marxistin und Mitglied der Komintern zwei Jahre unter Mao in China und war dort so hoch angesehen, dass Zhou En-lai nach ihrem Tod 1970 persönlich ihre Beerdigung organisierte.[8]

Das Magazin *Forbes* ließ 1998 an Maurice Strong kein gutes Haar und beschrieb ihn als Prototyp des in der Wolle gefärbten Gutmenschen, der dank seines brutalen Egoismus im Geschäftsleben keinerlei Skrupel kennt.[9] Während der großen Depression unter armen Verhältnissen aufgewachsen, machte er in den 50er-Jahren Millionen im Ölgeschäft. In den 60ern übernahm er einige Elektrizitätswerke und wechselte auf Betreiben des kanadischen Premierministers Pierre Trudeau zum halbstaatlichen Ölkonzern Petro Canada, wo er sein Vermögen vermehrte, indem er andere dazu verleitete, fossile Energieträger in großen Mengen zu verbrennen. Außerdem verdiente Strong den einen oder anderen Dollar bei Ontario-Hydro, dem einzigen kanadischen Kernenergiebetreiber. Hier gelang es ihm durch sein diplomatisches Verhandlungsgeschick, kanadischen Kernkraftgegnern einen Schnuller zu verpassen. Die Firma ließ sich nicht lumpen und erhöhte sein Gehalt um ein Vielfaches.[7]

Da Strong immer ein Gespür für den schnellsten Dollar hat, machte er auch Geschäfte mit Adnan Kashoggi. Dem Deal mit dem Waffenhändler verdankte er ein etwas üppig geratenes »Reihenhäuschen« mit 81.000 Hektar Grund. Es ist die Baca Ranch in Colorado. Dort kann sich Frau Strong ausleben. Sie schwärmt für dunkelgrünen Ökologismus und hat wie so manche ihrer Glaubensgenossen und Glaubensgenossinnen ein

---

[h] UNEP (United Nations Environment Programme) ist die Umweltabteilung der Vereinten Nationen, die bis März 2006 vom einstigen deutschen CDU-Umweltminister Klaus Töpfer geleitet wurde.

Faible für spiritistisch-esoterische Tütelütüt-Exerzitien. Nachdem der »Prophet« Glen Anderson sie erleuchtet hatte, gestaltete sie 1979 die Baca Ranch in ein »New Age Center« um, in dem unter anderem die »Manitou Foundation« untergebracht wurde.[10] Besonders gern umgibt sich Hanne Strong mit Wahrheitsbesitzern, zu denen sie den Hindu Guru Babaji, Zen-Buddhisten und tibetanische Barfußmönche zählt. Daneben befasst sie sich mit Ethnobotanik, einer esoterischen Parawissenschaft, die sich mit der Verständigung zwischen Mensch und Pflanze beschäftigt.[9] Damit befindet sie sich in blaublütiger Gesellschaft, denn Prinz Charles spricht ebenfalls regelmäßig mit den Pflanzen auf seiner Ökofarm. Möglicherweise spendet er ihnen noch Trost vor der Ernte.

Strongs Verhandlungsgeschick und nicht zuletzt seine guten Kontakte zu China und später auch zu Gorbatschow machten ihn für die UN-Umweltdiplomatie interessant. Deshalb wurde er von U Thant 1972 zum Vorsitzenden der »UNO-Umweltschutzkonferenz« von Kopenhagen gemacht.

Wie kam es eigentlich zur Rio-Konferenz von 1992? Auch dieser Aktionismus hat seine Wurzeln in Richard Nixons NATO-Umweltinitiative, die von der UNO fortgeführt wurde. Nach der Umweltschutzkonferenz von 1972 ging es Schlag auf Schlag. Ein Ökohorror jagte den anderen (Atomkraft, DDT, Klimakatastrophe, Ozonloch, Waldsterben usw.). Ganz wie von Frau Mead gewünscht, entwickelte sich das Apokalyptikergeschäft zum florierenden Perpetuum horribile.

1981 setzten die Vereinten Nationen eine »unabhängige Kommission für Umwelt und Entwicklung« (WCED) ein, die 1987 ihren Zukunftsbericht »Our Common Future« veröffentlichte. Geleitet wurde die Kommission von der ehemaligen Vizepräsidentin der sozialistischen Internationalen, Gro Harlem Brundtland, und ist deshalb auch als »Brundtland-Report[i]« bekannt.[11] In dem Schriftstück wird die Grundidee der »Nachhaltigkeit« (»Sustainable Development«) beschrieben,

---

[i] Frau Brundtland war zwischen 1974 und 1979 sozialdemokratische Umweltministerin von Norwegen. 1981 wurde sie als erste Frau Ministerpräsidentin ihres Landes und leitete die UNO-Kommission WCED. Von 1998 bis 2003 war sie Generaldirektorin der Weltgesundheitsbehörde (WHO).

die auch zur obersten Maxime der Rio-Konferenz von 1992 wurde, aus der wiederum die Agenda 21 hervorging. Was steckt dahinter? Auf Nachfrage erklärte Frau Brundtland einem kanadischen Reporter freimütig, dass die Basis der Rio-Konferenz das Programm der »Sozialistischen Internationalen« sei.[11] Der Realsozialismus ist tot – es lebe das Weltgutmenschentum!

## Sorge, Sorgen, Vorsorge, Vorsicht – plumps

Zwei Jäger sitzen in ihrer Hütte, ein Preuße und ein Bayer. Plötzlich riecht es streng. »Ja, ja, die Hund'«, sagt der Bayer. »Aber es sind doch gar keine da«, meint der Preuße. Darauf der Bayer: »Wer'n scho no kemma.« Genau dieser Dialog beschreibt das Vorsorgeprinzip. Es ist zwar kein Hund da, aber nach dem Vorsorgeprinzip korreliert der strenge Geruch mit der Anwesenheit eines Hundes. Das ist Beweis genug, die Wirkung wird zur Ursache – der Täter ist identifiziert. Zur *künftigen* Schadensabwehr muss man »vorsorglich« immer das Fenster offen lassen. Bei der Steigerung des Vorsorgeprinzips, dem Vorsichtsprinzip, bedarf es gar nicht der kommenden Anwesenheit eines realen Hundes, hier stinkt bereits der *virtuelle* Hund, weshalb man »vorsichtshalber« sämtliche Hunde auf dem Erdkreis verbietet. Das Vorsichtsprinzip ist das Lieblingsspielwieschen der *Ökohochscholastik* und bedeutet, auf den Verkehr übertragen, immer im ersten Gang durch Tempo-30-Zonen zu fahren, damit Fußgänger durch das heulende Motorengeräusch gewarnt sind, und dabei alle 30 Meter kräftig zu hupen, damit spielende Kinder aufmerksam werden.

Bereits die Inquisition arbeitete mit *virtuellen* Szenarien, die man kraft Autorität zur Realität erklärte, und schaffte zur Vorsorge gegen das Maleficium die Verursacherinnen und Verursacher ab. Damals ging es um das »Nullmaleficium«, das heute gemäß dem Vorsichtsprinzip seinen Wiedergänger in der angestrebten Nullemission hat. Die Ökoquisition unterscheidet sich somit von der Inquisition lediglich in der Art der Beweisführung (politisch missbrauchte Ultraspurenmessungen statt Folter und Hexenprobe) und in der Urteilsvollstreckung (Kyoto-Protokoll, Ökosteuer, Produktions- und Forschungsverbot statt Vierteilen und Autodafé).

Das Vorsorgeprinzip wird »mit der so genannten Freiraumtheorie« begründet, »die vor allem den Erhalt von Ressourcen beziehungsweise von sonstigen Freiräumen für zukünftige Generationen fordert, sowie mit der Ignoranztheorie, die auf die niemals zu erreichende Vollständigkeit des Wissens abzielt und von daher alle Eingriffe in die Natur zu verringern beziehungsweise zu vermeiden trachtet.«[12] Dagegen ist zunächst nichts einzuwenden, denn wir müssen mit der Schöpfung verantwortlich umgehen, weil wir nämlich nur eine Erde haben.

Dennoch ist die Frage angebracht, ob das ökoscholastische Vorsorge- beziehungsweise Vorsichtsprinzip[j] nach den Erfahrungen mit Waldsterben und DDT immer noch Maxime politischen Handelns sein sollte, denn ganz offensichtlich geht es dabei weniger um reale, sondern um *virtuelle* Risiken. Damit aber werden die wohl gemeinten Prinzipien zu Dogmen der Ökologismusreligion.

Hartkopf würdigte das neoromantische Ökospielzeug 1977 in einer Rede mit dem Titel: »Verbesserung der Umwelt durch den Vorsorgegrundsatz am Beispiel produktbezogener Anforderungen«[13]. Sein ethisches Leitmotiv hat er vom Philosophen Hans Jonas (»Das Prinzip Verantwortung«) entliehen. Demnach solle »der Staat stellvertretend Verantwortung übernehmen und zur Abwehr menschheitsbedrohender Gefahren schon handeln, bevor die Einschätzung der Wissenschaft völlig unumstritten sei«[14].

Ähnlich wurde bereits bei der »Strahlenschutzverordnung von 1960 argumentiert. Demnach war geboten, jede Strahlenemission nach dem Stand von Wissenschaft und Technik auch *unterhalb* von Grenzwerten zu minimieren.[12]

Wörtlich lautete der einschlägige Gesetzestext: »Dass Aktionen nicht nur zu unterlassen sind, wenn eine Umweltbelastung nicht erwiesen ist, sondern sogar, wenn sie nicht unwahrscheinlich oder denkbar wäre.«[12] Es kann also nichts erlaubt werden, solange nicht die letzte – *denkbare* – Gefahr ausgeräumt ist. Welcher Unsinn sich daraus entwickeln kann, demonstriert der Präsident des Bundesumweltamts, Andreas Troge (CDU), mit den Worten: »Nichtwissen ist als gegen uns gerichtet zu betrachten.« Die Sachbuchautoren Maxeiner und

---

[j] Für beide Ausdrücke gibt es keine saubere Begriffsbestimmung![29] Nirgendwo sind sie seriös und nachvollziehbar abgegrenzt beschrieben und stehen damit jeglichem politischem Definitionsmissbrauch offen.

Miersch kommentieren: »Damit sinkt die Eingriffschwelle für das Vorsorgeprinzip ins Bodenlose.«[1] Das ist aber ganz offensichtlich auch beabsichtigt, denn die Ökoquisition kann damit ihre Daseinsberechtigung nachweisen und Juristen beschäftigen, die als Liebhaber fein gedrechselter Rabulistik ein viel versprechendes Spielwieschen zum Ausbremsen der Wirtschaft, des Produktions-, Forschungs- und Entwicklungsstandorts finden.[k]

Abgesehen davon ist damit fast garantiert, dass jeglicher Nonsens zur Maxime politischen Handels werden kann, wie ein ehemaliger Forschungsleiter eines großen Arbeitgebers in Ludwigshafen schrieb:[15] »›Richtiges Recht‹ lässt sich nicht definieren, und auch Normen bieten keine Garantie für ›Richtigkeit‹. Jede beliebige Information, selbst Unsinn (nach der Rationalität der Wissenschaft, Wirtschaft etc.), kann (nach der Rationalität des Rechts) zum Gesetz werden ... Die übliche Annahme, dass Gesetze zum Wohl des Menschen gemacht werden, charakterisiert die juristische Arbeitsweise nur unzureichend.«

Tatsächlich hat das Vorsorgeprinzip keinerlei belastbare naturwissenschaftliche Basis, wenn man von der Möglichkeit absieht, heutzutage zu Schadstoffen erklärte Substanzen im Ultraspurenbereich zu messen (vergleiche DDT). Es ist vielmehr ein geistiges Konstrukt ähnlich dem Gedankengebäude der Scholastik, an das sich Menschen klammern, die entweder nörgelsüchtig der Technik eins auswischen wollen oder nach politischem Ansehen gieren, indem sie sich zum Fürsprecher der Angst- und Hysteriegesellschaft machen.

Besonders die *Gentechnik* wird in Deutschland mit der Gesetzes- und Vorsorgekeule ausgebremst. Welchen Flurschaden die Ökoquisition damit anrichten kann, belegt das Beispiel der ehemaligen Hoechst AG, die frühzeitig im Stammwerk bei Frankfurt Insulin mittels gentechnischer Verfahren produzieren wollte. Der zeitliche Ablauf:[16]

---

[k] Nach dem Paragraphen 19 g des in den 60er-Jahren gültigen Wasserhaushaltsgesetzes muss eine Chemieanlage so betrieben werden, dass eine Verunreinigung der Gewässer ... »nicht zu besorgen ist«. In einem Urteil wird das im besten Ökoquisitionsdeutsch präzisiert: »Das ›nicht zu besorgen ist‹ ist aber dahin zu deuten, dass keine auch noch so wenig nahe liegende Wahrscheinlichkeit besteht, was daraus hinausläuft, es müsse nach menschlicher Erfahrung unwahrscheinlich sein. Das Gesetz ist hier überaus streng.«[26]

- 14. Septemer 1984: Antragstellung für die Fermtec-Anlage als Produktionsanlage.
- 24. Juni 1985: Die Anlage wird genehmigt, Baubeginn Juli 1985.
- Oktober 86: Der Genehmigungsbescheid des Regierungspräsidenten wird durch den hessischen Umweltminister Joschka Fischer gestoppt, der meinte, Gentechnik sei ein Herumfummeln im Baukasten Gottes.
- September 1987: Die Fermenter-Anlage ist betriebsbereit, wird in der Folge aber durch Einsprüche blockiert.
- 26. November 1987: Hoechst beantragt den Sofortvollzug.
- 7. Juli 1988: Dem Antrag auf Sofortvollzug wird rund acht Monate später stattgegeben.
- 25. Oktober 1988: Einspruch von Besorgnisträgern gegen den Sofortvollzug.
- 3. Februar 1989: Das Verwaltungsgericht hebt den Einspruch auf.
- 17. Februar 1989: Beschwerde der Besorgnisträger beim Hessischen Verwaltungsgerichtshof.
- 6. November 1989: Der Sofortvollzug wird vom genannten Gerichtshof in einer umstrittenen Entscheidung aufgehoben.

Es folgen weitere juristische Detailscharmützel.

- 26. Juni 1990: Aufgrund des am 1. Juli 1990 in Kraft getretenen Gentechnikgesetzes beantragt die Hoechst AG eine Abänderung der Entscheidung des Hessischen Verwaltungsgerichtshofs vom 6. November 1989.
- 2. August 1990: Die Einwender erklären das Verwaltungsgerichtsstreitverfahren bezüglich der drei Anlagen für erledigt.
- September 1990: Das Verfahren wird vom Verwaltungsgericht Frankfurt definitiv eingestellt.

Die Einführung des Gentechnikgesetzes führte nicht notwendigerweise zu Verbesserungen.

- 28. Oktober 1991: Hoechst muss einen Änderungsantrag stellen mit dem Ziel, die Genehmigungsauflagen dem neuen Gentechnikrecht anzupassen.
- 1. Juli 1992: Dem Änderungsbescheid wird nach acht Monaten vom Regierungspräsidenten stattgegeben.
- August 1992: Die Besorgnisträger erheben Einspruch.
- 4. September 1992: Die Hoechst AG beantragt den Sofortvollzug.

Erst im Januar 1993 wurde die Anlage gemäß dem Vorsorgeprinzip mit strengen behördlichen Auflagen als Versuchsbetrieb genehmigt, während der größte Hoechst-Konkurrent Eli Lilly in Amerika seit 1982 Insulin gentechnisch produzieren konnte.

Zwischenzeitlich ergaben sich personelle Änderungen im Konzern. Die wirtschaftliche Situation erforderte eine strategische »Neuausrichtung«, bei der die alte, naturwissenschaftlich orientierte Leitung durch eine stärker kaufmännisch orientierte abgelöst wurde. Diese zerschlug den Konzern und reduzierte die Belegschaft im Stammwerk von 30.000 auf 22.000 – plumps.

Bleibt anzumerken: Erst 1998 konnte die gentechnische Insulinproduktion von der Firma Aventis/Pfizer als Nachfolgerin der ehemaligen Hoechst AG vollständig in Betrieb genommen werden. Die Gesamtinvestition betrug bislang mehr als eine Milliarde Euro, alles in allem wurden beinahe 1500 Arbeitsplätze zur Verfügung gestellt, die mit Sicherheit woanders entstanden wären, hätten sich die Öko-Ajatollahs durchgesetzt.[17]

Während in Spanien gentechnisch veränderter Mais auf 20.000 Hektar angebaut wird und in Amerika oder Argentinien sogar ein Drittel der angebauten Pflanzen gentechnisch verändert ist, hat die rot-grüne Koalition 2004 ein Gesetz verabschiedet, das Wissenschaftler und Landwirte gemäß dem Vorsorgeprinzip für alle denkbaren Schäden durch gentechnisch veränderte Pflanzen wirtschaftlich haftbar macht.[18] Dies gilt auch, wenn benachbarte Landwirte infolge Pollenflugs ihre Ernte nicht mehr als gentechnikfrei verkaufen können.

Der Bauernverband argumentiert, die Konsequenz des Gentechnikgesetzes sei, dass auch Forschungs- und Entwicklungsarbeiten unterbleiben, die notwendig sind, um Chancen und Risiken dieser Technologie im Nahrungsmittelbereich vorurteilsfrei zu überprüfen. Durch das De-facto-Verbot rechnen die Landwirte mit einem Gewinnverlust von 30 bis 50 Euro pro Hektar – plumps.[18]

In der Debatte um das Gesetz stellte die grüne Verbraucher-»schutz«-ministerin Künast klar, sie habe keinerlei Erkenntnisse, dass gentechnisch veränderte Lebensmittel ungesund oder gefährlich seien. Sic! Doch um diese Frage gehe es auch gar nicht. Um was es wirklich ging, erklärte Exbundeskanzler Schröder ein Jahr vor Ende der Koalition. Das Gesetz wäre notwendig, weil es sich um ein Projekt der Grünen handelte, das der machtpolitischen Balance in der Koalition wegen zu respektieren sei.[18] Ein dreifach Hoch der Ökoquisition! Erst die Verbraucher gemäß dem Vorsichtsprinzip mittels unhaltbarer Behauptungen über gentechnisch veränderte Lebensmittel verunsichern, dann die Wirtschaft ausbremsen – plumps.

Dass ständiger Alarmismus die Ignoranz fördert, scheint auch dem Präsidenten des Robert-Koch-Instituts, Reinhardt Kurth, zu dämmern:[19] »Auf die Dauer ist Angst kontraproduktiv, stumpft nur ab, auch die Politiker.« Bevor er sich aber um Kopf und Kragen redet, kriegt er schleunigst die Ökokurve: »Nein, wir müssen alle von der Notwendigkeit überzeugen, dass diese Vorsorge, die ja dann auch für einige Jahrzehnte Bestand hat, absolut notwendig ist. Das ist keine Vollkaskomentalität, sondern Risikovorsorge. Solange mir keiner sagen kann, dass das Risiko null ist, müssen wir diese Vorsorge treffen.«

Ach, hätte Herr Kurth doch einmal bei Niklas Luhmann nachgelesen, dann wüsste er, dass das »Risiko gewissermaßen alles (ist), was schief gehen kann. Als Gegenbegriff denkt man an ›Sicherheit‹, gibt aber zugleich zu, dass es Sicherheit in einem strengen, risikofreien Sinne gar nicht gibt. Also ist auch der Risikobegriff im geläufigen Verständnis ein Universalbegriff, der nichts ausschließt, sondern nur im Kontext seiner eigenen Form sich selbst markiert«[20]. Das Journal *Time* sieht es ähnlich: »Absolute Sicherheit ist ein Mythos ... für den es keinen Nachweis gibt. Es gibt auch kein Nullrisiko. Der geistigen Gesundheit und dem menschlichen Wohlbefinden ist mehr gedient, wenn wir lernen, damit zu leben.«[21]

Die Vollkaskogesellschaft hat Folgen, wie Maxeiner und Miersch pointieren:[22] »Der gut gemeinte und vernünftige Gedanke der Vorsorge ist in ein freiheitsfeindliches Konzept verwandelt worden.« Ausgefuchste Ökochonder halten dagegen: Zum Teufel mit der Freiheit, weg damit. Wir wollen lieber staatlich wohl behütet und sicher leben. Richtig. Wenn es so weitergeht, wird das Verbraucher»schutz«ministerium irgendwann um ein »Erkältungsministerium« (Newspeak: »Minicold«) ergänzt, das vorsorglich überprüft, ob alle Bürger bei Temperaturen unterhalb von drei Grad Celsius neben einem Ohrenschützer auch warme Leibwäsche und einen dicken

Wollschal tragen. Zuwiderhandlung wird anfangs mit einer Geldbuße belegt – plumps!

Im Gegensatz zur grün-deutschen Angstflatterszene sind Amerikaner Freiheitsverfechter und beurteilen ein Risiko eher pragmatisch als moralisch. Am Schluss einer äußerst sorgfältigen, rund 500 Seiten starken Studie mit über 1900 Literaturzitaten empfiehlt der bereits erwähnte Ökoskeptiker Aron Wildavsky von der Universität Berkeley, das Vorsorgeprinzip abzulehnen.[23] Seine Begründung:

– Erstens ist die Überbetonung eines ausschließlich von moralischen Argumenten gestützten Wertes, wie das Vorsorgeprinzip, ein Zeichen von Fanatismus.
– Zweitens gibt es keinerlei Belege dafür, dass sehr geringe, gelegentliche Chemikalienexpositionen irgendeinen Einfluss auf die Gesundheit der Allgemeinbevölkerung haben.

## Endlose Schadstofffreiheit im Sozialismus

Wie bereits zitiert, entdeckten nach Maxeiner und Miersch Menschen aus dem politisch links stehenden Milieu das Umweltthema als Ersatzproletariat. Da ist schon einmal interessant, was der Freiburger Sozialist Joachim Bruhn einmal so über seine Spezies zum Besten gab:[28] »Um zu verstehen, was die Linke ist, ist es hilfreich, sie als den extremen Pol gesellschaftlich möglicher Dummheit zu begreifen.«

So ganz daneben scheint er nicht zu liegen, denn 1972 erschien ein Buch mit dem Titel *Umweltgefährdung und Gesellschaftssystem*, in dem neben Günter Hartkopf der links orientierte Direktor des »Forschungszentrums für russische Wirtschaft« an der Harvard-Universität, Marshall I. Goldman, einen Beitrag lieferte. Dieser schrieb über die Umweltbelastung in der Sowjetunion:[24] »So hat das unausgewogene sowjetische Wirtschaftswachstum die Produktion bestimmter Konsumgüter nicht nur verzögert, sondern dadurch auch Umweltzerstörung und -verschmutzung in Grenzen gehalten. Denn je weniger synthetische Verbindungen, Kunstfasern und Kunststoffe entwickelt werden, desto weniger giftige Nebenprodukte fallen im Allgemeinen auch an ... Außerdem fällt infolge der geringeren Konsumgütererzeugung in der UdSSR auch weniger Müll und Schrott an ... Schließlich stellt auch die nahezu unbegrenzte Macht des Sowjetstaates unter Umständen einen Vorteil dar. Wird zum Beispiel ein Gesetz erlassen, so ist es – auch wenn die Durchführung gelegentlich etwas lax gehandhabt wird – im Großen und Ganzen äußerst wirksam ... Ich selbst (gemeint ist Professor Goldman) hege bei meinen Studien die Hoffnung, die Erfahrungen der Russen könnten uns doch manchen Hinweis zur Bekämpfung der Umweltzerstörung und -vergiftung im eigenen Land an die Hand geben.«

Der linke Volkswirtschaftler Gerhard Kade von der TU Darmstadt lag auf der gleichen Rille, als er 1972 von sich gab:[25] »Die Umweltkatastrophe ist eine – vielleicht sogar die langfristig gefährlichste – Erscheinungsform des *Grundwiderspruchs der kapitalistischen Produktionsweise*, des Widerspruchs zwischen dem gesellschaftlichen Charakter der Produktion und der privaten Aneignung der Produktionsergebnisse ... Wenn das so ist, so wird die Frage des Umweltschutzes zur Frage nach der Ablösung des kapitalistischen Systems, nach *Beseitigung der privaten Verfügungsmacht* über den Einsatz der produktiven Faktoren, nach einer humanen Zielsetzung der gesamten gesellschaftlichen Produktion, nach einem menschlicheren Verwertungszusammenhang von Wirtschaft und Technik.«[1]

Solche und ähnliche Ergüsse sind wesentliche Zutaten des Ökosozialismus, aus dem sich die grüne Bewegung Ende des vergangenen Jahrhunderts definierte und teilweise noch heute definiert. Dass erst die Wirtschaftskraft des Kapitalismus einen wirksamen Umweltschutz ermöglicht, leuchtet Sozialisten nicht ein. Nun wird es Zeit, die Folgen des Vorsorge- und Vorsichtsprinzips am Beispiel der Gift- und Krebshysterie zu studieren, der wir das nächste Kapitel widmen.

---

[1] Bleibt anzumerken, dass Professor Gerhard Kade, wie man heute weiß, neben seinen ausgezeichneten Kontakten zum KGB auch im Sold der Stasi stand und Ende der 70er-Jahre die Gruppe »Generäle für den Frieden« leitete, die ein Teil der westlichen Friedensbewegung war, der auch Gerd Bastian von den Grünen angehörte.

# 6. Das Giftpandämonium

Nach mehr als 30-jähriger Ökoquisition kann man mit einem Fußtritt den kritischen, gesunden Menschenverstand in die Ecke scheuchen und locker beim Querschnitt des Homo sapiens mit Giftängsten eine Panikattacke auslösen. Dieser benimmt sich dann nicht viel anders als ein torkelnder Hühnerhaufen, den man wie bei Wilhelm Busch mit alkoholgetränkten Brotkrumen aus dem Takt gebracht hat. Hierzu ein paar unterhaltsame Ökotheaterkomödien:

– Im April 1995 wurde in der Frankfurter Paketverteilungsanlage ein Päckchen beschädigt und wieder zugeklebt. Etwas von dem darin enthaltenen weißen Pulver war aber auf den Boden gerieselt. Als eine Putzfrau den Dreck wegwischen wollte, behauptete sie, das Pulver habe bei der Berührung mit Wasser jäh aufgeschäumt. Prompt klagten sie und eine Kollegin über Übelkeit und Herzbeschwerden. Zwei Postangestellte fühlten sich ebenfalls plötzlich ganz schlecht und wollten sich krankschreiben lassen. Mit Pomp und Circumstances nebst lautem Tatütata kam die Feuerwehr vorgefahren. Männer in gespenstischen Schutzanzügen nahmen unter größten Vorsichtsmaßnahmen Proben. Welch eine herrliche Lustangst! Wollüstig wälzten sich die rot-grünen Blaulichtapostel vom Öko-Trarasender HR III im postalischen Gift-GAU. Ein selten schönes Hysterieschnäppchen!

Tags darauf löste sich das Gifttheaterschauspiel in Luft auf. Chemiker des Untersuchungsamts verkündeten die frohe Botschaft, der weiße »Giftstoff« sei ganz normaler Modelliergips gewesen, mit dem man üblicherweise Figuren formt. Nach Bekanntwerden der gipsharten Tatsachen argumentierte die Post mit »Hysterie, Übersensibilisierung und Psychose«, während die Spielverderber der Polizei von »versuchtem Blaumachen« sprachen.[1]

– Im August 1990 verlor ein Lkw 25 Liter des ehemals zuge-

lassenen Pflanzenschutzmittels »Raphatox«. Einige Autofahrer fuhren durch die Pfütze und klagten plötzlich über Beschwerden – nachdem (!) sie von Rundfunkmeldungen auf
die Gefahr aufmerksam gemacht waren. 70 Personen ließen
sich im Krankenhaus behandeln, und 750 Fahrzeuge mussten mit hohem Kostenaufwand vom Katastrophenschutz
dekontaminiert werden. Der Toxikologe Professor Pfleger
von der Universität Saarland klärt auf, der Inhaltsstoff von
»Raphatox« sei in ähnlicher Form in den 30er-Jahren als Ent-
fettungsmittel verwendet worden. Die ohne unerwünschte
Nebenwirkung monatelang tolerierten Mengen betrugen
dabei täglich bis zu einem halben Gramm. Da die Patienten
sich sehr wohl fühlten, nahmen einige erheblich höhere Dosen als vom Arzt verschrieben, wodurch es zu Todesfällen
kam. Bleibt die Frage, weshalb Personen klinisch behandelt
werden müssen, wenn sie beim Durchfahren einer »Raphatox«-Pfütze weit weniger als ein Tausendstel der Tagesdosis
der Entfettungspatienten aufgenommen haben. Die Reaktion der Autofahrer ordnet Pfleger als Erkrankung ein, »die
der medizinischen Behandlung bedürfe, wenn auch mit anderen Mitteln als Vergiftungen«[2].
– Ein besonders unterhaltsames Hysterieschnäppchen war
die Housing-Area-Affäre von 1998. In Frankfurt und anderen Orten wurden nach Ende des Kalten Kriegs ehemalige
US-Soldatenwohnungen an deutsche Sozialmieter vergeben. Da die Amerikaner nur bedingt nach dem deutschen
Reinheitsgebot lebten, vermuteten Panikkammerjäger
Schrecken erregende Ökoteufel in den Quartieren. Prompt
wurden sie fündig, als man in der Raumluft Spuren poly-
cyclischer aromatischer Kohlenwasserstoffe (PAKs) entdeckte, die von einem in den 50er-Jahren verwendeten Par-
kettkleber stammten.[3] Im Hausstaub von 3,1 Prozent der
1600 Wohnungen wurde der zulässige Grenzwert von zehn
Milligramm PAK pro Kilogramm überschritten.[4,5] Dies
nutzte der Stadtverordnete der Grünen, Thomas Schlimme,
für ein herzerfrischendes Angsttrompeterkonzert. Sofort begann er von einem nicht tolerierbaren Krebsrisiko zu fabu-
lieren, obwohl bei den Amerikanern, die jahrzehntelang
damit lebten, keinerlei Erkrankungen registriert werden konnten. Unter Schlimmes sachkundiger Regie wurde ein toten-
kopfverziertes Flugblatt mit dem Titel »Giftzeitung« verteilt.

115

Wunschgemäß blieb die Panik nicht aus. Plötzlich klagten deutsche Mieter über Haarausfall und schwere Atemprobleme. Da nützte es auch nichts, wenn das Gesundheitsamt ausdrücklich darauf hinwies, PAKs seien zwar krebserregend, könnten aber nicht die geschilderten spontanen Körperreaktionen auslösen. Eine Versammlung der Mieter jagte die andere, und eine Boulevardzeitung informierte: »Mütter am Rande des Nervenzusammenbruchs«[6,7,8].

Als dann noch die zwei- bis dreifache Menge des Grenzwertes an »hochgiftigem« DDT gefunden wurde, präsentierten sich die Housing Areas als Hysterieschnäppchen im Doppelpack.[9,10] Jetzt wurde noch eifriger gemessen, und Blutproben wurden abgezapft. Dabei fand man bei einer Familie erhöhte PCP-Werte.[a] Die Raumluft der Wohnung enthielt aber nichts davon. Das Rätsel löste sich, als man die Lederjacke des Vaters untersuchte. Sie war gegen Vergammeln vom Hersteller mit PCP imprägniert worden. Nachdem man den Gegenstand der Besorgnis aus der Wohnung entfernt hatte, normalisierten sich die Blutwerte der Familie binnen kurzer Zeit.[11]

Wie hoch war das Risiko? Für Erwachsene gleich null, denn »die PAKs sind im Staub gebunden und können nicht eingeatmet werden«, erklärte Ursula Heudorf vom Stadtgesundheitsamt.[12] Kinder sind da schon eher gefährdet, denn beim Herumkrabbeln lecken sie ab und an die Finger und können dadurch bis zu 100 Milligramm belasteten Hausstaub aufnehmen. Aber auch hier rentiert ein genauer Blick, denn nur wenn ein Mensch lebenslang Kleinkind bleibt und diese Menge täglich aufnimmt, ist nach Anhörung von Sachverständigen mit fünf zusätzlichen Krebsfällen pro 100.000 Personen zu rechnen.[12] Dies setzt voraus, dass »das lebenslange Kleinkind« nicht vom Blitz erschlagen wird (sechs Tote 1994) oder beim Fallschirmspringen umkommt (fünf Tote 1994). Auch darf es nicht bei Verwandten im Auto sitzen (zirka 350 tödlich verunglückte Kinder 1994) oder im Gartenteich dank mangelnder Aufsicht ertrinken (1999 ertranken 62 Kleinkinder im Alter unter fünf Jahren[13]).[b]

---

[a] PCP ist die Abkürzung für Pentachlorphenol.
[b] Hochgerechnet auf ein 75-jähriges Leben sind dies 450 (Blitz) beziehungsweise 26.500 (Mitfahrer im Auto) oder 4650 (im Gartenteich ertrinken) Todesopfer.

Gemäß dem Vorsichtsprinzip mussten 50 von 1600 Wohnungen saniert werden.[14] Rechnet man jetzt noch etwas weiter und geht man von drei Kindern je Wohnung aus, kommt man zu einen bemerkenswerten Ergebnis. Mit dem oben genannten Risiko (5:100.000) folgt, dass 0,75 Kinder an Krebs erkranken, wenn sie lebenslang (75 Jahre) als Kleinkind am Boden rumkrabbeln.

Wir haben Sorgen in Deutschland! Hauptsache, ein Ökoquisitionsmitglied hat wieder mal wieder richtig das Hysteriemoped aufheulen lassen, sich interessant gemacht, Beachtung gefunden und die geschürte Panik genossen. Die Stadt Frankfurt kostete die Sanierung der Wohnungen mehr als 20 Millionen Euro, wozu der Steuerzahler einen erheblichen Beitrag leistete.[15] Leicht könnte ich noch etliche Seiten mit ähnlichen Angstpossenspielen des Ökotheaters füllen, jetzt wird es aber Zeit zu fragen ...

## Was ist ungiftig?

Nichts, buchstäblich nichts! Alle Substanzen sind Giftstoffe, sogar das lebensnotwendige Vitamin C (Ascorbinsäure), von dem wir täglich 30 Milligramm benötigen. Niemand denkt dabei an einen Giftstoff. Dennoch findet man bei Personen, die Tagesdosen von 500 Milligramm aufwärts konsumieren, vermehrt oxidiertes Guanin im Erbgut.[16] Dies kann gemäß dem Vorsichtsprinzip Ursache einer Krebserkrankung sein.

Beachtenswert ist ein authentischer Fall aus England. 1983 verschluckte eine Frau versehentlich etwas Haushaltsreiniger. Von der Ökoquisition eindringlichst vor gefährlichen Chemikalien gewarnt, rief sie in Panik bei der Giftnotzentrale an. Die gab ihr den Rat, viel Wasser zu trinken. Da sie infolge jahrelangen Öko-Agitprops um ihr Leben fürchtete, trank sie Unmengen davon. Selbst, als sie sich ständig übergeben musste, schüttete sie weiter in sich hinein. Nach dem – wie sie meinte – lebensrettenden »Genuss« von 15 Litern Wasser stellten sich Verwirrtheitszustände ein, gefolgt von Bewusstlosigkeit und Atemstillstand. Der Notarzt kam und wies sie umgehend in eine Klinik ein. Nicht wegen des versehentlich geschluckten Haushaltsreinigers, nein, wegen der hohen Dosis vom

117

Giftstoff Leitungswasser. Im Krankenhaus steigerten sich die epileptiformen Anfälle. Trotz intensivster ärztlicher Bemühungen verstarb die Frau vier Tage später an einer Wasserintoxikation, wie man die irreversible Wasseraufschwemmung des Gehirns nennt.[17]

15 Liter Wasser haben eine letale Wirkung, dennoch brauchen wir täglich zwei Liter davon. 200 bis 300 Milligramm Kaliumcyanid (»Zyankali«) sind für einen erwachsenen Menschen tödlich. Andererseits kann eine erwachsene Person täglich zwei Milligramm des seifig schmeckenden Salzes ohne Folgen konsumieren. Weshalb das naturgesetzlich so ist, erklärt der bei den Hohepriestern des Ökologismus überhaupt nicht geschätzte *Fundamentalsatz der Toxikologie*. Er stammt von Theophrastus Bombastus von Hohenheim (1494–1541) – auch Paracelsus genannt – und lautet: »Was ist das, nitt gifft ist? alle ding sind gifft / und nichts ist ohn gifft / Allein die Dosis macht das ein ding kein gifft ist. Als ein Exempel / ein jetlich speiss und ein jetlich getranck / so es über sein Dosis eingenommen wirdt / so ist es gifft / das beweist sein aufgang: Ich geb auch zu / das gifft / gifft sei.«

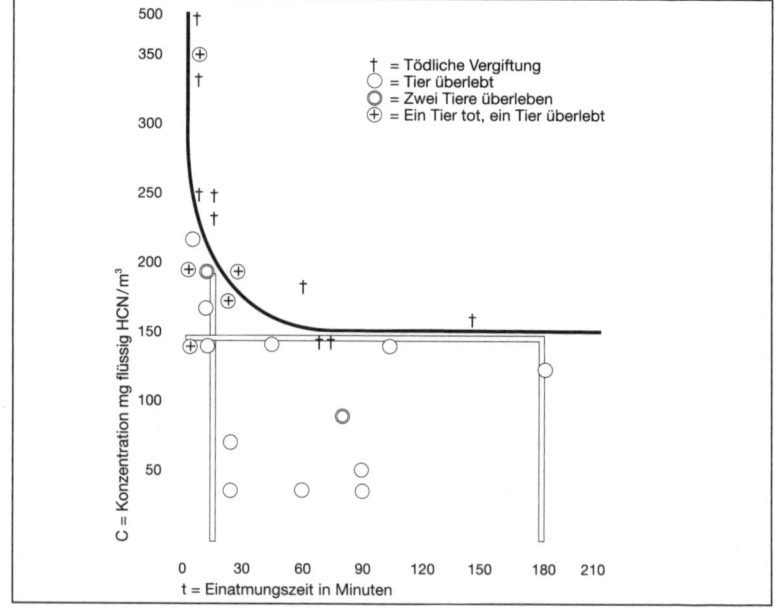

*Bild 3: Dosis-Zeit-Gesetz*

Fazit: Es kommt immer auf die Dosis an, denn selbst das größte »Megagift« ist unterhalb einer bestimmten Dosis vollkommen wirkungslos (Achtung, Ökozündhütchen: Hier ist kämpferisch-engagierte Empörung wegen Verharmlosung angesagt!).

Die Abhängigkeit der Wirkung von der Dosis (Menge) und der Zeitdauer bezeichnet man als *Dosis-Zeit-Gesetz* (siehe a. Bild 3):

Wirkung = Dosis × Zeit $(W = c \times t)$

Wie aus Bild 3 hervorgeht, beträgt die Schwellendosis von Blausäure im Tierversuch zirka 150 Milligramm HCN pro Kubikmeter. Enthält die Raumluft weniger, überleben alle Tiere. Das Prinzip gilt immer – auch wenn es von den Dirigenten des Ökoorchestrions überhaupt nicht gern gehört wird –, sogar für »grünfriedliche Ultragifte«.[c]

## Bhopal, Schlotbarone und Mutter Natur

Es war in der Nacht vom 1. zum 2. Dezember 1984. Verblüfft starrten die Gäste zahlreicher Hochzeitsgesellschaften in Bhopal auf eine weiße Wolke, die sich von Westen her näherte. Plötzlich fielen Vögel tot von den Bäumen; Kühe brachen unter qualvollen Krämpfen sterbend zusammen. Viele Menschen liefen in Panik davon, als ihre Augen zu brennen begannen. Doch sie hatten kaum eine Chance. Die meisten ereilte das Schicksal im Schlaf – am nächsten Morgen zählte man 4000 Tote. Bis heute ist die spätere Gesamtopferzahl nicht bekannt. Schätzungen liegen zwischen 16.000 und 30.000.[18]

Was war passiert? Aus einem Chemiewerk, das der amerikanischen Gesellschaft Union Carbide gehörte, waren 30 bis 40 Tonnen des hochgiftigen Methylisocyanats entwichen. Die akute Toxizität beruht auf der heftigen Reaktion der Verbindung mit

---

[c] Nach der unter politischem Druck entstandenen so genannten »Einmolekültheorie« wird nicht ausgeschlossen, dass bei besonders gefährlichen Substanzen bereits ein Molekül wirken kann. Diese ökoscholastische Hypothese – was anderes ist es nicht – verletzt den logischen, gesunden Menschenverstand in erheblichem Maß und ist zu Recht wissenschaftlich äußerst umstritten.

119

allen Stoffen, die so genannte nukleophile Reaktionen eingehen können. (O Gott, Chemie! Furchtbar, unverständliches naturwissenschaftliches Kauderwelsch. Da erbaue ich mich lieber an Luthers Tischgesprächen oder lese nach, welche Generäle in der Mühle von Tauroggen zusammenkamen.)

Hier der Klartext: Methylisocyanat reagiert unter starker Erwärmung äußerst heftig mit Wasser, wobei Methylamin und $CO_2$ gebildet werden.[d] Die eigentliche Gefahr liegt darin, dass die Chemikalie genauso flagrant mit Eiweißstoffen des menschlichen, tierischen und pflanzlichen Gewebes reagiert. Nach dem Einatmen der Substanz versucht sich der Körper zu helfen, indem er in der Lunge den Giftstoff mit Wasser (Körperflüssigkeit) verdünnt. Deshalb kommt es binnen weniger Minuten zum tödlich verlaufenden Lungenödem.[19]

Wer sind die Schuldigen der Katastrophe von Bhopal? Obwohl damals niemand vom Shareholder sprach, ging es um die Gewinnsteigerung für ebendenselben. Den amerikanischen Chefs der Union Carbide Ltd. warf die Fabrik nämlich zu wenig Gewinn ab. Deshalb ersetzten sie 1982 den langjährigen Betriebsleiter Woomers durch die beiden Inder Mukund und Chakravarti. Die erhielten den Auftrag, die Kosten zu senken, was sie in gründlicher »Top down«-Manier taten. Zunächst wurde die Belegschaft von 1000 Mitarbeitern auf 642 reduziert. Teure Fachkräfte wurden durch Ungelernte ersetzt. Dazu wurden Verschleißteile nicht mehr halbjährlich, sondern nur alle zwölf Monate gewechselt und teure Edelstahlrohre durch billigeres Material ersetzt.[18]

Dann kam das Sahnehäubchen obendrauf. Zur Freude des Shareholders fuhren die neuen Chefs die aufwendigen – und lebensnotwendigen – Alarm- und Schutzsysteme herunter. Damit sparten sie ein paar Rupien für Elektrizität und Kühlstoffe. Als am Abend des 1. Dezember die verbliebenen Alarmsysteme anschlugen, nahm das zunächst niemand ernst. Kurz danach bemerkte ein Wachtrupp, dass Wasser in den Methylisocyanatvorlagebehälter gelangt war. Die stark exotherme

---

[d] Methylamin riecht charakteristisch nach Fischdosen oder gammeligem Fisch. Die Verbindung ist zwar auch giftig, aber bei weitem nicht so gefährlich wie Methylisocyanat. Nebenbei bemerkt, bilden sich solche Amine auf natürlichem Weg bei der Zersetzung etlicher Eiweißstoffe.

Reaktion brachte den bei 38 Grad Celsius siedenden Giftstoff zum Kochen, die Sicherheitsscheibe zerbarst, und die oben erwähnten 30 bis 40 Tonnen wurden mit den bekannten verheerenden Folgen freigesetzt. Wie das Wasser in den Behälter gelangte, wird unterschiedlich gesehen. Die eine Seite geht von Bedienungsfehlern und unsachgemäßen Reinigungsarbeiten aus, während die Gegenseite mit Sabotage argumentiert. Längst ist Union Carbide Ltd. weiterverkauft. Der ehemalige Vorstandschef Warren Anderson, gegen den in Indien ein Verfahren läuft, ist irgendwo in Amerika untergetaucht. Dafür warten die Opfer noch heute[e] auf eine angemessene Entschädigung. Die Fabrik in Bhopal ist inzwischen stillgelegt, ohne Sanierung des durch jahrelange Schluderei verseuchten Betriebsgeländes. Eine hessische Regionalzeitung kommentierte: »Bhopal-Gift immer noch im Boden«[20]. Das kann nicht sein, denn geringste Feuchtigkeitsspuren in der Erde haben längst die kleinsten Reste von Methylisocyanat zerstört. Bhopal war die größte Chemiekatastrophe seit Menschengedenken. Bedauerlich ist nur, dass die Ökoquisition den Jahrestag 2004 zum Stimmungsmachen missbraucht.

In Seveso ging es zwar nicht um die Steigerung des Betriebsgewinns, dafür hatte die Bedienungsmannschaft den Reaktionsansatz wegen des beginnenden Wochenendes nicht zu Ende geführt und das Gemisch unbeaufsichtigt stehen gelassen, nachdem nicht nur der Rührer, sondern auch die Alarm- und Sicherheitseinrichtung abgeschaltet worden war. Im Gegensatz zu Bhopal gab es hier nicht ein einziges Todesopfer, wenn man vom Chef der Icmesa-Fabrik absieht, der von den roten Brigaden aus Rache erschossen wurde.

Da sogar normales Trinkwasser in großen Mengen ein »Giftstoff« sein kann, stellt sich die Frage, welche Dosen eigentlich für den Menschen tödlich sind. Hier eine kleine Hitliste:[21,22,23,24]

| Substanz | Tödliche Menge in mg |
| --- | --- |
| Botulinustoxin (Fleischvergiftung) | 0,000.000.03 |
| Tetanustoxin | 0,000.000.1 |
| Ricin (aus dem Samen des Ricinusstrauchs) | 0,003 (im Blut) |

---

[e] Gemeint ist 2005.

121

| Substanz | Tödliche Menge in mg |
|---|---|
| Diphtherietoxin | 0,02 |
| »Seveso-Dioxin« (»Seveso-Ultragift«)[f] | 0,07 |
| Saxitoxin (bei Vergiftungen durch Muscheln) | 0,2 |
| Aflatoxin | 0,7 |
| Cadmium (als lösliches Ion) | 50 |
| Heroin | 60 |
| Cyanwasserstoff (Blausäure) | 60 |
| Nikotin | 70 |
| Schlangengifte | 700 |
| DDT | 10.000 bis 30.000 |
| Natriumchlorid (Kochsalz) | 200.000 |
| Ethanol (Weingeist, Alkohol) | 250.000 |

Auffallend: Das »ultragiftige Seveso-Dioxin« rangiert unterhalb etlicher der guten, weil natürlichen Gifte. Tatsächlich sind die mit Abstand giftigsten Stoffe, die man überhaupt kennt, keine »Chemiegifte«, sondern hochmolekulare Proteine, die von der »guten Natur« produziert werden.[25] Hierzu zählen das Diphtherietoxin, das Tetanustoxin und das Botulinustoxin. Das Letztere wird beim Vergammeln von Lebensmitteln durch das Bakterium Clostridium botulinum gebildet und ist so giftig, dass eine Hausfrau starb, nur weil sie nach dem Öffnen eines mit Botulinustoxin belasteten Einmachglases die Finger ableckte.[26] Wäre das Einmachglas mit der gleichen Menge Seveso-Dioxin belastet gewesen, hätte sie schlimmstenfalls einen Hautausschlag (Chlorakne) bekommen.

Da man mit knapp sechs Milligramm reinem Botulinustoxin 200 Millionen Menschen töten kann, wurde es 1972 von der UNO in die Liste der verbotenen biologischen Kampfstoffe aufgenommen. Um die gleiche Wirkung mit Seveso-Dioxin zu erreichen, würde man übrigens 14.000.000 Milligramm oder 14 Kilogramm benötigen. Handelt es sich dann um eine harmlose Substanz? Nein, ganz und gar nicht. Dazu Näheres im Kapitel 9, »Ökopotpourri«.

---

[f] Die in der Tabelle angegebene Dosis basiert auf dem Vorsichtsprinzip und liegt sehr wahrscheinlich wesentlich höher, wie im Kapitel 9, »Ökopotpourri«, noch erläutert wird.

# Halb tot ist auch tot

1996 gab es in Thüringen ein Ökotheaterlustspiel, weil 129 Tonnen Natriumacetat aus Bundeswehrbeständen zur Verwertung nach China verschifft werden sollten. Ökotröten der grünen Landtagsfraktion tönten von Giftmüllverschiebung und vom Missbrauch des zu liberalen Kreislaufwirtschaftsgesetzes.[27] Das Ende vom Lied: 129 Tonnen »hochgefährliches« Natriumacetat wurden zurückgenommen und auf Kosten des Steuerzahlers in einer Kaligrube eingelagert.

Was ist dran? Natriumacetat ist das Salz der Essigsäure, mit der man den Kartoffelsalat zubereitet. In der Medizin wurde es früher als Diuretikum verordnet. Vergiftungsfälle sind keine bekannt geworden. Leider kann man dem unter chronischer naturwissenschaftlicher Legasthenie leidenden Bevölkerungsquerschnitt alles einreden – auch, dass Natriumacetat ein Giftstoff sei. Wenn überhaupt, könnte höchstens die »ätzende« Wirkung einer wässrigen Lösung Schaden anrichten. Dann aber ist ganz normale Seife als noch giftiger einzustufen.[g] Sollte es so weitergehen, muss in Bälde jede Gaststätte zum Kartoffelsalatanmachen eine Betriebsgenehmigung nach § 4 des Bundes-Immissionsschutzgesetzes beantragen und auf der Toilette gebrauchte Seifenlösung sammeln, die in Sondermülldeponien unter Tage verbracht wird. Sind wir noch ganz richtig im Kopf?

Chemie ist giftig, gefährlich und unverantwortlich. Gemäß dieser Grundregel der Verantwortungsethik (Hans Jonas) wollten zwei der alternativen Liste nahe stehendem Autoren ihren Lesern weismachen, dass schon »vor der Neusynthese einer Chemikalie etwas über deren mögliche Schadwirkung« bekannt sein müsste.[28] Das ist kompletter Unfug. Es gibt keinerlei wissenschaftlich abgesicherte Methode, nach der die potenzielle Schadstoffwirkung aus einer auf dem Papier stehenden Formel abgeleitet werden kann – auch wenn das Molekül das Element Chlor enthalten sollte, das laut Greenpeace der Teufel in die Welt gesetzt hat.

---

[g] Eine dreiprozentige Seifenlösung hat den pH-Wert 10,8, wohingegen es eine vergleichbare Natriumacetatlösung nur auf pH = 8,1 bringt. Damit ist die Seifenlösung 500-mal stärker alkalisch als die Natriumacetatlösung!

Weil dem so ist, wird die Toxizität üblicherweise in Tierversuchen ermittelt. Leider hängt das Ergebnis davon ab, welche Tierart verwendet wird. So wirkt beispielsweise das Antibiotikum Penizillin auf Meerschweinchen tödlich, während Mäuse keine Probleme damit haben. Zum Glück hat der Entdecker des Penizillins keine Meerschweinchen als Versuchstiere eingesetzt, andernfalls wären niemals Menschenleben mit dem Antibiotikum gerettet worden. Eine weitere Unsicherheit muss in Kauf genommen werden. Das Verhalten biologischer Modelle – so bezeichnet man Versuchstiere – unterliegt statistischen Gesetzmäßigkeiten. Deshalb benötigt man zur validierten Aussage mindestens 50 bis 100 Tiere.[29] Im Versuch wird die Dosis eines mutmaßlichen Giftstoffs so lange gesteigert, bis 50 Prozent der Modelle sterben. Dies ist die mittlere Letaldosis $LD_{50}$:

| Chemikalie[30,31,32] | $LD_{50}$ in mg/kg |
|---|---|
| Lenacil (ultragefährliche Chemiekeule = Pflanzenschutzmittel) | > 11.000 |
| Ethanol (»Weingeist«) | 10.000 |
| Diuron (Chemiekeule zum Ausmerzen von »Beikräutern« = Unkraut) | > 5.000 |
| **Natriumchlorid (»Kochsalz«)** | **4.000** |
| Natriumacetat | 3.530 |
| Eisensulfat | 1.500 |
| Morphiumsulfat (Pharmawirkstoff MST) | 900 |
| Natrium-Phenobarbital (Schlafmittel) | 150 |
| DDT (verbotenes Insektizid, »Chemiekeule«) | 100 |
| Cyanwasserstoff (Blausäure) | 15 |
| Gift der Honigbiene (Apis mellifica) | 6 |
| Nikotin (im Tabak) | 1 |
| L-(+)-Muscarin, Alkaloid des Fliegenpilzes | 0,2 |
| »Seveso-Dioxin« (»hochgefährliches Ultragift«) | 0,02 |
| Tetrodotoxin (Kugelfischgift) | 0,01 |
| Diphtherietoxin (freigesetzt vom Corynebacterium diphtheriae) | 0,000.3 |
| Crototoxin (Fischgift) | 0,000.2 |
| Tetanustoxin (freigesetzt vom Bakterium Clostridium tetani) | 0,000.000.1 |
| Botulinustoxin (freigesetzt vom Bakterium Clostridium botulinum) | 0,000.000.03 |

Die Tabelle ist nur eine Richtlinie und beansprucht keineswegs wissenschaftliche Exaktheit. Dazu müsste zumindest nach Art des Versuchstieres und der Applikation differenziert werden, was hier nur Langeweile erzeugen würde. In jedem Fall scheint es ziemlich egal zu sein, ob die Giftwirkung auf einem Naturstoff oder einer synthetischen Chemikalie beruht. Dennoch sind Tierversuche nur bedingt aussagefähig. So genießen Schnecken und Kaninchen problemlos den für uns tödlichen Knollenblätterpilz. Ein anderes Beispiel ist die Schlangenwurz, die als altbewährtes Hausmittel gegen Schlaflosigkeit, Menstruationsbeschwerden und Herzerkrankungen eingesetzt wird. Fressen Kühe davon, passiert ihnen nichts. Abraham Lincolns Mutter starb, weil sie Kuhmilch trank, die mit dem Toxin der Schlangenwurz stark belastet war[33] – in geringer Menge ein Heilmittel, in hoher Dosis tödlich.

Die Dosis macht das Gift! Deshalb unterscheidet die Gefahrstoffverordnung in Anhang I:

- Sehr giftige Stoffe: $LD_{50}$ -Dosis < 25 mg/kg
- Giftige Stoffe: 25 < $LD_{50}$ < 200 mg/kg
- Gesundheitsschädliche Stoffe: 200 < $LD_{50}$ < 2000 mg/kg

Das als Schlafmittel verwendete Natrium-Phenobarbital ist wie viele Pharmawirkstoffe in die Kategorie »giftig« einzuordnen, was durch viele Suizidfälle belegt wird. Schaut man einmal in der einschlägigen Literatur nach, so ist ein Großteil der Pflanzenschutzmittel noch nicht einmal in die Kategorie »gesundheitsschädlich« einzuordnen, weil ihre $LD_{50}$ größer ist als 2000 Milligramm pro Kilogramm. Nimmt man Kochsalz als Bezugssubstanz, so ist beispielsweise die akute Toxizität der Fungizide Anilazin, Benomyl, Bitertanol, Captan, Propineb und TCA-Na sowie der Herbizide Benazolin-Ethyl, Bifenox, Bromacil, Carbetamid, Phenmedipham, Simazin und Trifluralin wesentlich geringer als das allseits beliebte Speisesalz, weil die $LD_{50}$ der besagten Pflanzenschutzmittel über 4000 Milligramm pro Kilogramm liegt (vergleiche auch Tabelle, Seite 124).[31]

Das ärztliche Vergiftungsregister bemerkt zum Pflanzenschutzmittel Simazin lapidar:[34] »Vergiftungen beim Menschen sind nicht bekannt.« Dies, obwohl sogar Suizidversuche damit unternommen wurden. Man kann es aber auch mit dem Verzehr von 500.000 Salatköpfen auf einmal versuchen, die mit dem Tausendfachen des erlaubten Grenzwertes von Simazin belastet sind. Wetten, dass es tödlich ausgeht? Natürlich gibt es auch gefährlichere Pflanzenschutzmittel wie das »sehr giftige« Akarizid Abamectin ($LD_{50}$ = 10,6 Milligramm pro Kilogramm) oder auch das »nur« der Kategorie »giftig« zuzuordnende Insektizid Propoxur ($LD_{50}$ = 50 Milligramm pro Kilogramm).

Es muss nicht unbedingt letal ausgehen. Giftstoffe können auch eine *teratogene* Wirkung besitzen. Dadurch wird der Fötus im Mutterleib geschädigt, wodurch ein behindertes Kind zur Welt kommt. Das 1956 auf den westdeutschen Markt gebrachte Contergan (Wirkstoff Thalidomid) wirkt stark teratogen und verursachte in den 60er-Jahren allein in Deutschland 5000 schwerste Missbildungen bei Säuglingen.[35] Da der Mensch zehnmal empfindlicher als der Affe und 350-mal stärker als der Hamster reagiert, waren Tierversuche nur bedingt aussagefähig.[36] Andererseits ist das Thalidomid von so geringer akuter Toxizität, dass es als ideales Schlafmittel galt. Es war praktisch unmöglich, damit Selbstmord zu begehen: Eine Frau schlief nach Einnahme von 14 Gramm (!) bestens und wachte nur etwas verwirrt auf.[37]

Interessant wird es auch, wenn sich Kühe und Ziegen von Lupinen ernähren und dabei größere Mengen des »harmlosen« Naturstoffs Anagryn aufnehmen. Eine Frau, die während der Schwangerschaft Milch von diesen Tieren trinkt, bringt mit hoher Wahrscheinlichkeit ein behindertes Kind zur Welt.[38,39] Sogar das vollkommen unverdächtige Vitamin A besitzt in hohen Dosen eine teratogene Wirkung.

Ergänzend sei angemerkt, dass man heute zwischen *Konzentrationsgiften*, *Kumulationsgiften* und *Summationsgiften* unterscheidet. Die erstgenannten sind die größte Gruppe. Ihre Wirkung nimmt proportional zur Dosis zu. Die *Kumulationsgifte* sind in geringen Dosen nicht toxisch, können aber im Organismus gespeichert werden, womit ihre *chronische* Wirkung erklärt wird. Die *Summationsgifte* verursachen irreversible Veränderungen, die nach Verschwinden des Wirkstoffs aus dem Blut bestehen bleiben. Viele Kanzerogene gehören hierzu[40]. Auch müssten bei genauer Betrachtung allergieauslösende Stoffe beachtet werden, womit aber der Rahmen des vorliegenden Buchs gesprengt würde.[41]

# Hysterieschnäppchenjagd und Ultraspurenanalytik

Als man im Bodensee vor einigen Jahren nach Arzneimittelrückständen suchte, schepperte es plötzlich im Ökogrammofon. Eine Forschergruppe alarmierte die Öffentlichkeit, man sei auf ein »bislang nur unzureichend erforschtes ökotoxikologisches Risiko« gestoßen.[42] Tatsächlich wurden von verschiedenen Arzneimitteln zwischen 0,01 und 9 Nanogramm pro Liter gefunden.[h] Können Sie sich etwas unter den besagten 0,01 Nanogramm vorstellen? Nein, hier die Messzahlen, mit denen die Ökoquisition den Homo sapiens sapiens seit ihrer Gründung durch Richard Nixon, Margaret Mead und Günter Hartkopf ins Ökobockshorn jagt:

| Vorsatzzeichen | Vorsatz | FaktorWert | |
|---|---|---|---|
| f | Femto | $10^{-15}$ | 0,000.000.000.000.001 |
| p | Piko | $10^{-12}$ | 0,000.000.000.001 |
| n | Nano | $10^{-9}$ | 0,000.000.001 |
| µ | Mikro | $10^{-6}$ | 0,000.001 |
| m | Milli | $10^{-3}$ | 0,001 |
| c | Zenti | $10^{-2}$ | 0,01 |
| d | Dezi | $10^{-1}$ | 0,1 |
| da | Deka | $10^{1}$ | 10 |
| h | Hekto | $10^{2}$ | 100 |
| k | Kilo | $10^{3}$ | 1000 |
| M | Mega | $10^{6}$ | 1000.000 (Million) |
| G | Giga | $10^{9}$ | 1000.000.000 (Milliarde) |
| T | Tera | $10^{12}$ | 1000.000.000.000 (Billion) |
| P | Peta | $10^{15}$ | 1000.000.000.000.000 |

Aus der Tabelle folgt: Die oben genannten 0,01 Nanogramm sind hochgefährliche 0,000.000.000.01 Gramm. Das spricht mehr für die *Empfindlichkeit der Analysemethoden* als für das Gesundheitsrisiko. Ibuprofen beispielsweise ist ein Schmerzmittel, das bei entzündlichen, degenerativen Gelenkerkran-

---

[h] Im Einzelnen handelte es sich um Ibuprofen, Diatrizoat, Carbamezepin, Isopromid, Clofibrinsäure, Sulfamthoxazol, Iopamidol, Dehydrato-Erythromycin, Iothalminsäure, Phenazon und Iomeprol.

kungen verschrieben wird. Der Arzt verordnet dem Patienten dreimal täglich 600 Milligramm. Rechnet man nach, dann muss der Patient 67 Millionen Liter Trinkwasser mit hoher Ibuprofenbelastung konsumieren, um auf den Wirkstoffgehalt einer einzigen Tablette zu kommen. Da der Rhein sich in seinem Verlauf über Kläranlagen weiter mit Medikamentenrückständen anreichert, konnte man in Wiesbaden erschreckende 30 Nanogramm pro Liter des Antiepileptikums Carbamezepin finden.[43] Rechnet man einmal nach, dann muss ein Anwohner 6,7 Millionen Liter des erschreckend belasteten Wassers trinken, um auf den Wirkstoffgehalt einer 200-Milligramm-Tablette zu kommen. Trinkt er jeden Tag nur zwei Liter, muss er 9130 Jahre leben, um eine Tablette Carbamezepin zu konsumieren.

Als weitere Untersuchungen Ultraspuren weiblicher Hormone und Kontrazeptiva (Antibabypille) zutage förderten, wurde in einer Zeitung verstört über den endokrinen Arzneimittelspuk im Trinkwasser berichtet:[42,44] »Da wirkt schon ein einzelnes Molekül.«[45] Hier stellen sich zwei schlichte Fragen: Wie kommen solche Spuren ins Trinkwasser, das einem Fließgewässer entnommen wurde, und weshalb nehmen Frauen in den Wechseljahren täglich 32.000.000.000.000.000.000 Moleküle Estradiolvaleriat (zwei Milligramm) ein, wenn schon ein einzelnes Molekül wirkt?

Auf welche Messzahlen stützt sich die Ökoquisition noch? Richtig, da ist ja noch die ppm-Hysterie. Hier die Messzahlen:

1 % = Prozent = 0,01 = 1 g/100 g = 10g/kg =10 l/m³
1 ‰ = Promille = 0,1 % = 0,001 = 0,1g/100g = 1 g/kg = 1 l/ m³
1 ppm = parts per million = 1 Preuße in München
    = 1 Zuckerwürfel in einem Tank mit 2700 Liter
    = 0,000.001 = 0,0001 %= 0,001 g/100g = 0,0001 g/kg
    = 0,001 l/m³ = 1 ml/m³ (1 ml = 1 Milliliter = 1 cm³)
1 ppb = parts per billion (engl.: billion = 1 Milliarde)
    = 1 Chinese in China = 1 Zuckerwürfel im Großtanker
    mit 2,7 Millionen Liter = 0,000.000.001= 0,000.0001 %
    = 0,000.001 g/100 g = 0,000.0001 g/kg = 0,000.001 l/m³
    = 0,001 ml/m³
1 ppt = parts per trillion = 0,000.000.000.001 = 1 Zuckerwürfel in 1000 Großtankern = 0,000.000.0001 %

Ein anschauliches Beispiel ist der Gehalt angeblich klima-
wirksamer Spurengase in der Atmosphäre. Sie enthält 350 parts
per million $CO_2$ und 1,7 parts per million Methan. Dazu gesellen sich 0,5 parts per trillion = 0,000.000.000.05 Prozent
Schwefelhexafluorid ($SF_6$), das gemäß dem Vorsichtsprinzip
nicht mehr produziert werden darf, weil es ein 23.900fach
höheres Treibhauspotenzial (GWP) als Kohlendioxid hat. Rechnet man nach, dann entsprechen die 0,5 parts per trillion $SF_6$
Schrecken erregende 0,012 parts per million $CO_2$.[i]
Bleiben wir kurz bei der Klimahysterie. Ein Mensch unter
sechs Milliarden Erdenbürgern entspricht 0,17 parts per billion.
Entfleucht diesem ein methanhaltiger Wind, so ist nach dem
Vorsichtsprinzip der Ökoquisition zu befürchten, dass die Eis-
berge noch schneller abschmelzen, da Methan ein 21-mal
höheres Treibhauspotenzial (GWP) als $CO_2$ hat.[46] Mit »sophisticated computer models« ließe sich mit Sicherheit der Weltuntergang durch menschliche Ausdünstungen herbeirechnen
– wenn es politisch gewünscht wäre.[j] Dann aber böte sich auch
ein Zertifikatshandel für Zwiebeln und Bohnen an.

## Politisch instrumentalisierte Analytik

Wie ein Wildschwein, das mit seinem Rüssel unermüdlich den
Boden auf der Suche nach leckeren Engerlingen aufbricht,
fahndet die Ökoquisition laufend nach Ultraspuren eines
Schadstoffes, mit denen sich ein herzerfrischendes Ökopos-
senspiel veranstalten lässt.[47] Werden in einem Liter Rhein-
wasser 0,05 Mikrogramm (0.000.000.5 Gramm) vom Antibiotikum Erythromycin gefunden, kommt sofort Festspielfreude
auf.[48] Noch unterhaltsamer wird es, wenn drei Pikogramm

---

[i] Ob das ein auf der Hysteriewelle reitender Ökopolitiker wohl nachrechnen kann? Was für eine unverschämte Frage. Er braucht es doch
gar nicht. Er ist nämlich sachverständig.

[j] Da die Ökoquisition nur die dem Komfort dienende Technik auf dem
Kieker hat, gibt es keine offiziellen Messzahlen der menschlichen
Norm-, Max-, Min-Emissionen von Kohlendioxid, Methan, Schwefel-
wasserstoff, Ammoniak unter anderem über Atmung, Haut, Fäkalien,
Urin und Ähnliches. Daten hierzu muss man sich mühsam zusam-
menstellen.

(0,000.000.000.003 Gramm) Dioxin im Fett eines Schweins gefunden werden, das vorher mit ultragefährlich belastetem Futter gemästet wurde[49]. Endlich mal wieder Gelegenheit, den Öko-Beelzebub samt Vorsorgemätzchen auf den Spielplan des Hysterietheaters zu bringen.

Wie gelingt es eigentlich der analytischen Chemie, solche Mengen unterhalb der Krümelgrenze zu messen, und wie ist dabei vorzugehen? Dazu muss der analytisch arbeitende Chemiker zwei Probleme lösen:

1. *Abtrennung* der zu bestimmenden Substanz (Analyt) aus dem Gemisch.
2. Quantitative *Messung* des Analyten.

Der politisch instrumentalisierte Missbrauch der chemischen Ultraspurenanalytik lässt sich am besten verstehen, wenn man zirka 150 Jahre zurückgeht.

Am späten Nachmittag des 21. November 1850 klopften beim Pfarrer der belgischen Gemeinde Bury zwei Dienstboten des nahe gelegenen Schlosses Bitremont an und erzählten, ihre Herrschaft habe gestern wahrscheinlich den Bruder der Gräfin umgebracht.[50] Der Pfarrer verständigte den Untersuchungsrichter Heugebaert, auf dessen Veranlassung hin die Leiche des Opfers in der Remise des Schlosses obduziert wurde. Es fanden sich starke Verätzungen im Mund, auf der Zunge, dem Schlund und im Magen, weshalb man einen Giftmord vermutete. Da man nicht weiterkam, schickte Heugebaert die dem Toten entnommenen Proben nach Brüssel zu Jean Servais Stas, der an der École Militaire Chemie unterrichtete. Stas konservierte die ihm zugesandten Proben (Organe und Mageninhalt) zunächst unter Alkohol. Seine erste Vermutung, dem Toten sei gewaltsam Vitriolöl (konzentrierte Schwefelsäure) beigebracht worden, schied aufgrund der chemischen Analyse aus.

Bei der Untersuchung des Mageninhalts kam ihm die Idee, das Opfer könnte mit einem Alkaloid vergiftet worden sein. Nur, mit welchem? Stas probierte alle möglichen Reagenzien aus, bis er plötzlich nach Zugabe von Kalilauge den eindeutig strengen Geruch von Nikotin wahrnahm. Auch die Geschmacksprobe – sie war damals in der chemischen Analytik gang und gäbe – deutete auf Nikotin. Wie aber kann man die Substanz, wenn es denn Nikotin ist, vom übrigen Mageninhalt *abtrennen* und anschließend *quantitativ* bestimmen?

Stas hatte die richtige Idee. Er wusste: Im alkalischen Medium löst sich Nikotin besser in Äther als in Wasser. Und vor allem: Der Äther mischt sich kaum mit Wasser, sondern bildet eine zweite Schicht (Phase). Auf diesen Kenntnissen baute er seine Arbeitsschritte auf:

- Ansäuern des Mageninhalts mit Essigsäure
- Filtrieren, um die Speisereste von der sauren Nikotinlösung abzutrennen
- Mit Kalilauge versetzen
- Das reine Nikotin mithilfe von Äther von der wässrigen Flüssigkeit abtrennen (der Chemiker spricht von Ausschütteln)

Nach Abdampfen des Äthers fand Stas durch Wiegen eine Nikotinmenge, die ausgereicht hätte, um mehrere Menschen zu töten. Aufgrund der Analysenergebnisse klagte man den Grafen Visart de Bocarmé an, seinen Schwager Gustave ermordet zu haben, und verurteilte ihn zum Tode. Jean Servais Stas hingegen errang bleibenden Weltruhm, denn sein Extraktionsverfahren wird heute noch in der forensischen Chemie in verbesserter Form als Stas-Otto-Verfahren angewandt.

Auch im nächsten Fall geht es um Mord.[51] Um 1830 konnte man Arsenvergiftungen nicht mithilfe der analytischen Chemie nachweisen. Daher ging der Spruch um: Arsen tötet das Opfer und schützt den Täter. So sah es auch ganz gut für den Mörder des 80-jährigen John Bodle aus. Der Friedensrichter vermutete, der Sohn des Alten habe seinen Vater mit Arsen vergiftet, konnte aber wegen der damals vollkommen unterentwickelten forensischen Analytik nichts beweisen.

Zur gleichen Zeit lebte in Woolwich bei London ein verarmter Chemiker namens James Marsh, der als Freund geistiger Getränke seinen Schnapskonsum mit Forschungen über Rücklaufbremsen von Schiffsgeschützen finanzierte. 1832 wurde er beauftragt, bei der Lösung des Bodle-Mordfalls zu helfen. Zunächst fand Marsh auch tatsächlich Arsenspuren im Körper des Opfers. Sein Gutachten wurde aber vor Gericht zerfetzt, weshalb der mutmaßliche Mörder freigesprochen wurde.

Marsh, vom Ehrgeiz gepackt, entwickelte eine Methode zum Arsennachweis, die zwar nicht mehr den Täter im Mordfall John Bodle überführte, aber als Marsh'sche Probe bekannt wurde. Dabei wird Arsen im sichergestellten Magenbrei eines Mordopfers mithilfe eines Kniffs zu Arsenwasserstoff ($AsH_3$)

umgesetzt. Das aus der Probe entweichende Gas wird durch ein Glasrohr geleitet und an einer Stelle erhitzt. Dabei zersetzt es sich wieder. An einer kälteren Stelle des Rohrs entsteht dadurch ein spiegelnder Arsenfleck, dessen Größe ein Maß für den Arsengehalt ist. 1836 veröffentlichte Marsh seine Methode im *Edinburgh Philosophical Journal*.[86] Für Arsengiftmörder brachen schlechte Zeiten an. Fünf Jahre nach Veröffentlichung der Analysenmethode konnte man Marie Lafarge mithilfe der Marsh'schen Probe überführen, ihren Ehemann mit Arsen umgebracht zu haben.

Wie der folgende Vergleich zeigt, waren die Methoden der chemischen Analysenverfahren der Biedermeierzeit im Vergleich zu den heutigen mehr als bescheiden. Man kann es mit dem Umsteigen von der Pferdekutsche in einen Porsche vergleichen. Weil die moderne analytische Chemie mit apparativen Trennmethoden, äußerst empfindlichen Spektrometern, Fotozellen und schnellen Arbeitsplatzcomputern arbeitet, spricht man von der *instrumentellen Analytik*. Hier der Vergleich:

a) Klassische Analytik um 1840 (Biedermeier)

| Substanz | Trennmethode | Detektion | Bestimmungsgrenze |
|---|---|---|---|
| Nikotin | Ausschütteln nach Stas | Geruch (Nase), chemische Reaktionen | 0,1 mg (Analysenwaage) |
| Arsen | Marsh'sche Probe; Entwickeln eines flüchtigen Gases ($AsH_3$) | Metallischer Arsenspiegel (»Eichung« anhand der Größe des Arsenspiegels) | 0,1 mg |

b) Instrumentelle Analytik im Jahr 2000

| Substanz | Trennmethode | Detektion | Bestimmungsgrenze |
|---|---|---|---|
| Nikotin | Chromatografie | Massenspektrometer | 0,000.000.01 mg |
| Arsen[52] | Kann oft entfallen; ansonsten Anreicherung durch Extraktion | CCD-Array; Fotozelle | 0,000.007 mg (ICP), 0,000.0002 mg Graphitrohr-AAS |

Ich will die Leser nicht allzu sehr mit Details langweilen, denn es handelt sich um Chemie und hier um ein Spezialgebiet, für das tausendseitige Lehrbücher existieren (O Gott, Naturwissenschaft – gähn!). Dennoch kann man die Ökohysterie nur dann verstehen, wenn man einen kurzen Blick auf die Methoden der instrumentellen Analytik wirft.

1. Da wäre zunächst die **Gaschromatografie (GC)**, die als *hochselektive Trennmethode* in den 40er-Jahren des letzten Jahrhunderts entwickelt wurde.[53,54] Ein erstes Gaschromatogramm im heutigen Sinn findet man in der Doktorarbeit des späteren österreichischen Landeshauptmannstellvertreters Fritz Prior.[55,56] Das Grundprinzip der Trennmethode lässt sich mit Ausflugschiffen vergleichen, die einen Fluss hinunterfahren. Besetzt man die Schiffchen jeweils *nur* mit Frauen und mit Männern, so werden die Frauen vermutlich später am Zielort ankommen, wenn unterwegs mehr Modeboutiquen und Schuhgeschäfte geöffnet haben als Weinprobierstände. In der Gaschromatografie ist der Fluss die *Trennsäule*, die unterschiedlich besetzten Boote sind die *Analyten* und die *mobile Phase* (Gas) das fließende Wasser. Wie alle Trennmethoden steht und fällt die Gaschromatografie mit der Empfindlichkeit des am Ende der Trennsäule befindlichen »Anzeigegeräts« – des Detektors.

2. Der **Elektroneneinfangdetektor (ECD)**. Dieser Detektor wurde in den 40er-Jahren von James Lovelock, dem Schöpfer der Gaia-Hypothese, entwickelt.[k] Der ECD hat höchste politische (!) Bedeutung.[57] Er reagiert nämlich vor allem auf Halogene wie *Chlor* und ist dazu noch äußerst empfindlich. Mit ihm lassen sich noch fünf Femtogramm (0,000.000.000.000.005 Gramm) einer chlororganischen

---

[k]  Die Gaia-Hypothese ist einer der kanonischen Glaubensartikel des Ökologismus. Danach soll sich die Erde wie ein lebender Organismus verhalten. Alle lebenden Organismen und alle nicht lebendigen Teile der Erde sind somit Teile eines dynamischen Systems, das die gesamte Biosphäre durch Rückkopplung stabil hält. Lebt der Mensch, fährt er Auto, vergnügt er sich, lässt er es sich gut gehen, bringt er das ausgeglichene System aus dem Gleichgewicht. Der Konsum harten, trockenen Brots oder Müslis statt Rumpsteak, zu Fuß zu gehen und Fahrrad zu fahren stellt nach Meinung der Ökoquisition das Gleichgewicht wieder her.

Verbindung, wie DDT oder Lindan, nachweisen![58] Ohne diesen Ökokrümelsuchdetektor hätte man in den 50er-Jahren kein DDT im Fettgewebe toter Vögel und in den Eiern des amerikanischen Seeadlers gefunden.[1] Rachel Carson hätte folglich 1962 nicht ihr Buch *Der stumme Frühling* veröffentlichen können. Ohne die hysterische Reaktion der Bevölkerung auf Frau Carsons Buch wäre Richard Nixon wahrscheinlich nicht auf die Idee gekommen, die NATO mit der Lösung der Umweltfrage zu beauftragen, sondern hätte die tatsächlich vorhandenen Umweltschäden (Luft- und Wasserverunreinigung) viel pragmatischer angegangen. Ohne ECD hätte Ruckelshaus keinen Erfolg gehabt, und Staatssekretär Hartkopf hätte keine Bürgerinitiativen initiieren können. Die gesamte Ökoquisition wäre in der Versenkung geblieben. Dahingegen hätte man eine Umweltschutzpolitik mit Maß und Ziel betrieben. Wie im Übrigen die Rechts-, Innen- und Gesellschaftspolitik in Deutschland ohne die grüne Bewegung aussähe, kann sich jeder selbst ausmalen.

3. Die empfindlichste Nachweismethode in der Gaschromatografie ist heute die **Kopplung mit einem Massenspektrometer (GC-MS-Kopplung)**. Damit werden in einem Gramm Hausstaub mühelos Besorgnis erregende Mengen von 25 Femtogramm (0.000.000.000.000.025 Gramm) kanzerogener PAKs gefunden.[58]

4. Die Gaschromatografie hat einen Nachteil. Sie funktioniert nur, wenn die zu untersuchende Probe gasförmig oder verdampfbar ist. Eine neuere Entwicklung ist die **Hochdruckflüssigkeitschromatografie** (High Pressure Liquid Chromatography = **HPLC**). Es handelt sich sinngemäß um eine Übertragung der Gaschromatografie auf Flüssigkeitssysteme. Damit können nicht verdampfbare Verbindungen mit ähnlicher Empfindlichkeit gemessen werden wie verdampfbare Substanzen mit der Gaschromatografie.

5. Kopplungstechniken von Chromatografie und Spektroskopie sind allemal gut für ein Ökoangst-Lustspiel.[59] Vor etwa 20 Jahren gelang es, die HPLC mit einem Massenspektrometer zu koppeln **(HPLC-MS-Kopplung)**. Diese Methode er-

---

[1] Der amerikanische Seeadler hat als Wappentier eine ähnlich große Bedeutung wie für die Deutschen der Wald.

möglicht routinemäßig, die Einhaltung des Dioxin-Vorsor-
gebelastungswerts von maximal einem Pikogramm pro
Kilogramm Körpergewicht zu kontrollieren. Auch lässt sich
am Auslauf von Kläranlagen in einer Probe die beklem-
mende Menge von einem Mikrogramm Antioxidanzien bestimmen, die aus Hygieneartikeln stammen.[61]

6. Der Schwermetallgehalt einer Probe wird heute routinemäßig durch die sehr empfindliche **Atomabsorptions-
(AAS)** und die **induktiv gekoppelte Plasmaspektroskopie
(OES-ICP)** bestimmt. Ohne Probleme kann man damit
0,05 Nanogramm Blei oder 0.000.000.000.000.3 Gramm
Cadmium messen.[52] Will man es noch empfindlicher haben,
koppelt man die Methode mit einem Massenspektrometer
als Detektor. Dann kommt man problemlos in den Piko-
grammbereich und kann sogar noch das Isotopenverhältnis
von Uran in einer Urinprobe quantitativ ermitteln.[62] Mittels ICP-MS findet man in einer Wasserprobe sogar hyste-
rieträchtige Arsenspuren im 0,000.000.000.4-Prozent-Be-
reich.[63,64,65]

7. Einzelne Atome lassen sich durch **Laseranregung** nachweisen, wozu man bereits vor 27 Jahren schrieb: »Diese
Möglichkeit wäre zum Beispiel sehr wichtig bei der Analyse von Umweltverschmutzungen«[66] – wahrscheinlich kann
dann die Ökoquisition nach dem Vorsorgeprinzip endlich
ein Zehntel Atom als Grenzwert festlegen.

8. Besonders preiswert und schnell gelingt die Ultraspurenmessung in der Umweltanalytik mit **Immunoassays**. Damit
können Besorgnis erregende 0,000.000.004 Gramm Terbu-
thylazin gefunden werden. Auch lassen sich problemlos
200 Nanogramm des Herbizids Diuron in einem Liter Trinkwasser finden, die dann im Fernsehen präsentiert werden,
wenn wieder mal ein volkspädagogisches Unterrichtsstünd-
chen angesagt ist.[67]

## Giftfabriken ohne Profit und Schlotbarone

Unter dem Titel »Gift im Trinkwasser« wurde in einer Tageszeitung 2002 berichtet, in Serbien seien 300 Menschen
durch verseuchtes Trinkwasser umgekommen. Wahrscheinlich schon wieder ein Chemieunfall, denkt der Durchschnitts-

leser, denn Mutter Natur ist gütig – »Chemie« ist giftig. Beim Weiterlesen kommt der Schock. Es waren Fäkalbakterien, die in die Trinkwasserleitungen gelangt waren.[68] Wer hat heute eigentlich noch Angst vor Keimen, wo doch Greenpeace und alle sonstigen Angsttrompeter von morgens bis abends nur über die »Chemiekeule« lamentieren? Das ist falsch, denn es verhält sich genau umgekehrt.

Wie aus der Tabelle auf Seite 121 hervorgeht, sind die mit Abstand giftigsten Verbindungen hochmolekulare Eiweißstoffe, welche von Bakterien produziert werden.[25] Und jetzt kommt der wesentliche Unterschied: Im Gegensatz zu synthetischen Giftstoffen vermehren sich Krankheitserreger wie der Diphtheriekeim fortlaufend und produzieren in ununterbrochener Tag-und-Nacht-Schicht immer mehr Toxin. Selbst die vermutlich stärksten Karzinogene, die wir kennen, sind natürlichen Ursprungs. Es handelt sich um die Aflatoxine, die von Schimmelpilzen der Gattung *Aspergillus flavus* gebildet werden.[69] Welche Giftproduzenten stellt die Natur eigentlich zur Verfügung? Hier eine kleine Auswahl:

– Nach einer Untersuchung des Kompetenzzentrum »Sepsis« sterben in Deutschland jeden Tag im Durchschnitt 162 Menschen an einer Blutvergiftung.[70] »Schadstoff«: keine Umweltchemikalien, sondern Toxine von Keimen – die »gute Natur«! Da man in Deutschland nur mit maximal sechs menschlichen BSE-Opfern zu rechnen hat, sterben täglich 27-mal mehr Menschen an einer Blutvergiftung, als BSE in den nächsten Jahrzehnten fordern wird (siehe Seite 188 ff.).

– Der Isenheimer Altar von Matthias Grünewald (Unterlinden, Colmar) zeigt den heiligen Antonius, der am »heiligen Feuer« leidet. Die Sankt-Antonius-Krankheit, an der 943 in Limoges über 40.000 Menschen qualvoll starben, wird von dem auf Getreide schmarotzenden Mutterkornpilz (Claviceps purpurea) verursacht. Dieser produziert das giftige Ergotamin. Isst ein Mensch von dem mit Giftstoff belasteten Brot, beginnen Arme und Beine wegen massiven Durchblutungsstörungen (Ergotismus) zu kribbeln (»Kribbelkrankheit«). Später treten am ganzen Körper Blasen auf, der Bauch wird aufgetrieben, und schließlich sterben die Gliedmaßen ab (»schwarzer Brand«).[71] Heute ist die Krankheit selten geworden durch verschiedene Maßnahmen wie Düngen mit Kalkstickstoff,

Spritzen mit Tebucanozol (Achtung: Chemie, Angst!)[m] und Reinigung des Getreides. Dennoch erkrankte noch 1999 ein Landwirt durch Einatmen von kontaminiertem Getreidestaub. Bei dem Mann waren infolge des Ergotismus sämtliche Unterschenkelarterien verengt, weshalb er vor Schmerzen kaum noch 50 Meter weit gehen konnte.[73]

– Die tropische Rattenmilbe (Gattung Rithonyssus) überträgt die Erreger des Flohfleckfiebers (Rickettsia typhi) und die des meldepflichtigen Q-Fiebers (Coxiella burneti). Kein Problem bei uns? Doch. Durch Wanderratten, Hausratten oder Heimtiere aus zoologischen Handlungen wurden allein in Berlin zwischen 1994 und 2000 elf Wohnungen befallen.[74] Gott sei Dank ist die Rattenmilbe leicht bekämpfbar mit Propoxur (2-Isoprooxyphenyl-N-methyl-carbamat) und Diazinon (O,O-Diethyl-O(2-isopropyl-6-methylpyrimidin-4-yl)thiophosphat). Hilfe, Chemie – Angst, klingt richtig gefährlich!

– Laufend beschert uns die Natur mit Schimmelpilztoxinen. Besonders Taubenbrutstätten sind wahre Eldorados hierfür. Somit verwundert es nicht allzu sehr, wenn auf dem Dachboden eines sanierungsbedürftigen Wohnhauses in Leipzig 4560 KBE pro Kubikmeter gemessen wurden.[n] Nebenbei bemerkt, sterben in Deutschland jährlich mindestens 7000 Menschen an einer Pilzinfektion, was in etwa der Zahl der Verkehrsopfer entspricht.[75]

– Biotonnen sind ökokultisch und dienen der nachhaltigen Entwicklung. Besonders die große Stubenfliege (Musca domestica), die Latrinenfliegen (Fannia-Arten), die Grünen Schmeißfliegen (Lucilia-Arten), der Blaue Brummer (Calliphora-Arten), die Käsefliege (Piophila casei) und Schimmelpilze sind dankbar für jedes Agenda-21-Bruttönnchen. So viel Nahrung auf einmal – ganz besonders, wenn der Behälter zum Austrocknen offen steht. Da machen sich die Sporen der Schimmelpilze auf den Weg, und für die Fliegen ist der Tisch auch reichlich gedeckt. Voll mit leckeren Nahrungsmitteln aus der Biotonne, erbrechen sich die Insekten und setzen häufig Kot ab. Dies

---

m  Tebucanozol hat eine $LD_{50}$ von 4000 Milligramm pro Kilogramm, ist also ähnlich toxisch wie Kochsalz. Die Humankasuistik ist unbekannt, da es zu ungiftig ist; im Tierexperiment kommt es in hohen Dosen zu leichten Verhaltens-, Atmungs- und Motalitätsstörungen.[72]

n  Zur Beurteilung der Aerosolbelastung gibt man die Sporenmenge in »koloniebildenden Einheiten« an ($KBE/m^3$). Als Richtwert (»Grenzwert«) für Schimmelpilze hat man 100 KBE pro Kubikmeter festgelegt.

kommt den Erregern von Magen-Darm-Erkrankungen zugute, deren Toxine für Dysenterien und Sommerdurchfälle sorgen. Sogar Typhus- und Paratyphuskeime wurden im Dunstkreis von Biotonnen schon ausgemacht.[76]

- Die ganz normale Deutsche Schabe (Blatella germanica), die sich gerne im Küchenbereich aufhält, lässt nichts verkommen, sondern ist geradezu ein Tugendbold der Kreislaufwirtschaft (Nachhaltigkeit). Durch gegenseitiges Fressen von Kot (Recycling!) und erbrochenem Vormageninhalt (Wertstoff!) werden innerhalb einer Schabenpopulation Toxine produzierende Krankheitskeime gezüchtet, die zu folgenden Erkrankungen führen:[77]

| An und in Schaben nachgewiesene Krankheitskeime | Erkrankungen des Menschen |
| --- | --- |
| Escherichia coli | Infektionen des Urogenitaltrakts |
| Paracolobacterium | Durchfallerkrankungen (Kolienteritiden) |
| Pseudomonas aeruginosa | Entzündungen, Eiterungen (Hospitalismus) |
| Staphylococcus ssp. | Häufigster Erreger von Wundinfektionen |
| Enterococcus ssp. | Entzündungen im Darm- und Urogenitalbereich |
| Diplococcus mucosus | Lungenentzündung, Mittelohrvereiterung |
| Proteus ssp. | Infektionen des Urogenitaltrakts, Durchfallerkrankungen |
| Klebsiella sp. | Sekundäre Pneumonien, Entzündungen des Urogenitalsystems |
| Shigella sp. | Bakterienruhr |
| Salmonella ssp. | Fieberhafte Darmerkrankungen, Paratyphus, Typhus |
| Yersinia pestis | Pest |
| Mycobacterium leprae | Lepra |
| Mycobacterium tuberculosis | Tuberkulose |
| Vibrio cholera | Cholera |

– Auch Kurioses gibt es. Ein irischer Golfer störte beim Ball-
suchen eine Ratte, die in sein Hosenbein flüchtete und dabei urinierte. Nach der taktilen Untersuchung seiner Hose
rauchte er eine Zigarette und infizierte sich dabei mit Lep-
tospiren aus dem Urin der Ratte. Deren Toxin sorgte dafür,
dass der Mann kurz danach an akutem Nierenversagen erkrankte und wenige Wochen später trotz intensivster ärztlicher Bemühungen daran verstarb.[78] Gott sei Dank war es
kein ultragiftiges DDT oder sonst ein Verderben bringendes
Chemiegift – chemiefrei stirbt es sich doch viel gesünder.

Wegen der Angst vor Chemikalien hatte man in New York das
»Präventivsprühen« gegen Moskitos untersagt, die den Erre-
ger der Sankt-Louis-Enzephalitis übertragen. Als 1999 drei Per-
sonen durch die Toxine des Erregers an Hirnhautentzündung
verstarben, ordnete Bürgermeister Giuliani an, das Insektizid
Malathion flächendeckend über Grünanlagen, Gewässer und
Wälder auszubringen. Prompt gab es zunächst Protest. Da
Amerikaner im Gegensatz zur hochgezüchteten deutschen
Ökochonderszene über einen Rest an kritischem, gesundem
Menschenverstand verfügen, beruhigten sie sich, als die *New
York Post* den Hinweis brachte:[79,80] »Die durchschnittliche
Lebenserwartung in den Vereinigten Staaten sei von 49,2 Jah-
ren im Jahr 1900 auf 76,1 Jahre im Jahr 1996 gestiegen, eben
weil Chemikalien intelligent eingesetzt würden.«

## Die Spur der Grenzwerte

Die Definition der Umweltgrenzwerte *gemäß dem Vorsichtsprinzip* ist das Meisterstück der Ökoquisition. Zur Ermittlung
wird ein Versuchstier so lange mit dem mutmaßlichen Giftstoff malträtiert, bis es erkrankt (Hochdosistierversuch!). Dann
reduziert man die Dosis so weit, bis der empfindlichste Organismus gerade *keine* Reaktion mehr zeigt. Dies ist der »No Ob-
served Effect Level« (NOEL) beziehungsweise der »No Ob-
served Adverse Effect Level« (NOAEL). NOEL und NOAEL
werden meist synonym gebraucht und entsprechen der im Berufsleben geltenden »maximalen Arbeitsplatzkonzentration«,
die auch als MAK-Wert bekannt ist.
Die genaue Definition ist langweilig, weshalb hier nur kurz

angemerkt sei, dass bei Einhaltung des MAK-Wertes (acht Stunden täglich und 40-Stunden-Woche) bei Arbeitnehmern keine Gesundheitsschäden erwartet werden. Und nun kommt die Ökoquisition ins Spiel. Sie definiert für akut toxische Substanzen als Umweltgrenzwert ein Hundertstel des NOEL beziehungsweise NOAEL. Bei krebserregenden Stoffen (Kanzerogen) hat man sogar ein Tausendstel des NOEL und bei Dioxin ein Fünftausendstel des NOEL als Umweltgrenzwert festgelegt.

Zur Veranschaulichung soll der momentan geltende Blutalkoholgrenzwert von 0,5 Promille für die Fahruntauglichkeit dienen. Ein 75 Kilogramm schwerer Mann hätte dann 37,5 Gramm Alkohol konsumiert. Nimmt man dies als NOEL, dann betrüge der »normale Umweltgrenzwert« ein Hundertstel oder 0,375 Gramm reinen Alkohol, was knapp einem Milliliter Schnaps (ein Zwanzigstel Schnapsglas) entspricht. Würde der Mann ein ganzes Glas trinken, bestünde nach dem allgemein verbreiteten Verständnis von Umweltgrenzwerten wegen 20-facher Überschreitung der »Unschädlichkeitsgrenze« akute Lebensgefahr. Auf diesem Nonsens baut auch das REACH-Konzept auf, mit dem Panik geschürt wird. Wie absurd das Ökohysterietheater ist, wird augenscheinlich, wenn man sich die Größenordnungen im Bild 4 näher betrachtet:

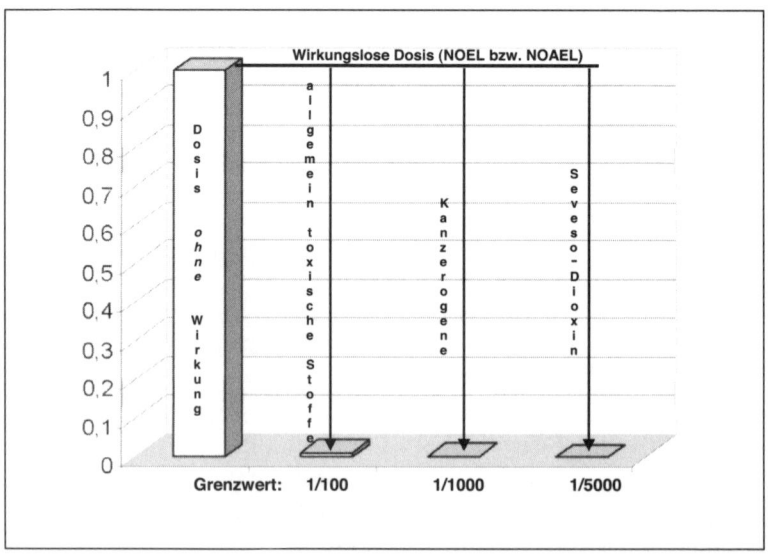

*Bild 4: Umweltgrenzwert und NOEL*

Die Festlegung solcher Grenzwerte geschieht durch Abstimmung innerhalb eines Expertengremiums, das auf das *Vorsichtsprinzip* eingeschworen wurde (»regulatorische Toxikologie«). Somit handelt es sich weniger um eine naturwissenschaftlich begründbare Konzeption als vielmehr um ein »philosophisch-sozialpolitisches Entscheidungsmuster«[o].[81] Bereits die Festlegung der Bruchteile ein Hundertstel, ein Tausendstel oder ein Fünftausendstel basiert auf einem nicht naturwissenschaftlich definierten Sicherheitsabstand, der Zuschläge für Kinder und Kranke nach dem Dezimalsystem bestimmt.

Nimmt man einmal an, wir hätten nur acht Finger, dann würde die Menschheit statt mit einem Dezimal- mit einem Oktalsystem rechnen. Die Sicherheitsabstände wären dann $1/64$ (akut toxisch), $1/512$ (Kanzerogene) oder $1/2560$ (Seveso-Dioxin). Weshalb? Weil wir Potenzen nicht mit $10^2$ oder $10^3$ usw., sondern mit $8^2$ und $8^3$ usw. angeben würden. Die dem jeweiligen Grenzwert zuzuordnende Zahl der Moleküle wäre um den Faktor 1,56 größer ($1/64$ dividiert durch $1/100$)[p].

Seit Richard Nixon den internationalen Tanz ums goldene Ökokalb angeregt hat, hopst Deutschland besonders eifrig vorne mit und hat auch die EU in einen aufgeregt gackernden Ökohühnerhaufen gewandelt. Beim Vergleich der EU- und WHO-Werte der »lebenslang täglich akzeptierbaren Aufnahme« (»Acceptable Daily Intake« = ADI) von Pflanzenschutzmitteln fragt man sich, ob die Chemikalien innerhalb und außerhalb der EU unterschiedliche Toxizität besitzen:[31,82]

| Substanz | LD50 in mg/kg | Relative Toxizität zum Kochsalz | ADI (WHO-Richtwert in mg/l) | In der BRD gültiger EU-Richtwert in mg/l |
|---|---|---|---|---|
| Kochsalz (NaCl) | 4000 | 1,0 | – | (vgl. Fleischsuppe) |
| Alachlor | 1350 | 3,0 | 0,02 | 0,0001 |
| Atrazin | 3080 | 1,3 | 0,002 | 0,0001 |
| Methoxychlor | 6000 | 0,7 | 0,02 | 0,0001 |
| Pyridat | 3544 | 1,1 | 0,1 | 0,0001 |
| DDT | 100 | 40,0 | 0,02 | 0,0001 |

[o] Hier sei an Hans Jonas' *Das Prinzip Verantwortung* erinnert.
[p] Zur Hysteriesteigerung könnten die Ökoscholastiker jedoch auch $1/8^3$ oder $1/8^4$ als Grenzwert festlegen.

Über den einheitlichen Grenzwert von 0,0001 Milligramm pro Liter für Pflanzenschutzmittel urteilt der Chemiker Eilingsfeld:[83] »Aus wissenschaftlicher Sicht ist es unsinnig, für Stoffe mit völlig verschiedenen toxikologischen und ökologischen Eigenschaften pauschal aufgrund ihrer Verwendung in der Landwirtschaft den gleichen Grenzwert vorzuschreiben.« Der Nonsens wird klar, wenn man Pflanzenschutzmittel wie Abamectin ($LD_{50}$ = 10,6 Milligramm pro Kilogramm) und Carbetamid ($LD_{50}$ = 11.000 Milligramm pro Kilogramm) vergleicht. Für beide Stoffe gilt derselbe Trinkwassergrenzwert, nämlich: 0,000.000.1 Gramm pro Liter. Würde man aufgrund der $LD_{50}$ für Kochsalz einen Grenzwert festlegen, dürfte ein Koch nach dem Vorsichtsprinzip nicht mehr als ein Zehntausendstel Salzkorn in die Suppe tun.

Tatsächlich sind Grenzwerte schon lange nicht mehr am realen Gefährdungspotenzial, sondern an den Möglichkeiten der modernen analytischen Chemie ausgerichtet. Im Gegensatz zur Zeit um 1950 kann man heute problemlos die Zuckerkonzentration im Wasser eines Schwimmbads bestimmen, wenn ein Kind einige Krümel von seiner Zuckerwaffel reinfallen lässt. Ist das jetzt für einen Schwimmer mit Diabetes ein reales oder ein virtuelles Risiko? Dem Vorsichtsprinzip entsprechend, müsste der Bademeister den Diabetiker wegen akuter Gesundheitsgefährdung sofort aus dem Wasser ziehen.

Über den Ökoaktionismus schreibt der Essener Risikoforscher Gethmann: »Das Vorsorgeprinzip ist sinnvoll, soweit man von der Schädlichkeit einer Exposition überzeugt ist ... In dem Umfang, in dem das Wissen um die quantitativen Beziehungen wächst, verliert das Vorsorgeprinzip seine Plausibilität. Es ist pragmatisch nicht sinnvoll, gegenüber extrem kleinen Risikograden sehr aufwendige Vorsorgemaßnahmen zu treffen. Eine genaue Kenntnis der quantitativen Beziehungen erlaubt es, unter Umständen sogar auf Vorsorgemaßnahmen zu verzichten und Nachsorgemaßnahmen ... zu wählen.«[84]

Da Ökoholiker aus der Politszene jegliches Sirenengejammer bacchantisch genießen, wurden Umweltgrenzwerte so niedrig angesetzt, dass sie so oft wie möglich überschritten werden. Überträgt man die Philosophie auf die Feuerwehr, dann ist eine gute Feuerwehr die, bei der möglichst oft Alarm geschlagen wird. *Im Ergebnis liegt damit die naturwissenschaftliche Existenzberechtigung der Angstrompeter und die der grünen Bewegung im 0,000.000.001-Gramm-Bereich und darunter.*

# Hasch mich, ich bin die Spur

Übrigens, wie wär's mit ein paar neuen Spureneffekten, die Anlass zur Sorge geben und nach dem Gesetzgeber verlangen? Hier zwei Beispiele:

*Besorgniskrümel Nr. 1*: Schon lange ist bekannt, dass sich die Isotopenzusammensetzung des Wassers bei der Destillation ändert. Durch den Vorgang reichert sich nämlich schwerer flüchtiges Wasser mit dem Sauerstoffisotop O-18 im so genannten Sumpf an, während der aufsteigende Dampf eine höhere Konzentration an O-16 besitzt. Sollte man nicht einmal überprüfen, ob die Isotopenzusammensetzung unserer Gewässer durch anthropogene Küchenaktivitäten negativ beeinflusst wird? Wenn man es schon nicht messen kann, dann kann man es wenigstens »modellieren« (vergleiche Sankt Modellus, Kapitel 8).

Könnte besagter Isotopeneffekt nicht die Zellmembranpermeabilität beeinflussen und Ursache eines rätselhaften Amphibiensterbens sein? Die Korrelation ist eindeutig, denn die Froschpopulation geht dramatisch zurück, seit mehr gekocht wird. Dies, obwohl weniger Störche da sind und die Franzosen den Verzehr von Froschschenkeln eingeschränkt haben.

Den Einwand, natürliche Verdunstung unter Sonneneinstrahlung bewirke ebenfalls eine Anreicherung des Wassers mit dem Besorgnis erregenden O-18, kann man leicht mit dem Argument wegfegen: Es geht nicht um den natürlichen Hintergrund, der um ein 4000faches größer ist. Nein, bei dem amphibiensterbenauslösenden »adverse-toxischen Isotopenmembraneffekt« geht es um den *zusätzlichen*, den *anthropogenen* Anteil durch Nudel- und Kartoffelkochen! Und der ist erschreckend.

Da für Ökoquisitionsforschung heutzutage sämtliche Wissenschaftsjournale sperrangelweit offen stehen, dürfte einer Veröffentlichung des Isotopenknüppels nichts im Wege stehen. Am Schluss des Ökoknallers sollte der aufstrebende Forscher anmerken: »Vorläufige Ergebnisse geben Anlass zur erhöhten Aufmerksamkeit und sollten durch weitere Untersuchungen und durch ›Modellierung‹[q] überprüft werden.«

---

[q] Hierbei geht es um Computerakrobatik im Dienst der Ökoquisition.

*Besorgniskrümel Nr. 2*: Ein weiterer nicht zu unterschätzender Ultraspureneffekt wartet sehnsüchtig auf seine Entdeckung. Bekanntlich steht die Erdkruste keineswegs still. Wind, Gewitter und Ozeanwellen erzeugen Vibrationen mit Perioden, die zwischen fünf und zehn Sekunden dauern. Aber auch durch Beschleunigen und Abbremsen von Autos wirken Schubkräfte auf die Erdkruste. Alle Ereignisse zusammengenommen führen zu einem »Brummen der Erde«.[85] Sollte man nicht einen Forschungsauftrag vergeben und überprüfen lassen, ob vielleicht dadurch Erdbeben ausgelöst werden? Vorläufige Recherchen geben Anlass zu größter Besorgnis! Die Zahl der Erdbeben ist seit 1964 gestiegen und während der Ölkrise um 1980 etwas gesunken. In neuerer Zeit – insbesondere seit 1998 – steigt die Erdbebenhäufigkeit wieder deutlich an.

Auch hier geht es nur um den anthropogenen Anteil durch den Autoverkehr. Deshalb müsste man zunächst einmal »Computermodelle« entwickeln, die den natürlichen Hintergrund rausrechnen, dann den Anteil des Individualverkehrs herausfiltern und die Erdbebenhäufigkeit mit der ansteigenden Motorisierung koppeln. Dies hat wie alle »Modellierung« den unschlagbaren Vorteil, dass sich die Ergebnisse der Falsifizierung entziehen und somit zu kanonisierten politischen Wahrheiten werden können, die man niemals widerlegen kann! Besonders überzeugend wirkt es, wenn die »Erdbebenmodellierer« erst ab 2100 eine vom Individualverkehr verursachte »Seismik-Ultrakatastrophe« vorhersagen.

Natürlich dürften Autobusse und Eisenbahnen kaum Erdbeben verursachen, weil bei diesen Verkehrsmitteln die pro Personenbeförderungskilometer zu registrierenden Anfahr- und Abbremskräfte geringer ausfallen als beim Individualverkehr mit seinen häufigen Einpark- und Anfahrvorgängen. Besonders leistungsstarke Pkw der Oberklasse stehen im dringenden Verdacht, anthropogene seismische Katastrophen zu verursachen, die sich vor allem in den Entwicklungsländern auswirken.

Achtung, Ökoquisition – aufgewacht! Da winkt eine viel versprechende Ultraspurenjagd mit fabrikneuen Endzeitvisionen und knackfrischen Lustängsten. Die Ökochonder werden es mit Wählerstimmen belohnen.

# 7. Die Krebsposaune

Bereits Dinosaurier litten an Knochenkrebs, fanden amerikanische Forscher 2003 heraus, als sie die Skelette von 700 Museumsexemplaren untersuchten.[1,2] Besonders anfällig schien der Entenschnabeldinosaurier (Trachodon) gewesen zu sein. Die auf den ersten Blick unscheinbare Nachricht ist ein herber Schlag für Umweltscholastiker. Schließlich weiß doch jeder erfahrene Ökochonder mit fortgeschrittener kognitiver Dissonanz:»Krebs, darüber gibt es kaum noch Zweifel, das ist die Luft, die wir atmen, das Wasser, das wir trinken, das sind die Chemikalien, mit denen wir hantieren, die Pillen, die wir schlucken. Krebs ist um uns und in uns. Krebs ist unser Tribut an die Industrialisierung, die Folge eines ungezügelten Wirtschaftswachstums, das auf die Qualität der Umwelt keine Rücksicht nahm.«[3,4]

Grünwelsch dieser Art wird von der Journaille seit Jahren ohne eigenen Intelligenzinput aufgewärmt und scheint unausrottbar zu sein, seit Nixons Öko-Apologeten die Deutungshoheit über die Realität übernahmen. Unwidersprochen behauptete 1979 der Redakteur eines Wissenschaftsjournals in einer Diskussionsrunde mit Günter Hartkopf:»Es gibt Schätzungen, dass zwischen 60 und 90 Prozent aller Krebserkrankungen durch Umweltchemikalien ausgelöst werden.«[5] Prompt trommelten Hartkopfs Beamte kurz danach in einer Broschüre zur Umweltmesse Envitec:»Für bis zu 80 Prozent aller Krebserkrankungen werden heute Langzeitwirkungen von Chemikalien verantwortlich gemacht.« Dies passt genau in die Rille der Tendenzautoren Mackwitz und Köszegi, die 1983 verlangten:[6] »Eine Krebsvorsorge, die danach trachtet, unnötiges menschliches Leid zu verhindern, muss zu einem früheren Zeitpunkt ansetzen: vor der Produktion und der Vermarktung einer Chemikalie.« Und der ehemalige grüne Umweltminister Trittin plappert als Oberlehrer der Volkspädagogik:»Krebs ist die Quittung für die Industrialisierung.« Mehr

Unsinn geht nicht, wenn man sich das obige Dinosaurier-
beispiel vor Augen hält.

Natürlich beherrscht auch Jutta Ditfurth den Ökorosen-
kranz perfekt und gibt zum Besten: »Gifte, die beispielsweise
in Südostasien produziert werden, verteilen sich mit den Luft-
strömungen über den Globus ... Während der Dow Jones steigt,
geht es mit der Gesundheit ... bergab.«[55] Gemäß dieser Logik
müsste der Börsencrash von 1929, dem ein massiver Einbruch
der Industrieproduktion folgte, das größte Gesundheitspro-
gramm seit Menschengedenken gewesen sein. Ein Börsencrash zur Entlastung der Krankenkasse! Dass man darauf noch
nicht gekommen ist!

## Der erste Schlag ins Krebshysteriekontor

Sollten Krebserkrankungen tatsächlich auf industriell herge-
stellten Umweltchemikalien beruhen, müsste sich die Krebsrate mit steigender Chemikalienproduktion erhöhen. Dies ist
mitnichten der Fall, wie das Bild 5 belegt.

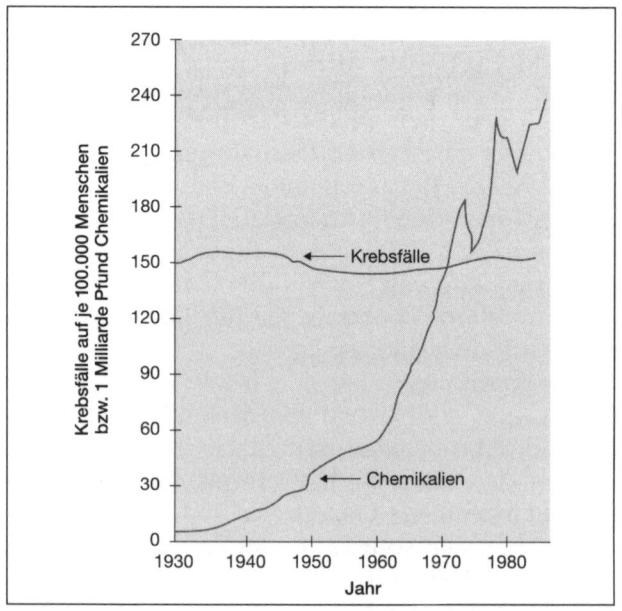

*Bild 5: Chemikalienproduktion und Krebserkrankungen[7]*

Zum Verständnis muss an dieser Stelle etwas über Korrelationen vorweggenommen werden. Im Gegensatz zur landläufigen Auffassung sind sie nämlich *kein* Beweis, sondern nur eine notwendige Voraussetzung für einen behaupteten Zusammenhang. Existiert umgekehrt *keine* Korrelation, dann folgt schlüssig und eineindeutig, dass *kein* Zusammenhang zwischen zwei Ereignissen oder Größen existiert. Karl Popper drückt es so aus:»Während beliebig viele Beispiele eine allgemeine Aussage nicht beweisen können, kann ein einziges Gegenbeispiel eine allgemeine Behauptung widerlegen.«[8] Schon aus diesem Grund müsste das Bild 5 zur sofortigen Auflösung der Krebsabteilung der Ökoquisition führen. Insbesondere wenn man bedenkt, dass die Chemikalienproduktion von 1985 bis 2000 sogar um den Faktor 1,21 anstieg, während die altersbereinigte Krebsrate gleichzeitig absank.

Für Empörungszündblättchen sei vorweg angemerkt: Ich behaupte nicht, dass es keinerlei Krebsgefährdung durch Technik und Chemikalien gibt. Im Vergleich zu den anderen Ursachen sind diese Risiken aber eine Marginalie. Dies geht aus einer auch heute noch wissenschaftlich akzeptierten, aber bei der Ökoquisition überhaupt nicht beliebten Forschungsarbeit der international anerkannten Epidemiologen Doll und Peto hervor. 1981 unterrichteten die beiden Wissenschaftler den amerikanischen Kongress über die Wichtung der Krebsursachen mit folgendem Ergebnis (erweitert d. Verf.):[9,10]

| Nahrung, Ernährung | 35 % |
|---|---|
| Tabak | 30 % |
| Infektionen | 15 % |
| Beruf | 4 % |
| Genetische Faktoren | 4 % |
| Alkohol | 3 % |
| Luft- und Wasserverunreinigung | 2 % |
| Sonnenlicht (UV) | 1,5 % |
| Medikamente | 1 % |
| Natürliche Strahlenexposition (inklusive Radon) | 1,5 % |
| Nahrungszusatzstoffe, Haushaltschemikalien | < 1 % |
| Medizinische Strahlenexposition | 0,5 % |
| Kernwaffenversuche (weltweit) | ~ 0,01 % |
| Tschernobyl (Südbayern) | ~ 0,01 % |
| Tschernobyl (Bundesrepublik) | 0,002 % |
| Kernkraftwerke (Normalbetrieb) | 0,0001 % |

Über die 30 Prozent der Krebserkrankungen durch Rauchen braucht man wahrhaftig nicht mehr zu reden. Interessanter ist der vorhergehende Punkt. Starkes Übergewicht (Schadstoff: schmackhafte Nahrung) und mangelnde körperliche Tätigkeit (Schadstoff: Trägheit) werden aus gutem Grund als Risikofaktoren erster Ordnung angesehen.[11,12,13]

Da ist schon interessant zu wissen, dass nach einer Studie aus Jena die Anzahl der Mädchen mit Normalgewicht nach der Wende von 88 auf 79 Prozent und die der Jungen von 90 auf 84 Prozent zurückgegangen ist.[14] Dies scheint ein größeres Risiko zu sein als sämtliche Haushaltsreiniger, giftige Klebstoffe, Kunststoffe, Elektrosmog, Lebensmittelfarbstoffe oder 0,000.000.1 Gramm Lindan im »belasteten« Babybrei. Auch das offizielle Krebsregister der ehemaligen DDR belegt, dass Schadstoffe eine zweite, eigentlich unhörbare Geige spielen. Trotz erheblich höherer Belastung als im Westen war die Erkrankungsrate bei Kindern nicht signifikant erhöht.[15]

Die größte Gefährdung sind also unser Lebensstil und die Nahrung – aber nicht, weil 40 Prozent aller untersuchten Lebensmittel noch Ultraspuren der jährlich in Deutschland verkauften 35.000 Tonnen Pflanzenschutzmittel enthalten, sondern weil wir uns nach Angaben der WHO zu fett, zu süß und zu ballaststoffarm ernähren.[16,17,18] Wurden um 1800 täglich 20 Gramm Ballaststoffe verzehrt, so sind es heutzutage nur noch vier bis sechs Gramm pro Tag.[19] Deshalb ist es auch für unsere Gesundheit vollkommen irrelevant, wenn das Magazin *Öko-Test* berichtet, acht von 26 untersuchten Tees wären mit gefährlichen Chemikalien belastet.[20] Das ist genauso bedeutungslos wie die 60fache Überschreitung des gesetzlichen Grenzwerts von Fluvalinat[a] in Tafeltrauben.[21] Die war nämlich nur mithilfe der instrumentellen Analytik messbar. Da stellt sich doch glatt die Frage: Was ist eigentlich das 60fache von nichts?

Nur im Tierversuch konnte bislang mit Dioxin Leberkrebs ausgelöst werden. Beim Menschen sind hierfür vor allem Infektionen mit Hepatitis-C- und Hepatitis-B-Viren verant-

---

[a] Fluvalinat ist ein Pestizid, das beispielsweise in der Imkerei zur Reinigung der Bienenstöcke verwendet wird, um die gefürchtete Varroa-Milbe zu bekämpfen. Die LD50 beträgt 1097 Milligramm pro Kilogramm und die Halbwertszeit in freier Natur sechs bis 15 Tage. Unter Sonnenlicht wird Fluvalinat nach kurzer Zeit zerstört.[22, 23]

wortlich. Da spielt die Musik. Schließlich ist die Zahl der auf Virusinfektionen beruhenden tödlich verlaufenden Leberkarzinome in China fast so hoch wie die Zahl der auf Tabakgenuss zurückzuführenden Lungenkarzinome.[24] Das Humanpapillomavirus HPV-16 ist für das Gebärmutterhalskarzinom verantwortlich. Dies sind immerhin 3,9 Prozent der Krebsfälle bei Frauen.[25,26] 1998 wurden Patrick S. Moore und seine Frau Yuan Chang mit dem Robert-Koch-Preis ausgezeichnet, weil sie das Herpesvirus Typ 8 als Verursacher des Kaposi-Sarkoms nachweisen konnten.[27] Auch für die Entstehung von Blutkrebs scheint ein Virus, das eine mutierte Form des so genannten Myb-Gens überträgt, von größerer Bedeutung zu sein als sämtliches Benzol, das beim Tanken eingeatmet wird.[28]

Natürlich sind Viren keine Giftstoffe, sondern nur gute Natur und deshalb wesentlich harmloser als die PAKs in der Frankfurter Housing Area oder chlororganische Verbindungen im Schwimmbadwasser. Oder ist es doch anders? Unverdrossen macht sich Greenpeace lächerlich mit der Behauptung, Salatköpfe in denen das 36fache des Grenzwerts von Pflanzenschutzmitteln gefunden wurde, würden die Gesundheit gefährden.[29] Was ist eigentlich das 36fache von nichts?

Die zwei Prozent der Krebsfälle aus obiger Tabelle durch Luft- und Wasserverunreinigung betreffen weniger industriell hergestellte Schadstoffe und Chemikalien als Belastungen durch Pilze (Aflatoxine) oder Abgase aus Wohnungsheizungen, die im Übrigen 50 Prozent der in der Luft enthaltenen PAKs emittieren. Die besonders gefürchteten Nahrungszusatzstoffe und Haushaltschemikalien machen noch nicht einmal ein Prozent aus. Rechnet man die Aflatoxine und Ähnliches heraus, sind deutlich weniger als zwei Prozent der Krebsfälle in Zusammenhang mit Chemie und Technik zu bringen. Bleibt als Fazit: Die Behauptung, 60 oder gar 90 Prozent aller Krebsfälle würden von Umweltchemikalien (Chemieindustrie!) verursacht, entbehrt jeglicher naturwissenschaftlicher Grundlage.

## Der zweite Schlag ins Krebshysteriekontor

Die Entdeckung der Kanzerogene, die auch Karzinogene genannt werden, geht auf den englischen Wundarzt Percival Pott zurück, der 1775 das gehäufte Auftreten von Hodenkrebs bei

Schornsteinfegern auf deren berufliche Exposition gegenüber Teer und Ruß zurückführte.[30] Wie die Tabelle auf Seite 147 belegt, stehen vier Prozent der Krebserkrankungen im Zusammenhang mit der Berufstätigkeit. Dabei handelt es sich in der Regel um *Hochdosisexpositionen*, die man leicht zurückverfolgen kann. Somit erlauben epidemiologische Untersuchungen der Arbeitnehmer und Statistiken der Berufsgenossenschaften die Entdeckung krebserregender Arbeitsstoffe.[31] Die Methode wird durch Tierversuche (»Labormodelle«) ergänzt, woraus eine Einteilung der Kanzerogene gemäß ihrem Wirkungspotenzial in *fünf* Klassen resultiert:[32]

– *Klasse 1:* »*Stoffe, die beim Menschen Krebs erzeugen und bei denen davon auszugehen ist, dass sie einen nennenswerten Beitrag zum Krebsrisiko leisten* ...«
– *Klasse 2:* »*Stoffe, die als krebserzeugend für den Menschen anzusehen sind, weil durch hinreichende Ergebnisse aus Langzeittierversuchen oder Hinweise aus Tierversuchen und epidemiologischen Untersuchungen davon auszugehen ist, dass sie einen nennenswerten Beitrag zum Krebsrisiko leisten* ...« Übersetzung: Nur im Tierversuch konnte man eine kanzerogene Wirkung feststellen. Obwohl im Berufsleben Arbeitnehmer mit Kilogrammmengen oder gar im Tonnenmaßstab damit umgehen, ist bislang kein Mensch an den in Klasse 2 aufgezählten Substanzen erkrankt, sonst wären sie der Klasse 1 zugeordnet worden. Wie weiter unten erläutert, sind die Ergebnisse solcher Tierversuche mit großen Abstrichen zu bewerten, weil sie meist auf Hochdosisexperimenten beruhen, die gemäß dem *Vorsichtsprinzip* für kleinere Mengen nach unten gerechnet werden.
– *Klasse 3:* »*Stoffe, die wegen erwiesener oder möglicher Krebs erzeugender Wirkung Anlass zur Besorgnis geben, aber aufgrund unzureichender Information nicht endgültig beurteilt werden können* ... *Aus In-vitro- oder aus Tierversuchen liegen Anhaltspunkte für eine Krebs erzeugende Wirkung vor* ...« Die Formulierung »*Anlass zur Besorgnis*« ist ein klassisches Beispiel für Ökohochscholastik. Übersetzung: Die Stoffe der Klasse 3 wirken selbst im Hochdosistierversuch nicht eindeutig kanzerogen, sonst wären sie der Klasse 2 zugeordnet worden. Beim Menschen konnte erst recht kein Erkrankungsfall registriert werden.

- **Klasse 4:** »*Stoffe mit krebserregender Wirkung, bei denen gentoxische Effekte keine oder nur eine untergeordnete Rolle spielen. Bei Einhaltung des MAK- und BAT-Wertes ist kein nennenswerter Beitrag zum Krebsrisiko für den Menschen zu erwarten* ...«[b] Übersetzung: Im Hochdosistierversuch ergeben sich allerhöchstens schwache Anhaltspunkte auf ein kanzerogenes Potenzial. Die Gefährdung für Menschen ist von vollkommen untergeordneter Bedeutung.
- **Klasse 5:** Dies ist die Gruppe mit dem geringsten krebserregenden Potenzial. Ein nennenswerter Beitrag zum Krebsrisiko wird sogar von den Ökohochscholastikern ausgeschlossen, wenn die MAK- und BAT-Werte eingehalten werden. Hierzu zählt beispielsweise Styrol, das in Spuren aus neuen Teppichböden ausgasen kann.

Knöpfen wir uns nun zunächst einmal die **Klasse 1** vor. Sie umfasst zirka 50 Substanzen, wie Arsen, Asbest, Benzidin, Benzol, Bis(chlormethyl)ether, Dichlordiethylsulfid, 2-Naphthylamin, Pyrolyseprodukte aus organischem Material (Teeröle, Braunkohle-, Steinkohleteere und die darin enthaltenen PAKs), Trichlorethen und Vinylchlorid.

Bis Mitte der 60er-Jahre galt Vinylchlorid als relativ untoxisch, weshalb es sogar als Spraydosentreibgas verwendet wurde. Erst nachdem bei hoch exponierten Arbeitern bösartige Lebertumore aufgetreten waren, wurde es als potentes Kanzerogen entdeckt.[33] Interessanterweise haben sich die Naturstoffe *Buchen- und Eichenholzstaub* in die Klasse 1 geschmuggelt. Berufsgenossenschaften identifizierten die Stäube als starke Humankarzinogene – wobei es natürlich auch hier auf die Dosis ankommt.[34] Man stelle sich einmal vor, das Verbraucher»schutz«ministerium warnt vor Eichen- und Buchenholzstaub und rät, den Wald während des Holzeinschlags zu meiden. Eine heile Ökowelt würde zusammenbrechen: Natur ist gütig – Chemie ist giftig!

Das krebserregende Arsen wurde bereits in vorindustrieller Zeit in messbaren Mengen mit der Nahrung aufgenommen (Obst, Getreide, Gemüse, Milch, Eier, Fleisch) und findet sich

---

[b] Der BAT-Wert gibt die Konzentration eines gefährlichen Arbeitsstoffes im Organismus (zum Beispiel Blut) eines Arbeitnehmers unter definierten Bedingungen an.

besonders konzentriert in Meeresgetier. Weil es möglicherweise sogar ein essenzielles Spurenelement ist, geht die WHO von einem täglichen Arsenbedarf von 20 Mikrogramm (0,000.02 Gramm) aus.[35,36] Das wären jährlich 7,3 Milligramm (0,0073 Gramm). In Nordrhein-Westfalen ließ die grüne Umweltministerin aus Vorsorgegründen sämtliche ausgestopften Tiere aus den Biologiesammlungen der Schulen entfernen, weil dadurch möglicherweise Nanogrammmengen (0,000.000.001 Gramm) Arsen in die Raumluft gelangen könnten.

Teerstoffe führen wegen der darin enthaltenen PAKs beim Menschen ebenfalls eindeutig zu Krebserkrankungen. Aber auch hier kommt es auf die Dosis an! Am 22. Mai 2003 erfuhr man vom SWR1, die Bahn habe bei Sankt Goarshausen alte, teerimprägnierte Holzschwellen gegen neue Betonschwellen ausgetauscht. Damit stieg aber der Lärm um ein Vielfaches. Eine Anwohnerin schilderte, wie das Wasser in der Badewanne hin und her schwappe, wenn ein Zug vorbeifahre, und erklärte, sie sei dem Herzinfarkt nahe. Der Frau kann man kaum helfen; selbst wenn die Bahn wollte, dürfte sie wegen des Gesundheitsrisikos keine teerimprägnierten Holzschwellen einbauen. Ein Herzinfarkt aufgrund des Lärmstresses ist natürlich harmloser als die Krebsgefahr durch teerhaltige Holzschwellen.[c] Da wäre es schon einmal interessant zu untersuchen, inwieweit sich die Krebsprävalenz von Bahnstreckenanwohnern von jener der Allgemeinbevölkerung unterscheidet.

Die Einschätzung der krebserregenden Wirkung von Chemikalien ab **Klasse 2** beruht samt und sonders auf Tierversuchen (»Labormodellen«) mit maximal tolerierbaren Dosen (MTD). Hierbei wird während eines längeren Zeitraums so viel der krebsverdächtigen Substanz zugeführt, dass die Labormodelle gerade nicht verenden.

Bereits hier zeigt sich schon der galoppierende Unfug, mit dem die Ökoquisition hantiert, denn unter diesen Bedingungen ist sogar Aspirin ein Karzinogen, weshalb es unter den heutigen rechtlichen Bedingungen nicht mehr zugelassen würde. Dass für den Menschen vom Aspirin kein Krebsrisiko ausgeht, weiß man nur aufgrund der langjährigen massenweisen Anwendung des Heilmittels.[37]

---

c Daneben spielen aber auch wirtschaftliche Gründe eine Rolle, weil die Verwendung von Betonschwellen die Betriebskosten senkt.

Zur Klasse 2 zählen: Acrylamid (Lebkuchen, Kartoffelchips, Pommes frites – Angst!), Bitumen (Teerdächer – besorgniserregend!), Cadmium, 2-Nitroanisol (Störfall Hoechst AG, Februar 1993 – Schrecken ohne Ende!), Naphthalin (daraus wurden früher Mottenkugeln hergestellt – alle Leute, die Naphthalin um 1890 verwendeten, sind heute tot – Panik!), Ethylenoxid (Grundchemikalie zur Produktion von Shampoo und Feinwaschmitteln – Krebs durch Haarewaschen und Tragen von Pullovern?), Faserstäube (Glaswolle am Bau – Angst!), viele N-Nitrosamine (bilden sich beim Grillen!) und Pentachlorphenol (Holzschutzmittel – hochgefährlich!). Außerdem gehört zur Klasse 2 das Jodmethan, von dem jährlich 40 Millionen Tonnen durch pflanzliches Leben produziert werden. Dem stehen ein paar tausend Tonnen synthetisch produziertes Jodmethan gegenüber.[38] Letzteres ist nach den Regeln der Ökohochscholastik wesentlich gefährlicher als pflanzliches Jodmethan. Natur ist gütig – Chemie ist giftig!

Schaut man sich die **Klasse 3** näher an, findet man mehr als 100 Substanzen, wie beispielsweise Ölsäure, Terpentinöl (keine Türen streichen!), alle Holzstäube außer Buchen- und Eichenholzstaub (Achtung, Ökochonder: kein Holz sägen – hohes Gesundheitsrisiko!), polychlorierte Biphenyle (ultragefährliche PCBs), Steinkohlestaub (Kohlenkeller nur mit Atemschutzfilter betreten!), Ethylen (wird von Pflanzen emittiert, Zimmerpflanzen wegwerfen, den Garten meiden, Atmung einstellen – Panik!), Blei und seine anorganischen Verbindungen (hohes Krebsrisiko bei Schussverletzungen!), Ozon (Alarm!), Phenol (Bestandteil kommerzieller Desinfektionsmittel – Panik!). Bemerkenswerterweise müssten 50 Prozent der von Pflanzen produzierten *natürlichen* Abwehrstoffe nach den Kriterien der Klasse 3 als krebserregend eingestuft werden.[39] Legt man den üblicherweise von der Ökoquisition benutzten strengen Maßstab an, dürften »unbelastete« Erdbeeren, Blumenkohl und Salat überhaupt nicht verkauft werden.

Die **Klasse 4** hat den höchsten Unterhaltungswert und zeigt, wie leicht sich der Homo sapiens sapiens mit virtuellen Risiken auf den Arm nehmen lässt. Zur Klasse 4 zählen: 1,4-Dioxan (wurde vor Jahren im Shampoo in geringen Mengen als Nebenprodukt des Herstellungsverfahrens entdeckt – wochenlange Hysterie in den Medien), Formaldehyd (waberte früher in haarsträubender Konzentration in Kindergärten), Chloroform (wurde noch vor 50 Jahren zur Narkose verwendet – sehr viele dieser damaligen Patienten sind heute tot!). Auch das ultragefährliche Lindan gehört zur Klasse 4. Zur Steigerung hat die Ökoquisition dem Lindan noch das Unfruchtbarkeitsetikett (endokrine Wirkung) angeklebt. Obwohl von Arbeitern, die im Tonnenmaßstab damit umgingen, diesbezüglich nichts bekannt ist. In äußerst seltenen Fällen könnte auch ein Abort ausgelöst werden. Zur Verhinderung hat man in Amerika ein auf dem Vorsichtsprinzip beruhendes Gesetz erlassen. Dieses belastet nach Aussagen der Senatorin Dixie Lee Ray die amerikanische Industrie – und letztendlich den Verbraucher (Wer soll es denn sonst bezahlen?) – mit 5,76 Billionen (5760 Milliarden!) Dollar je potentiell verhindertem Abort[d]. Die Summe ist deshalb so exorbitant hoch, weil das Risiko so gering ist, dass Jahrhunderte vergehen müssen, bis eine Frühgeburt durch das Holzschutzmittel ausgelöst wird.[40]

In der **Klasse 5** wird unter anderem Alkohol genannt, der uns nicht schadet, wenn er in Maßen genossen wird und nicht mit erheblichen Dosen unseren Körper permanent reizt. Bei der dadurch bedingten Neubildung von Zellen kommt es zu Kopierfehlern, die unter ungünstigen Umständen zum Auslöser einer Krebserkrankung werden können. Im nächsten Abschnitt wird Näheres dazu erläutert. Wo wir gerade bei der Leber sind: Diese produziert interessanterweise täglich messbare Mengen des hoch potenten Karzinogens 7,8-Diol-9,10-epoxid, und zwar nicht wegen der hochgefährlichen Chemie, sondern seit Urzeiten.[41] Unser Körper steckt das weg!

## Der dritte Schlag ins Krebshysteriekontor

Für die Entstehung von Krebs gibt es Erklärungen auf molekularer Basis, die so manchen Hysterieballon zum Platzen bringen. Es geht um die Deoxyribonukleinsäure (DNS), die im angelsächsischen Sprachraum als Deoxyribonucleic acid

---

[d] Frau Ray schreibt tatsächlich von »5,76 trillion Dollars« und tröstet die ökogeleimten Bürger: »Machen Sie sich nichts draus. Es ist ja nur Ihr Geld.«

(DNA) bezeichnet wird. Man kann sich die DNA als Bandwurmsatz vorstellen, nur dass die Einzelbausteine keine Buchstabenkombinationen (»Wörter«), sondern Nukleotidmoleküle sind, die ein langkettiges Molekül (Polymer) bilden. Ein bestimmter Abschnitt des DNA-Moleküls entspricht wiederum einem Gen, von denen der Mensch 20.000 bis 25.000 besitzt. Halt, nicht das Buch zuschlagen! Es ist doch nur Naturwissenschaft. Es wird auch wieder einfacher – das verspreche ich. Zunächst müssen wir uns aber noch ein bisschen anstrengen und wissen, dass die Zellen einen Lebenszyklus durchlaufen. Kommt es hier zu einer Störung, kann sich eine unsterbliche, sich immer wieder teilende Krebszelle bilden. Wie sieht der Lebenszyklus stark vereinfacht aus?

1. Die Geburt einer Zelle ist die Zellteilung *(Mitose)*.
2. Dieser folgt die Wachstumsphase ($G_1$), der sich
3. die *S-Phase anschließt, bei der die DNA verdoppelt wird.*
Über weitere Zwischenstufen kommt es über eine $G_2$-Phase erneut zur Mitose, und alles beginnt von neuem.

Die problematische Phase ist die S-Phase, denn bei der Verdopplung der Erbinformation in der DNA können Lese- und Setzfehler (»Buchstabendreher«) passieren. Weil jede Sekunde von den 100 Billionen menschlichen Körperzellen 50 Millionen neue gebildet werden, müssen Kopierfehler ständig überprüft werden. Hierzu stehen der Zelle »textsichere Lektoren« zur Verfügung, die folgenschwere Fehler sofort erkennen und berichtigen, indem sie beispielsweise falsche Buchstabenfolgen (DNA-Sequenzen) herausschneiden *(Exzisionsreparatur)*.

Treten gröbere Fehler auf, die nicht mehr so elegant behoben werden können, dann startet das in jeder Zelle eingebaute »genetische Programm«, das sie in den programmierten Zelltod treibt.[42] Diesen bezeichnet man auch als *Apoptose*. Sie wird durch *Tumorsuppressorgene* gesteuert, von denen das bekannteste das p53-Gen ist. Es enthält das »Kochrezept« für die Synthese des p53-Proteins, das die Apoptose auslöst.

Wird eine Zelle durch Viren, Chemikalien (zum Beispiel Aflatoxin aus Schimmelpilzen, Benzol und Ähnliches) oder Strahlung so geschädigt, dass sie kein p53-Protein bilden kann, ist sie nicht mehr empfänglich für Apoptosesignale und kann zur *unsterblichen Krebszelle* werden. Im Bild 6 ist das stark vereinfachte Prinzip noch einmal wiedergegeben:

Die Krebsposaune

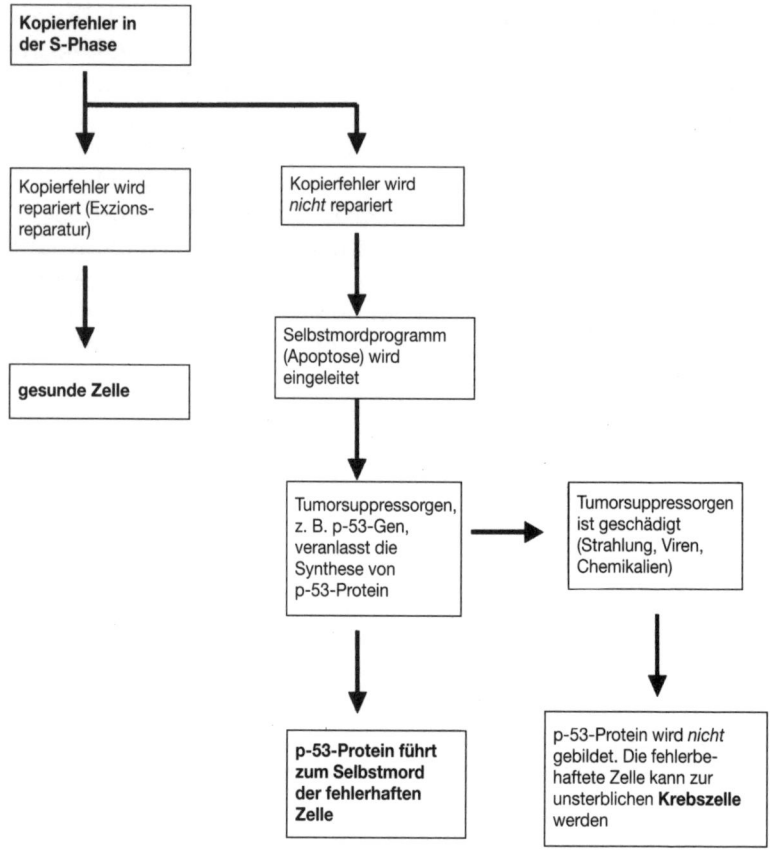

Bild 6: Reparatur der Erbsubstanz und Krebsentstehung

Und jetzt wird es wieder leichter verständlich. Da krebserregende Noxen überall lauern (zum Beispiel die 7000 Becquerel der natürlichen Hintergrundstrahlung, Viren usw.), bildeten sich schon in der Steinzeit im menschlichen Organismus tagtäglich 10.000 Krebszellen.[43,44,45] Ein zehnjähriges Kind hat somit bereits 36.500.000 potenzielle Krebszellen überlebt – ohne zu erkranken, weil die Apoptose und andere Mechanismen hervorragend funktionieren. Andernfalls hätten Kinder keine Chance, aus den Windeln herauszukommen.

Entsprechend den Intentionen von Frau Mead und Staatssekretär Hartkopf präsentiert die Ökohochscholastik immer mal wieder die »Einmolekültheorie«. Danach soll bereits ein einziges Kanzerogenmolekül Krebs auslösen können. Rechnet man einmal beim Benzol[e] nach, dann sind dies 0,000.000.000.000.000.000.000.13 Gramm – eine Menge, die vom *natürlichen* Pikogramm-Benzolgehalt jeder Erdbeere locker um den Faktor 10.000.000.000 übertroffen wird.[46] Wegen des erheblichen psychomentalen Flurschadens, den die Ökoquisition anrichtet, ist es an der Zeit, ihr ins schweinslederne Notizbuch zu schreiben: Erstens vermehrt sich Benzol im Gegensatz zu einem Virus nicht. Zweitens, nimmt man einmal an, ein solches Molekül verursachte tatsächlich eine Tumorzelle, dann hat dieser Mensch an dem Tag eine Krebszelle mehr: 10.001 statt 10.000. Selbst wenn diese eine Krebszelle der Apoptose entgeht, muss sie den Angriff so genannter Killerzellen überstehen, die bösartige Zellen direkt zerstören.[47] Wer angesichts dieser Fakten immer noch an die »Einmolekültheorie« glaubt, dem kann man auch weismachen, dass nach neuesten Forschungserkenntnissen der Weihnachtsmann mit dem Christkind zusammen den Osterhasen gezeugt hat.

Die auf dem Vorsichtsprinzip basierende »Einmolekültheorie« gehört auf dem Misthaufen menschlicher Irrtümer entsorgt. Nicht umsonst machen die Forscher Ames und Gold darauf aufmerksam, dass »die Chemikalien, die Krebs am Arbeitsplatz nachweislich auslösten, dort immer in hohen Konzentrationen vorhanden (waren)«[39]. So ist es.

Krebs kann auch aufgrund einer genetischen Prädisposition entstehen. Bei einigen Menschen funktioniert der p-53-Reparaturmechanismus von Geburt an nicht richtig. Nicht zuletzt deshalb führt man heute bei Brustkrebs fünf bis zehn Prozent der Fälle auf vererbte Defekte an den wachstumsregulierenden Genen BRCA 1 und 2 zurück.[48] Auch 30 Prozent der Darmkrebserkrankungen sind nach neueren Erkenntnissen auf vererbbare Risiken zurückzuführen.[49]

---

[e] Im menschlichen Körper entsteht aus einem Benzolmolekül Benzolepoxid, das als Tumorinitiator die DNA verändert.

## Der vierte Schlag ins Krebshysteriekontor

1990 veröffentlichten die international anerkannten Krebsforscher Bruce N. Ames und Lois Swirsky Gold von der Universität in Berkeley eine von der Ökoquisition überhaupt nicht geschätzte Untersuchung mit dem Titel: »Falsche Annahmen über die Zusammenhänge zwischen der Umweltverschmutzung und der Entstehung von Krebs«.[39]

In dem Aufsatz, aus dem die harten Fakten nur so heraustropfen, lesen die beiden Wissenschaftler der Panikmafia gründlich die Leviten – und zwar achtfach, wie die Unterkapitel verraten:

- »Fehleinschätzung Nr. 1: Die Krebsraten steigen an.«
- »Fehleinschätzung Nr. 2: Krebsrisiken für Menschen können bewertet werden, indem Chemikalien in hohen Dosen an Nagern getestet werden.«
- »Fehleinschätzung Nr. 3: Die meisten Kanzerogene und anderen Toxine sind synthetischen Ursprungs.«
- »Fehleinschätzung Nr. 4: Synthetische Toxine sind ein größeres Risiko als natürliche Toxine.«
- »Fehleinschätzung Nr. 5: Die Toxikologie synthetischer Verbindungen unterscheidet sich von der natürlicher.«
- »Fehleinschätzung Nr. 6: Der Storch bringt die Babys, und die Umweltverschmutzung verursacht Krebs und angeborene Missbildungen.«
- »Fehleinschätzung Nr. 7: Pestizide können ersatzlos abgeschafft werden.«
- »Fehleinschätzung Nr. 8: Moderne Techniken beeinträchtigen die Gesundheit der Bevölkerung.«

Im Einzelnen führen Ames und Gold aus:

**Erstens:** Tierversuche mit maximal tolerierbaren Dosen (MTD) krebsverdächtiger Chemikalien lassen keinen Rückschluss auf das Krebsrisiko beim Menschen zu. *Hohe Dosen führen nämlich zu einem vermehrten Absterben von Zellen, die permanent neu gebildet werden. Dabei treten Kopierfehler (Mutationen) auf, die in ihrer Häufung vom tierischen Organismus nicht mehr korrigiert werden können. Deshalb erfassen die Hochdosistierversuche primär die Auswirkungen massiver Zellteilungen und sonst nichts.*[39] Dies betrifft bereits die

Klasse 2 der oben genannten Kanzerogene, die »Anlass zur Sorge geben«. Da springt doch der Lachsack im Karree!

Ein eklatantes Beispiel der Fehlinterpretation von Hochdosistierversuchen ist Formaldehyd, der eine starke Reizwirkung besitzt, weshalb der Innenraumgrenzwert mit 0,1 parts per million festgelegt wurde.[35] Die Geruchsschwelle liegt um 0,05 parts per million, wobei empfindlichen Personen bereits bei 0,01 parts per million die Augen tränen. Formaldehydkonzentrationen ab fünf parts per million sind in der Regel für Menschen unerträglich, und ab zehn parts per million treten Atemnot und Husten auf. Nun zu den Tierversuchen: Über zwei Jahre wurden Ratten in ihren Käfigen eingesperrt und wöchentlich fünfmal sechs Stunden lang mit 15 parts per million Formaldehyd gequält! Die Tiere verkrochen sich in die Ecke und entwickelten zu 50 Prozent einen bösartigen Tumor im Nasen-Rachen-Raum, während Konzentrationen bis zu 5,6 parts per million wirkungslos blieben.[50,51] Wen wundert's eigentlich? Das Ganze erinnert an Gullivers Reisen: Auf der fliegenden Insel Laputa traf der Protagonist Naturwissenschaftler, die zu Forschungszwecken Hunde so weit aufbliesen, bis diese platzten.

**Zweitens:** Ideologiekonform hat man bisher fast ausschließlich synthetische Chemikalien im Tierversuch getestet. Ames und Gold drehten den Spieß um und untersuchten *natürlich vorkommende Substanzen* unter den gleichen Bedingungen wie Formaldehyd. Dabei zeigten 50 Prozent der »guten« Naturstoffe das gleiche karzinogene Potenzial wie Acrylamid und wären demnach der oben genanten Klasse 2 zuzuordnen. Deshalb gilt heute als gesicherte Erkenntnis: Die meisten krebserregenden Chemikalien sind *natürlichen* Ursprungs![39]

**Drittens:** Auf *Pflanzenschutzmittel* (Pestizide) reagieren die Öko-Halloween-Organisatoren besonders hektisch. Dabei wird geflissentlich übersehen, dass alle Pflanzen Giftstoffe bilden, um sich gegen Pilze, Insekten und Fraßfeinde zu schützen. Aus diesem Grund sind 99,99 Prozent von den 1,5 Gramm Pestiziden, die der Mensch tagtäglich mit seiner Nahrung aufnimmt, natürliche Pestizide, die damit die Menge der synthetischen um das 10.000fache übertreffen.[39]

## Der fünfte Schlag ins Krebshysteriekontor

Es kommt noch schlimmer für die Ökoquisition: Wie bereits erwähnt, sind 50 Prozent der natürlichen Pestizide Kanzerogene der Klasse 2, wenn man sie den gleichen Testmethoden unterwirft wie die synthetischen! Allein die Kohlpflanze produziert nach Ames und Gold zur »Abwehr von Fraßfeinden« 49 giftige Pestizide. Darunter Allylisothiocyanat, das bei Ratten Blasenkrebs hervorruft. Hoffentlich warnt das Verbraucher»schutz«ministerium vor dem Verzehr von Krautsalat!

Wegen der Ultragefährlichkeit synthetischer Pflanzenschutzmittel (zum Beispiel Fungizide und Herbizide) hat man deren Grenzwerte auf alberne ein parts per billion ($10^{-9}$ = $10^{-7}$ Prozent) festgelegt und meint allen Ernstes, damit die Menschheit vor Schaden zu bewahren. Dabei enthalten bereits Karotten (Kindernahrung!) und Orangensaft mehr als 10.000 parts per billion *natürliche* Kanzerogene und Pestizide. Selbst vom Jägerschnitzel wird die Menschheit bedroht, weil die Pilze darin 11.000 parts per billion p-Hydrazin-benzoat und 42.000 parts per billion Glutamyl-p-hydrazinbenzoat enthalten, mit denen man bei Ratten Krebs auslösen kann. Folgende Lebensmittel enthalten ein Vielfaches des gesetzlichen Grenzwerts (ein parts per billion) an *krebserregenden Naturstoffen*:

| Pflanzliches Nahrungsmittel[39] | Nager-kanzerogen | Konzentration in ppb |
|---|---|---|
| Petersilie | 5- und 8-Methoxypsoralen | 14.000 |
| Staudensellerie | 5- und 8-Methoxypsoralen | 25.000 |
| Kohl | Allylisothiocyanat | 35.000–590.000 |
| Meerrettich | Allylisothiocyanat | 4500.000 |
| Orangensaft | Limonen | 40.000 |
| Fenchel | Estragol | 3.800.000 |
| Muskatnuss | Safrol | 3.000.000 |
| Ananas | Ethylacrylat | 70 |
| Jasmintee | Benzylacetat | 230.000 |
| Honig | Benzylacetat | 230.000 |

| Pflanzliches Nahrungsmittel[39] | Nager-kanzerogen | Konzentration in ppb |
|---|---|---|
| Kaffee (geröstet) | Catechol | 100.000 |
| Äpfel, Anis, Auberginen, Basilikum, Birnen, Dill, Endiviensalat, Estragon, Kaffee (geröstet), Karotten, Kartoffeln, Kirschen, Kopfsalat, Kümmel, Majoran, Minze, Pflaumen, Rosmarin, Salbei, Staudensellerie, Thymian, Trauben, Wermut | Kaffeesäure | mindestens 50.000 bis zu mehr als 1.000.000 |
| Aprikose, Kirschen, Pfirsich, Pflaumen | Chlorogensäure | 50.000–500.000 |

Safrol löst bei Ratten Leberkrebs aus und wäre demnach der Klasse 2 krebserregender Arbeitsstoffe zuzuordnen.[34] Wenn man jetzt noch erfährt, dass das in der Weihnachtsbäckerei verwendete Öl des Nelkenzimtbaums bis zu 93 Prozent Safrol enthält, stellt sich doch die Ökoschreckensmütze senkrecht. Ein Milligramm des Öls enthält nach Adam Riese 0,93 Milligramm Safrol. Um auf das gleiche Krebsrisiko zu kommen, müsste man 93 Liter Wasser trinken, in dem der gesetzliche Grenzwert für das synthetische Pflanzenschutzmittel Methoxychlor um das 100fache (!) überschritten wurde.

Würde das so genannte Verbraucher»schutz«ministerium (Orwell-Neusprech: Minischutz) bei natürlichen Pestiziden die gleichen strengen Maßstäbe wie bei synthetischen anlegen, dürften von einem ungespritzten Apfel täglich höchstens sieben Milligramm verzehrt werden. Bei 40 Milligramm müssten die Ökosirenen losjammern, weil dies dem Konsum von drei Litern Trinkwasser entspricht, das mit dem doppelten Pestizidgehalt des gesetzlichen Grenzwerts »verseucht« wäre.

Um das Krebsrisiko von Chemikalien für den Menschen abzuschätzen, hat man den so genannten HERP-Wert entwickelt. Dies ist die Abkürzung von »Human Exposure Dose/Rodent Potency Dose«, womit das prozentuale Risiko eines Menschen gemeint ist, wenn er einem im Tierversuch krebserregend wirkenden Schadstoff ausgesetzt ist.

Mit Alkohol kann man im Tierversuch Krebs auslösen. Zieht man die HERP-Skala zurate, dann haben 0,5 Liter Bier mit 18 Millilitern Ethanol einen HERP-Wert von 2,8 Prozent. Die mit der Nahrung aufgenommenen »hochgiftigen« polychlorierten Biphenyle (PCBs) bringen es dagegen nur auf 0,0002 Prozent.[52] Mithilfe des logischen, gesunden Menschenverstands findet man, dass ein Glas Bier ein

$$2,8 \text{ Prozent}/0,0002 \text{ Prozent} = 14.000\text{-mal}$$

höheres Krebsrisiko beinhaltet als die übliche Tagesdosis an PCBs. Das HERP-Risiko von Kaffe beträgt sogar zehn Prozent, das von ungespritztem Kopfsalat vier Prozent und das von Senf sieben Prozent.

Brokkoli enthält in großen Mengen Indolcarbinol, mit dem man im Tierversuch Krebs auslösen kann. Das Molekül bindet an den gleichen Rezeptor wie Dioxin und wirkt ebenso wie Dioxin im Tierversuch eindeutig karzinogen.[53,54] Nun sind aber im Brokkoli 500 Milligramm Indolcarbinol pro Kilogramm enthalten. Würde die Ökoquisition wegen dieses Stoffes einen Grenzwert für Brokkoli festlegen, dann dürfte ein Erwachsener am Tag nicht mehr als ein Milligramm Brokkoli zu sich nehmen![39]

# 8. Die Säulenheiligen der Ökoquisition

Die Dominikaner, die 1248 offiziell von Papst Innozenz IV. mit der Inquisition beauftragt wurden, sind ein katholischer Bettelorden, der einige hoch verehrte Heilige hervorbrachte. Zu nennen wären der heilige Thomas von Aquin, der heilige Augustinus und natürlich der Ordensgründer, der heilige Vater Dominikus. Was hat das mit dem euro-teutonischen, multilateralen Ökofuror zu tun? Eine ganze Menge. Auch der Ökologismus hat Heilige, die von der Umweltscholastik als beweiskräftige Autoritäten angeführt werden. Im Gegensatz zu den Heiligen der Mutter Kirche werden in der Ökoreligion keine lang verstorbenen Personen aus Fleisch und Blut verehrt, sondern geistige Dämpfe. Die Hirngespinste, nach denen die Ökosäulenheiligen benannt sind, heißen: Korrelationen, »Modelle«, »Data-Dredging« und Prognosen.

## Der heilige Sankt Korrelatius

Unbewusst bediente sich bereits die Inquisition des Sankt Korrelatius, wenn sie Unwetter oder Krankheitsepidemien mit dem erschreckenden Anstieg der Hexenpopulation in Zusammenhang brachte.

Zum ersten Mal kam der Ökoheilige ganz groß heraus, als DDT-Ultraspuren im Fettgewebe von Vögeln für dünnere Eierschalen in deren Gelege verantwortlich gemacht wurden. Wie im Kapitel 4 ausführlich beschrieben, war dadurch mitnichten der Beweis für die Gefährlichkeit des DDT erbracht, denn die Aussagen des Sankt Korrelatius besitzen keinerlei Beweiskraft. Andererseits würde der Ökoheilige schlüssig belegen, Kinder werden vom Klapperstorch gebracht. Der Rückgang der Geburtenrate korreliert nämlich auffällig mit der schwindenden Storchenpopulation. Auch wirkt nach Sankt

Korrelatius das Rauchen lebensverlängernd, denn die allgemeine Lebenserwartung steigt an, seit die Menschheit Zigaretten raucht.

Ins richtige Licht wird der heilige Sankt Korrelatius auch dann gerückt, wenn er sich mit der Lebenserwartung von berühmten Musikern und Chemikern befasst. In einer – nicht ganz ernst gemeinten – Veröffentlichung wurde die Lebensspanne von 31 Chemikern mit der von 52 Musikern verglichen. Ergebnis: Die Chemiker starben mit durchschnittlich 69,29 Jahren, während es die Musiker nur auf 66,35 Jahre brachten. Sankt Korrelatius folgert messerscharf: Musik ist wesentlich gesundheitsschädlicher als der Umgang mit Chemikalien! Am Schluss der Satire fragt der Autor: »Zu welchem biblischen Durchschnittsalter wird die neue Gefahrstoffverordnung den Chemikern wohl verhelfen?«[1]

Hohepriester des Ökologismus lassen sich davon nicht beeindrucken, scheuchen den kritischen, gesunden Menschenverstand mit einem Fußtritt in die Ecke und bitten Sankt Korrelatius täglich erneut um ein Zeichen. Und die Gebete werden erhört. So beispielsweise in Seveso, wo zwischen 1976 und 1984 nur 26 Mädchen, aber 48 Jungen geboren wurden.[2] Die ökomystische Glaubenskongregation wurde von verzückenden Visionen erleuchtet. Endlich der Beweis: Dioxin und alle damit verwandten chlororganischen Verbindungen besitzen endokrine Wirkungen[a], die zum Aussterben der Menschheit führen. Bedauerlicherweise sind Korrelationen »Beweismittel«, die schon durch ein einziges Gegenbeispiel widerlegt werden. So wird der Seveso-Korrelationsbeweis durch eine Massenvergiftung in Taiwan entkräftet. Obwohl die späteren Eltern Milligrammmengen polychlorierter Verbindungen des Seveso-Typs aufnahmen und sogar Grammmengen der gefürchteten PCBs, ist das Geschlechtsverhältnis der Neugeborenen vollkommen normal, nämlich 69 Mädchen zu 68 Jungen.[3] So weit die Vorbemerkung.

1999 wurde in einem Wissenschaftsjournal berichtet, die WHO habe den Dioxin-Grenzwert herabgesetzt, weil Tierversuche eine Korrelation zwischen Dioxinfütterung und Ent-

---

[a] Mit endokriner Wirkung ist der Effekt von Chemikalien auf die so genannten endokrinen Drüsen wie Hoden und Eierstöcke gemeint.

wicklungsstörungen erwiesen.[4] Als ich in einem Leserbrief hierzu Stellung nahm und die Beispiele Seveso und Taiwan anführte, antwortete einer der Verfasser des Berichts: »Zwar ist der Zusammenhang zwischen einer Verschiebung des Geschlechterverhältnisses in Seveso und Umgebung mit der Dioxinbelastung der Eltern nur eine Korrelation, sie gibt jedoch zweifellos zu Sorge Anlass.«[5,6]

So ist es. Lebens-, Kriegs-, Endzeit-, Zukunfts- und Umweltängste sind des deutschen Ökomichels erste Bürgerpflicht. Deshalb habe auch ich mir Sorgen gemacht und bin nach intensiver Forschungsarbeit auf eine erstaunliche, ja beängstigende Korrelation zwischen Obsttörtchen und allen möglichen Missliebigkeiten gestoßen. Es ist erschreckend. Aber lesen Sie selbst:

1. Die meisten Personen, die in Europa im letzten Jahr verstarben, haben irgendwann Obsttörtchen gegessen.
2. Fast jeder, der in einen Autounfall verwickelt war, hat mindestens einmal Obsttörtchen verzehrt. Man bedenke, dass Pinguine, die keine Obsttörtchen essen, selten in Autounfälle verwickelt sind.
3. Selbst Schiffshavarien scheinen mit dem Genuss von Obsttörtchen in Zusammenhang zu stehen. Nach Berichten glaubhafter Zeitzeugen gab es zum Fünf-Uhr-Tee auf der Titanic Obsttörtchen.
4. Mindestens einer der Partner von Ehen, die kinderlos blieben, hat schon einmal Obsttörtchen genascht. Somit ist nicht auszuschließen, dass das Gebäck eine ähnlich endokrine Wirkung wie chlororganische Verbindungen oder Kunststoffweichmacher besitzt! Vielleicht könnte der Geburtenrückgang durch das Verbot von Obsttörtchen oder zumindest durch eine saftige Obsttörtchensteuer gestoppt werden. Zur vorläufigen Absicherung des Verdachts schlage ich halbjährige Fütterungsversuche mit Ratten vor, täglich etwa ein Kilogramm Obsttörtchen pro Kilogramm Ratte. Sollte die Futtermenge etwas zu hoch angesetzt sein, ist sie auf die maximal tolerierbare Dosis (MTD) zu mindern, und die Untersuchung ist so lange fortzuführen, bis die Nachkommenschaft ausbleibt.
5. Auch das gibt Anlass zur Sorge: Fast alle Mordopfer und ihre Mörder haben im Leben irgendwann Obsttörtchen verspeist.

6. Es ist beunruhigend, dass Konditoren, die in der Backstube ausrutschten und sich dabei ein Bein brachen, zumindest in der Lehrzeit einmal Obsttörtchen gebacken haben.
7. Fast jeder, der zwischen 1890 und 1900 Obsttörtchen verzehrt hat, ist heute tot.
8. Seit nach der Erfindung des Gasherds mehr Obsttörtchen gebacken werden, steigt der atmosphärische Kohlendioxidgehalt kontinuierlich, der für Hochwasserkatastrophen und tödliche Hitzewellen verantwortlich gemacht wird.
9. Auch Augenärzte dürften sich für die Obsttörtchenforschung interessieren, denn sehr viele Menschen, die um 1950 Obsttörtchen aßen, müssen heute eine Brille tragen.
10. Obsttörtchen scheinen sogar zur Zerrüttung der Gesellschaft beizutragen, denn in vielen Ehen, die geschieden wurden, gab es Sonntagnachmittag Obsttörtchen.

Die bestürzenden Ergebnisse der Obsttörtchenforschung sind bislang nur vorläufiger Natur und bedürfen zur weiteren Absicherung der wissenschaftlichen Erkenntnisse dringend der Drittmittelfinanzierung – heiliger Sankt Korrelatius, stehe mir bei jetzt und in der Not immerdar.

## Sankt Data-Dredging – der Notheilige

Forscher sind geplagte Menschen. Ständig müssen sie sich um ihre Reputation und Karriere sorgen, und die hängen von der Publikation wichtiger Forschungsergebnisse in Fachzeitschriften ab. Damit der politisch gesteuerte Fluss an Forschungsgeldern nicht versiegt, muss jährlich ein Knaller gezündet oder wenigstens eine wissenschaftliche Knallerbse geworfen werden. Maxeiner und Miersch kommentieren das possierliche Tischfeuerwerk des Forschungsbetriebs: »Wer einen Effekt findet, ist im Geschäft; wer keinen findet, ist draußen. In der Folge hat sich eine florierende Analysenindustrie entwickelt, die Gesundheitsgefahren und Umweltanklagen in Serie produziert. Eine beliebte Methode ist das ›data dredging‹.«[7]

Dem Notheiligen Sankt Data-Dredging vertrauend, durchforsten Wissenschaftler der Ökoquisition gewaltige Datenbanken mithilfe billiger Computerkapazität, und zwar so lange, bis sich Treffer einstellen, die dann mithilfe von Sankt Korrelatius einem Ökogespenst zugeordnet werden. Die Methode hat einen hohen Unterhaltungscharakter, denn: »Wer lange genug bestimmte Lebensmittel durch bestimmte Krankengruppen rasen lässt, hat gute Chancen, irgendwann einen scheinbar auffälligen Zusammenhang zu finden. Sagen wir mal zwischen Milchkonsum und Frühgeburten, Rotkohl und grünem Star, Leberkäse und Hühneraugen.«[7]

In diesem Sinne dürfte es auch nicht allzu aufwendig sein, mittels »data dredging« eine Korrelation zwischen zunehmendem Flugverkehr und Wachstumsstörungen bei Regenwürmern zu finden. Man muss einen Computer nur lange genug die Datenbanken der Flugüberwachung mit denen der Wurmforschung abgleichen lassen. Irgendwann hat man genügend Daten, um Missbildungen bei Würmern auf den zunehmenden Luftverkehr zurückzuführen. Ähnlich lassen sich die verheerenden Erdbeben in Sumatra vom Januar 2004 oder die Tsunami-Katastrophe vom Dezember 2004 mit mehr als 200.000 Todesopfern dem zunehmenden Autoverkehr zuordnen (vergleiche Seite 144). Anything goes!

Hilft Sankt Data-Dredging beim Anbaggern von Forschungsgeldern nicht recht weiter, kann man das Ergebnis durch Herauspicken von Häufungen ein wenig aufpolieren. Die Masche wird von Statistikern auch die »Methode des texanischen Scharfschützen« genannt. Dieser schießt, ohne lang zu zielen, auf ein Scheunentor. Danach zeichnet er eine Zielscheibe um das Einschussloch und freut sich über seinen perfekten Treffer.[8] Mit dem Trick versuchte die Ökoquisition die Häufung von Leukämieerkrankungen in den Elbmarschen dem Kernkraftwerk Krümmel anzuhängen. Das allerdings ging in die Ökohose. Obwohl von 1992 bis 2004 die Leukämiefälle für 4,55 Millionen Euro Steuergelder untersucht wurden, teilte die rot-grüne (!) Landesregierung von Schleswig-Holstein Ende 2004 mit: Spekulationen über eine Freisetzung von Radioaktivität oder eine Verseuchung der Elbmarsch auf Basis bloßer *Spekulationen* seien unverantwortlich, abwegig und abstrus und schürten nur Ängste in der Bevölkerung.[9]

## Modelle und der Ökoerzengel Sankt Modellus

Hat nichts mit den *Modellvorstellungen* zu tun, deren sich Naturwissenschaftler bedienen, um beispielsweise das Verhalten von Elektronen in einem Molekül oder Atomen zu erklären.

Allgemein bekannt ist ein äußerst einfaches Atommodell, bei dem die Elektronen den Kern umkreisen und bei Zufuhr von Energie von einer niedrigeren auf eine höhere Bahn springen. Das ist allerdings bei weitem nicht der Weisheit letzter Schluss, sondern spiegelt den Stand der Wissenschaft etwa um 1915 wider, denn Modelle erfahren eine ständige Veränderung, wie ich am Beispiel der Säuren veranschaulichen will.

Antoine Lavoisier (1743–1784) und Justus von Liebig (1803–1873) versuchten sich an einer einheitlichen Säure-Basen-Theorie. Erst Svante A. Arrhenius (1859–1927) brachte einen echten Fortschritt.[b] Nach seinem Modell sollen Säuren im Wasser in einen so genannten Säurerest und in Wasserstoffionen (Protonen) zerfallen, die dann frei herumschwimmen. Heute wissen wir, dass die Wahrscheinlichkeit für solche Wasserstoffionen bei etwa $P = 10^{-120}$ liegt. Ganz offensichtlich ist die Modellvorstellung von Arrhenius also nicht der Weisheit letzter Schluss. Die Weiterentwicklung führte zu immer verfeinerten Modellvorstellungen, deren Details ich mir hier verkneife.[c]

In der Physik geht's ähnlich bunt zu. Vor Galileo Galilei (1564–1642) und Johannes Kepler (1571–1630) war das ptolemäische System angesagt. Nach dieser Modellvorstellung umkreist die Sonne die Erde. Heute wissen wir, dass es sich umgekehrt verhält. Besondere Virulenz besaß die Modellvorstellung des Ptolemäus (308–246 v. Chr.), weil sie aus *politischen Gründen* zum Dogma erhoben wurde.

Im Gegensatz zu Dogmatikern kennt die Naturwissenschaft keine ewig gültigen Wahrheiten. Ihre Modellvorstellungen und Theorien müssen sich vielmehr ständig der Realität stellen und nicht nur dem akademischen Filibustergefecht mit Argumenten, bei dem lediglich der bessere Sophistiker »gewinnt«. Aus diesem Grund genießen Naturwissenschaften im Gegensatz zu Wortwissenschaften den Ruf der Exaktheit. Inwieweit dies gerechtfertigt ist, sei dahingestellt.

Wie aber kommt man zu naturwissenschaftlichen Modell-

---

[b] Arrhenius bekam 1903 den Nobelpreis für seine Theorie der elektrolytischen Dissoziation.

[c] Zu nennen wären die Brönsted-Theorie der korrespondierenden Säure-Basen-Paare, die Lewis-Theorie der Elektronendonatoren und -akzeptoren sowie die Theorie harter und weicher Säuren nach Pearson.

vorstellungen? Ein Standardlehrbuch[10] der modernen Chemie gibt Auskunft:

- Am Anfang stehen immer *Beobachtungen, Messungen und Experimente*, die Anhäufungen von Daten und Zahlen bilden. »Allgemeine Feststellungen«, so das Lehrbuch, »die darauf gegründet sind, nennt man ›Gesetze‹. Ein *Gesetz* gibt nur eine Beschreibung von Erscheinungen, ohne sie zu erklären.« Dem schließt sich die nächste Stufe an:

- »Um möglichst viele Erscheinungen miteinander zu verknüpfen, sie zu ›erklären‹, wird eine *Hypothese* (Annahme) eingeführt, also *ersonnen!*« Eine Hypothese ist somit nichts als ein Konstrukt und nicht etwa die »Wahrheit«.

- »Werden dabei Begriffe oder Vorstellungen aus anderen Erfahrungsbereichen benützt, so entwickelt man ein *Modell*, und dieses benützt man, um bestimmte Phänomene oder Gesetze auf anschauliche Weise zu deuten ... Bei diesen *Modellvorstellungen* handelt es sich nie um ›ewig gültige Wahrheiten‹; sie unterliegen Wandlungen entsprechend den Fortschritten der Erkenntnis.«

Der Oxforder Physikochemiker Atkins beschreibt den Begriff »Modell« als *Vereinfachung eines Systems*, bei der »diejenigen seiner Eigenschaften erhalten bleiben, die für die betrachtete Theorie besonders wichtig sind. So kann man zum Kern des Problems vordringen und Komplikationen durch Eigenschaften vermeiden, die nur zweitrangige Bedeutung besitzen«[11]. Folgt man Atkins weiter, so entsteht eine *Theorie* aus einer Hypothese, wenn sie sich »gefestigt« hat und widerspruchsfrei Zusammenhänge zwischen anderen Aspekten der Wissenschaft herstellen kann. Hier wäre beispielsweise die Erkenntnis einzuordnen, wonach die Materie aus Atomen besteht.

Nach dieser notwendigen Vorbemerkung kann der Ökoerzengel Sankt Modellus unter die Lupe genommen werden. Kleriker des Ökologismus halten ihn deshalb hoch und heilig, weil er der Schutzheilige »numerischer Modelle« ist, die ich zur Unterscheidung von den Modellvorstellungen der Naturwissenschaft künftig in Anführungsstriche setzen werde. Der Chemienobelpreisträger Paul Crutzen definiert: »›Modelle‹ sind als Versuche zu betrachten, Computernachbildungen des natürlichen Systemverhaltens zu schaffen, damit sich die Ursachen und Wirkungen besser erfassen lassen.«[12] Verstanden?

Nein? Man möchte die ganze Komplexität des Erdballs, der Menschheit, der Sträucher, der Grashalme, der Meereswellen, der Atmosphäre, des Winds, der Wälder, der Binnengewässer, der Städte, der Straßen, der Häuser usw. möglichst bis ins letzte Detail in ein Computerprogramm verpacken, um dann auf Wunsch der Politiker den zukünftigen Zustand des Planeten zu prognostizieren.[13]

Klingt richtig ehrfurchtgebietend – ist es aber nicht! »Modelle«, die mit naturwissenschaftlichen Modellen so viel gemein haben wie ein Seepferdchen mit einem Araberhengst, sind nichts als mathematische Algorithmen, die Hunderte Parameter mittels komplexer Gleichungen über Millionen Arbeitsbefehle verknüpfen – und dennoch die Wirklichkeit nur annähernd beschreiben, wie das Bild 7 belegt.

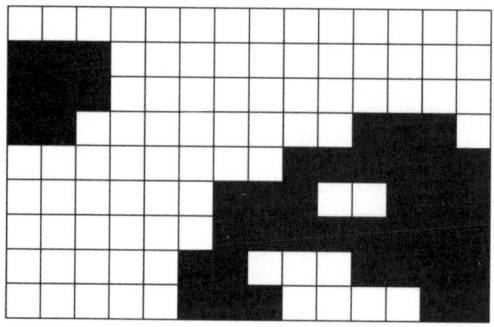

a) T21-Netz

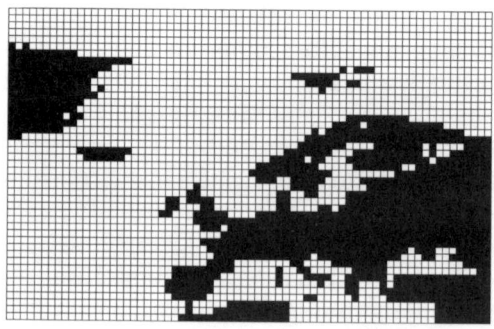

b) T106-Netz

Bild 7: *Rechen- und Beobachtungsnetz der Klimaforschung (a) und der Wettervorhersage (b)*[14]

Für Unkundige: Das obere T21-Netz soll nach dem Stand der »Modelle« um 1995 Grönland mit Europa darstellen, während das untere T106-Netz für die Wettervorhersage benutzt wird. Das T21-Netz prognostiziert nach dem Willen der Ökoquisition das Klima für die nächsten 100 Jahre, während das T106-Netz lediglich die Vorhersage für eine Woche ermöglicht. Ein Hoch den »Modellierern«! Was täten die Grünen und ihre kongenialen Ökopharisäer aller anderen Parteien ohne sie? Zwar sind die Netze mit steigender Rechenkapazität feiner geworden, dennoch erübrigt sich jeglicher Kommentar.

Besonders interessant wird es, wenn man bei Crutzen weiter liest: »Ein aktuelles Beispiel für die bedeutende Rolle numerischer Modelle ist ihre Simulation von Veränderungen, die aufgrund von bestimmten einschränkenden oder *politischen Maßnahmen* auftreten könnten, wie zum Beispiel das weitere Produktionsverbot für Fluorchlorkohlenwasserstoffe oder die veränderte Nutzung der Energiequellen in Form einer Mischung aus Kohle, Öl, Erdgas und Atomkraft. Für diesen Zweck bilden Modelle wichtige politische Entscheidungshilfen ... *Wegen der dringenden Nachfrage nach Empfehlungen werden ... Modelle bereits so eingesetzt, obwohl die wissenschaftlichen Erkenntnisse noch unvollständig sind* (Hervorhebung durch den Autor).«[15] Den letzten Satz muss man sich einmal richtig auf der Zunge zergehen lassen.

»Modellierer« – spotten ihrer selbst und wissen nicht, wie (vergleiche Goethe, Faust I), denn ihre »Modelle« sind nichts anderes als politisch degenerierte Mathematik und Naturwissenschaft. So sieht es auch Reid Bryson von der Universität Wisconsin-Madison: »Computer-Klima-Modelle sind nichts anderes als die in Formeln gegossene Meinung ihrer Schöpfer.«[16]

## Sankt Modellus und die Falsifikation

Bei Lottospielern erzeugt die Aussicht, in die Zukunft zu schauen, leuchtende Augen und Euphorie. Bei modellgläubigen Politikern treten mentale Fieberschübe und epileptiforme Visionen auf. Wen wundert's also, wenn bereits der NATO-Umweltausschuss vor Jahrzehnten von »Modellen« schwärmte: »Es kann außerdem ohne Übertreibung erwartet werden, dass der durch den Umweltausschuss eingeleitete Prozess in

171

methodologischer Hinsicht bahnbrechend wirken wird. Wenn erst einmal ein mathematisches Modell ausgearbeitet worden ist, wie im Fall der belgischen Studie über die Verschmutzung des Meerwassers oder der türkischen Studie über die Luftverschmutzung in Ankara, dann kann dieses Modell auch auf andere Gebiete angewandt werden.«[17]

Offensichtlich gab die NATO-Initiative den Anstoß zur computergestützten *Futurologie*, über die in einem Wissenschaftsmagazin 1976 geschrieben wurde: »Tausende Wissenschaftler in aller Welt versuchen die Zukunft in Modellen und Prognosen in den Griff zu kriegen.«[18] Zu den ersten Hohepriestern der Zukunftsforschung gehörten Herman Kahn und Robert Jungk, der in einem Anfall von Aufrichtigkeit schrieb: »Man verlangt von ihr (der Futurologie, d. Verf.) eine Präzision, die sie gar nicht geben kann. Und die Unseriosität liegt darin, dass sich manche Leute stark gemacht haben, diese Präzision zu geben, anstatt zu sagen: Wir können diesen Grad der Präzision gar nicht erreichen, wir spekulieren.«[18]

Im Gegensatz zu heutigen Klimaforschern beherzigt Jungk die alte Erkenntnis des Aristoteles: Das Ganze (die Realität) ist mehr als die Summe der Einzelteile (passend gemachte Computer-»Modelle«). Deshalb muss man der Politjunkszene ins in Jute gebundene Stammbuch schreiben: »Modelle« ersetzen nicht den kritischen, logischen, gesunden Menschenverstand, sondern sind, wie im Fall der Klimamodellierung, der Schlüsselreiz zur Errichtung einer weltweiten Planwirtschaft.[d]

Taugen dann numerische »Modelle« (Computeralgorithmen) überhaupt nichts? Doch, wenn es um einfache, überschaubare Systeme geht, die nicht nach den Prinzipien der Chaostheorie von einer Bifurkation[e] in die nächste fallen. So kann man Biomoleküle oder einen Autocrashtest recht gut

---

[d] Der Zertifikathandel mit $CO_2$-Verschmutzungslizenzen zur »Rettung« des Klimas ist Planwirtschaft pur.

[e] Bifurkation ist ein Begriff aus der Chaostheorie, die sich mit »nicht linearen« Systemen befasst. Diese sind im Gegensatz zu linearen Systemen (Beispiel: Fallzeit eines Apfels vom Baum) nicht exakt vorher berechenbar, sondern springen unvorhersehbar durch winzige Veränderungen ab einem bestimmten Punkt (Bifurkation) von einem Zustand in den anderen (Beispiel: »Klima«).

»modellieren« und vor allem hinterher auch sofort experimentell überprüfen, ob das Ergebnis richtig ist.[19] An dieser Stelle muss einmal etwas zur wissenschaftlichen Methodik gesagt werden. Entsprechend dem Denkansatz des *kritischen Rationalismus* von Karl Popper ist die Wahrheit in der Naturwissenschaft ein x, dem man sich durch Beobachtung und Experiment sehr weit nähern kann, ohne es jemals zu erreichen. Daher kann eine Theorie oder eine Hypothese niemals als *wahr* erwiesen (verifiziert), sondern immer nur *falsifiziert* werden.[35,36]

Da die Falsifikation eine Methode beziehungsweise ein *naturwissenschaftliches Experiment* ist, das versucht, eine gegenwärtig akzeptierte Theorie zu *widerlegen*, fallen nach Popper sämtliche Hypothesen und naturwissenschaftliche Modellvorstellungen unter den Tisch, die sich einer solchen Falsifizierung entziehen. Sie sind schlicht nichts anderes als Hirngespinste oder Wissenschaftsmüll.

Und jetzt kommt das Wesentliche: Weil es nicht ein einziges reales Experiment gibt, mit dem man ihre Aussagen widerlegen kann, entziehen sich »Modelle« vollkommen der Falsifikation. Damit aber handelt es sich nicht mehr um Wissenschaft, sondern um Politik (siehe auch Aussage von Crutzen, Seite 171), und »Modellierer« sind deshalb in erster Linie Politiker – auch wenn sie einmal Physik, Mathematik oder Chemie studiert haben.

Während der Hexenverfolgung berief sich die Inquisition auf Behauptungen von Autoritäten der Scholastik; die freiheitsfeindliche Ökoquisition verschanzt sich hinter den Forschungsergebnissen der »Modellierer«. Wo ist da der Unterschied?

## Sankt Modellus und der Flop of Rome

1972 erschütterte der *Club of Rome* die Hoch-Intelligenzija mit einem »Weltmodell«, das angeblich die Zukunft des Planeten vorhersagt. Dennis Meadows und seine Mitautoren schrieben damals:»Wir haben ein Modell für unsere Untersuchungen benutzt ..., das von Professor Jay Forster, Massachusetts Institute of Technology (MIT) erarbeitet wurde und in seinem Buch *Der teuflische Regelkreis* beschrieben wird. Dieses Modell ist ein erster Versuch, unsere Denkmodelle von langfristigen weltweiten Problemen durch die Kombination großer Informationsmengen, die längst im Besitz der Menschheit sind, mithilfe der neuartigen Techniken der wissenschaftlichen Systemanalyse und der Datenverarbeitung entscheidend zu verbessern. Unser benutztes Weltmodell dient speziell der Untersuchung von fünf wichtigen Trends mit weltweiter Wirkung: der beschleunigten Industrialisierung; dem rapiden Bevölkerungswachstum; der weltweiten Unterernährung; der Ausbeutung der Rohstoffreserven und der Zerstörung des Lebensraums.«[20]

Auf Seite 17 des Berichts wird das Wirtschaftswachstum als Grundübel herausgestellt, weil die damit einhergehende Industrialisierung und der steigende Wohlstand zu verheerender Umweltverschmutzung führen. Die Rettung des Globus erscheint nur möglich, wenn sich die Menschheit vom Wirtschaftswachstum verabschiedet und stattdessen einen Gleichgewichtszustand anstrebt. Das sollte Ökonomen und Politiker interessieren, die Arbeitslosigkeit mit Wirtschaftswachstum bekämpfen wollen.

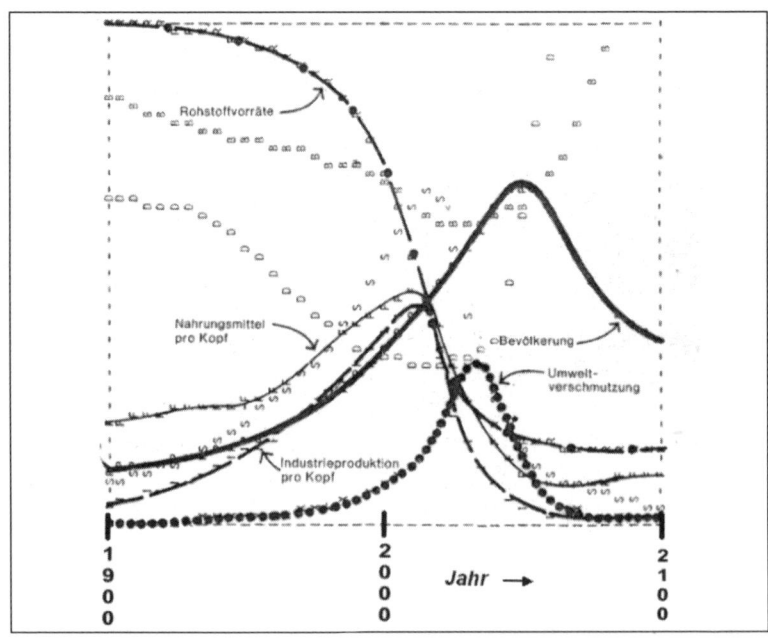

*Bild 8: Standardlauf des Weltmodells des Club of Rome*[34]

Bild 8 zeigt den Standardlauf des Weltmodells aus der Computerkristallkugel von 1972. Die Grafik ist mit einem Plotter ausgedruckt und in der Originalveröffentlichung des *Club of Rome* so vorhanden. Für heutige Leser erscheint die Darstellung etwas befremdlich und unbeholfen. Man muss sich aber in die Zeit zurückversetzen, als die Computer laufen lernten und keine PCs mit »perfekten« Grafikprogrammen zur Verfügung standen. Bill Gates war 1972 gerade einmal 17 Jahre alt und gründete erst 1975 die Microsoft Corporation.

Für alle, die auf ihre Figur achten müssen, enthält das Bild 8 eine frohe Botschaft: Ab dem Jahr 2000 kommt es zu einer Nahrungsmittelknappheit, die beim Abnehmen ungeheuer hilfreich sein dürfte. Um 2050 sind wir alle am Verhungern. Hier sollte man einen schönen Gruß von Thomas Robert Malthus[f] bestellen.

Weiterhin geht aus Bild 8 hervor: Die mit dem Wirtschaftswachstum einhergehende Umweltverschmutzung wird um das Jahr 2030 ein Maximum erreichen und dann rasch sinken, weil mangelnde Rohstoffvorräte die Einstellung der industriellen Produktion erzwingen. Um das Jahr 2050 beginnt ein dramatischer Bevölkerungsschwund, da einerseits die Nahrungsmittel ausgegangen sind und andererseits die Umweltverschmutzung die Menschheit dahinsiechen lässt. Der fünfte apokalyptische Reiter fliegt nicht im Hirn vollkommen umnebelt als Islamist in Hochhäuser, sondern sitzt im Laborkittel am Gaul und schwingt ein Chemikalienfläschchen!

Eine weitere frohe Botschaft verkündet die Abbildung: Die Klimakatastrophe fällt aus, weil bereits um 2050 die Rohstoffe zu Ende gegangen sind. Keine Kohle, kein Öl – kein anthropogener Treibhauseffekt. Welche Rohstoffe sind uns nach den Aussagen der »Modellierer« von 1972 um das Jahr 2000 ausgegangen? Hier die Hitliste:[21]

---

[f] Nach dem englischen Sozialforscher Malthus (1766–1834) wächst die Bevölkerung entsprechend einer geometrischen Progression, das Nahrungsmittelangebot aber nur arithmetisch. Deshalb sollte es zu unvorstellbaren Hungersnöten kommen. Malthus übersah, dass vor allem die Chemie (Liebig!), die Agrartechnik, die Nahrungsmittelfrage löste. Ein Problem, das künftig die moderne Gentechnik zufrieden stellend lösen wird. Hungersnöte des 20. Jahrhunderts waren fast ausschließlich politisch organisiert.

| Rohstoffart | Reichweite | nicht mehr vorhanden ab |
|---|---|---|
| Aluminium | 31 | 2003 |
| Kupfer | 21 | 1993 |
| Gold | 9 | 1981 |
| Blei | 21 | 1993 |
| Quecksilber | 13 | 1985 |
| Molybdän | 34 | 2006 |
| Erdgas | 22 | 1994 |
| Petroleum (Erdöl) | 20 | 1992 |
| Silber | 13 | 1985 |
| Zinn | 15 | 1987 |
| Wolfram | 28 | 2000 |
| Zink | 18 | 1990 |

Einen heiteren Flop leistete sich der »Club of Foam« (Erich Wiedemann) 1972, als er einerseits Kernkraftwerke als $CO_2$-arme Energiequelle anpries und andererseits über die emittierte Abwärme jammerte. Die »thermale Umweltverschmutzung« würde »die Atmosphäre direkt oder indirekt« aufheizen, so die Angsttrompeter.[22] Hier die Gegenrechnung: Ein Mensch hat eine Heizleistung von 75 Watt. Geht man davon aus, dass Greise und Säuglinge einen geringeren Stoffumsatz haben, sind 50 Watt pro Kopf nicht allzu hoch gegriffen. Die heute 6,5 Milliarden Erdbewohner heizen somit ihre Umwelt mit $3,25 \cdot 10^{11}$ Watt. Das sind 325.000 Megawatt oder die Leistung von 250 Atomkraftwerken zu je 1300 Megawatt. Nebenbei: 1998 waren knapp 440 Kernkraftwerke in Betrieb, die ihre Primärenergie zu 34 Prozent in elektrische wandeln und 66 Prozent als Abwärme emittieren – wegen der Entropie.[23,24] Weil aber der Mensch ein viel zu kleines »Maschinchen« ist, sind seine Körperemissionen nach dem *ersten Hauptsatz des Ökologismus* vollkommen unbeachtlich. Nur Atomkraftwerke heizen die Atmosphäre auf. Mehr Gaga geht nicht.

2005 veranstaltete die »Bayerische Akademie der Wissenschaften« ein Rundgespräch über den Klimawandel. In der Diskussion meldete sich Roland Bulirsch, der an der TU München bis zu seiner Emeritierung Höhere und Numerische Mathematik lehrte:»Der Club of Rome hat 1972 sensationelle Ergebnisse geliefert, die nicht die völlige Vernichtung der Erde, aber doch eine ziemliche Katastrophe zeigten. Wie aber kam das zustande? Diese Szenarien werden durch ein System gewöhnlicher Differenzialgleichungen beschrieben, bei denen Parameter vorkamen. Das Batelle-Institut in Genf hatte damals den Auftrag bekommen, die Parameter so anzupassen, dass die Differenzialgleichungen genau die Lösungen lieferten, die für 2000 herauskommen sollten. Einer der damaligen Direktoren des Batelle-Instituts hat dies abgelehnt.«[37] So viel zum kanonisierten Sankt Modellus.

## Der heilige Sankt Prognostis

Bereits zu Beginn der Neuzeit versuchte der kaiserliche Feldherr Wallenstein im Dreißigjährigen Krieg den Ausgang einer Schlacht mithilfe der »Zukunftsforschung« zu prognostizieren. Sein »Modellierer« war der Astronom Seni. Dessen Computer waren Fernrohr und Astrolabium, seine Wissenschaft die Astrologie und seine Prognosen so exakt wie die des *Club of Rome* von 1972.

Sankt Prognostis sorgte auch im Golfkrieg von 1990/91 für Unterhaltung. Als Ölquellen gesprengt wurden und sich ins Meer ergossen, geriet der Ökoapokalypso-Tanzclub vollkommen aus dem Endzeithäuschen. Endlich mal wieder so richtig was zum Aufregen – eine Ölpest! Dahinsiechende Seegraswiesen, verschwindende Korallenriffe, krebserregende PAKs, Chrom, Blei und Vanadium werden die Region über Jahrzehnte verseuchen. Ein Notstandsgebiet entsteht! Fünf Jahre später inspizierten UNEP-Fachleute die betroffenen Länder – alle Schäden waren fast spurlos verschwunden und sind es heute komplett.[25]

Der nukleare Winter war ein Prognoseprodukt der »Modellierer« aus den 70er-Jahren, als es noch zu kalt war, um von der Klimakatastrophe zu schwärmen. Sich darauf beziehend, prophezeite Willy Brandt über brennende Ölquellen im deutschen Bundestag:»Die Folgen der Rußwolken wären, wenn sie etwa die Hälfte der Nordhalbkugel überdeckten, nicht weit von jenem nuklearen Winter, der bei einem entsprechenden Einsatz von Atombomben zu vermuten wäre.« Die Natur muss es sich anders überlegt haben. Nachdem sich der Ruß über den halben Erdball verteilte – folgten heiße Sommer.

Gestützt auf Prognosen der Zukunftsforschung verdüsterte Herbert Gruhl 1975 die Zukunft:»Das 20. Jahrhundert wird zur Verelendung des gesamten Erdballs im 21. Jahrhundert führen«, und fabulierte zwei Jahre später:»Dass die Völker schon sehr bald ihre Güter rationieren werden, ist so gewiss, wie zwei mal zwei gleich vier ist.«[26,27]

Die Litanei wissenschaftsbasierter kranker Prognosen ist schier endlos. 1928 schätzte der Wissenschaftler Louis Dublin die *maximal* erreichbare Lebensspanne eines Menschen auf exakt 64,75 Jahre.[28] Heute nähern wir uns in den entwickelten Ländern einem Durchschnitt von 80 Jahren an.

Auch die Prognose von Charles W. Elmer, dem Gründer der Firma Perkin-Elmer, ging in die Hose, als er 1944 sagte:»Höchstens 25 Infrarotspektrometer werden gebaut. Dann ist der Markt gesättigt.«[29] Heute gehören die Geräte genauso zur Ausstattung vieler Chemielaboratorien wie das Telefon.

Einen hübschen Flop leistete sich Herman Kahn, ein Futurologe, dem man einen Intelligenzquotienten von 200 nachsagte. Nach seiner Prophezeiung sollte die DDR noch vor Ende des Jahrhunderts den zweiten Platz im europäischen Nationaleinkommen hinter der Bundesrepublik einnehmen – auch Intelligenz schützt vor dummen Prognosen nicht! Was haben Futurologen wie Herman Kahn in den 70er-Jahren noch so alles verzapft?[30]

- Ab 1982 existiert die erste ständig bewohnte Mondbasis.
- 1985 findet die erste bemannte Marsmission statt.
- Im Jahr 2000 sind alle menschlichen Organe ersetzbar und drei Viertel aller Krebserkrankungen heilbar.
- Ab 2000 wird man für Spezialaufgaben künstliche Menschen nach dem Baukastenprinzip zusammensetzen.
- Ab 1985 ist der Meeresgrund besiedelt. Die Menschheit ernährt sich von Unterwasserplantagen und Fischkolonien.
- Ab 1990 können wir das Wetter zuverlässig vorhersagen und sogar beeinflussen.
- 1988 verlassen die ersten 10.000 Bürger die Erde, um in kilometergroßen Raumschiffen zu siedeln. Im Jahr 2002 wird eine Million Menschen in einem zehn Kilometer langen Raumschiff mit einem Radius von 1000 Metern die Erde

umkreisen. Häuser, Wiesen, Felder, glückliche Kühe und Menschen befinden sich darin. Habe ich da etwas versäumt oder nicht rechtzeitig meine Fahrkarte gelöst?

Der größte Widersacher des heiligen Sankt Prognostis ist die *Lernkurve*. Auf dem Höhepunkt der Energiekrise von 1973 bis 1975 wurden schrille Prognosen über den zu erwartenden Stromverbrauch aufgestellt. Die 1975 tonangebenden Propheten[g] aus der Prognoseindustrie lasen in ihrer Kristallkugel, die Westdeutschen würden im Jahr 2000 mehr als 1000 Terawattstunden pro Jahr (TWh/a) verbrauchen. 1978 sank der Wert auf zirka 800 Terawattstunden pro Jahr, 1983 auf unter 600 Terawattstunden pro Jahr und um das Jahr 2000 lag der tatsächliche Verbrauch bei knapp 500 Terawattstunden pro Jahr.[31] 50 Prozent weniger, als Sankt Prognostis den Sterndeutern einflüsterte!

## Sankt Expertus

Reinhard Zellner, der Vorsitzende des Forschungsbeirats der DECHEMA, prägte einmal das Bonmot: »Die Nachfrage der Politik nach gesichertem Wissen zwingt die Wissenschaft zu Aussagen, die immer stärker durch Nichtwissen gekennzeichnet sind.« Offensichtlich ist dies beim ehemaligen Umweltminister Trittin überhaupt nicht angekommen, denn 1999 gab er zum Besten: »Wir brauchen die Wissenschaft, wenn es darum geht, aus der Reflexion über Ethik Maßstäbe für das praktische politische Handeln zu gewinnen.«[32] Weil dem so ist, löste Trittin im Dezember 1998 nach der Machtergreifung von Rot-Grün die Reaktorsicherheits- und Strahlenschutzkommission (RSK) auf. Seine wunderliche Begründung lautete, es säßen zu wenig Kernkraftgegner darin.

Als Erstes verlangten die neu berufenen »kritischen« Experten die Herabsetzung der Strahlungsgrenzwerte von 1,5 mSv/Jahr auf höchstens 0,15 mSv/Jahr (mSv = Millisievert).

Demnach müssten große Teile von Deutschland zum Sperrgebiet erklärt werden. Die natürliche Strahlungsexposition beträgt nämlich seit Urzeiten zwischen 0,14 (Schleswig-Holstein) und 6,30 Millisievert (Katzenbuckel bei Eberbach, Ba-

---

[g] Kernforschungsanstalt Jülich, Prognos AG, Dr. Eppler (SPD), Prof. Dr. Pestel (Zukunftsforscher), Shell, RWE (nach 13, S. 12).

den-Württemberg).[33] Einer der einberufen »Experten« frohlockte triumphierend, die Zunahme an Diabetes bei Kindern
in den durch Tschernobyl betroffenen Gebieten sei auf die Ein-
lagerung von Jod in der Bauch*speicher*drüse (!) zurückzuführen.
Eine Nummer fürs Kabarett! Offensichtlich kann Trittins
Experte fürs Ökohysterische schlicht nicht die Bauchspeichel-
drüse von der Schilddrüse unterscheiden. Diese speichert
tatsächlich Jod. Nicht weiter dramatisch, denn irren um der
segensreichen Ökosache willen ist gutmenschlich. Möglicherweise dachte Trittins »Strahlenmedizinexperte« auch an
eine Bauchspeicherdrüse für radioaktives Jod.

# 9. Ökopotpourri

Alle Schreckgespenster aufzuzählen, würde den Umfang des Buches bei weitem sprengen. Deshalb kann hier nur eine lose alphabetische Aufzählung einiger Spukgeschichten der Vergangenheit und der Gegenwart aufgelistet werden, die alle zu den Evergreens der Angsttrompeter gehören.

## Acrylamid oder Wir backen uns kein Risiko

Wie kommen Bratendüfte zustande? Wieso riecht es in einer Backstube so gut? Weshalb wird die Kruste beim Brotbacken braun? Verantwortlich hierfür ist die seit 1912 bekannte Maillard-Reaktion, die sich heutzutage mithilfe der instrumentellen Analytik leicht aufklären lässt.[1] Dabei findet man in Kartoffelchips Methional, 2-Phenylacetaldehyd und 3-Methylbutanal.[2] Frisches Weißbrot duftet nach Furfuryldimethyldisulfid, Karamell nach 2-Methyl-3-hydroxy-4(4H)-pyranon und gebratene Zwiebel nach 3,4-Dimethyl-thiophen.[3] Chemie – Hilfe! Bereits die komplizierten Namen klingen nach Siechtum und Verderben. Und tatsächlich sind einige der Verbindungen, wie beispielsweise 3-Methyl-butanal, im Tierversuch krebserregend (Klasse 2). Ein Risiko für den Menschen? Nein, und zwar aus den Gründen, die im Kapitel 7 ausführlich diskutiert wurden!

Zu den Produkten der Maillard-Reaktion, die Urmenschen beim Mammutsteakbrutzeln schon durchführten, gehören *naturgemäß* Stoffe mit hohem karzinogenem und erbgutveränderndem Potenzial, wie heterocyclische Amine und Imidazodinoline, die zu den stärksten Mutagenen zählen.[3] Hätte damals schon ein Verbraucher»schutz«ministerium die Steinzeitmenschen gewarnt, hätten sie sicher ein biblisches Lebensalter erreicht. Heute sind sie alle tot.

Der Lebensmittelchemiker Udo Pollmer berichtet, jeder

Rinderbraten und jedes Putenschnitzel enthalte seit Menschengedenken 3-Amino-1-methyl-5H-pyrido[4,3-b]indol. Die Substanz zählt zu den gefährlichsten erbgutverändernden Verbindungen, die Toxikologen kennen. Weshalb hat sich die veröffentlichende Panikindustrie bisher nicht darauf gestürzt? Pollmer erklärt: »Der Stoff ist leider nicht medientauglich, da ihn die meisten Moderatoren nicht auf Anhieb fehlerfrei aussprechen könnten.«[4]

Im April 2002 versetzte eine schwedische Forschergruppe die Solidargemeinschaft der Panikflöter in höchste Verzückung.[5,6,7,8] Mithilfe der instrumentellen Analytik wurden »hochgiftige« 0,000.98 Gramm (980 Mikrogramm) Acrylamid in einem Kilogramm Kartoffelchips (5,7 Tüten) gefunden. Als der Todesstoff auch noch in Pommes frites nachgewiesen wurde, intonierten die Angsttrompeter, in Schweden würden jährlich Hunderte Menschen durch Pommes und Chips an Krebs erkranken. Der kämpferisch-engagierte Ökoveitstanztrupp des Verbraucher-»schutz«-ministeriums (Neusprech: »Minischutz«) geriet in höchste Verzückung. Endlich wieder Ökohalloween! Fast so schön wie BSE. Als dann der Meuchelstoff auch noch im Lebkuchen gefunden wurden, geriet sogar der Weihnachtsmann in Verruf.[9] Erst nachdem die Süßwarenindustrie beschwichtigt hatte, der Acrylamidgehalt sei durch ein geändertes Produktionsverfahren um 15 Prozent gesenkt worden, knabberte die Ökochondergemeinde wieder vorsichtig am Gebäck.[10] Was sind eigentlich 15 Prozent von nichts?

Hier die Fakten: Acrylamid entsteht beim Erhitzen von Lebensmitteln aus dem Naturstoff Glukose (»Traubenzucker«) und der natürlichen Aminosäure Asparagin – und ist seit Anbeginn der Menschheit fester Nahrungsbestandteil. In der Industrie hantieren Arbeitnehmer mit Kilogrammmengen oder sogar im Tonnenmaßstab mit Acrylamid. Dennoch können die Berufsgenossenschaften dem Produkt keine einzige Krebserkrankung zuordnen. Andernfalls wäre Acrylamid in der Krebsklasse 1 der gefährlichen Arbeitsstoffe aufgelistet und nicht in der Klasse 2.

Da man dem Homo sapiens sapiens bekanntlich alles einreden kann, ließ er sich vom »Minischutz« kräftig auf den Arm nehmen. Zur Ermittlung des Krebsrisikos hat man Ratten in einem Hochdosisversuch Acrylamid ins Futter gemischt. Die geringste Dosis, bei der eindeutig Effekte beobachtbar waren, lag bei ein bis zwei Milligramm je Kilogramm Körpergewicht.[158] Um diese Dosis zu erreichen, müsste ein durchschnittlicher Erwachsener täglich rund 70 Kilogramm Kartoffelchips knabbern. Gesundheitsschäden sind nicht auszuschließen.

## Artensterben und Ökohochscholastik

Aufgrund einer Untersuchung von 1954 mussten örtliche Behörden und Landbesitzer in den USA von 1998 bis 2004 mehr als 100 Millionen Dollar ausgeben, um die kleine Preble's Wiesenspringmaus zu schützen, bis man 2004 durch moderne DNA-Analyse herausfand, die Maus hatte es nie gegeben.[157] Zur Erinnerung: Das Artenschutzprogramm, auf dem dieser Slapstick beruht, geht auf Nixons NATO-Umweltinitiative zurück. In dem einschlägigen Protokoll wird beklagt, um 1969 seien bereits 150 Vogelarten durch die Menschen ausgerottet und weitere 1000 Arten selten geworden.[11] Kurz nachdem Frau Mead (vergleiche Kapitel 2) die Berufsapokalyptiker aufgerufen hatte, die Menschheit in Panik zu versetzen, wurde das Artensterben bestsellerfähig.

1974 schrieben Anne und Paul Ehrlich das Buch *Extinction*. Darin wurde prophezeit, bis 2025 sei die Tierwelt komplett ausgestorben. Der Nonsens hält sich wie unter einer Frischhaltefolie. 1997 meinte Wolfgang Engelhardt, der Präsident des Deutschen Naturschutzringes, es würden täglich 300 bis 400 Arten aussterben. Rechnet man einmal nach, dann müsste bis 2004 eine Million Arten verschwunden sein. Das wären zwei Drittel der 1,5 Millionen bekannten Spezies. Der Harvard-Soziobiologe Wilson macht es etwas billiger. Geschützt vom Professorentitel gibt er zum Besten, jährlich würden 27.000 Arten verschwinden. Was ist dran?

1979 prophezeite Norman Myers in seinem Buch *Die sinkende Arche*, jährlich würden 40.000 Arten aussterben. Der Kritiker der Ökosuchtszene, Björn Lomborg, hat nachgeforscht und fand, Myers habe keinen einzigen Beleg für seine Behauptung.[12] Alles sei wachsweiche Katastrophenkabbala, mit der die technische Zivilisation madig gemacht werden soll. Nach Lomborg behauptete 1974 Myers auf einer Tagung: »Nehmen wir an, dass das letzte Viertel unseres Jahrhunderts als Folge dieses groben Umgangs mit natürlichen Lebensräumen die Ausrottung von einer Million Arten erlebt – eine durchaus nicht unwahrscheinliche Prognose.[a] Das ergäbe im Laufe von 25 Jahren eine durchschnittliche Sterbensrate von 40.000 Arten pro Jahr und von über 100 Arten pro Tag.«[13] Und niemand hat den Ökoscholastiker ausgelacht!

Bedauerlicherweise hält sich die Realität nicht an Ökodrehbücher, wie Maxeiner und Miersch erklären: »Biologen, die weniger Gehör in der Öffentlichkeit erlangen, haben die Schreckensmeldungen kritisch überprüft und Folgendes festgestellt: Alle diese Zahlenangaben sind Schätzungen, die sich aus hochgerechneten Hypothesen ergeben. Es gibt keinerlei Beweise dafür, dass auch nur annähernd so viele Pflanzen und Tiere wirklich aussterben … Nur von 626 Tieren wissen die Experten, dass sie seit dem 17. Jahrhundert durch den Einfluss des Menschen ausgestorben sind.« So ist es. Der Höhepunkt des Aussterbens lag vor 1920, als noch kein Autoreifen die Gelbbauchfrösche platt machte.

In Wirklichkeit lässt sich die Natur nicht so schnell kleinkriegen. Immer mehr Spezies überleben sogar das Artensterben. So entdeckte man 2003 im Harz die seit 130 Jahren verschwundene Raubfliege namens Mückenhaft wieder.[14] Selbst Lachse verhalten sich ökopolitisch vollkommen inkorrekt. 1958 fing man bei Basel den – vorläufig – letzten Rheinlachs. 1986 kam es zu einer Brandkatastrophe bei Sandoz. Angeblich sei der Rhein endgültig tot. Seit 1989 werden wieder Lachse aus dem Wasser gezogen, die sich ganz und gar nicht an das Drehbuch der immer währenden Rheinverseuchung halten.[15]

## Asbest und Risiko

Ständiges Einatmen von Asbeststaub kann eine Asbeststaublungenerkrankung (Asbestose) auslösen. Etwa die Hälfte dieser Erkrankungsfälle entwickelt sich nach 20 bis 40 Jahren zu einem Bronchialkarzinom und seltener auch zu einem Mesotheliom, für das es keinerlei Heilungschancen gibt. In diesem Fall verhärtet sich das Lungengewebe lederartig, und im Bauchbereich kommt es zu Verwachsungen. Solche Erkrankungen

---

[a] Der heilige Sankt Prognostis!

wurden schon von Plinius dem Jüngeren (61–114 v. Chr.) beschrieben.[16] Lange sah man keinen Handlungsbedarf. Nachdem der englische Arzt W. E. Cook im Jahr 1924 Fälle von Asbestose bei hoch belasteten Industriearbeitern dokumentiert hatte, erließ die englische Regierung 1931 strenge Vorschriften über den Umgang mit Asbest.[17,18] Zwischen 1959 und 1970 wurden weltweit 4539 Mesotheliomfälle gezählt. Dem stehen Millionen tödlich verlaufene Lungenkrebserkrankungen durch Rauchen gegenüber. Festzuhalten ist, dass die Erkrankungen immer mit einer sehr hohen Asbestbelastung zusammenhängen. So gibt es in den türkischen Zeolithdörfern um Tuzköy wegen der dortigen hohen Luftbelastung je 100.000 Einwohner 216 Pleuramesotheliomfälle.[19] Entgegen den Dogmen des Ökologismus ist epidemiologisch gesichert, dass die Asbestose dosisabhängig ist, womit die Risiken anhand der folgenden Tabelle abgeschätzt werden können[20,21]:

| Personengruppe | Durchschnittliche Faserbelastung | Maximale Faserbelastung |
|---|---|---|
| Arbeiter bei Isolationsarbeiten mit Asbest | 50.000.000 – 500.000.000 F/m$^3$ | 2.000.000.000 F/m$^3$ |
| Textilarbeiter | 30.000.000 F/m$^3$ | 300.000.000 F/m$^3$ |
| Arbeiter in Asbestminen und Asbestmühlen | 10.000.000 F/m$^3$ | keine Angabe |
| Asbestzement-arbeiter | 6.000.000 F/m$^3$ | 60.000.000 F/m$^3$ |
| Büroangestellte in Hochhäusern | 3.000 F/m$^3$ | 50.000 F/m$^3$ |
| Schulkinder | 500 F/m$^3$ | 10.000 F/m$^3$ |

Da Asbest zur Klasse 1 der krebserregenden Arbeitsstoffe zählt, hat man keinen Grenzwert festgelegt, sondern lediglich einen Orientierungswert für die Sanierung. Dieser beträgt 1000 Fasern pro Kubikmeter. Multipliziert man mit dem Sicherheitsfaktor 1000, so resultiert die Schwelle, bei der beim empfindlichsten Versuchstier gerade *keine* Erkrankung feststellbar ist. Sie beträgt 1.000.000 Fasern pro Kubikmeter. Dies entspricht auch dem TRK-Wert[b] am Arbeitsplatz. Wie hoch ist das erschreckende Krebsrisiko eines Kindes in einer »asbestverseuchten« Schule? Nach Auskunft des deutschen Ärzteblattes beträgt es höchstens 0,000.0001 Prozent – wenn überhaupt.[22] Ein Kind muss aber auch bis zur Schule kommen und nicht auf dem Weg im Auto der Mutter tödlich verunglücken (350 Kinder starben 1994 als Mitfahrer im Auto eines Verwandten).

## Biolandbau oder Esoterik auf dem Acker

Mit ihrer im Präludiumkapitel geschilderten Qi-Gong-Nummer dokumentiert Christa Sager die okkultesoterische Passion 68er-Gründampfköpfe. So ist es nicht allzu verwunderlich, wenn Frau Künast, vom Ökotuten und -blasen getrieben, den biologisch-dynamischen Landbau des Anthroposophen Rudolf Steiner dreifach hochleben ließ.[23] Als »Minischutz«-Ministerin hatte sie auf der Homepage ihres Hauses die »Agrarwende« gefeiert und die Theosophie in höchsten Tönen gepriesen: »Der ökologische Landbau ist keine Modeerscheinung. Schon 1924 wurde die biologisch-dynamische Wirtschaftsweise eingeführt. Auch andere Formen des ökologischen Anbaus, wie der organisch-biologische oder der naturgemäße Landbau, haben eine lange Tradition[27] ... Es hat sich eine Tür aufgetan. Wenn man auf Rudolf Steiner zurückgeht, dann haben sich die Menschen seit den 20er-Jahren für einen nachhaltigen Umgang mit der Natur eingesetzt. Es war schon immer eine kleine radikale Minderheit.«[23]

Ob diese Minderheit seit 1968 vielleicht lediglich Schwierigkeiten mit dem Tässcheneinsortieren im Küchenschränkchen hat, darf aus Gründen der Political Correctness erst gar nicht gefragt werden.[c] Schließlich handelt es sich ja um Hoheitsträger. Wo bleibt die Fundamentalkritik der bürgerlichen Parteien?

---

[b] Der zwischenzeitlich von der EU novellierte Begriff TRK-Wert ist die am Arbeitsplatz maximal zulässige Konzentration für eindeutig krebserregende Arbeitsstoffe der Klasse 1.
[c] Über Joschka Fischer und seine Gang schrieb Christian Schmidt das Buch *Wir sind die Wahnsinnigen* und zitiert dabei einen passenden Ausspruch des Ex-Vizekanzlers (siehe Kapitel 11).

Der biologisch-dynamische Landbau, wie er beispielsweise vom Anbauverband Demeter betrieben wird, setzt auf Naturdüngung, Wechsel der Fruchtfolge, biologische Schädlingsbekämpfung und Aussaat bei bestimmten *Mondstellungen*. In einem denkwürdigen Vortragszyklus stellte Steiner 1924 Erkenntnisse mit hohem Tiefgang vor. So ist »das Wasser ... nicht nur aus H und O zusammengesetzt; das Wasser weist den Weg im Erdenbereich denjenigen Kräften, die zum Beispiel vom Mond kommen, sodass Wasser die Verteilung der Mondkräfte im Erdreich bewirkt.«[23]

Nach über 200 Jahren Aufklärung halten grüne Ökoquarkapostel im 21. Jahrhundert dies für der Weisheit höchsten Schluss und ergötzen sich beim Gedanken an spirituell erleuchtete Landwirte, die bei Vollmond Kuhhörner mit Düngemitteln gefüllt im Acker verbuddeln, im festen Glauben, das Hornmaterial wäre für kosmische Energien durchlässiger als andere Materialien. Glitschiger Mist vom »gesunden Weidevieh« statt Kunstdünger wird von Gesundbauern in höchsten Tönen gepriesen, weil er sich besonders zum »Aufsammeln terrestrischer Kräfte« eignet. Da fehlt nur noch die Beschwörung guter Feen, die alte, besenreitende Frauen vom Acker fern halten.

Bei genauer Betrachtung ist Steiners okkultistischer Landbau, den die ehemalige Verbraucher-»schutz«ministerin lobt, ein verquastes mystisches Gebräu und genauso wenig Wissenschaft wie Astrologie oder Chiromantie.[23] Dies wird deutlich, wenn man folgende Sätze aus Steiners Vortragszyklus liest: »Im Apfel isst man den Jupiter, in der Pflaume den Saturn ... Das Minderwertigerwerden der Produkte ... hängt zusammen ebenso wie die Umwandlung der menschlichen Seelenbildung mit dem Ablauf des Kali-Yuga im Weltall.«[23]

Die Ministerin schwört auf »Klasse statt Masse«. Die sei nur gewährleistet – frei von jeglicher »Chemie«, dem Sinnbild ewigen Siechtums und unendlichen Leids. Deshalb kommt in die ministerielle Ökokuh nur Gras, Wasser, Heu – und Kosmos. Originalton Steiner: »Geht man im Tier von vorn nach hinten, so hat es von der Schnauze gegen das Herz die Saturn-, Jupiter- und Marswirkung, in dem Herz die Sonnenwirkung, dahinter gegen den Schwanz zu die Venus-, Merkur- und Mondwirkung ... Das vom Mond zurückgestrahlte Sonnenlicht ist ganz unwirksam, wenn es auf den Kopf eines Tieres scheint. Aber diese Dinge gelten namentlich für das Embryonalleben. Das Mondlicht entfaltet seine größte Wirkung, wenn es auf das Hinterteil eines Tieres scheint.«[23] Welche Wirkung geht eigentlich vom Ökologismus aus? Nicht auf das Hinterteil, sondern auf den Kopf der Menschen? Dem Agrarbericht 2001 zufolge liegt der Ertrag des Ökolandbaus bei 52 Prozent des konventionellen.[26] Dafür muss der Verbraucher für die Erzeugnisse das 2,65fache berappen.[24] Deshalb leistet sich meist nur eine schmale Klientel mit Porsche oder anderem Nobelhobel die Gesundbeterkost. Damit sich das ändert und die Produkte glücklicher Kühe und frei laufender Ökohennen nicht unterm Ladentisch vergammeln, wollte die ehemalige Verbraucherschützerin (!) Künast allen Ernstes gegen Dumpingpreise im Einzelhandel vorgehen.[25,27,28] Hans D. Barbier kommentierte die grüne Lachnummer: »In welchem Milieu hat Frau Künast die Formel aufgeschnappt, was billig ist, müsse schlecht sein? Wollte sie wirklich das Land mit einem Netz von Mindestpreisen überziehen?« So weit kam es nicht, denn Kanzler Schröder pfiff die Frontfrau vom »Minischutz« zurück. »Aber damit«, so Barbier, »kann die Sache nicht ausgestanden sein. Hier wird ein Dauerproblem der Politik erkennbar. Wo lernt man auf dem Weg in ein Ministeramt solchen Unsinn? Und warum wirkt das nicht als Eintrittssperre bei der Kabinettsbildung? Einen Heizungsmonteur, der uns der Künast'schen Preistheorie Vergleichbares erzählen würde, ließen wir nicht ins Haus, und wir meldeten ihn zum Schutz aller Heizungsbesitzer als Irrläufer bei der Kreishandwerkskammer.«[29]

## Die BSE-Klamotte im Ökokomödienstadel

Neben mir in der Metzgerei steht eine ältere Dame. Nachdem sie ein paar Markklößchen für ihre – vermeintlich – rindfleischfreie Gemüsesuppe eingekauft hatte, fragte sie: »Haben Sie noch etwas für meinen Dackel?« Sie hätte hier etwas Pansen, bot die junge Verkäuferin an. »Nein, um Gottes willen, das ist doch vom Rind – mein armer Seppl! Haben Sie nicht etwas vom Schwein?« Ungerührt wog die Verkäuferin ein halbes Pfund Schweinehackfleisch ab. Die alte Dame bezahlte und verließ das Geschäft in der Gewissheit, ihren

Dackel vor geistiger Umnachtung und sicherem Tod bewahrt zu haben.

Um das Jahr 2000 intonierten die Angsttrompeter den BSE-Blues – und fast die gesamte Republik tanzte mit! Der Text der Schrullennummer geht so: 1920 berichteten Hans-Georg Creutzfeldt und Alfons Jakob über eine neue Krankheit, die mit Merk- und Gedächtnisstörungen beginnt und mit progredienter Demenz bis zum tödlichen Ausgang verläuft. Weltweit tritt die Creutzfeldt-Jakob-Krankheit mit einer Inzidenz von 1:1.000.000 auf, wobei die Fälle meist familiär gehäuft sind.[30] Lange Zeit interessierten sich nur Spezialisten dafür. Dann kamen um 1985 verrückte Rinder ins Spiel, die man für eine *neue* Variante der Creutzfeldt-Jakob-Krankheit (nvCJK) verantwortlich machte.

Bald war der Übeltäter identifiziert. Es war die industrielle Aufzucht von Nutztieren, bei der außer Klärschlamm, Kot, Leder und Sägespänen alles zu Tierfutter verarbeitet werden darf.[31] Fraglos hat altes Hydrauliköl nichts im Kuhtrog zu suchen. Auch sollte Futter für Pflanzenfresser nicht aus den Kadavern kranker Tiere gewonnen werden. Dies aber war der Knackpunkt. Die britische Futtermittelindustrie erniedrigte 1981 zur Energieeinsparung (Nachhaltigkeit!) die Sterilisationstemperatur zur Herstellung von Rindermasttiermehl aus Kadavern.[32]

Natürlich sollte man Sankt Korrelatius immer mit größtem Misstrauen begegnen – zumal wenn er von Ökoklerikern als »Beweis« zitiert wird. Dennoch scheint die Tiermehlverfütterung die Ursache gewesen zu sein, denn nach deren Verbot ging in England die Zahl der BSE-Neuerkrankungen von über 35.000 (1994) auf null (2003) zurück.[33]

Wie wird die nvCJK-Krankheit ausgelöst? Zunächst hatte man ein Virus in Verdacht, bis Stanley B. Prusiner Eiweißkörper als Erreger identifizierte, die ihm 1997 den Nobelpreis für Medizin einbrachten.[34,35] Die so genannten Prionen sollen in zwei Formen vorkommen, nämlich einer harmlosen, löslichen Form ($PrP^c$) und in einer gefährlichen, unlöslichen Form. Die Infektion verläuft der Hypothese nach wie eine biochemische Informationsübertragung, bei der gutartige Prionen ($PrP^c$) nach Art eines Dominoeffekts in bösartige Prionen ($PrP^{Sc}$) umgebaut werden.[36,37]

Besonders infektiös sei das Hirn eines kranken Rindes, weil es je Gramm eine Milliarde der Erreger enthalte, während sich im Knochenmark, aus dem man die leckeren Markklößchen macht, nur 10.000 Erreger pro Gramm tummeln.[38] Da andererseits ein einziges Rinderhirn in 5000 Wurstwaren wandert, die wiederum von 44.000 Menschen gekauft werden, schien das Abendland kurz vorm endgültigen Aus zu stehen.[39]

Die Engländer bewahrten die berühmte »steife Oberlippe«. Obwohl jeder Brite 50 Mahlzeiten mit infiziertem Rindfleisch verzehrt haben dürfte, kam keine Hysterie auf.[40] David Tyrell, der Vorsitzende der englischen BSE-Sachverständigenkommission, antwortete 1998 auf die Frage, ob er wegen der Gefahr jetzt weniger Rindfleisch esse: »Ich esse eher mehr Rindfleisch als vorher. Weil die guten Stücke jetzt billiger sind.«[41]

1995 verendete auf einer Farm in Sussex die »Kuh 133« an BSE (Spongiform Enzephalopathie). Offensichtlich wurde das Tier durch nicht hinreichend sterilisiertes Tiermehl infiziert, das aus an Scrapie erkrankten Schafen gewonnen worden war.[42] Scrapie, auch Traberkrankheit genannt, ist gewissermaßen das BSE der Schafe und seit mehr als 200 Jahren bekannt.[d] Im selben Jahr, in dem die »Kuh 133« verendete, verstarben mehrere junge Menschen in England und den USA an nvCJK. Alle waren mit Wachstumshormonen aus Rinderhypophysen behandelt worden.

In Deutschland jaulte die Endzeitdrehorgel auf Höchsttouren. Was darf man überhaupt noch essen? Kommt die Milch nicht auch von der Kuh? Lauert vielleicht im Fläschchen der frühe Kindstod in geistiger Umnachtung? Sollten Kleinkinder nicht besser vollkommen fleischlos ernährt werden, nachdem jetzt auch noch die Schweine- und Hühnerpest wüteten? Exotische Fleischsorten wurden der Renner! Zur Rettung seines Lebens legte manch einer für das Kilo Klapperschlangenfleisch 96 DM auf den Tresen. Straußengulasch wurde zum Kantinenhit, und ein Frankfurter Lokal servierte Känguru, Emu und Krokodil mit Grilltomate und Risotto zum Schnäppchenpreis von 69 DM.[43]

---

[d] Jährlich erkranken weltweit Hunderttausende Schafe, die nach einer alten Bauernweisheit nicht verzehrt werden sollten. Dies ist aber mit Sicherheit sehr oft der Fall gewesen, denn die Krankheitssymptome treten erst im Spätstadium auf, wenn das Tier beinahe schon an Altersschwäche stirbt. Weshalb die Menschheit trotzdem nicht ausgerottet wurde, bedarf einer noch ausstehenden Erklärung.

Bei so viel Gemütselend schlug die Stunde rot-grüner Tatütata-Samariter. Im Dezember 2001 wurde per Eilgesetz die diabolische Tiermehlfütterung untersagt, und am 22. Januar 2002 das »Bundesministerium für Ernährung, Landwirtschaft und Forsten« in das Bundesministerium für »Verbraucherschutz, Ernährung und Landwirtschaft« (»Minischutz«) umgetüncht. Frau Renate Künast gewann den Polit-Jackpot und wurde dessen erste Ministerin. Neben dem Umweltministerium ein weiteres Ministerium zum Organisieren von Angst und Panik. Die Grünen können es vor Glück kaum fassen. Nach ihrer ersten Rede im Bundestag, in der Frau Künast realitätsfern von 500 BSE-Fällen[e] sprach, verlangte sie, 400.000 Rinder zur Preisstabilisierung aufzukaufen und zu schlachten.[44]

Da Grüne im Ministerrang herzlich wenig über die Lohntüte von Otto-Normalkonsument wissen, verkündete die Frontfrau vom »Minischutz« das Ende niedriger Preise: »Schluss mit der Schnäppchenjagd«. Der geile Geiz ist schuld an schlechten Lebensmitteln, die außerdem auch noch dick machen: »Gute Qualität gibt es nicht zum Nulltarif.«[45]

Wie gefährlich ist eigentlich BSE? Nach Auskunft des Kieler Hochschullehrers Lorenzen dringt das BSE-erregende Agens durch die Nahrungsaufnahme so gut wie nicht in den menschlichen Körper ein: »Dieser Gesichtspunkt wurde von der Politik übersehen. Aber nicht nur dieses Versäumnis hat dazu geführt, dass nach Meldungen über BSE Panik ausbrach. Dafür gibt es eine weitere Ursache: BSE wird aus politischen Gründen als Tierseuche bezeichnet.«[46]

Genau aus diesem Grund ordneten Behörden die Kohortentötung an. Demzufolge wurden in Mücheln (Sachsen-Anhalt) vollkommen sinnlos 1000 Rinder mit der Giftspritze getötet und die Kadaver als Sondermüll entsorgt.[49] Das gibt es nicht umsonst. Deshalb kostete die BSE-Hysterie die europäischen Verbraucher 92 Milliarden Euro (127 Euro pro Kopf).[50] Nach Auskunft des Bauernpräsidenten Gerd Sonnleitner gingen in der Landwirtschaft die Investitionen um fünf Milliarden zurück.

---

[e] Bis 2001 wurden in England insgesamt 180.802, in Irland 621, in Polen 509 und in der Schweiz 367 BSE-Rinder entdeckt. Deutschland reagierte am hysterischsten, obwohl es mit 36 BSE-Fällen auf den abgeschlagenen Plätzen lag.

Die mangelnde Auftragsvergabe wiederum vernichtete im Maschinenbau und Baugewerbe 50.000 Arbeitsplätze.[51]
2003 erschien im *Lancet* ein Artikel, in dem britische Forscher über die BSE-Todesfälle bei Menschen in England berichten. In England, wo 180.802 Rinder an BSE erkrankten, stieg die nvCJK-Sterberate von Null (1994) auf maximal 28 (2000). Danach ging sie stark zurück. 2001 gab es 20 nvCJK-Patienten und 2002 noch 17.[47] Zur Erinnerung: In Deutschland erkrankten bis Februar 2005 nur 230 und nicht etwa 180.802 Rinder.[f]

Die Mainzer Mikrobiologen Bhakdi und Bohl veröffentlichten 2002 eine kritische Analyse, die den ganzen Surrealismus des BSE-Horrors offenbart.[30] Hier die Fakten: Wesentlich für die statistisch zu erwartende Erkrankungsrate ist die *Inkubationszeit.* Je kürzer diese ist, desto weniger nvCJK-Opfer sind noch zu erwarten. Aufgrund der aus England vorliegenden Zahlen ist eine Inkubationszeit von 40 Jahren mit Sicherheit auszuschließen. Die Annahme einer noch höheren, nämlich von 60 Jahren und mehr, entbehrt nach Bhakdi und Bohl »jeder wissenschaftlichen Grundlage«.[30]

*Aufgrund der relativ kurzen Inkubationszeit und der geringen Zahl der BSE-Rinder sind in Deutschland in den kommenden Jahrzehnten maximal sechs nvCJK-Patienten zu erwarten.* Dies unter der Voraussetzung, dass die Betreffenden vor Ausbruch der Krankheit keine tödlichen Unfälle erleiden (im Haushalt jährlich zirka 14.000, im Verkehr zirka 7500). Auch dürfen sich die potenziellen nvCJK-Patienten bei einer Blinddarmoperation oder einem sonstigen Krankenhausaufenthalt keinen tödlichen Keim einfangen (10.000 Tote jährlich[g]).[30] Schadstoff: natürliche Toxine. *Diese sechs über Jahrzehnte verteilten menschlichen BSE-Opfer sind von den jährlich 125.000 Neuerkrankungen an Alzheimer in Deutschland zu unterscheiden.*[48] Rechnet man mit einer Inkubationszeit von 25 Jahren, dann werden in dieser Zeit 20.000 Fußgänger im Verkehr getötet. Damit ist der Gang zum Metzger 3300-mal so riskant wie BSE. Das war's!

---

[f] Einer Hochrechnung zufolge sind in England über die Jahre 750.000 Rinder in die Nahrungskette gelangt.

[g] Zum Test auf Krankenhauskeime stehen drei Euro pro Tag und Patient zur Verfügung, wohingegen die vollkommen unsinnigen BSE-Tests pro Rind 50 Teuro verschlingen.[30]

Die Apokalypse-Cow-Nummer war nichts anderes als ein weiterer Meilenstein zum Umbau des Landes in die »schöne neue Ökowelt«[h]. Die *FAZ* kommentiert das ganze Angsttrompeterelend: »Jahre nach der Gründung der Stiftung Warentest könnte sich die Wirtschaft mit einer Gegengründung revanchieren: Nennen wir sie Stiftung Politiktest.«[52]

## Chlor – das Element des Satans

Seit Rachel Carson mithilfe des Elektroneneinfangdetektors DDT überall in Ultraspurenmengen nachweisen konnte und mithilfe des heiligen Sankt Korrelatius dem Insektizid die dünneren Eierschalen von Singvögeln unterschob, ist die Ökoquisition hinter dem Chlor her (vergleiche Kapitel 4 und 6). Mit dem Spruch »Gott schuf 91 Elemente, der Mensch mehr als ein Dutzend und der Teufel eines – Chlor« rief Greenpeace 1992 zum kollektiven Chlorheulen auf. Nur die Bösmenschen der chemischen Industrie würden hochgefährliche chlororganische Chemikalien (Chlorkohlenwasserstoffe) synthetisieren. Das ist nachweislich falsch!

1995 waren zirka 800 *natürliche* chlororganische Verbindungen bekannt, und jährlich kommen 30 bis 40 weitere hinzu.[53] Chlor ist also ganz und gar kein satanisches Element, sondern überall in der Natur vorhanden. Die Weltmeere, in denen zugegebenermaßen der sehr schmackhafte Seeteufel lebt, enthalten 26 Billiarden Tonnen Chlor als Natriumchlorid. Brechende Wellen erzeugen Aerosole, durch die jährlich fünf bis 15 Milliarden Tonnen Chlor in die Atmosphäre gelangen. Etwa 35 Prozent davon sind flüchtige chlororganische Verbindungen. Damit schafft die Natur genauso viel Chlorkohlenwas-

---

[h] In seinem Roman *Schöne neue Welt* beschreibt Huxley die volle Blüte einer konsequent verwirklichten, allseits umsorgten Wohlstandsgesellschaft, in der ein »guter Staat« das genormte Glück für alle garantiert. In dieser vollkommen »formierten« Gesellschaft erscheint jede Art von Individualismus als »asozial«. Der rebellische Held dieses Romans fordert: »Ich brauche keine Bequemlichkeit. Ich will Gott, ich will Poesie, ich will wirkliche Gefahren und Freiheit und Tugend. Ich will Sünde!« Er wird sich doch nicht BSE-Rindersalami kaufen wollen?

serstoffe in die Atmosphäre wie die gesamte industrielle Technik.[54]

Weil Bakterien begeisterte Chlorchemiker sind, werden in einer Tonne Heu 100 Gramm *natürliche* chlororganische Verbindungen gefunden – die armen Kühe! In finnischen Humusböden misst man je Gramm Trockensubstanz 100 bis 300 Mikrogramm organisch gebundenes Chlor. Schon zur Zeit des Neandertalers wurden deshalb je Hektar 100 Kilogramm Chlorkohlenwasserstoffe als natürliche Emission freigesetzt![53] Sogar die Hausschaben kommunizieren untereinander mittels chlorhaltiger Steroide, und das Auxin der Erbsenpflanze enthält ebenfalls Chlor.[55] Ist die Erbse vom Teufel besessen? Wo bleibt der grünfriedliche Protest?

Vulkane emittieren jährlich bis zu elf Millionen Tonnen Chlorwasserstoff.[i] Das entspricht in etwa der Menge, die in den 1995 produzierten 19 Millionen Tonnen PVC gebunden ist.[56] Den 40.000 Tonnen industriell erzeugten Methylchlorids stehen 5.000.000 Tonnen gegenüber, die von maritimen Organismen oder Pilzen freigesetzt werden. Ein anderes Beispiel: 1973 wurden 20.000 Tonnen Tetrachlormethan industriell hergestellt. Die Natur brachte es im gleichen Zeitraum auf 2.000.000 Tonnen. Allein die schwedischen Moore enthalten 300.000 Tonnen organisch gebundenes Chlor.[57] Weshalb hört man hierzu nichts von Greenpeace?

Aber beim PVC! Da wird das Ökogrammofon aufgezogen und die zerkratzte Platte von der bösen Chlorchemie aufgelegt. Als 1996 bei einem Großbrand am Düsseldorfer Flughafen 17 Menschen umkamen, wurde behauptet, beim Brand hätte PVC neben giftigen Dioxinen und Furanen vor allem »Salzsäuredämpfe« gebildet.[58] Die ZDF-Angsttrompeter verkündeten am 15. April 1996 im *heute journal*: »PVC brennt wie Zunder«, und der Kieler Toxikologe Otmar Wassermann[j] legte als erfahrener Apokalyptiker nach, PVC sei zwar schwer ent-

---

[i] Die 37-prozentige Lösung des Chlorwasserstoffs ist als konzentrierte Salzsäure bekannt.

[j] Zu Wassermann sei gesagt, dass sich sein Berufsverband 1994 offiziell von ihm distanziert hat, weil er die sachliche Auseinandersetzung mit Kollegen meidet und stattdessen die Bevölkerung mit wissenschaftlich nicht haltbaren, überzogenen Aussagen über halogenierte Dioxine und Furane beunruhigt.

flammbar, »wenn es aber einmal Feuer gefangen hat, brennt es wie eine Zündschnur«.[59]

Auf der gleichen Rille jammerte im Bundestag Professor Rochlitz von den Grünen über den »Kunststoff des Todes« und brachte einen Antrag »PVC-Verbot im öffentlichen Bauwesen, an Versammlungsorten und in Großkraftwerken« ein.[60] PVC könne leicht ersetzt werden, weil Ersatzstoffe kaum teurer wären und die wenigen verloren gehenden Arbeitsplätze nicht ins Gewicht fielen. Eine *Prognos*-Studie sieht das anders. Der Ersatz von PVC verursacht Mehrkosten von sechs Milliarden Mark, und im sozialen Wohnungsbau würden zusätzliche Investitionen von 4400 DM pro Wohnung fällig.[61]

Weiterhin fabulierten die Grünen in ihrem PVC-Verbotsantrag von »Erstickungs- und Verätzungsgefahr« und von chlorierten Dioxinen und Furanen als Supergifte. Kleinste Mengen »in der Größenordnung eines Tausendmilliardstel Gramms pro Kilogramm Körpergewicht führen ... zu immun- und fortpflanzungstoxischen Effekten und können Krebs erregen«. Einmal in Brand gesetzt, würden auch schwer entflammbare Kabelisolierungen unter großer Rauchentwicklung abfackeln, was durch den Kamineffekt begünstigt würde. Außerdem verwende man PVC auch in Atomkraftwerken, wodurch eine erhebliche Gefahr heraufbeschworen würde. »Brände«, heißt es in dem Antrag der Grünen weiter, »gefährden die gesamte Sicherheit der nuklearen Anlagen.«[60] Das ganze Apokalyptikerprogramm – wow!

Was ist dran? Nichts! Versuche, die Lehrlinge Kunststoff verarbeitender Betriebe anstellten, zeigten: PVC brennt bei weitem nicht so heftig, wie unterstellt wurde.[62,63] Gestützt auf einschlägige Untersuchungen, stellte die nordrhein-westfälische Regierung fest, dass PVC als Kabelummantelung deshalb verwendet wird, weil es neben seinen günstigen physikalischen Eigenschaften schwer entflammbar ist und damit das Brandrisiko im Baubereich erheblich reduziert. Ein Abbrennen wie eine Zündschnur sei vollkommen ausgeschlossen.[64,65]

Nach dem Bericht der offiziellen Untersuchungskommission des Flughafenbrands ist der Tod »bei allen 16 unmittelbaren Opfern eindeutig und allein auf eine *Vergiftung mit Kohlenmonoxid* aus den Brandgasen« zurückzuführen.[66] Ursache hierfür waren die rechtswidrig eingebauten Polystyrolplatten, die infolge unsachgemäß durchgeführter Schweißarbeiten Feuer fingen.[67] Die Obduktion ergab *keine* Verätzungen der Atemwege, die auf »Salzsäuredämpfe« zurückzuführen waren.[68] Weiterhin heißt es in dem Bericht: »Die in den Medien und der öffentlichen Diskussion stark dominierenden Dioxine waren mit Sicherheit nicht Ursache für den Tod der 17 Opfer.« Außerdem stellten die bei dem Brand entstandenen polyaromatischen Kohlenwasserstoffe (PAKs) ein 470-mal größeres Krebsrisiko dar als die gefundenen Dioxinspuren.[69]

Tatsächlich war der erstaunliche Radau um den Flughafenbrand die Spitze einer seit Jahren betriebenen Anti-PVC-Kampagne von Greenpeace, in der die Ökojakobiner das ganze Schadstoffpandämonium bemühen.[70,71] Das Gegenteil ist richtig: Weil Beschäftigte in Krankenhäusern und Patienten vielfach allergisch auf Naturgummiprodukte reagieren, wird PVC als Schlauchmaterial und für Blutbeutel verwendet.

## Dioxin – das grünfriedliche Ultragift

Zur Dioxinfamilie zählt man 75 Polychlorodibenzodioxine (PCDD) und 135 Polychlorodibenzofurane, die alle mehr oder minder giftig sind.[72] Da es sich also um eine Stofffamilie handelt, hat man zur Beurteilung der Toxizität den *TEQ-Wert* als Summenparameter eingeführt. Das eigentliche »Seveso-Dioxin«, das ich meist nur »Dioxin« nenne, wird übrigens mit TCDD[k] abgekürzt.

Grenzwerte werden durch Tierversuche ermittelt, wobei man sich am empfindlichsten Organismus orientiert; der ist beim Dioxin das Meerschweinchen, das 5000-mal empfindlicher als der Goldhamster reagiert.[72] Wegen der *endokrinen* Effekte des TCDD hat die WHO 1999 die »duldbare tägliche Aufnahme« (tolerable daily intake = TDI) von zehn Pikogramm TEQ pro Kilogramm Körpergewicht auf ein bis vier Pikogramm TEQ pro Kilogramm herabgesetzt.[73] So weit die Vorbemerkungen.

TCDD war schon zur Biedermeierzeit und davor überall in messbaren Mengen vorhanden – und zwar auch oberhalb des heute gültigen Grenzwertes.[74] In Wohnhauskaminzügen, die ausschließlich mit Holz betrieben wurden, kann man beispielsweise bis zu 21.630 Nanogramm Dioxin pro Kilogramm Ruß messen.[75] Deshalb ist es nicht allzu verwunderlich, wenn

---

[k] TCDD = 2,3,7,8-Tetrachlorodibenzo-p-dioxin

der Ulmer Chemiker Ballschmiter in Gärten der Schwäbischen Alb, die jahrhundertelang nur mit Holzasche gedüngt wurden, Dioxinmengen fand, die weit über den Grenzwerten liegen.[76] Bleibt die Frage: Wie konnte die Menschheit in der Biedermeierzeit überleben, als man 0,000.000.000.001 Gramm TCDD noch gar nicht messen konnte? Ein Beispiel schafft Klarheit. Angenommen, beim Kaminkehren würden 15 Milligramm von »hoch belastetem« Ruß (21.630 Nanogramm Dioxin pro Kilogramm) im Raum verteilt und von einer 70 Kilogramm schweren Person eingeatmet, dann hätte diese 324 Pikogramm ultragiftiges Dioxin aufgenommen. Das wäre das 4,6fache des oben genannten TDI-Grenzwertes. Eine Gesundheitsgefahr? Wohl kaum, wie sich belegen lässt.

Die Auswirkungen einer Dioxinvergiftung stellen sich eher schleichend ein.[77] In hohen Dosen verursacht TCDD eine äußerst unangenehme und hartnäckige Chlorakne, die früher als Pernakrankheit[1] bekannt war und erst nach Jahren, wenn überhaupt, ausheilt. Daneben kommt es zur Schädigung innerer Organe und des zentralen Nervensystems. Obwohl TCDD im Tierversuch[78] zu den stärksten Karzinogen zählt, ist bislang kein einziger Fall dokumentiert, bei dem die Krebserkrankung eines Menschen einer Dioxinexposition eindeutig zuzuordnen ist. Dies verwundert nicht allzu sehr, denn TCDD ist eine Promotorsubstanz, die selbst keinen Krebs auslöst, aber die Wirkung Krebs auslösender Stoffe, etwa im Zigarettenrauch, beschleunigt.[79]

Selbst in Seveso, wo die Bevölkerung teilweise hohen Dosen ausgesetzt war, stieg die Krebsrate nicht signifikant an.[80] Weil aber die Ökoquisition niemals Ruhe gibt, hat man eine mehr als 30 Jahre laufende Langzeitstudie, die auf einer Hochdosisexposition von Arbeitern im Jahr 1953 beruht, so lange ausgewertet, bis man 1997 einen schwachen Hinweis fand, es gäbe doch einen begrenzten Anhaltspunkt (»limited evidence«) für die krebserregende Wirkung von Dioxin auf den menschlichen Organismus.[81,82] Zwei Fallbeispiele sind zur Beurteilung des Risikos von Interesse:

• 1956 stellte Professor Sandermann gezielt 20 Gramm Dioxin her. Das ist das 5.000.000.000.000fache des oberen

---

[1] Die Bezeichnung »Pernakrankheit« ist von den perchlorierten Naphthalinen abgeleitet. Arbeiter, die im 19. und zu Beginn des 20. Jahrhundert damit arbeiteten, bekamen Chlorakne.

Ökopotpourri

Grenzwerts von vier Pikogramm. Die Substanz stand tagelang offen in einem Kristallisierschälchen auf seinem
Schreibtisch.[83] Sandermann erkrankte an einer schweren
Chlorakne und litt unter Gedächtnisverlust. Er bekam später keine auf Dioxin zurückzuführende Krebserkrankung,
sondern verließ die Klinik vollkommen geheilt[84] und verstarb 39 Jahre später im Alter von 85 Jahren.

• Im Frühjahr 2004 versuchte der Geheimdienst, den ukraini-
schen Politiker Viktor Juschtschenko mit Dioxin zu vergif-
ten.[85] Nach der Behandlung im Wiener Privatspital Rudolfi-
nerhaus konnte er nach wenigen Wochen als voll arbeitsfähig
entlassen werden.[86] Auf einer Pressekonferenz wurde mitgeteilt, im Blut des Patienten sei noch nach Monaten das 1000fa-
che der normalen Dioxinkonzentration gefunden worden.
Juschtschenkos Arzt, Michael Zimpfer, urteilte: »Das entspricht einer Dosierung im Milligrammbereich beziehungsweise im unteren Grammbereich und ist sehr leicht zum Beispiel in einer Schlagoberssuppe zu verpacken.«[87] In der Tabelle
auf Seite 122 habe ich die Letaldosis mit 0,07 Milligramm
angegeben. Der Wert wurde aus Tierversuchen und einem tödlichen Arbeitsunfall bei der BASF gefolgert.[88] Angenommen,
der Geheimdienst hat Viktor Juschtschenko keine Dosis im
unteren Grammbereich, sondern »nur« zehn Milligramm verabreicht, dann überlebte der Politiker das 142fache der bislang
als tödlich angenommenen Menge. Zu seinem Glück wurde
der Mordanschlag nicht mit dem Naturstoff Botulinustoxin
versucht. Dann wären bereits 0,000.000.03 Milligramm
tödlich gewesen, und in der Presse wäre mitgeteilt worden,
Juschtschenko sei an einer Fleischvergiftung verstorben.

Übrigens hatte man in den USA vor Jahren Freiwilligen das
114.000fache des Dioxingrenzwerts mehrfach auf die Haut
gepinselt. Bei keiner Person kam es zu irgendeinem Erkran-
kungssymptom. Noch nicht einmal zur Chlorakne.[89]

## Elektrosmog

Zweifellos hat der Elektrosmogdunst einen sehr hohen Unterhaltungswert.[90] Aber machen wir's kurz. Als Grenzwert für
das elektrische Feld (E) hat man 20.000 Volt pro Meter festge-

legt. Die Membranen der Nervenzellen, über die die Impulse im menschlichen Körper weitergeleitet werden, besitzen eine Dicke von 0,000.000.005 Metern, und die Membranspannung beträgt 50 bis 200 Millivolt. Nehmen wir zugunsten der Ökoquisition den unteren Wert, dann herrscht im *menschlichen* Organismus eine Mindestfeldstärke von

$$E = 0,05 \ V/0,000.000.005 \ m = 10.000.000 \ V/m$$

Das ist das 500fache des gesetzlichen Grenzwerts für Elektrosmog. Auch das Argument, Handysender und Ähnliches wären gepulst, ändert an der Lachnummer nicht viel. Krebscluster in der Nähe von Sendeanlagen oder Trafohäuschen sagen auch nichts. Die hat man sogar in der Nähe von Gotteshäusern gefunden, in denen sich keine Funkanlagen befanden. Womöglich handelt es sich um Schäden, die auf der göttlichen Ausstrahlung der Kirchen beruhen.[91]

## Endokrine Chemikalien – und Greenpenis

1994 landete die *taz* einen Ökoknüller mit der Schlagzeile: »Endlich! Dioxin verweiblicht Männer«[92]. In dem Journal wurde über eine Untersuchung der EPA unterrichtet, wonach verschiedene Chemikalien die Funktion Hormon ausschüttender Drüsen stören würden. Das Seveso-Gift sei als endokriner Disruptor die reinste Östrogenbombe.[m] Im Tierversuch würden bereits fünf Nanogramm TCDD die Hormondrüsen total zerrütten. Weil der Testosterongehalt durch Umweltchemikalien sinken würde, habe die Durchschnittssamenblase bereits die Hälfte ihrer Spermien eingebüßt, und die Menschheit stehe kurz vor dem Aussterben! Was ist dran?

Seit einem Chemieunfall im Jahr 1980 sorgt sich die Ökointernationale um die Zeugungsfähigkeit der Männer. Damals gelangten größere Mengen des chlorhaltigen Insektizids Dicofol in den Lake Apopka (Florida). Zehn Jahre später fand man bei Alligatormännchen deutlich kleinere Penisse, und Weibchen legten unbefruchtete Eier. Gleichzeitig verschob sich bei einigen Fischarten und bei Möwen das natürliche Geschlech-

---

[m] Dies war auch der Hauptgrund, weshalb die WHO, dem Vorsichtsprinzip folgend, den TDI-Grenzwert 1999 herabsetzte.

terverhältnis. Die Untersuchung der Alligatorgelege und die Messung des Hormonspiegels bei den Tieren riefen Sankt Korrelatius auf den Plan. Sein Urteil: Umweltchemikalien machen Männer unfruchtbar, denn Dicofol wirkte auf die Alligatormännchen wie eine geballte Östrogenladung.[93] Der nahe liegende Befund ist allerdings nicht definitiv gesichert, sondern lediglich eine Korrelation.[94] Bemerkenswerterweise wurde mit dem gleichen Argument die Feminisierung männlicher Fische am Auslauf von Kläranlagen synthetischen Chemikalien angelastet.[95] Es geht aber auch andersrum. Nach Untersuchungen aus England beruht der Effekt auf den in menschlichen Ausscheidungen natürlich vorkommenden Steroiden.[96] Auch das ist interessant: Missbildungen und Fruchtbarkeitsstörungen bei Fröschen konnten eindeutig Wurmparasiten zugeordnet werden; und bei Rotwildpopulationen geht die Geburtenrate zurück, wenn die Tiere erhöhtem Stress ausgesetzt sind.[97,98,99] Außerdem verschiebt sich das Geschlechterverhältnis. Stress bei hoher Bevölkerungsdichte als endokriner Disruptor? Warum nicht?

Weniger bekannt ist, dass Industriechemikalien ein wesentlich geringeres Wirkpotenzial besitzen als die weiblichen Sexualhormone. So wirkt 4-Nonylphenol 5000-mal, Bisphenol-A 15.000-mal und das »hochgefährliche« DDT sogar 8.000.000-mal schwächer als natürliches Östradiol.[100] Dies schert die Ökoquisition herzlich wenig. Deshalb konnte der dänische Forscher Niels Skakkebaek 1993 einen lang ersehnten Ökokracher landen.[101] Seinen Aussagen zufolge sei die Spermienkonzentration in der Samenflüssigkeit durch Umweltchemikalien bedingt seit den 40er-Jahren von 113 Millionen auf 66 Millionen gefallen. Die Panikmacher kringelten sich vor Freude. Zu früh gefreut, denn:[102]

– Erstens: Lässt man in der Veröffentlichung Skakkebaeks die Zeit *vor* 1950 weg und nimmt nur die Werte danach, so tummeln sich in neuerer Zeit sogar deutlich mehr Spermien im Ejakulat als in den 40er-Jahren.
– Zweitens wurden in den 40er-Jahren Proben mit geringerer Spermiendichte oft als Ausreißer verworfen.
– Drittens ergibt die heute übliche Computerauswertung bei gleichen Proben im Schnitt eine geringere Dichte als die, bei der das menschliche Auge durch das Mikroskop schaut.

– Viertens fand der Mediziner H. Fisch 1996 eine starke *geografische* Abhängigkeit der Spermiendichte. Samenproben von Männern aus New York enthielten pro Milliliter 131, solche aus Minnesota 101 und aus Los Angeles 73 Millionen Spermien.

– Fünftens ergab ein Ringversuch, bei dem die gleichen Ejakulatproben an verschiedene Labors geschickt wurden, Abweichungen bis zu 70 Prozent.

Unermüdlich sucht das Öko-Entertainment nach neuen Hysterieschnäppchen. Deshalb werden auch immer abenteuerlichere Hypothesen hochgespült. 1996 behauptete ein Forscher aus dem Arbeitskreis von McLachlan, schwach wirkende endokrine Chemikalien würden tausendfach stärker an Rezeptoren gebunden, wenn gleichzeitig ähnlich wirkende Substanzen zugegen sind.[103] PVC-Weichmacher seien besonders schlimm. Leider währte die Ökofreude nur kurz, denn andere Forschergruppen konnten die Ergebnisse nicht bestätigen.[104] 1997 zog McLachlan die Veröffentlichung als Irrläufer offiziell zurück.[105]

Kommen Männer sonst nicht mit östrogenähnlichen Substanzen (Östrogenmimetika) in Berührung? Sogar in jeder Menge. Und wie immer kommt es auf die Dosis an! Zu den Naturstoffen, die als endokrine Disruptoren die Spermiendichte herabsetzen können, zählen Isoflavone (Sojabohne), Lignane (Leinsamen) und der Coumestane (Klee, Alfalfasprossen).[93] Entdeckt wurde der Effekt, als man den Rückgang der Fruchtbarkeit australischer Schafe untersuchte, die eine bestimmte Kleeart gefressen hatten. Als Ursache wurden die *natürlichen* Inhaltsstoffe des Klees Equol und Coumestrol identifiziert. Ähnliche Beobachtungen wurden auch bei Rindern gemacht.[160,161,162]

Lignane gelangen von alters her durch Hülsenfrüchte, Getreidekleie, Gemüse und Obst auf den Tisch, und dennoch ist die Menschheit nicht ausgestorben. Man darf also davon ausgehen, dass unser Organismus sehr wohl mit den Sexualhormonen des jeweils anderen Geschlechts zurechtkommt. Beim Mann beträgt der natürliche Östradiolspiegel zehn bis 45 Pikogramm pro Milliliter, wohingegen es die Frau auf stolze 40 bis 250 Pikogramm pro Milliliter bringt. Vielleicht ist das Hormon für den umsichtigeren Fahrstil von Frauen verantwortlich, der durch ihre reduzierten Einparkkünste ausgeglichen wird. Umgekehrt könnte ihr niedrigerer Testosteronspiegel (0,03 bis

Ökopotourri

0,6 Nanogramm pro Milliliter) dafür sorgen, dass Frauen nur ab und an in eine Polizeiradarfalle geraten, wohingegen es ihre Ehemänner mit ihren zwei bis sieben Nanogramm Testosteron pro Milliliter öfter schaffen.[106]

Über die von Greenpeace besonders bekämpften PVC-Weichmacher DINP (Diisononylphthalat) und DIDP (Diisodecylphthalat) lag 2003 der Bericht einer Sachverständigenkommission der EU vor. Danach sind diese Verbindungen weder krebserregend noch fruchtschädigend oder umweltschädlich. Vor allen Dingen beeinträchtigen sie nicht die männliche Fruchtbarkeit.[107]

Ende der 90er-Jahre behauptete Greenpeace, aus Quietscheentchen und anderem PVC-Kinderspielzeug träten erhebliche Mengen des Weichmachers DINP aus. Saugfußrasseln würden zehn Milligramm abgeben und Winnie Pooh sogar 14 Milligramm, wenn Kinder an einem Quadratmeter der Folie lutschten. Ökobesorgte Mütter waren dem Nervenzusammenbruch nahe, und Karstadt räumte Greenpeace hörig die Regale. Die Überprüfung der grünfriedlichen Messungen durch den TÜV Rheinland und das Labor Dr. Budde ergab DINP-Werte von weniger als 0,05 Milligramm pro Quadratmeter DINP. Das war's. Oder doch nicht: 1992 rutschten zahlreiche Plastikentchen und andere Badeartikel auf dem Transport von China in die USA von einem Containerschiff. Über elf Jahre spielten Wind und Wellen mit den PVC-Quietscheentchen. Danach wurden die PVC-Artikel an Land gespült. Man bestimmte den Weichmachergehalt. Und siehe da: Er war noch genauso hoch, als hätten die Spielzeuge gerade die Fabrik verlassen![108]

Auf der unermüdlichen Suche nach endokrinen Umweltchemikalien wird das Forschungs-Perpetuum-mobile weiter Labortiere mit Höchstdosen traktieren und Samenproben untersuchen. Eigentlich kann man das Mäuserichmelken getrost einstellen: Es gibt bereits einen Langzeitversuch. Bullen, Hengsten und Ebern wird nämlich zur Zucht seit Jahrzehnten Sperma abgezapft. Eine Studie der Münchner Ludwig-Maximilians-Universität verglich 31.542 Bullenejakulate aus den Jahren 1972 bis 1997 auf Volumen, Gesamtspermienzahl und Spermienkonzentration. Ergebnis: In den letzten 26 Jahren ist kein Rückgang der Spermienqualität bei deutschen Bullen zu beobachten. Sie kommen noch immer mächtig![109]

# Der Molkegeisterzug

Ein herzerfrischendes Hysteriesüppchen war die Tscherno-bylmolke, mit der die Ökoquisition lange für Unterhaltung sorgte. Nach 1986 fielen infolge des radioaktiven Fallouts durch Tschernobyl bei der Käseherstellung 5000 Tonnen Molke an, die schwach mit Cäsium-137 belastet waren. Eine Gelegenheit für Panikfestspiele, die man sich nicht entgehen ließ! Sämtliche Fernsehkanäle prophezeiten von morgens bis abends unsägliches Siechtum, wenn sich jemand auch nur in Sichtweite der Molke begäbe. Die Strahlenschutzkommission sah das anders. Nach ihren Angaben stieg die Belastung eines Menschen, der sich zehn Stunden in unmittelbarer Nähe des »Todespulvers« aufhielt, von 200 Millirem (natürliche Strahlenbelastung) auf 200,4 Millirem.[110] Dennoch weigerte sich ein Lokführer, aufgeklärt durch die Medien, seinen Güterzug mit Molkepulver trotz mehrerer dazwischen gekoppelter leerer Waggons weiter zu fahren. Im Fernsehen äußerte er: »Mein Vater war an Krebs gestorben. Ich will nicht auch daran sterben.«

Auch nachdem der damalige bayerische Umweltminister Dick einige Portionen der »Giftmolke« gelöffelt hatte, schwappte die Hysteriewelle ungebrochen weiter.[111] Erst nach lang anhaltendem Ökogegacker wurde vier Jahre später ein Großteil des Panikpulvers in einer eigens dafür gebauten, 70 Millionen Mark teuren Anlage in Lingen »entgiftet«. 1996 verbrannte man den Rest von 1900 Tonnen für zwei Millionen Mark, der bis dahin zum Schnäppchenpreis von 200.000 DM im Jahr in einer Halle gelagert worden war.[112] Bezahlt hat den Nonsens der Steuerzahler!

# Müllkarma oder Die Psychopathologie der Mülltrennung

Die Mülltrennungsmanie, die bis 2003 bereits 25 Milliarden Euro (312 Euro pro Kopf) kostete, zählte 1969 noch nicht zu den Top Ten der Ökocharts. Deshalb findet man in den Protokollen von Nixons NATO-Umweltinitiative zu den Problemen der Städte nur etwas über Luftverunreinigung und Wasserverschmutzung.[113]

Obwohl das Thema durch Medienkampagnen (vergleiche

Hartkopf) immer am Köcheln gehalten wurde, heizte erst die Brundtland-Kommission von 1988 so richtig ein. Aus dieser ging im Übrigen die Rio-Konferenz von 1992 hervor, deren Ausfluss die »Agenda 21« ist. Seither wacht der blaue Erzengel des Ökologismus über den Müllrecyclingzirkus.[114] Damit der gesunde Menschenverstand nachhaltig ausgeschaltet wird, startete der ehemalige Umweltminister Töpfer (CDU) mit seiner Verpackungsverordnung von 1991 eine gigantische Dressurnummer. In Orwells Roman *1984* wurde der Begriff »Krieg« in »Friede« umetikettiert; die Verpackungsordnung macht Müll zu »Wertstoff« – eine der schrulligsten Neusprechwortschöpfungen. Seither jammern Ökotanzbären und -bärinnen beinahe jedem abgebrannten Streichholz hinterher, weil es im gelben Sack zerbröselt.

Statt wie früher 52-mal, kommt aus Umweltschutzgründen das Dieselsprit verbrauchende Müllauto gleich 100-mal im Jahr vorgefahren. Alle 14 Tage kommen die Entsorgungsfachkräfte und leeren die graue Tonne mit Restmüll. Am Tag darauf wird der braune Bio-Opferstock samt Schimmelpilzen und Maden auf die Straße gerollt, während sich der morgendliche Berufsverkehr hinter dem Müllauto staut. Was würden eigentlich die armen Rentner tun, wenn sie nicht auf dem Fensterbrett lehnend dem emsigen Treiben des Mülltourismus zusehen könnten?

Donnerstags klingelt der Müllmann gleich zweimal. Einmal für die blaue und einmal für die grüne Tonne – damit der Verkehr ganztägig entschleunigt bleibt. Zusätzlich sammeln die Messdiener des Ökologismus alle vier Wochen gelbe Säcke mit Milchtüten, weich gespülten Joghurtbechern, leeren Streichholzschachteln und pappigen Raviolidosen ein. Diese sind natürlich streng zu trennen von abgeschnittenen Fingernägeln, die als Wertstoff dienstags mit der Biotonne Ade sagen. Vier Mülltonnen sind nicht immer so leicht unterzubringen, weshalb mancher Gartenzwerg das Reihenhausgrün räumen musste, um den modischen Ökotanzbehältern Platz zu machen.

Zweifellos ist Ressourcenschonung eine sinnvolle Maßnahme. Aber um jeden Preis? Das schöne Sprichwort »Manch einer sucht einen Pfennig und verbrennt dabei zehn Lichter« beschreibt das Problem. Die Psychopathologie der Verpackungsordnung wird klar, wenn man sich vorstellt, jemand würde Raketen ins Weltall schicken, um abgebrannte Raketenstufen wieder einzusammeln. Dass dies eine Schnapsidee ist, sollte einleuchten, denn zum Einsammeln des Weltraummülls werden mehr Ressourcen verbraucht, als an »Wertstoff« zurückgewonnen wird. Der Grund ist die *Entropie* (zweiter Hauptsatz der Thermodynamik). Sie besagt nichts anderes, als dass zur Umkehrung eines Vorgangs (Recycling) immer mehr Stoff oder Energie benötigt wird als zur ursprünglichen Herstellung des Gegenstands.[115]

Theo Müller, der Inhaber der Molkerei Müller-Milch, scheint das zu verstehen: »Die Verpackungsverordnung ist potenzierter Unsinn ... Es ist die Suche nach einer Neuauflage des bereits vor Jahrhunderten gescheiterten Perpetuum mobile im Zuge der Entwicklung der Kreislaufwirtschaft.« Würde es wirklich um die Umwelt gehen, hätte man dem Molkereibesitzer erlaubt, Verpackungsmüll zur Gewinnung von Prozesswärme zu verbrennen. Weil aber Vernunft im teutonischen Ökowahn der allerletzte Buchungsposten ist, wurde ihm die beantragte Müllverbrennungsanlage nicht genehmigt.[116]

Zu Recht macht sich der Journalist Müller-Ullrich über den Biomüll lustig:[117] »Der häusliche Komposthaufen, früher ein harmloses Steckenpferd von Hobbygärtnern, dringt mit Bakterien, Pilzen und Gewürm bis in die Dielen bürgerlicher Stadtwohnungen vor. Dort hat man sich gerade angewöhnt, die Mottenschwärme, die dem Müslivorrat im Küchenschrank entsteigen, als Zeichen besonderer Naturverbundenheit zu achten. Jetzt hält in den urbanen Vierteln eine ultimative Parodie aufs Landleben Einzug – eben die besagte Biotonne. Auf den Straßen, vor den Häusern gärt und fault und modert es ... wie während des Streiks der Müllabfuhr.«

Da sich der moderne Homo sapiens sapiens bekanntlich alles einschwätzen lässt, konnte sich in der hessischen Landeshauptstadt 1998 eine grüne Umweltdezernentin ein besonders schrulliges Ökodenkmal setzen.[n] Zuerst flatterte den Bürgern

---

[n] Als Verkehrsdezernentin war die Frau auch für die Erneuerung der Fußgängerzone zuständig. Im Laufe der Jahre war der alte Plattenbelag zu einem unansehnlichen Kaugummi- und Kippengrab geworden. Als die Auswahl des neuen Pflasters anstand, entschied sich die grüne Verkehrsdezernentin für einen schrill-schrulligen Belag, der von der Fabrik aus schon mit Kaugummiflecken versehen war. Mehr Gaga geht kaum!

eine Broschüre ins Haus, worin ausdrücklich darauf hingewiesen wurde, die Einführung der »nachhaltigen« Biotonnen
würde keine höheren Gebühren verursachen.[120] Wie eigentlich? Immerhin sind seit Einführung der Biotonnen-Eselei in
der Landeshauptstadt täglich 24 Müllwerker mit Spezialfahr-
zeugen unterwegs, um jeden der rund 23.000 nachhaltigen
Duftkübel zu leeren.[118]

Die Wiesbadener Stadtkämmerin informiert: »Bei plan-
mäßiger Verwirklichung der Bioabfallsammlung (würden) ab
1998 ernorme Folgekosten von laufend jährlich mehr als vier
Millionen Mark entstehen.«[119] Solche Feinheiten wurden den
Bürgern vorenthalten.[124] Lieber teilte man ihnen mit, sie müssten mit einer 59,8-prozentigen Erhöhung der Müllgebühren ab
1. Januar 1998 rechnen. Das Sahnehäubchen war die Begründung: Die höheren Müllgebühren seien notwendig, weil durch
die zurückgegangenen Müllmengen ein Defizit entstanden
sei.[120,121] Somit zahlt der Bürger dank der Töpfer'schen Verpackungsverordnung erst für den grünen Punkt (gelber Sack)
und dann noch einmal, weil dadurch zu wenig Müll anfällt.

Es kommt noch besser. Weil kompostierbarer Abfall von der
EU als Wirtschaftsgut (!) betrachtet wird, mussten für die Ver-
arbeitung der 950 Tonnen Abfälle aus Wiesbadener Küchen
und Gärten europaweit Angebote eingeholt werden. 1999 kostete die Wiesbadener Kompostierung 207,83 DM pro Tonne.
Ein Anbieter in Thüringen tat es für weniger als die Hälfte.[122]
Daraufhin karrte man den Abfall der Landeshauptstadt ins
223 Kilometer entfernte Misserode – natürlich nicht mit der
Bahn, sondern über Deutschlands staugeplagte vier- bis sechs-
spurige Lagerhalle.[118] Dabei bläst ein Lkw jedes Mal 670 Kilogramm $CO_2$ ab.[123] Bei jährlich 1470 Fahrten (im Winter nur
14-tägig) wurde die Atmosphäre im Dienst des Wiesbadener
Biomülls mit rund 1000 Tonnen $CO_2$ zusätzlich angereichert.
Nicht in der Rechnung enthalten sind die Fahrten innerhalb
der Stadt zum Einsammeln des nachhaltigen »Wertstoffs«.

Was ist der kompostierte Bioabfall wert? Kompostprodu-
zenten gaben 1999 als Herstellungskosten rund 190 DM pro
Tonne an. Da Mineraldünger wesentlich günstiger ist, konnten über 50 Prozent der Betriebe ihre Produktionskosten durch
die Verkaufspreise nicht einspielen. Nur elf Prozent machten
Gewinn.[125]

Stolz verkündete das DSD, 2001 seien in Deutschland durch

das Recyceln von Leichtverpackungen 400.000 Tonnen $CO_2$ eingespart worden.[126] Franz Heistermann, der Direktor des Bundeskartellamts, rechnet vor, dass der Bürger – wer denn sonst? – hierfür je Tonne 3000 Euro gezahlt hat.[127] Die 400.000 Tonnen machen, nebenbei bemerkt, gerade einmal ein Prozent des von den Bundesbürgern ausgeatmeten $CO_2$ aus.° Allein für die Reinigung der Containerstellplätze sowie für die Information der Bürger über die Getrenntsammlung gibt Deutschland so viel aus wie Großbritannien für die gesamte Verpackungsentsorgung.[127]

2002 sammelte das »Duale System Deutschland« (DSD) 4,9 Millionen Tonnen »Wertstoff« ein. 0,57 Millionen Tonnen davon waren Kunststoffe. Um die wird das meiste Ökogedöns gemacht. Da ist es es schon einmal ganz hilfreich zu wissen, dass von dem in Deutschland verbrauchten Erdöl nur ganze sechs Prozent zu polymeren Werkstoffen (Kunststoffen) verarbeitet werden. Sind das alles Joghurtbecher und sonstiges Verpackungsmaterial? Nein, lediglich 27 Prozent davon finden als Verpackungsmaterial Verwendung.[128] Die restlichen 73 Prozent sind technische Kunststoffe (Bau, Elektroartikel, Möbel, Automobilbau usw.). Somit wandeln sich lediglich *1,6 Prozent* der Erdöleinfuhren in Joghurtbecher, Frischhaltefolien, Fleischsalattöpfe und Ähnliches. Nun könnte man auf die Idee kommen, den Kunststoff zu Dieselöl zu wandeln, um Müllautos damit zu betreiben. Das geht. Nur ist der Aufwand so immens, dass ein aus Altkunststoffen gewonnener Liter Diesel fünf Euro kosten würde.[129]

Das Trittin'sche Dosenpfand von 2003 ist blanke Blasphemie, denn die stoffliche Verwertung von Abfällen nach dem Kreislaufwirtschaftsgesetz war von Anfang an ein Irrweg. Weshalb beschränkt man die Mülltrennung nicht auf zentrale Glas- und Papiersammelstellen und verbrennt den Restmüll schlicht und einfach? Das Zeug gehört ungetrennt inklusive verbrauchter Batterien in den Ofen, denn der Heizwert unseres Hausmülls beträgt bis zu 18.000 Kilojoule pro Kilogramm.[130] Jener der Töpfer'schen Verordnung dürfte noch höher sein, weil sie aus Papier besteht.

---

° Das Atmungs-$CO_2$ ist keineswegs »klimaneutral«. Unsere Lebensmittel haben vielmehr einen riesigen ökologischen Rucksack, weil zu ihrer Herstellung große Mengen fossiler Energie verheizt werden müssen (genaue Rechnung siehe Kapitel 10).

## Das Ozonloch – geht's ihm besser?

Die vollkommen unbrennbaren und ungiftigen Fluorkohlenwasserstoffe (FCKW) wurden als ideale Spraydosentreibgase, Kühlmittel und Kunststoffschäumer seit den 30er-Jahren produziert. Wegen der guten Eigenschaften hatte man bis zum Montrealabkommen jährlich eine Million Tonnen der Chemikalien hergestellt.[132]

1974 berichteten die Forscher Rowland und Molina erstmals über ihre Hypothese, bestimmte FCKW (zum Beispiel $CFCl_3$) und andere Chlorverbindungen könnten stratosphärisches Ozon ($O_3$) abbauen, das die schädliche UV-Strahlung vom Erdboden fern hält. Der chemische Reaktionsmechanismus des Ozonabbaus ist eine gesicherte Erkenntnis und lautet stark vereinfacht:[131,133]

$$CFCl_3 + \text{UV-Strahlung} \longrightarrow CFCl_2 + Cl$$

$$Cl + O_3 \longrightarrow ClO + O_2$$

Hilfe, Chemie, Buchstabensalat – unverständlich. Ist schon gut. Ich höre ja schon auf.

Zur Sache: Obwohl Bodenstationen zwischen 1955 und 1985 keine Minderung der atmosphärischen Ozongesamtmenge gemessen hatten, zeigten Satellitenbeobachtungen, dass das Ozon abnahm.[134] Die Messungen ergaben eine Minderung von 250 Dobson (1970) auf 90 Dobson (1995)[p].[135]

1995 erhielten Paul Crutzen, Mario Molino und F. Sherwood Rowland den Nobelpreis – die beiden Letztgenannten für die Chemie und Messung des Ozonabbaus, während Crutzen der erste Laureat war, der den Nobelpreis für eine Computermodellierung bekam.[136] Konnte man den Ozonspiegel auch schon zur Zeit Goethes messen? Nein, dieses Problem löste Paul Crutzen in seinem Computermodell, indem er die Ozonmischungsverhältnisse in *vorindustrieller* Zeit und für das Jahr 1985 berechnete. Und siehe da, seine Modellierung für 1985 stimmte exakt mit den Messungen überein. Dies war der Beweis.

---

[p] Dobson (Db) ist die Einheit für die Ozonmenge in der Lufthülle. Ein Dobson entspricht einer 0,001 Zentimeter dicken Schicht reinen Ozons bei null Grad Celsius und einem Druck von einem bar.

Unbelehrbare Starrköpfe, die meinen, das Ozonloch sei ein seit Urzeiten auftretendes Naturphänomen, werden von Crutzen belehrt: »Das Ozonloch hat es *nicht* schon immer gegeben.«[137] Vielmehr handle es sich um eine periodisch im antarktischen Frühling auftretende Zerstörung des Ozons in der unteren Stratosphäre durch Chlor- und Bromverbindungen.[138]

Schade, dass sich der stratosphärische Ozongehalt zu Goethes Zeiten nicht mehr messen lässt, sondern nur »modellieren«. Dafür existieren aber ein paar Veröffentlichungen aus der Zeit um 1930, die Erstaunliches offenbaren. Damals wollte man die »Lichtemission« – die Spektren – weit entfernter Sterne messen. Zum Ärger der Forscher gelang dies nicht im UV-Bereich unterhalb von 300 Nanometern (sichtbares Licht geht von 400 bis 800 Nanometern), weil das Ozon in diesem Wellenlängenbereich alle einfallende Strahlung absorbiert. Da machte Günther Cario von der Princeton Universität (1928!) den Vorschlag, man möge im arktischen Winter messen, dann wäre mit einer Ozonausdünnung von 4000 Kilometern Durchmesser über der Arktis zu rechnen.[139] Zunächst konnte Carios Vermutung nicht bestätigt werden, weil man zur falschen Zeit gemessen hatte.[140,141] Als man dann die Messungen wiederholte und die jahreszeitlichen Schwankungen verglich, wurde um 1935 Carios Vermutung über das Ozonloch bestätigt[q].[142]

Neben FCKW gilt Methylbromid (CH3Br) als reine Ozonlochbombe[r].[143] Methylchlorid (CH3Cl), von dem die Natur jährlich fünf Millionen Tonnen produziert (Industrie: 30.000 Tonnen), soll das Ozon dagegen in Ruhe lassen, weil es bereits in Bodennähe durch so genannte OH-Radikale zerstört würde.[144] Ob es sich so verhält, darüber entscheidet die Bindungsstärke. Ein einschlägiges Lehrbuch informiert: Methylbromid wird in Erdbodennähe 1,2-mal leichter zerstört als Methylchlorid.[145] Dennoch soll es in die Stratosphäre gelangen und das Ozon vernichten. Merkwürdig.

1999 frohlockte die Ozongemeinde, das Schreckensloch

---

[q] Leider konnte man damals nur im Polarkreis und nicht am Nordpol oder noch besser am Südpol messen. Die Ergebnisse wären noch bedeutender.

[r] CH3Br ist je nach geografischer Lage zu 35 bis 80 Prozent natürlichen Ursprungs und wurde in der Landwirtschaft als Begasungsmittel eingesetzt. Anwendungsverbot ab 2005.

würde kleiner, weil das FCKW-Verbot langsam Wirkung zeige.[146] 2000 gab es plötzlich einen Rekord, und man erfuhr, erst in drei bis vier Jahren sollten sich die Reduktionsmaßnahmen auswirken.[147] 2002 fiel das Ozonloch über der Arktis tatsächlich ungewöhnlich klein aus.[148] Dann, 2003, ließ es das Ozonloch mal wieder richtig krachen. Es war das zweitgrößte, das jemals gemessen wurde. Geschickt identifizierten »Modellierer« den zivilisationsbedingten Klimawandel als Ursache.[149]

## Pyrethroide – Insektizide des Schreckens

Infolge des DDT-Verbots wurde nach Ersatzstoffen gesucht. Und man wurde fündig. Seit dem Altertum ist bekannt, dass Chrysanthemenblüten eine insektizide Wirkung besitzen. Deshalb gewinnt man daraus das natürliche Insektizid Pyrethrum ($LD_{50}$ = 584 bis 900 Milligramm pro Kilogramm). Um die Wirkung dem Bedarf anzupassen, wandelte man die Struktur des Naturstoffes ab und erhielt die Pyrethroide. Zu nennen wären das toxischere Deltamethrin ($LD_{50}$ zirka 130 Milligramm pro Kilogramm) und das wesentlich weniger giftige Permethrin ($LD_{50}$ = 4000 Milligramm pro Kilogramm). Sowohl der Naturstoff als auch die synthetischen Kontaktgifte blockieren die spannungsabhängigen Natriumkanäle in den Nervenmembranen und töten dadurch alle Insekten – auch die Nützlinge.

In China vergifteten sich Ende der 80er-Jahre Arbeiter und Arbeiterinnen, als sie Pyrethroide gegen den Wind spritzten, in der durch Spritzlösung durchnässten Kleidung tagelang schliefen, die Düsen der Arbeitsgeräte mit dem Mund säuberten und dazu ihren Reis in den Ansatzbehältern der Insektizidlösungen kochten. Es kam zu erheblichen Intoxikationen, von denen keine tödlich verlief und alle nach kurzer Zeit vollkommen ausheilten. Nach dem Bericht der behandelnden Ärztin Professor He brachten die Frauen später ganz normale, gesunde Kinder zur Welt.[150,151]

Die amerikanische Armee fürchtet bei Tropeneinsätzen von der Anophelesmücke übertragene Naturstoffe (zum Beispiel *Plasmodium malariae*) und imprägniert deshalb die Leibwäsche und Uniformen der Soldaten mit 125 Milligramm Permethrin pro Quadratmeter. Zur Risikoabklärung trugen

184 Freiwillige 21 Tage ein Pflaster, das mit einer 40-prozentigen Permethrinlösung getränkt war. Es ergaben sich keinerlei Erkrankungen. Wenn sie sich eine Milbenkrätze zugezogen haben, werden die Soldaten im Einsatz mit einer fünfprozentigen Permethrinsalbe behandelt. Auch hier kommt es bestenfalls zu einem leichten Kribbeln.[152] Das ist alles.

Da der Kot (Naturstoff!) der Hausstaubmilben für kräftige Allergien sorgt, imprägniert man Wollteppichböden mit 150 Milligramm Permethrin pro Quadratmeter. Dadurch gelangen 2,6 Tonnen des Insektizids in Wohnungen und öffentliche Gebäude. Es wäre ein Wunder, hätte die Ökoquisition nicht ein Hysteriesüppchen daraus gekocht. »Nervengift aus dem Teppich«, schrieb ein Wissenschaftsmagazin.[153] Ein zutiefst verängstigter Umweltmediziner warnte: »Was wir bisher über die Wirkung der Chemie auf die Menschen wissen, ist erst die Spitze eines Eisbergs«, und empfahl die Rückkehr zur Mückenklatsche.[154]

Unbestrittene Verdienste für die Ökoquisition erwarb sich der Münchner Mediziner Professor Müller-Mohnssen. Er vermutete irreversible Nervenschäden, wenn Teppichböden die Raumluft mit 0,01 Mikrogramm pro Kubikmeter (0,000.01 Milligramm pro Kubikmeter) »belasten«. Seine »Beweise« waren Selbstauskünfte der Patienten auf Fragebögen, die ihre langjährigen Beschwerden auf Raumluftbelastungen zurückführten. Dem stehen Untersuchungen von Arbeitnehmern in der Permethrinproduktion gegenüber, die trotz hoher Belastung keinerlei Erkrankungssymptome aufwiesen.[151] Wegen des erheblichen Radaus der veröffentlichenden Angsttrompeter kam es zu einer Anhörung, in welcher Müller-Mohnssen seine These vortrug.

Professor Zilker von der II. Med. Klinik (München) hielt ihm danach vor:[155] »Die Symptomatik, die Sie schildern, hat überhaupt nichts mit den Pyrethroiden zu tun. Das haben wir heute früh schon öfter dargestellt: Da sind Hautsymptome, Augensymptome, respiratorische Symptome und gewisse neurologische Symptome, aber nur, wie wir sie in der Arbeit von Frau He gesehen haben, in Extremfällen. Alle diese Schwervergifteten haben sich wieder normalisiert. Was in mein Toxikologengehirn nicht reingeht: Wie kann eine Vergiftung im Niedrigstdosisbereich auftreten, wenn eine Vergiftung im Höchstdosisbereich folgenlos ausheilt?«

Professor Mayer (Berufsgenossenschaftliche Unfallklinik, Tübingen) äußerte sich etwas deutlicher:[156] »Herr Müller-Mohnssen, nachdem Sie hier in der Öffentlichkeit – bei einer öffentlichen Anhörung – noch einmal Ihre Thesen vorbringen, muss ich dann doch noch einmal Stellung nehmen. Neurologisch ist das, was Sie hier bringen, überhaupt nicht nachvollziehbar, das ist schlicht und einfach Unsinn … Der von Ihnen postulierte Zusammenhang zwischen einer Pyrethroidintoxikation oder auch chronischer Exposition gegenüber Pyrethroiden und neurologisch-psychiatrischen Erkrankungsstörungen ist ja überhaupt nicht erwiesen. Ich behaupte nicht, dass dem nicht so sein kann. Aber mit diesen Untersuchungen und diesen bildhaft anschaulichen Darstellungen – entschuldigen Sie –, das ist pseudowissenschaftlich, da kann kein Mensch was mit anfangen. Die beweisen das überhaupt nicht. Das verunsichert nur …«

Doch der ehemalige Umweltminister Trittin konnte damit etwas anfangen. In seiner Broschüre zum neuen EU-Chemikalienrecht (REACH) behauptet er:[163] »Pyrethroide gasen aus und können die Nerven schädigen.«

# 10. Nachhaltigkeits-Fieberträume im Klimagas-Treibhaus

Nachdem die NATO in den 70er-Jahren ihre Ökopflicht getan hatte, übernahm die UNO das Weltuntergangsgeschäft. Hierzu wurde die Unterorganisation *UNEP* (United Nations Environment Programme) gegründet. Die UNEP wiederum kooperiert mit der *WMO* (World Meteorological Organisation), aus der 1988 der *IPCC* (Intergovernmental Panel on Climate Change) hervorging. Alle genannten UNO-Organisationen betreiben das Klimaschrullengeschäft mit höchster Professionalität, wobei sie sich dem Schutzheiligen Sankt Modellus anempfehlen.[1] Die Hauptaufgabe der Ökomusikmacher besteht in der Intonation von Endzeitsingsang, mit dem so genannte »Policy Maker« ihre Untertanen in Panik versetzen können. Da gleichzeitig politisches Handeln selbstherrlicher »Policy Maker« niemals falsch sein kann, nein darf, wachen WMO und IPCC als obere Ökoquisitionsbehörden mit ähnlichem Eifer über die Lehre vom anthropogenen Treibhauseffekt wie seinerzeit die Inquisition über die Lehre vom Maleficium.

Bereits das Protokoll zu Nixons Umweltinitiative von 1969 begeisterte sich für die Klimakatastrophe:[2] »Die Atemluft des Menschen wird durch etwa zwölf Milliarden Tonnen Kohlendioxid verseucht, die jedes Jahr von unserer Industriegesellschaft freigesetzt werden. Etwa die Hälfte dieser Menge bleibt permanent in der Luft ... Kohlendioxid ist normalerweise ein integrierender Bestandteil der Regenerationsprozesse unseres Planeten, aber einige Wissenschaftler erklären, dass das Klima der Erde durch einen enorm hohen Kohlendioxidanteil der Luft in bedeutsamer Weise verändert werden könnte.« Die Formulierung »einige Wissenschaftler« ist bemerkenswert. Obwohl an dem Buch *Verdammter Friede* (siehe Kapitel 2) wahrscheinlich nichts dran ist, wurden offenbar im Vorfeld zu

213

Nixons NATO-Initiative alle Noten zusammengekehrt, damit Angsttrompetern die Melodien nicht ausgehen.

Sind das wirklich zwölf Milliarden Tonnen $CO_2$, die durch die Verbrennung fossiler Energieträger in die Atmosphäre gelangen? Bereits 20 Jahre nach Nixons Initiative wird nur noch von fünf Milliarden Tonnen $CO_2$ fabuliert.[3] Diese fünf Milliarden Tonnen sind nicht mehr als *2,5 Prozent* des Kohlendioxids, das jedes Jahr bereits zu Goethes Zeiten und davor durch Verwesung (50 Milliarden t), Pflanzenatmung[a] (50 Milliarden Tonnen) und Diffusion aus dem Meerwasser (100 Milliarden Tonnen) in die Atmosphäre gelangt.[3] Den fünf Milliarden Tonnen anthropogenem $CO_2$ seien jene zwei bis vier Milliarden Tonnen $CO_2$ gegenübergestellt, die jährlich verschwinden, ohne dass die Ökoquisition Näheres über deren Verbleib weiß.[4]

Wie heißt es auf Bayerisch so schön? »Nichts Genaues weiß man nicht.« Weil dem so ist, lebt die Klimaforschergemeinde vom manipulierenden Wohlwollen der veröffentlichenden Meinungsmacher, von der Ökologismusgläubigkeit des Politapparats, von der Anbetung der Heiligen Sankt Korrelatius und Sankt Modellus – sowie von Konsensbeschlüssen. Der Nobelpreisträger für Chemie, Kary Mullis, brachte es auf den Punkt:[5] »Wenn 99 Prozent aller Forscher einer Meinung sind, ist sie mit großer Wahrscheinlichkeit falsch.«

Tatsächlich ist das Basiskonzept der politisch gehätschelten Klimaforschung unter Naturwissenschaftlern keineswegs so unumstritten, wie es von Ökosprechtüten herausgetrötet wird. Im »Heidelberger Appell«[6] zur Rio-Konferenz von 1992 protestieren über 4000 Wissenschaftler und Intellektuelle gegen den ideologischen Missbrauch des Forschungsbetriebs, »der auf pseudowissenschaftlichen Argumenten, auf falschen oder unrelevanten Daten beruht«. Darunter befinden sich 72 Nobelpreisträger, von denen etliche Physiker sind, die sehr wohl etwas von den Grundprinzipien des Treibhauseffekts verstehen und abschätzen können, was der Klimazweig der Ökoquisition da ausgeköchelt hat.

---

[a] Es ist weniger bekannt, aber Pflanzen emittieren nicht nur $O_2$, sondern auch $CO_2$.

# Auf Graßlmann-X geht die Ökopost ab

Den Bewohnern von Graßlmann-X, einem Planeten, den man magische 68 Jahre nach Kyoto in der Nähe einer *erkalteten* Sonne im Sternbild Aquarius entdeckte, ist der Heidelberger Appell vollkommen unbekannt. Dort herrscht Endzeit – das »Age of Aquarius« –, dem die regierende psychedelische Minderheit seit 1968 entgegenfiebert. Die Aquarianer, wie sie offiziell heißen, besitzen eine Pupille, in der sich ständig eine Spirale dreht – lustig anzuschauen –, und sie haben eine gekrümmte Antenne auf dem Kopf, über die sie fortwährend die neuesten Klimabotschaften der Apokalypsotrommler empfangen. Wenn sie erfahren, dass wieder ein paar der Verderben bringenden, glühend heißen Treibhausgasmoleküle vermieden oder gar eingefangen wurden, verfallen sie in possierliche Verzückungen und preisen den Suffizienzgott.

Weil sie sich so vorbildlich und allzeit betroffen verhalten, hat man ihnen auch den Namen Gutgraßlmannianer gegeben. Zur Demonstration ihrer Verbundenheit mit der Natur tragen sie luftige, chemiefreie Hightech-Jutekleidung und fahren auf Inlineskatern über ihre einstigen Autobahnen. Manche haben einen Rucksack mit Stoßdämpfern am Rücken, in dem sie ihren zur Rentensicherung in die Welt gesetzten Nachwuchs transportieren. An sich mögen Gutgraßlmannianer zwar Babys, aber keine Kinder, weshalb sie Letztere nicht mehr erziehen. Das überlassen sie Lehrern, denen sie aber gleichzeitig alle Erziehungsmöglichkeiten genommen haben. Deshalb geht es lustig zu in den Klassenzimmern auf Graßlmann-X.

Die Hitze ist unerträglich. Mit unbarmherziger Energie strahlen die Treibhausgase auf die Bewohner des Planeten nieder, die sich mühsam durch die Schluchten ihrer Hyperstädte schleppen. Obwohl die Regierenden aus volkspädagogischen Gründen den IPGG (Intergovernmental Panel on Greenhouse Gases) einrichteten, mochte zunächst niemand glauben, dass die Wärme nicht von der Sonne ausgeht, sondern von dem unerschöpflichen eigenständigen Strahlungsenergiequell der atmosphärischen Treibhausgase. Sie erwärmen die Oberfläche von Graßlmann-X und bringen die Meere auf eine Durchschnittstemperatur von 30 Grad Celsius. Ihrem größten Ozean haben die Graßlmannianer den Namen *Unsinn* gegeben. Sammeln sich über diesem besonders viele Treibhausgase, werden hier und da sogar gekochte Fische von einem Hurrikan an Land geworfen, während an anderer Stelle Inseln in den steigenden Fluten des Unsinns verschwinden.

Nun wissen die Bewohner von Graßlmann-X aus bitterer Erfahrung: Zur Erwärmung des Planeten bedarf es keinerlei Sonneneinstrahlung. Dies haben führende Wissenschaftler des IPGG durch »Modellierung« und Mehrheitsbeschluss schon vor Jahren herausgefunden. Schwankungen der kosmischen Strahlung und Vorgänge auf der Sonne sind genauso unbeachtlich wie die Abschirmung der Sonneneinstrahlung durch Wolken – ausschließlich Treibhausgase heizen die Atmosphäre auf.

Wenn wenig $CO_2$ vorhanden ist, kommt es deshalb zu einer Eiszeit. In der Vergangenheit erfroren viele Graßlmannianer, bis auf die Cleveren, die sich als Energievorrat einige Plastiksäcke mit Kohlendioxidgas zulegten. Am Ende einer Eiszeit brechen auf Graßlmann-X Vulkane aus und schleudern riesige Mengen des Strahlungsenergieträgers $CO_2$ in die Atmosphäre. Der tief zugefrorene Unsinn taut wieder auf, und größere Mengen Wasserdampf verdunsten unter $CO_2$-Einwirkung. Der Wasserdampf kondensiert zu Wolken, die den Planeten noch stärker erwärmen. Nach einiger Zeit stellen sich Regenfluten ein und waschen den Energieträger $CO_2$ wieder aus der Atmosphäre. Der Kreis schließt sich, und eine neue Eiszeit beginnt. Besonders heftig werden diese Fluten, wenn volkspädagogisch schwer erziehbare Graßlmannianer gesündigt haben – etwa durch Benutzung eines Kohlendioxid emittierenden Fahrzeugs.

Die Exekutoren, wie man die Umweltminister auf Graßlmann-X wegen ihrer Wirtschaftskompetenz nennt, haben verstanden und ihre Bewohner zur Nachhaltigkeit abgerichtet. Brav apportieren diese auf Weisung das Ökostöckchen und trennen den Müll. Besondere Anstrengungen macht die kleine Provinz mit dem unaussprechlichen Namen Dnalhcsteud. Schon seit Jahren plagten sich dessen Bewohner mit der Erbsünde, wonach gerade sie an allem Elend auf Graßlmann-X schuld seien. Freudig verschenken sie wegen der Nachhaltigkeit einen Großteil ihres Einkommens, damit Windmühlchen zur Abkühlung der Planetenoberfläche aufgestellt werden. Ihr nachhaltiger Umweltminister Nittit von der Partei der »Schrill-Schrulligen« hatte sich sogar für den Handel mit Kältelizenzen stark gemacht. Damit hatte er durchschlagenden Erfolg. Seit in Dnalhcsteud vor einigen Jahren das Geld ausging, wurde es wenigstens wirtschaftlich kühler.

Die Bewohner des Landes sind Meister im Bau kleiner Windanlagen, die mit ihren Diskoeffekten vor jedem Fenster für Unterhaltung sorgen. Bereits 2003 standen in Dnalhcsteud 14.300 Windenergieanlagen mit insgesamt 12.800 Megawatt Leistung, die beeindruckende 0,03 Prozent vom Gesamtenergieverbrauch ausmachten. Wegen des possierlichen Beitrags der Kleinwindanlagen nennt man die Bewohner von Dnalhcsteud auch die Kleiwians. Und wenn sie nicht aufgrund industrieller Schwindsucht ausgestorben sind, so lebt der nachhaltige Stamm der Kleiwians noch in 1000 Jahren und erfreut sich der kühlenden Windmühlchen.

## Klimagasheizung – gesicherte Theorie oder Hypothese?

»Difficile est satiram non scribere«, dichtete Juvenal vor über 1900 Jahren. Tatsächlich verhält es sich ganz und gar nicht wie auf Graßlmann-X, weil Treibhausgasmoleküle keine eigenständigen Energiequellen und erst recht kein Perpetuum mobile sind. Manchmal kann man sich jedoch des Eindrucks nicht erwehren, dass strenggläubige Politiker und Politikerinnen der intraparlamentarischen Ökokongregation einen solchen Kokolores glauben. Was aber steckt dahinter?

Moleküle stehen nicht still. Vielmehr bewegen sich Luftteilchen bei Raumtemperatur mit einer Geschwindigkeit von 510 Metern pro Sekunde. Dabei kommen sie allerdings nur zirka 0,00001 Zentimeter weit, weil sie wie die Fahrzeuge eines Jahrmarkt-Autoscooters ständig mit anderen Molekülen zusammenprallen.

Beim Zusammenstoß geraten die Teilchen ähnlich wie Spiralfedern in Schwingung. Einige wie $CO_2$, Wasserdampf und Methan geben dann Wärmestrahlung ab.[b] Diese auf dem Planck'schen Strahlungsgesetz beruhende Strahlungsemission geht nach oben, seitwärts und nach unten. Die nach unten ge-

---

[b] Man spricht von Infrarotstrahlung, abgekürzt IR-Strahlung. Die Hauptkomponenten der Atmosphäre, Stickstoff und Sauerstoff, sind übrigens hierzu nicht in der Lage.

richtete Wärmestrahlung ist der Treibhauseffekt. Halt – nicht verzweifeln. Es ist doch nur simpelste Naturwissenschaft. Auf den nächsten Seiten muss man sich leider etwas anstrengen, sonst wird man zum Öko-Abnickbürger – dem modernen Homo scientiarum legasthenus! Lassen wir das Gelernte einen Moment absitzen und das Ausrufezeichen abkühlen.

So, jetzt geht's weiter. Wie im Bild 9 gezeigt, emittiert die Erdoberfläche Wärmestrahlung (»Surface Radiation«), die von einigen Spurengasen in der Atmosphäre absorbiert wird.[c] Gemäß dem Kirchhoff-Strahlungsgesetz emittieren »Treibhausgase« IR-Strahlung in gleichem Maße, wie sie diese absorbieren. Weil der Treibhaushypothese nach die absorbierte Strahlungsenergie die molekulare Bewegungsenergie (Wärme) *nicht* erhöht, ist im Bild 9 nur die *Rückstrahlung* (»Back Radiation«) der Treibhausgase (»Greenhouse Gases«) in Höhe von 324 Watt pro Quadratmeter angegeben.[d]

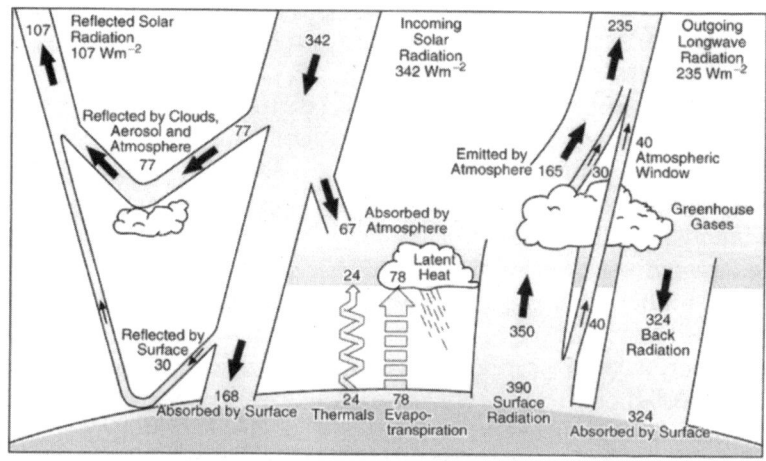

*Bild 9: Strahlungsbilanz nach IPCC, Kiehl und Trendberth*[7,8]

---

[c] Gemeint sind die IR-aktiven »Treibhausgase« $CO_2$, Wasserdampf, Methan und ähnliche.

[d] Für Naturwissenschaftler sei angemerkt: In einem Standardlehrbuch der Treibhauszunft wird sogar ausdrücklich darauf hingewiesen, dass sich im Fall der »Thermalisierung« die Luft wegen des Strahlungsenergieverlusts sofort abkühlen würde und damit der Treibhauseffekt zu gering ausfiele.[9]

Von der ankommenden Sonnenstrahlung (»Incoming Solar Radiation«) in Höhe von 342 Watt pro Quadratmeter wird ein Teil reflektiert, sodass nur *235 Watt pro Quadratmeter zur Erdoberfläche* gelangen oder in der Atmosphäre absorbiert werden. Da Energie nach dem Energieerhaltungsgesetz[e] nicht verschwinden und die Erde den Energieaustausch mit dem umgebenden Weltall nur durch Strahlung bewerkstelligen kann, werden die genannten *235 Watt pro Quadratmeter auch wieder als Strahlung emittiert* (»Outgoing Longwave Radiation«) (Bild 9). Die Erdoberfläche selbst strahlt 390 Watt pro Quadratmeter ab. Davon werden nur 40 Watt pro Quadratmeter durch die stets »offenen atmosphärischen Strahlungsfenster« als direkte Abstrahlung ins Weltall abgegeben. Das wären nur zehn Prozent der Erdkörperabstrahlung! Betrachtet man die Emissionsspektren, die von Satelliten aufgenommen werden, erscheint dieser Zehn-Prozent-Betrag viel zu niedrig angesetzt.[10,11] Dies aber muss so sein, sonst verliert der Treibhauseffekt seine dominierende Rolle! Schaut man noch etwas genauer hin, dann erfährt man, dass das exakt erscheinende Schema (Bild 9), auf das sich der IPCC ausdrücklich beruft, mit einem Fehler von plus/minus fünf Prozent behaftet ist.[12]

Dass Gase wie $CO_2$ und Wasserdampf die Erdoberfläche anstrahlen, ist unumstritten. Das tun sie nach dem *Planck'schen Gesetz* immer, wenn ihre Temperatur höher als minus 273 Grad Celsius (null Kelvin) ist. Woher die Moleküle ihre »Temperaturenergie« haben, ist für die Treibhaushypothese von untergeordneter Bedeutung. Die Vertreter der offiziellen Lehre gehen davon aus, dass sich die Luft vor allem durch Kontakt mit der Erdoberfläche erwärmt. Im Gegensatz hierzu soll die von der Erde ausgehende Wärmestrahlung die Atmosphäre nicht durch Strahlungsabsorption direkt erwärmen.[f] Zweifel an diesem Pos-

---

[e] Um die Segnungen alternativer Energien zu belegen, steht hierzu sicher noch eine Novellierung des Gesetzes durch den Bundestag aus. Momentan klappt das noch nicht, weil es ein Naturgesetz ist.

[f] Erste Anmerkung für Naturwissenschaftler: Im Bild 9 ist die Absorption auf der linken Seite mit »Absorbed by Atmosphere« gekennzeichnet. Bei der ausgehenden Strahlung (»Surface Radiation) wird *kein* Anteil als »Absorbed by Atmosphere« (Erhöhung der Molekularbewegung) abgezweigt. Vielmehr nimmt man an, die Wärmestrahlung würde nach der Absorption zu 100 Prozent wieder emittiert und so würde sich Schicht für Schicht durch die Atmosphäre ins Weltall »durchhangeln«.

tulat sind ein ganz schweres Ökoficium. Dass sich der Klimazweig der Ökoquisition hier irrt, ist seit den 40er-Jahren bekannt und lässt sich durch einfache Experimente belegen.[13,14,15] Gehen wir vorsichtig ein Stückchen weiter. Denn jetzt stellt sich die *theoretische* Frage, wie hoch die Mitteltemperatur des Globus wäre, gäbe es den Treibhauseffekt nicht. Ohne Sonne hätte die Erde die Temperatur der kosmischen Hintergrundstrahlung von minus 270,3 Grad Celsius. Die Sonneneinstrahlung allein erwärmt den Erdkörper bereits von minus 270,3 auf minus 18 Grad Celsius.[g] Es ist aber wesentlich wärmer. Nach einem Konsens, auf den sich die WMO vor Jahren geeinigt hat, beträgt die irdische Mitteltemperatur plus 15 Grad Celsius. Der Angabe liegt eine – äußerst wacklige – Messwertmittelung von 1400 Wetterstationen zugrunde, die knapp zehn Prozent der Erdoberfläche repräsentieren. Darauf basierend, hat man die Zeitspanne von 1931 bis 1960 kühn zur »Klimanormalperiode«[h] erklärt und Abweichungen davon als Klimaänderungen postuliert.[16]

Obwohl die diskutierten Emissions-Absorptions-Vorgänge, Atmosphäre-Erdköper-Sonne, durchaus real sind, lässt sich *nicht* beweisen, dass die Anhebung der irdischen Mitteltemperatur von minus 18 auf plus 15 Grad Celsius ausschließlich auf dem Treibhauseffekt beruht! Ein schlüssiges Experiment hierzu existiert nicht, denn »der Treibhauseffekt selbst kann nur berechnet werden«, gab Professor Raschke vom Forschungszentrum Geesthacht unumwunden zu.[17] Es kommt noch besser: Die Treibhaushypothese – und damit meine ich die Erwärmung um 33 Grad Celsius durch klimawirksame Spurengase – kann auch nicht falsifiziert werden. Somit müsste sie nach dem Verständnis von Karl Popper eigentlich als Wissenschaftssondermüll entsorgt werden – wenn da nicht die

---

[g] Zweite Anmerkung für Naturwissenschaftler: Man nimmt einen Geometriefaktor von einem Viertel und eine Albedo von 30 Prozent an, sodass $0,25 \cdot 0,7$ von 1368 Watt pro Quadratmeter (Solarkonstante) in die Stefan-Boltzmann-Gleichung einzusetzen sind.

[h] Das ist ein ganz faules Konstrukt, weil man dann beispielsweise für die kleine Eiszeit (1400–1750) und in der mittelalterlichen Warmperiode (1100–1300) vollkommen andere »Klimanormalperioden« angeben müsste.

*Politik* wäre, die die Saunaposse für ihr volkspädagogisches Erziehungsexperiment zur »Nachhaltigkeit« benötigt.

## Die Bagatelle

In meinem ersten ökokritischen Buch beschrieb ich 1997 die Klima-Junkszene unter dem Titel *Die Saunameister*.[18] Die wichtigsten Fakten und Daten zum Kohlenstoffkreislauf, zur anthropogenen $CO_2$-Emission und zum Einfluss einzelner Klimagase gemäß der IPCC-amtlichen Darstellung wurden von mir genannt. Was ich in der allgemein gelesenen Wissenschaftsliteratur nicht fand, waren *nachvollziehbare* spektroskopische Daten, die etwas über den denkbaren »Sättigungscharakter« des Treibhauseffekts[19] aussagen.[i]

1984 veröffentlichte der Meteorologe und Kernkraftbefürworter Hermann Flohn einen Fachaufsatz über »Das $CO_2$-Klima-Problem«.[20] Ausführlich wurde über den Anstieg des atmosphärischen $CO_2$ in den letzten Jahren berichtet und dann etwas über noch »recht widerspruchsvolle Ergebnisse der großen ›Klimamodelle‹« geraunt. Wie stark sich die Erdoberfläche und damit die Atmosphäre erwärmen, wird in den »Modellen« durch so genannte »Sensitivitätsparameter« geregelt. Die aber sind höchst ungewiss und hängen ganz stark von Vorgaben ab, mit denen die Forscher ihre Computer füttern. Und dann findet man in dem Aufsatz eine Grafik, aus der sehr dezent und versteckt hervorgeht, dass der $CO_2$-Treibhauseffekt weitestgehend gesättigt ist. Leider quantifiziert Flohn diese unbestrittene Tatsache nicht näher. Näheres hierzu war in einer Veröffentlichung des englischen Chemikers Barrett zu finden, worin dieser behauptete, der Treibhauseffekt sei bereits 30 Meter über dem Erdboden im Wesentlichen gesättigt.[21]

Anlässlich einer Autorenlesung traf ich einen alten Studienfreund. Mit am Tisch in der Nachsitzung saß ein promovierter Physiker. Schnell waren wir beim Thema. Dass Treib-

---

[i] Mit der »Sättigung« ist gemeint, dass der Treibhauseffekt seine maximale Wirkung erreicht hat – also nicht mehr nennenswert gesteigert werden kann. Es verhält sich ähnlich wie mit der Endgeschwindigkeit eines Autos, bei der ein noch so starker Druck aufs Gaspedal keine Beschleunigung mehr ergibt.

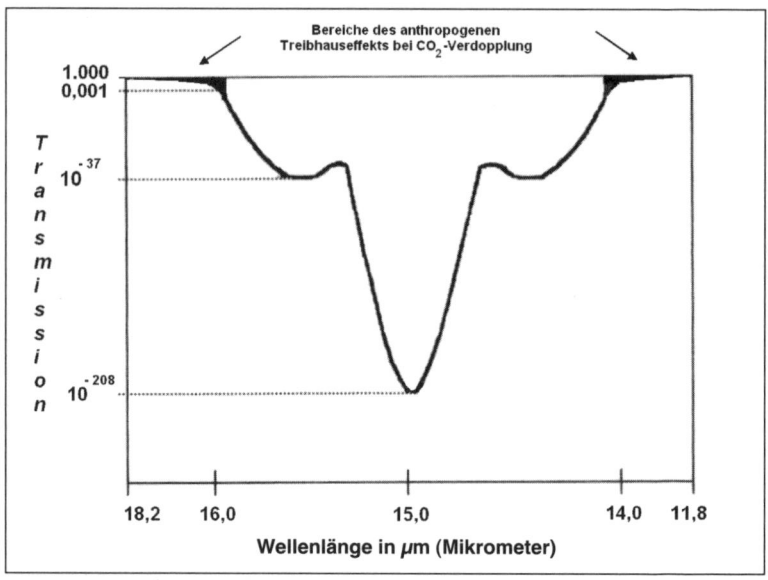

*Bild 10: Absorptionsspektrum des $CO_2$ um 15 Mikrometer in der Luft*

hausgase Wärmestrahlung nicht nur absorbieren, sondern auch emittieren und damit durch Rückstrahlung den Erdboden erwärmen können, war uns klar. Das ist Stand des Lehrbuchwissens für Naturwissenschaftler.[22,23] Inwieweit der Treibhauseffekt bei heutiger $CO_2$-Konzentration »gesättigt« ist, das konnte auch der Physiker nicht sagen. Mein Freund bot mir an, in seiner Firma mit einem laborüblichen, so genannten FT-IR-Spektrometer nachmessen zu lassen.

Am Freitag darauf kamen die Spektren mit den entsprechenden Daten – das Wochenende war »gerettet«. Ich saß am Schreibtisch und wertete aus.

Es waren einfache Messungen, dennoch zeigten sie das Wichtigste: Der Treibhauseffekt des $CO_2$ war bereits unter vorindustriellen Konzentrationen – also zu Goethes Zeiten – weitestgehend gesättigt (Bild 10)!

Zum Verständnis der Grafik ist zu sagen: $CO_2$ besitzt mehrere »Absorptionsbanden«, wobei für den Treibhauseffekt vor allem die 15-Mikrometer-Bande von Bedeutung ist. Das Transmissionsspektrum (Bild 10) gibt die Verhältnisse über eine Wegstrecke vom Erdboden bis in eine Höhe von über zehn Ki-

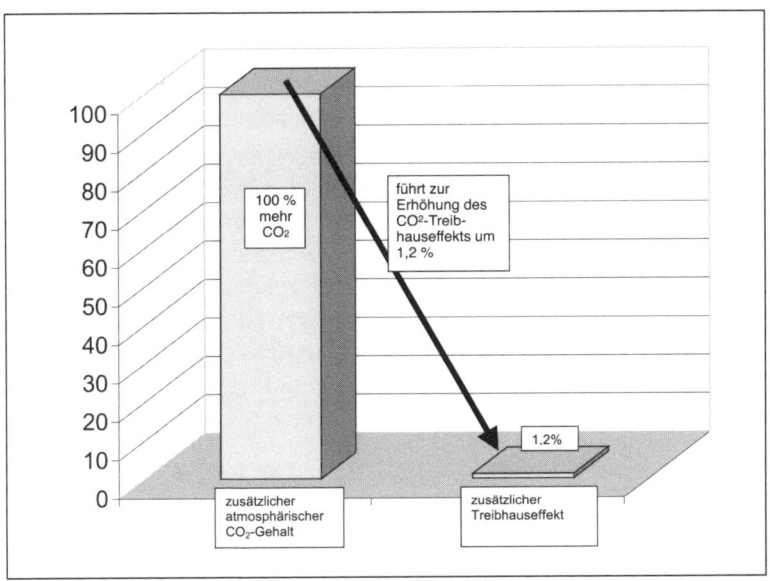

*Bild 11: Vergleich des anthropogenen und natürlichen Treibhauseffekts*

lometern wieder. Eine Transmission von T = 1 bedeutet, die Strahlung wird nicht absorbiert, sondern geht zu 100 Prozent durch. Bei T= 0,001 kommt nur ein Promille der Strahlung am Ende einer bestimmten Wegstrecke an, bei T = 10$^{-208}$ nichts!

Nur die winzigen Eckchen an den Rändern des Transmissionsspektrums (unterhalb von 14 Mikrometern und oberhalb von 16 Mikrometern in Bild 10) könnten noch einen merklichen anthropogenen Treibhauseffekt bringen. Die zugegebenermaßen recht groben Messungen fand ich so interessant, dass ich sie 1998 unter dem Titel »Klimakatastrophe: Ein spektroskopisches Artefakt?« in der *Chemischen Rundschau* veröffentlichte.[24]

Weil die Messungen relativ einfach sind, nehmen wir uns jetzt einmal die *offiziellen IPCC-Zahlen* vor. Da kommt auch nicht viel anderes heraus. Gemäß Bild 9 beträgt die atmosphärische Rückstrahlung (Treibhauseffekt) 324 Watt pro Quadratmeter. Für das »Radiative Forcing« (zusätzliche Rückstrahlung bei Verdopplung des atmosphärischen $CO_2$-Gehalts) gibt der IPCC 3,7 Watt pro Quadratmeter an.[25] Bild 11 zeigt die Verhältnisse.

Das muss man sich einmal auf der Zunge zergehen lassen. Eine Steigerung des Kohlendioxidgehalts um 100 Prozent (!)

bringt nach offiziellen Angaben einen zusätzlichen Treibhauseffekt von schwachbrüstigen 1,2 Prozent. Eine solche Bagatelle soll wegen des Willens einiger Politiker die Welt aus den Angeln heben! Der Sättigungscharakter wird übrigens vom Nobelpreisträger Paul Crutzen ganz unumwunden eingestanden. Er schreibt in einem Lehrbuch:[26] »*Es gibt bereits so viel $CO_2$ in der Atmosphäre, dass in vielen Spektralbereichen die Aufnahme durch $CO_2$ fast vollständig ist, und zusätzliches $CO_2$ spielt keine große Rolle mehr.*« Man kann es auch so ausdrücken: Ein Treibhaus heizt sich bestenfalls geringfügig (Spureneffekt!) stärker auf, wenn man das normale Fensterglas gegen ein zehn Zentimeter dickes Panzerglas austauscht!

## Die Spur der Klimaerbsünde

Im Bericht von 1994 schreibt das IPCC als Zentralbüro der Klimahysterie:[27] »Weil der $CO_2$-Gehalt der Atmosphäre schon hinreichend hoch sei, wird gelegentlich behauptet, der Treibhauseffekt sei ›gesättigt‹.« Und dann wird's spannend. Man bekennt: »In der Mitte des 15-Mikrometer-Absorptionsbereichs hat zusätzliches $CO_2$ nahezu keinen Effekt ... Aber je mehr $CO_2$ in die Atmosphäre gelangt, desto stärker wird das Spektrum gesättigt. An den Rändern, wo weniger absorbiert wird, wird es aber immer einen ungesättigten Bereich geben, in dem zusätzliches $CO_2$ den Treibhauseffekt verstärken kann.«[j] Stimmt. Das erinnert aber stark an die katholische Lehre von der Erbsünde. Der Gläubige kann noch so fromm leben, aber eine Restsünde – die Erbsünde – bleibt immer bestehen. Die 1,2-Prozent-Klimaerbsünde vom ungesättigten $CO_2$-Absorptionsbereich (siehe Bild 11) beruht auf der so genannten Rotationsquantenzahl $J$. Diese kann Werte von null bis unendlich annehmen, weshalb es immer einen ungesättigten Bereich geben muss.[28,29] Dumm, dass die Absorptions- und auch Emissionseffekte mit steigender Rotationsquantenzahl immer

---

[j] Originalton: »As more and more $CO_2$ is added to the atmosphere, more of its spectrum will become saturated – but there will always be regions of the spectrum which remain unsaturated and capable of enhancing the greenhouse effect if $CO_2$ concentrations are increased.«

schwachbrüstiger werden und bei den atmosphärischen Temperaturen aus physikalischen Gründen überhaupt nicht nennenswert angeregt werden. Deshalb bleibt es beim vernachlässigbaren Spureneffekt – der Petitesse am Rand von Bild 10. Meine kleine Veröffentlichung erregte etwas Aufmerksamkeit. So wurde sie unter anderem im *FOCUS* und in der *Wirtschaftswoche* erwähnt.[30,31] Plötzlich zog es im politisch mollig warm geheizten Klimaforscherbiotop. Ein Professor, der an einer rheinischen Universität sein auf Ultraspurenmessung beruhendes Ökoauskommen hat, rief hoch empört bei der Redaktion der *Chemischen Rundschau* an und wollte einen Widerruf oder zumindest eine Gegendarstellung erreichen. Der Chefredakteur deutete ihm, dass es in der Naturwissenschaft keine absoluten Wahrheiten gebe und er deshalb die Publikation zu Recht angenommen habe. Daraufhin wollte der Herr einen Leserbrief schreiben, der aber niemals einging – auch nach mehrmaliger Aufforderung durch die Redaktion nicht.

Im Oktober 1998 fuhr man schweres Geschütz auf. Forscher des IPCC publizierten in der *Chemischen Rundschau* eine Gegenveröffentlichung mit dem Titel »Den zusätzlichen Treibhauseffekt gibt es doch!«.[32] Ich hatte das nie bestritten, behauptete aber, es sei eine zu vernachlässigende Bagatelle, und stehe noch heute dazu. Die Klimaforscher warfen mir vor, mein zur Messung benutztes Spektrometer sei zu unempfindlich gewesen, weshalb ich den wichtigen Spektralbereich – den des anthropogenen $CO_2$-Treibhauseffekts – gar nicht hätte erfassen können. Und dann bestätigten die Herren exakt, was ich veröffentlicht hatte. Der interessante Bereich, in dem zusätzliches $CO_2$ den Treibhauseffekt verstärken kann, liegt in den äußersten Rändern des Spektrums, und zwar zwischen 11,8 und 14,0 Mikrometern sowie zwischen 16,0 und 18,2 Mikrometern. Dieser Bereich ist in der Tat ungesättigt, aber so schwach absorbierend, dass er sich den Möglichkeiten eines normalen, in der chemischen Forschung benutzten FT-IR-Spektrometers entzieht.

Weil es das erste Mal wäre, dass eine politisch diskutierte Ökokatastrophe nicht auf einem ideologiekonformen Spureneffekt beruht, verfasste ich eine Erwiderung mit dem Titel: »Zusätzlicher Treibhauseffekt ist ein kleines Peakflankenphänomen«.[33,34] (Unter einem Peak versteht man in der chemischen Analytik üblicherweise das gaußkurvenförmige Messsignal.)

## Die Wasserdampfverstärkung oder
## Das Katastrophen-Nebelhorn

Rechnet man anhand der üblicherweise geltenden Gesetze nach, so erhöht sich bei $CO_2$-Verdopplung die irdische Mitteltemperatur um 0,7 Grad Celsius und nicht, wie behauptet wird, um bis zu 5,8 Grad Celsius.[k] Wie kommt der weit überzogene Wert zustande?

Damit die Treibhausschnurre so richtig rund läuft, haben sich die Saunameister einen sophistischen Hattrick ausgedacht. Professor Hinzpeters (Max-Planck-Institut für Meteorologie, Hamburg) beschrieb ihn 1985 in einer Fachzeitschrift:[35] »Obwohl eine Verdopplung der Kohlendioxidkonzentration in der Atmosphäre allein nur eine geringfügige Erhöhung der mittleren bodennahen Temperatur um wenige Zehntelgrade bewirken würde, da die Kohlendioxidbanden auch bei der gegenwärtigen Kohlendioxidkonzentration fast opaque (»undurchsichtig«, vergleiche Bild 10) sind und die Verdoppelung nur die von den Flanken der Kohlendioxidbanden herrührende Gegenstrahlung erhöhen würde, führt diese Temperaturerhöhung jedoch in der Folge zu einer Vermehrung der Wasserdampfkonzentration der Atmosphäre, die zu einer wesentlich höheren Zunahme der Gegenstrahlung und damit zu der bekannten angenommenen Erhöhung der Mitteltemperatur um zwei bis drei Grad Celsius führen würde.«

Zu gut Deutsch: Anthropogenes $CO_2$ selbst bewirkt keine nennenswerte Erwärmung. Die fast belanglose zusätzliche atmosphärische Rückstrahlung durch $CO_2$ erwärmt aber die Meere. Diese geben dadurch etwas mehr Wasserdampf an die Atmosphäre ab, der dann als eigentliches Treibhausgas die Globusoberfläche zusätzlich erwärmt. Positive Wasserdampfrückkopplung oder Super-Treibhauseffekt nennen die »Mo-

---

[k] Zum Nachrechnen für Naturwissenschaftler sei angemerkt: Die »normale« Abstrahlung des Erdkörpers beträgt im Mittel 390 Watt pro Quadratmeter (siehe Bild 9). Wird das $CO_2$ um 100 Prozent gesteigert, dann erhöht sich der Treibhauseffekt um 3,7 Watt pro Quadratmeter. Somit sind in die Stefan-Boltzmann-Gleichung 393,7 Watt pro Quadratmeter einzusetzen. Der Vergleich mit dem Ergebnis von 390 Watt pro Quadratmeter ergibt eine Temperaturerhöhung von 0,7 Kelvin.

dellierer« das. Anders kommen sie nicht auf die von der Politjunkszene »erwünschten« Temperatureffekte, sondern bestenfalls auf 14 bis 25 Prozent davon.[36] Weil nach diesem Glaubensartikel der *Wasserdampf dem $CO_2$ folgt*, wird er auch als *sekundäres* Treibhausgas bezeichnet. Ein toller Zaubertrick, der den Verhältnissen auf Graßlmann-X recht nahe kommt, wo $CO_2$ sogar als eigenständige Energiequelle gilt!

Sie haben Zweifel? Hier der Originalton IPCC:[37] »›Der Wasserdampf-Feedback‹ ist nach wie vor der durchweg wichtigste Rückkopplungseffekt, der die von den allgemeinen Zirkulationsmodellen als Reaktion auf eine $CO_2$-Verdopplung vorhergesagte globale Erwärmung verursacht.«

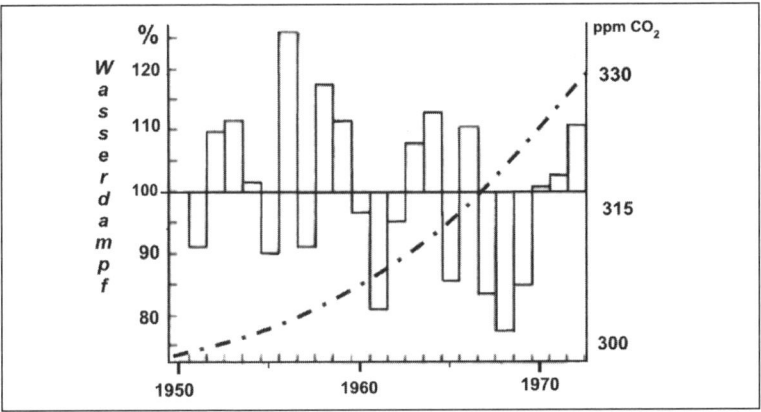

*Bild 12: Wasserdampf über dem Atlantik und $CO_2$-Gehalt*[38]

Der Wasserdampfverstärkungsmechanismus ist allerdings falsifizierbar, denn er lässt sich durch Beobachtung plausibel überprüfen beziehungsweise widerlegen. Eine Veröffentlichung von Hermann Flohn aus dem Jahr 1978 zeigt, dass sich der atmosphärische Wasserdampfgehalt überhaupt nicht am $CO_2$-Gehalt der Atmosphäre orientiert. Vielmehr schwankt die Verdunstungsmenge über dem Atlantik zwischen 1950 und 1972 trotz stetig steigenden $CO_2$-Gehalts (gestrichelte Linie) um einen Mittelwert wild hin und her (Bild 12). Wieso war er um 1956 so hoch, und wer hat um 1968 den Wasserdampf geklaut? Tatsächlich handelt es sich um eine klassische *Antikorrelation*, die eindeutig belegt, dass sich der atmosphärische

227

Wasserdampfgehalt einen feuchten Kehricht um die gerade herrschende Kohlendioxidkonzentration kümmert. Fazit: Die Wasserdampfverstärkung ist ein Ökoschnulli, mit dem »Modellierer« den Sättigungseffekt (vergleiche Bild 10) übertünchen.

## Der lange Marsch des Treibhauseffekts

1896 zündete der bereits erwähnte schwedische Chemiker Svante Arrhenius (siehe Seite 168) einen naturwissenschaftlichen Schwelbrand. Im Journal *The Philosophical Magazine* beschrieb er den Treibhauseffekt in einem Artikel mit dem Titel:[39] »On the influence of carbonic acid in the air upon the temperature of the ground.« Es geht also um die *Erdbodentemperatur* – nicht um die Lufttemperatur! Die stellt sich nach der Treibhaushypothese ein, wenn die Luft mit der Erdoberfläche in Kontakt kommt.

Arrhenius beruft sich auf Joseph Fourier, der 1827 meinte, die Atmosphäre würde sich wie ein Treibhaus (»hot house«) verhalten, weil sie das sichtbare Licht der Sonne ungehindert passieren lasse und die vom Erdboden ausgehende Infrarotstrahlung (»dark rays«) zurückhalte. Mithilfe einer sehr unzulänglichen Spektroskopie und groben Abschätzung rechnet Arrhenius mit einer Temperaturerhöhung um acht bis neun Grad Celsius in der Arktis, wenn sich der $CO_2$-Gehalt verdreifacht. Das irdische Klima und seinen Wandel hauptsächlich auf $CO_2$ zurückzuführen, schuf einen Erklärungsnotstand bei den Eiszeiten. Temperaturstürze, die zur Vereisung führen, begründete Arrhenius mit der Annahme, bei sehr hohem $CO_2$-Gehalt würde das Treibhausgas durch Silikate gebunden. Wie man heute weiß, ist diese Hypothese, die er bei seinem Kollegen Hogbom entlehnt hatte, nachweislich falsch.[40] Damals konnte Arrhenius die Wissenschaftswelt nicht überzeugen. Aber die Lunte war gezündet und schmauchte zunächst mehr als 30 Jahre vor sich hin.

1938 belebte der britische Dampfmaschinenbauingenieur Guy Stewart Callendar den Treibhausgas-Zombie durch Beschwörung des heiligen *Sankt Korrelatius*! Er sammelte die Wetterbeobachtungsdaten der zurückliegenden 60 Jahre und ordnete sie dem atmosphärischen $CO_2$-Gehalt zu.[41] Wie aus Bild 13 hervorgeht, gibt es ab 1880 bis um 1940 tatsächlich eine verblüffende Übereinstimmung.[42,43]

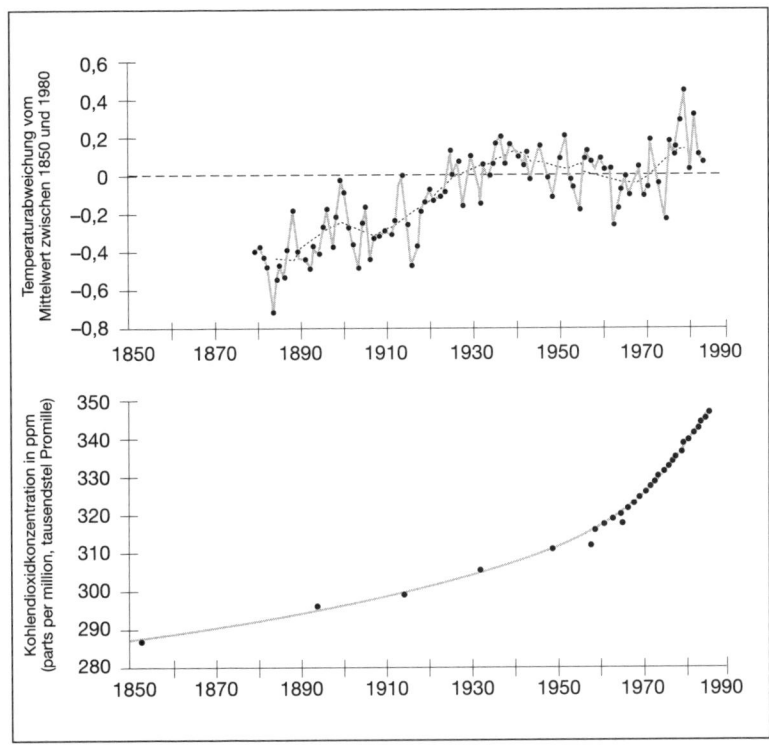

*Bild 13: Mitteltemperatur und atmosphärisches CO$_2$[44]*

Leider wusste Callendar um 1938 nicht, dass es trotz steigenden Kohlendioxidgehalts zwischen 1938 und 1975 (fast 40 Jahre!) keinen Temperaturanstieg, sondern im Gegenteil eine Abkühlung geben würde. Ein Fakt, den die Treibhausgasapostel bis heute nicht erklären können.[45] Hätte Callendar dies gewusst, würde gegenwärtig die technische Zivilisation, der wir unsere Wirtschaftskraft und Arbeitsplätze verdanken, nicht durch politische Umtriebe zerstört (vergleiche Maurice Strong, Seite 103). Zunächst hatte der Ingenieur wenig Erfolg, denn zwischen 1930 und 1945 interessierte man sich weniger für den atmosphärischen CO$_2$-Gehalt als vielmehr für die Wirtschaftskrise, einen europäischen Diktator und den Zweiten Weltkrieg.[41] Doch Callendar ließ nicht locker. Es gelang ihm, den akademischen Lehrer Al Gores, Roger Revelle, für die Treibhaushypothese zu gewinnen.[46]

In seinem Buch *Wege zum Gleichgewicht* schreibt Al Gore:[46] »Roger Revelle war es durch schiere Beharrlichkeit gelungen, die wissenschaftliche Welt davon zu überzeugen, seinen Plan, regelmäßig die $CO_2$-Werte in der Atmosphäre aufzuzeichnen, in das Programm des internationalen Geophysikalischen Jahres (1957–1958) aufzunehmen ... Mitte der 60er-Jahre unterbreitete Revelle seinen Studenten im Rahmen einer bevölkerungspolitischen Vorlesung die dramatischen Messergebnisse der ersten acht Jahre: Jahr um Jahr stiegen die $CO_2$-Konzentrationen an. Professor Revelle erläuterte, dass höhere Konzentrationen von $CO_2$ etwas hervorrufen würden, das er den Treibhauseffekt nannte, durch den die Erde erwärmt würde. Die Implikationen seiner Worte waren bestürzend ...«

Hilfe bekamen die Treibhausapostel auch von der englischen Premierministerin Margaret Thatcher.[47,48] Diese hatte wie alle erfolgreichen demokratischen Politiker ein feines Näschen für Tricks, mit denen man Wähler aufs Ärmchen nehmen kann. In den 80er-Jahren ließ sie sich als gelernte Chemikerin vom englischen Physiker Sir John Houghton über den Treibhauseffekt unterrichten. Wohl wissend, dass ihre Regierungskollegen in aller Herren Länder ausgebuffte naturwissenschaftliche Legastheniker sind, konnte sie ihnen die $CO_2$-Klimakastrophe als Ökorenner verkaufen. Ihre politische Beute machte sie aber nicht auf dem internationalen Parkett. Vielmehr hielt Frau Thatcher mit der $CO_2$-Argumentationsbombe die subventionsgierige Kohleindustrie und die Bergarbeitergewerkschaften in Schach.[49] Für John Houghton zahlte sich das Informationsstündchen bei der englischen Premierministerin aus, er wurde geadelt und später Leiter der »Wissenschaftlichen Arbeitsgruppe I« des IPCC.

## Ultraspurenleser und Abakuskünstler

Um die atmosphärische Absorption von Wärmestrahlung durch $CO_2$ und Wasserdampf zu ermitteln, musste Arrhenius in Ermangelung eines geeigneten Spektrometers auf das Mondlicht als Strahlungsquelle zurückgreifen. Mithilfe dieser »Moonlight-Serenade« berechnete er die Durchlässigkeit der irdischen Atmosphäre für Wärmestrahlung über mehrere Breitengrade. Eine echte Fleißarbeit, wenn man bedenkt, dass damals keine Computer zur Verfügung standen. Mitte der 50er-Jahre begann sich der Spektroskopiker Gilbert N. Plass des $CO_2$-Treibhauseffekts anzunehmen.[50,51] Und jetzt wird es für unsere Überlegungen wieder besonders interessant, denn mit der Weiterentwicklung der IR-Spektroskopie (»Spektroskopie der Wärmestrahlung«) konnte Plass Messungen im Ultraspurenbereich durchführen, an die vorher nicht ansatzweise zu denken war. Problemlos konnten plötzlich die Signale von zehn parts per million (0,001 Prozent) $CO_2$ präzise gemessen werden.[52,53] Und was noch wichtiger ist, man konnte die äußerst schwachen *Ultraspurenabsorptionsbereiche*, die sich im ungesättigten Bereich des $CO_2$-Spektrums befinden (vergleiche Bild 10), zuverlässig bestimmen.

Heute findet man die Spektren der »Treibhausgase« als so genannte HITRAN-Spektren in einer Computerdatenbank[1].[54,55] Neben den Hauptsignalen werden vor allem die schwachbrüstigen Absorptionsbereiche, die wegen ihrer Geringfügigkeit nur mit Spezialgeräten zu messen sind, angegeben. Betreut wird die HITRAN-Datenbank seit 1961 von Laurence Rothman am Air-Force-Laboratorium von Bedford (Massachusetts). Was das mit der Luftwaffe zu tun hat? Sie erinnern sich doch noch an Nixons NATO-Umweltinitiative, oder?

Als man winzigste spektroskopische Effekte messen konnte, kam die nächste Komponente ins Spiel. Es war die Nutzungsmöglichkeit großer Rechner.[56] Bereits 1955 machte Plass Lösungsvorschläge zur Berechnung des Strahlungstransports in der Atmosphäre.[57] Zum Segen der technischen Zivilisation konnte er damals noch nicht auf brauchbare Computer zurückgreifen. Erst als Mitte der 70er-Jahre größere und vor allem schnelle Rechner zur Verfügung standen, konnten Manabe, Seller und viele andere den *naturwissenschaftlich-politischen* Klimagas-Schwelbrand stärker anfachen.[58] Mit Veröffentlichungen wie *The Effects of Doubling the CO2 Concentration on the Climate of a General Circulation Model* begann um 1975 die Ära der »Modellierer«.[59]

Wie bereits erwähnt, griff Nixon mit seiner NATO-Umweltinitiative den Treibhauseffekt begeistert auf. Nur dumm,

---

[1] HITRAN ist die Abkürzung für HIgh-resolution TRANsmission molecular absorption database.

um 1970 waren wegen der niedrigen Temperaturen Eiszeit-ängste angesagt (siehe Bild 13). Deshalb gab es 1970 für abkühlende, anthropogene Aerosole mehr Forschungsgelder als für Treibhausfantasien. Da die Ökojunkszene immer auf den jeweils aktuellen Musikdampfer aufspringt, rechnete sich der Klimaperformancekünstler und Stanford-Professor Stephen S. Schneider mit Aerosolstäuben glücklich und schrieb 1976 ein Buch mit dem Titel *The Genesis Strategy*. Darin fabulierte er von der unmittelbar bevorstehenden *Eiszeit*, die unabwendbar sei, weil die technische Zivilisation zu viele den Himmel verdüsternde Feinststäube (Aerosole) produziere.[60] Zur hellen Freude der Ökozündhütchen »bewies« Schneider 1971 mittels »Modellierung«, dass selbst eine 800-prozentige (!) Steigerung des $CO_2$-Gehalts die Temperatur um höchstens zwei Grad Celsius erhöhen würde. Wer hätte denn das gedacht? Dem stünde eine Abkühlung durch die Aerosole der Industriegesellschaft von 3,5 °C gegenüber. Spätestens im Jahr 2000 wäre die neue Eiszeit da.[61]

Bei so viel Katastrophentaumel griffen die Medien begierig zu. Im Februar 1977 schrieb die *FAZ*:[62] »Frost bis minus 50 Grad und Schnee bis sechs Meter Höhe verwandelten große Teile der Vereinigten Staaten in eine Polarlandschaft.« 80 Menschen erfroren in Häusern, in Autos und im Freien. Acht Bundesstaaten erlitten eine Versorgungskrise. Nach Auskunft von Professor Bryson (Universität von Wisconsin) sank die Durchschnittstemperatur seit 1945 um 0,4 bis 1,5 Grad Celsius.[m] Schnee- und Eisflächen in den Polar- und Gebirgsregionen seien in den letzten 30 Jahren um 15 Prozent angewachsen. Einer CIA-Studie zufolge sind die Vorboten der Eiszeit mit künftigen Hungerkatastrophen unverkennbar.

Der »Modellierer« Schneider sagte einmal vor Jahren: »Jeder muss entscheiden, ob er zur Durchsetzung einer Strategie ehrlich oder effektiv sein will.« Deshalb bekam er auch schnell die Ökokurve, nachdem permanente Warnungen vor einer neuen Eiszeit die Erde auf geheimnisvollem Weg erhitzt hatten. 1990 berief er sich in einem Fernsehinterview auf den heiligen Sankt Korrelatius: »Wir wissen, dass während der letzten Eiszeit vor 20.000 Jahren die Atmosphäre 25 Prozent

---

[m] Heute behauptet das IPCC, seit Beginn der Industrialisierung sei die Temperatur durch Treibhausgase bedingt um 0,6 Grad Celsius gestiegen!

weniger Kohlendioxid und 50 Prozent weniger Methan enthielt. Deshalb werden Kälteperioden von weniger und Warmperioden von einem Mehr an Treibhausgasen verursacht.« Interessant: 25 Prozent weniger $CO_2$, und die Eiszeit ist da, während in der Jubelzeit des Aerosol-Eiszeitwahns selbst 800 Prozent mehr $CO_2$ die Kälte nicht aufhalten konnten. 1988 war der Sommer in den USA ungewöhnlich heiß. Nachdem er in den 70er-Jahren die These von der bevorstehenden Eiszeit vertreten hatte, erklärte James E. Hansen am 23. Juni 1988 vor dem US-Senatskomitee, »mit 99-prozentiger Sicherheit sei die gegenwärtige Hitzeperiode durch anthropogene Klimagase verursacht«.[63,64] Alle Medien von CNN bis zur New York Times warfen den Riemen auf die Treibhausgasdrehorgel. Und da man dem Homo sapiens sapiens alles, aber auch wirklich alles, einreden kann, glaubten 70 Prozent der Amerikaner, Autofahrer brächten den Globus zum Kochen.

## Sankt Modellus und die Treibhausapostel

Zur Vollsynthese des virtuellen Klimas um 2100 werden Hochleistungsrechner mit Hunderten Parametern gefüttert und komplexe Gleichungen mittels Millionen Arbeitsbefehlen miteinander verknüpft.[65] Damit alles möglichst realitätsnah abläuft, teilen die »Modellierer« die Erdatmosphäre in Gittersegmente von 250 Kilometer Seitenlänge und einem Kilometer Höhe ein.[66,67] Stellt sich die Frage: Kann man mit einer Genauigkeit, wie sie im Bild 7 auf Seite 170 (T-21-Netz) dargestellt ist, das Klima der Zukunft berechnen? Kaum, denn das eigentlich erforderliche Skalenspektrum von einem Millimeter bis 40.000 Kilometer für die Landmasse und die Meere schafft bislang kein Rechner.[68]

Lässt man die Computer nach getaner Programmierarbeit laufen, berechnen sie mit einer zeitlichen Auflösung von einer halben Stunde Wärme, Impuls und Feuchtigkeit in jedem Segment für mehrere hundert »Modelljahre«. Da sich die Ozeane und die Atmosphäre aber nicht auf zwei unterschiedlichen Planeten befinden, muss man das Atmosphären- und das Ozeanmodell miteinander koppeln. Und genau da kommt es zum Crash; das gekoppelte atmosphärisch-ozeanische Zirkulationsmodell (AOGCM) läuft schön langsam, aber stetig »von einem realistischen Zustand in einen neuen, unrealistischen Zustand«[69]. Wer hätte denn das gedacht? Wegen der vielfältigen Rückkopplungen und besonders wegen der verflixten Wolken muss man ein wenig an den Modellschrauben drehen – corriger la fortune, heißt es bei Minna von Barnhelm. Modellierer sprechen lieber von »Flusskorrekturen«, die so gestaltet sind, dass sich die Computersimulation der Wirklichkeit anschmiegt.[69,70]

Professor Cubasch vom Hamburger Klimarechenzentrum schreibt: »Man hat als Modellierer also die Wahl, entweder ohne Flusskorrektur mit einem unrealistischen Klimazustand zu operieren, oder die Flusskorrektur mit ihren Schwächen zu akzeptieren, dafür aber ein realistisches Klima zu erhalten.«[69] Damit geben die Forscher offen zu, dass die Ergebnisse ihrer mathematischen Klimamodelle entscheidend von den Eingabegrößen abhängen und dass ihre Modellrechnungen gleich mehrere Unbekannte (wie Veränderungen der Landnutzung, des Aerosol- und Wasserdampfgehalts der Atmosphäre oder der mittleren Wolkenbedeckung der Erde) enthalten, deren potenziellen Einfluss auf die Entwicklung der globalen Durchschnittstemperatur sie nur abschätzen können.

## Kristallkugelolympiade oder Experiment?

Bei einem Interview schrieb der Bielefelder Soziologe Peter Weingart politischen Modellsuchtknochen und ihrer wissenschaftlichen Entourage ins schweinslederne Pflichtenheft:[71]

- »Das Springen auf die allererste Äußerung als schon gesichertes Wissen ist unverantwortlich ... Wir dürfen wissenschaftliches Wissen nicht mehr als gesichert, wahr und endgültig betrachten.
- Inzwischen geht es auch in der Wissenschaft zuweilen um viel Geld und Karrieren ... Im Fall der Klimaforschung kommt hinzu, dass schon die Wissenschaftler selbst einen von Menschen ausgelösten Klimawandel als politisches Problem dargestellt haben. Die Wissenschaft hat sich somit ins politische Geschäft begeben und ist ein hohes Glaubwürdigkeitsrisiko eingegangen.
- Es fragt sich, in welcher Beziehung Computermodelle zur Realität stehen und ob Wissenschaften, die überwiegend oder ausschließlich mit Computermodellen arbeiten, in der

Öffentlichkeit als ebenso glaubwürdig gelten wie die klassischen Experimentalwissenschaften.«

Da ist Professor Weingart zu widersprechen. Die »Modellierer« »experimentieren« durchaus.[72,73] Dabei werden Computer verschiedener Institute mit den dort entwickelten »Klimarechner-Programmcodes« gefüttert. Welch ein Nonsens – anders kann man es nicht nennen – dabei herauskommt, belegte der »Modellierer« R. D. Cess 1993.[74] In einem »Experiment« traten 15 Klimamodelle gegeneinander an. Ergebnis der piepsenden Computershow: Das »Radiative Forcing« bei verdoppeltem $CO_2$ liegt zwischen 3,2 und 4,9 Watt pro Quadratmeter, woraus ein Temperaturanstieg zwischen 1,8 und 5,8 Grad Celsius errechnet wird. Wohlgemerkt: alles unter der Annahme der Wasserdampfrückkopplung – heiliger Sankt Modellus, steh uns bei jetzt und in der Not!

Noch unterhaltsamer wird es, wenn Wolken ins Spiel kommen. 1996 traten 18 Modelle »experimentell« gegeneinander an.[75] Acht Computerkristallkugeln tippten auf eine Abkühlung durch Wolken, während zehn meinten, Wolken würden zur Erwärmung beitragen. Die Letzteren gewannen die Meinungshoheit. Offensichtlich unterliegt die Klimaforschung den Regeln des Fußballspiels. Wer die meisten Tore schießt oder die gruseligsten Katastrophen herbeimodelliert, ist Sieger und rückt in der Pokalklasse eins auf.

Ob eine wissenschaftliche Hypothese oder gar Theorie der Wahrheit nahe kommt, darüber entscheidet in der Naturwissenschaft einzig und allein das reale Experiment. Dies belegt beispielsweise die Geschichte vom Polywasser. Aufgrund von Beobachtungen meinte der Russe B. V. Derjagin 1962, er habe eine bislang unbekannte, fettartige Modifikation des Wassers entdeckt. Sofort wurde eifrig geforscht, und tatsächlich bestätigten verschiedene Arbeitsgruppen die Beobachtungen. Der prominente amerikanische Spektroskopiker E. R. Lippincott brachte sogar einen Artikel über das Polywasser in dem angesehenen Wissenschaftsjournal *Science* unter.[76] 1971 krachte alles in sich zusammen. Das Polywasser war nichts anderes als ein Gemisch von Glasabrieb nebst fettartigen Stoffen, die von den Händen der Experimentatoren stammten.[77] Ähnliches erwartet uns bei der Klimaforschung, wenn deren Modell-»Experimente« durch die Realität korrigiert werden.

## Klimageschichtsklitterung

Drittes Fernsehprogramm, vor einigen Jahren am Sonntagmorgen. Professor Hartmut Graßl, ein drahtiger Mann in den Fünfzigern, der sich selbst als »Forscher, Priester und Politiker« bezeichnet[78], beschwört in einem Hörsaal die Klimakatastrophe mithilfe des heiligen Sankt Korrelatius. Zur Unterstützung seiner Liturgie legt er eine Folie auf und predigt mit überzeugendem Tremolo: »Wenn das kein Beweis ist, meine Damen und Herren, dann weiß ich's nicht.« Tatsächlich zeigen die von Graßl präsentierten Eiskernbohrungen aus der Zeitschrift *Nature* eine verblüffende Übereinstimmung zwischen irdischer Temperatur und atmosphärischem $CO_2$-Gehalt.[79] Leider sind Korrelationen kein Beweis, sondern nur eine notwendige Voraussetzung für einen behaupteten Zusammenhang. Schaut man sich die besagten Eiskernbohrungen näher an, erkennt man sogar einige *Antikorrelationen*.

So ganz einfach ist das also nicht. Der polnische UN-Wissenschaftler Professor Jaworowski zählt 19 Gründe auf, weshalb Eiskernbohrungen bei unvorsichtiger Interpretation systematisch falsche Kohlendioxidkonzentration widerspiegeln. Hauptfehlerquelle ist die sehr gute, druckabhängige Löslichkeit des $CO_2$ in Eis. Dadurch bedingt findet man in ein und derselben Probe 240 parts per million oder 500 parts per million $CO_2$. Deshalb werteten nach Jaworowski die Forscher ihre Messungen vielfach »selektiv« aus.[84]

Im März 1999 erschien in der Zeitschrift *Science* eine Veröffentlichung, in der die Eiskernbohrungen exakt und zeitlich hoch aufgelöst interpretiert wurden. Demnach erfolgt der Anstieg des atmosphärischen Kohlendioxids um 80 bis 100 parts per million im Mittel stets 600 Jahre *nach* einer Erwärmungsphase.[80] Im Mai des gleichen Jahres gab es einen weiteren Schlag ins Korrelationskontor. Benjamin P. Flower konnte zeigen, dass vor zirka 15 Millionen Jahren die irdische Mitteltemperatur um sechs Grad Celsius *höher* lag als heute, obwohl damals die Atmosphäre 20 bis 50 Prozent weniger $CO_2$ enthielt.[81]

Wie U. Berner und Hj. Streif in einem der Ökoquisition richtig wehtuenden Buch belegen, gab es in der Kreidezeit sogar Kohlendioxidkonzentrationen von 950 parts per million bei einer Temperatur, die kaum über unserer heutigen lag.[82] Auch konnten Geowissenschaftler Eiszeitperioden nachweisen, in denen die atmosphärische Kohlendioxidkonzentration zehn-bis 20-mal höher war als heute.[83,84,85]

Vielfach ist im Verlauf der Erdgeschichte *erst* die Temperatur angestiegen und dann das $CO_2$.[86] Den Effekt kennt jede Hausfrau. Wie warmes Selterwasser stärker sprudelt als kaltes, geben die Weltmeere auch mehr $CO_2$ an die Atmosphäre ab, wenn die Sonneneinstrahlung die Meere stärker aufheizt. Dies geschieht, wenn über einen längeren Zeitraum (Jahrzehnte oder Jahrhunderte) *die $CO_2$-unabhängige Wolkendichte geringer* ist. Offensichtlich scheint sich das Klima nicht allzu sehr für Treibhausgase zu interessieren! Das tut nur die Ökoquisition mit ihrem heiligen Sankt Korrelatius.

Professor Augstein vom Alfred-Wegner-Institut schätzt den Direktor des Weltklimaforschungszentrums, Graßl, als Mann ein, »der gern die Katastrophendrehorgel dreht, der notfalls auch versucht, Ziele, die er für richtig hält, mit zweifelhaften Argumenten durchzusetzen«[87]. So ist es.

Auf der Bunsen-Tagung von 1999 »bewies« der Klimaforscher Graßl den anthropogenen Treibhauseffekt mit der Zunahme der Hochwasserhäufigkeit in Köln seit 100 Jahren[70] – und niemand in dem erlesenen Wissenschaftlergremium lachte schallend, obwohl die gegenwärtige Überflutungshäufigkeit und die Wasserstände vor der Industrialisierung vielfach weit übertroffen wurden, beispielsweise in den Jahren 1342, 1595, 1651, 1658 und 1784.

Statistik ist immer gut. 1995 behauptete Klaus Hasselmann vom Deutschen Klimarechenzentrum in Hamburg: »Die Wahrscheinlichkeit, dass die Erwärmung auf externe Einflüsse zurückzuführen ist – insbesondere auf die Zunahme der Treibhausgasemissionen –, liegt bei 95 Prozent.«

Diese Aussage ist genauso fraglich wie der Temperaturverlauf der Nordhemisphäre, den der IPCC 2001 für die Jahre 1000 bis 2000 veröffentlichte (Bild 14, Seite 238 untere Kurve). Die Grafik ähnelt einem Hockeyschläger und wurde auf der Basis einer mehr als dubiosen Statistik vom Geowissenschaftler Michael Mann (Universität Virginia) ermittelt. Da die Kurve im 20. Jahrhundert dramatisch um zirka 90 Prozent ansteigt, löste sie bei »Policy Makern« Fieberwahnschübe aus, weil damit *der* Beweis für den anthropogenen Treibhauseffekt erbracht schien. In Wirklichkeit hat Sankt Korrelatius wieder einmal ein kräftiges Obsttörtchen geworfen (vergleiche Kapitel 8).

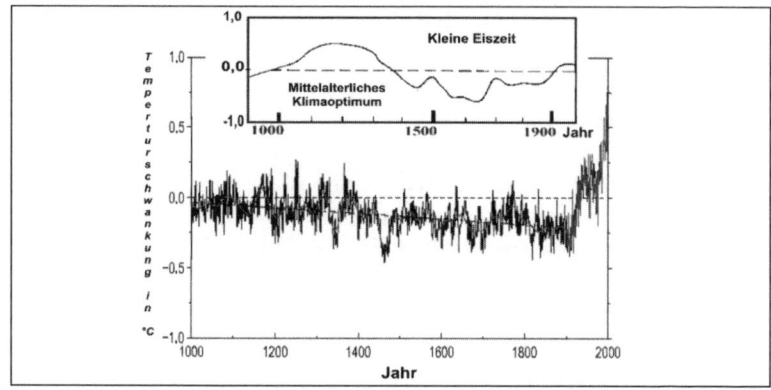

Bild 14: *Klimaverlauf der Nordhemisphäre (obere Kurve, IPCC, 1990)[89] und nach Michael Mann (untere Kurve, IPCC, 2001)[88]*

Michael Mann leitete seine Daten fast ausschließlich aus nordamerikanischen Baumringen ab.[90] Die mit Sicherheit nicht auf $CO_2$ zurückzuführende mittelalterliche Warmperiode zwischen 1100 und 1300 entfällt bei ihm genauso wie der Temperaturabstieg in Richtung kleine Eiszeit zwischen 1400 und 1750.[91,92] Beide von $CO_2$ vollkommen unabhängigen Phänomene sind tausendfach belegt und wurden sogar vom IPCC 1990 so angegeben (obere Kurve im Bild 14).[93-101] Deshalb wurde Manns »Hockey-Stick-Kurve« kurz nach der Veröffentlichung von den Harvard-Wissenschaftlern Soon und Baliunas plausibel entkräftet.[102]

McIntyre und McKitrick (Universität Guelph, Ontario) hatten sich 2003 die Veröffentlichung Manns näher angeschaut und fanden, dass sie auf falschen Datenzusammenstellungen, abwegigen geografischen Zuordnungen, überflüssigen Zahlen, zurechtgestutzten Werten und mängelbehafteter Statistik beruht.[103] Die Autoren urteilen: »Die hockeyschlägerartige Form des Temperaturverlaufs in der Nordhemisphäre nach Michael Mann und seinen Mitarbeitern ist extrem beeinflusst von der Klimadiskussion des 20. Jahrhunderts.«

Aufgrund des offensichtlich begründeten Widerspruchs hat sogar die amerikanische Umweltbehörde, die EPA, die Mann'sche Klamaukkurve verworfen, was die fest von Kargheitsaposteln beherrschte Klimainquisition natürlich nicht schert.[104] Selten war mehr Manipulation im Lande.

## Im Freibad oder Die Solarheizung der Ozeane

Weil die »Modelle« ohne Ausnahme Unsicherheiten aufweisen, forderte Professor Raschke 2001 in der *FAZ* einen TÜV für Klimamodelle.[105] Das hilft auch nicht weiter, denn selbst wenn die Modelle irgendwann genauer werden und besser übereinstimmen, so ist dies kein Beweis für ihre Richtigkeit. Vielmehr kann es auch daran liegen, dass alle denselben Fehler produzieren, wie der Klimaforscher Richard Kerr meint.[106]

1999 fragte der Klimaforscher Bengtsson vom Max-Planck-Institut Hamburg in einer Publikation: »Weshalb schreitet die globale Erwärmung wesentlich langsamer voran als erwartet?«[72] Es gibt eine Antwort. Der anthropogene Treibhauseffekt ist eine Petitesse (siehe Bild 10 und Bild 11). So wenig wie man mit einer kleinen Zitrone nicht den Bedarf einer ganzen Limonadenfabrik bedienen kann, so wenig ist der anthropogene Treibhauseffekt in der Lage, das Klima zu ändern. Es sei denn, ein Ozeandampfer lässt sich vom Kurs abbringen, wenn man auf der Backbordseite einen Kaffeelöffel ins Fahrwasser hält. Weshalb es überhaupt wärmer wird, hat *solare* Gründe.

Der *Hypothese* nach sollen die Treibhausgase den Globus um 33 Grad Celsius aufheizen. Irrigerweise wird dabei angenommen, die Erde, die zu 70 Prozent mit Wasser bedeckt ist, würde sich ähnlich verhalten wie der vollkommen *wasserlose* Mond. Nimmt man zugunsten der Treibhauspriester an, nur die ersten *zehn Meter Wassertiefe* der Ozeane würden die mittlere Erdtemperatur thermostatisch regeln, ergibt die Rechnung, dass die Ozeane im Temperaturbereich von minus 18 bis plus 15 Grad Celsius eine Energiemenge von $1{,}57 \cdot 10^{18}$ Megajoule speichern. Nun die Gegenrechnung: In 24 Stunden werden durch den irdischen Treibhauseffekt $1{,}43 \cdot 10^{16}$ Megajoule umgeschlagen (berechnet nach den Daten aus Bild 9). Der *gesamte natürliche Treibhauseffekt* macht somit nur 0,9 Prozent der Energie aus, die in den Ozeanen bei einer Wassertiefe bis zu zehn Metern gespeichert ist.[107] Nicht mehr! Man kann es auch anders formulieren: Eine knapp zehn Zentimeter dicke Ozeanoberflächenschicht speichert bereits so viel Energie, wie *der gesamte* natürliche Treibhauseffekt hergibt.

Wie aber erwärmen sich die Ozeane? Obwohl »Treibhausgase« die Auskühlung der Weltmeere behindern, »heizen« sie die Gewässer weniger auf als die direkte Sonneneinstrahlung, denn flüssiges Wasser absorbiert äußerst effektiv die *direkte* Sonneneinstrahlung – allerdings nicht im sichtbaren Bereich[n].[108,109] Deshalb bleibt jedes Freibadbecken im Sommer bei bedecktem Himmel kalt, obwohl angeblich die Rückstrahlung der Wolken den Treibhauseffekt noch verstärkt. Die Sonne macht's, weil ihre Infrarotstrahlung die Meere mit bis zu 415 Watt pro Quadratmeter aufheizt.[110,111] Damit wird auch die positive *Wasserdampfrückkopplung* zur Bagatelle, denn die *direkte* Sonneneinstrahlung lässt das Meerwasser wesentlich stärker verdunsten als der mickrige Treibhauseffekt mit seinen 3,7 Watt pro Quadratmeter bei $CO_2$-Verdopplung. Dies dürfte auch der Grund sein, weshalb sich der Wasserdampfgehalt nicht um den anthropogenen Treibhauseffekt schert (vergleiche Bild 12).

Fazit: Die hauptsächlich unter direkter Sonneneinstrahlung erwärmten Ozeane sind eine Speicherheizung erster Güte und verhindern die Auskühlung der Erdoberfläche wesentlich effektiver als das bisschen Treibhauseffekt. Weil der Schwanz nicht mit dem Hund wackelt, machen die Ozeane mit dem Energiegehalt der Atmosphäre, was sie wollen. Dies erklärt auch, weshalb die »Modellierer« bei ihrem gekoppelten atmosphärisch-ozeanischen Zirkulations-»modell« (AOGCM) mit *Flusskorrekturen* arbeiten müssen, was sie heute – corriger la fortune – angeblich im Griff haben. Ökopolitiker kaufen ihnen das ab.

## Wolken verdüstern die »Modelle«

Wie schon berichtet, haben »Klimamodelle« erhebliche Schwierigkeiten mit den Wolken. Diese steuern aber das Klima und nicht die Treibhausgase. Ist die Wolkenbedeckung hoch, wird es kälter, weil sich die Ozeane vor allem am Äquator (Hadley-Zelle)[112] nicht mehr hinreichend aufheizen. Bei geringerer Bewölkung erleben wir eine Warmzeit.

Die Dänen Svensmark und Friis-Christensen veröffentlichten 1997 eine Untersuchung, wonach die Wolkenbedeckung fast deckungsgleich mit der *kosmischen Strahlung* korreliert.[113] Nun halte ich Korrelationen ganz und gar nicht für be-

---

[n] Weil flüssiges Wasser (Weltmeere!) im nahen Infrarotbereich (NIR-Spektralbereich) stark absorbiert, ist der Wellenlängenbereich über 0,75 Mikrometer besonders interessant.

weiskräftig. Es ist jedoch auffällig, dass der Korrelationskoeffizient zwischen Wolkenbedeckung und irdischer Mitteltemperatur 0,97 beträgt, während der zwischen $CO_2$ und dem Klima nur einen Wert von 0,89 hat. Prompt dudelten »Modellierer«, die Untersuchung der Dänen sei nicht beweiskräftig, weil sie nur einen Zeitraum von 1979 bis 1995 abdeckt. Dem ließ sich abhelfen. Russische Forscher untersuchten den Zeitraum zwischen 1961 und 1986 und gelangten zu ähnlichen Ergebnissen.[114] Sogar El-Niño- und La-Niña-Ereignisse lassen sich sehr gut auf Solareinflüsse zurückführen.[115,116,117] »Leider« dürfte es erst um 2030 und um 2200 ähnlich kalt werden wie während des Maunder-Minimums im 17. Jahrhundert.[118] Bis dahin können sich unsere Ökogouvernanten mit erhobenem Zeigefinger auf ihre »Modellzauberer« berufen.

Im Sommer 2003 veröffentlichten Nir Shaviv (Universität Jerusalem) und Jan Veizer (Ruhr-Universität Bochum) eine Untersuchung, die eindeutig die kosmische Strahlung als wesentliche Klimagröße belegt und den Treibhauseffekt auf die letzten Ränge verweist.[119,120,121] Nach den Ergebnissen der Wissenschaftler durchquert unsere Sonne im regelmäßigen Rhythmus von etwa 145 Millionen Jahren einen Spiralarm der Galaxis. In diesem Takt ändert sich der kosmische Strahlungsfluss und damit auch die Dichte der Bewölkung. Der Theorie nach sollte es immer dann zu einer Kälteperiode kommen, wenn die kosmische Strahlung dabei zunimmt. Und genau diese Vermutung wurde bestätigt. Die Autoren der Veröffentlichung schätzen vorsichtig, dass das irdische Klimageschehen mindestens zu zwei Dritteln auf Schwankungen der kosmischen Strahlung zurückzuführen sei. Seine Kritik brachte Veizer auf den Punkt:[122] Das »Klima allein auf $CO_2$ zu reduzieren, ist zu simpel«.

Die obersten Hüter der monomythischen Treibhaushypothese wurden durch die Publikation an ihren Computerkristallkugeln aufgescheucht. Im Oktober 2003 veröffentlichte das heilige Klimagasoffizium vom »Potsdam-Institut für Klimafolgenforschung«[°] eine Pressemitteilung.[123] Darin wird von »äußerst fragwürdigen Methoden«, von »wissenschaftlich nicht haltbaren« Schlussfolgerungen, einer »fragwürdigen Statistik« und einer zu geringen Probenzahl gesprochen. Auch sei die

---

[°] Das besagte Institut wurde 1992, während der Kanzlerschaft Helmut Kohls, gegründet.

Zeitskala gestreckt; viel zuverlässiger wären doch die sakrosankten Eisbohrkerndaten. Und dann folgt der übliche Hinweis, alle Forscher würden dahinter stehen und Hunderte Studien (richtiger: Computer-»Experimente«) die anthropogene Klimagashypothese stützen. Daraufhin forderten Shaviv und Veizer die Potsdamer Forscher auf, zur sachlichen Diskussion zurückzukehren.[124] Shaviv wunderte sich, wieso »eine wissenschaftliche Debatte mittels Pressemitteilungen« geführt würde, und Veizer ergänzte: »Es betrübt mich, dass die Debatte auf dieses Niveau gesunken ist, aber dies ist symptomatisch für die gesamte Atmosphäre rund um das Thema Klimaveränderung.«

Wie aber funktioniert es im Detail? Die kosmische Strahlung kommt aus den Tiefen des Weltalls und besteht zu 90 Prozent aus Wasserstoffkernen (positiv geladene Protonen), die in der irdischen Atmosphäre als Kondensationskerne für Wasserdampf wirken. Je höher die Aktivität der Sonne (Sonnenflecken) ist, desto stärker wird *ihr* Magnetfeld und desto *weniger* Protonen dringen in unser Planetensystem und erreichen letzlich die irdische Atmosphäre. Aus diesem Grund bilden sich bei *hoher* Sonnenaktivität *weniger* Wolken. Die Ozeane über dem Äquatorgürtel (die Wettermaschine!) werden stärker aufgeheizt, und wir erleben eine Warmzeit.

Inzwischen werden die Beweise für die solare Steuerung des Klimas immer erdrückender.[125] Im November 2003 findet man in den *Physical Review Letters* einen Bericht über die Sonnenaktivität. Demzufolge war die Sonnenaktivität seit dem Jahr 850 noch nie so hoch wie im Zeitraum nach 1940.[126,127,128]

Anderen Messungen zufolge hat sich das Magnetfeld der Sonne in den letzten 100 Jahren verdoppelt.[129] Und tatsächlich spiegelt der Magnetfluss an der Sonnenoberfläche, der die auf den Globus einwirkende kosmische Strahlung steuert, seit 1700 exakt den irdischen Temperaturverlauf wider. Die Kurve im Bild 15 beschreibt sowohl das Maunder-Minimum (1640–1710) als auch das Dalton-Minimum (1770–1830), aufgrund dessen während des amerikanischen Unabhängigkeitskriegs 1813 der Sommer komplett ausfiel.[130] Auch die Abkühlungsphase um 1970, die man der Industriegesellschaft mit ihren Staubemissionen anlastete, wurde vom kosmischen Strahlungsfluss verursacht.[131] Was aber besonders wichtig ist: *Noch nie seit 1700 war das solare Magnetfeld so hoch wie gegenwärtig.* Deshalb brauchen wir uns über die heißen Sommer und milden Winter der letzten Jahre nicht zu wundern.

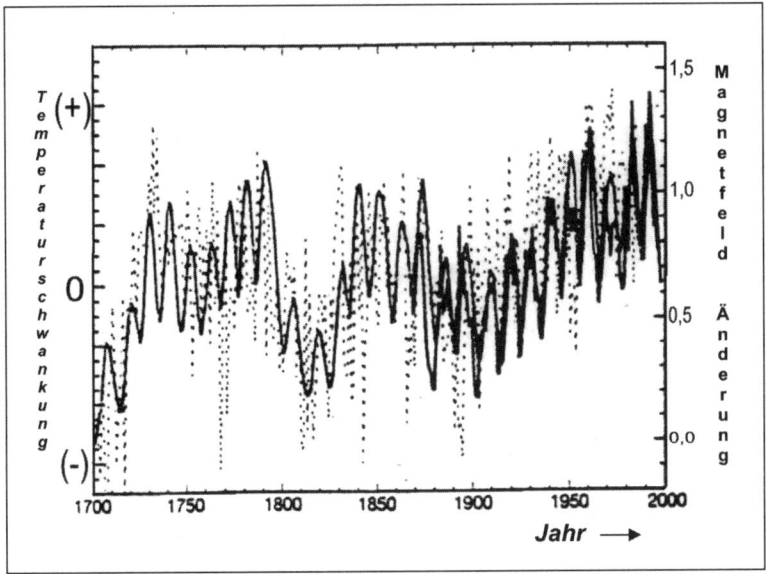

*Bild 15: Solares Magnetfeld und Temperatur[131] seit 1700*

Inzwischen gesteht sogar die Klimagas-Fangemeinde ein, dass die Globaltemperatur auch seit der Industrialisierung erheblich von der Solaraktivität gesteuert wird. Deshalb wird dieser Faktor neuerdings berücksichtigt. Allerdings übt das Treibhausökoficium auf die Solarforscher massiven Druck aus.[132,133] Und wunschgemäß widerlegten diese sich selbst und »bewiesen« 2004 mit »Modellexperimenten«, dass die Temperatur- und Solaraktivitätskurven in den letzten 30 Jahren deutlich auseinander liefen.[133] Dies interpretieren IPCC-Nutznießer, pardon, Klimaforscher, als eindeutiges Argument für die Treibhausgase. Dabei übergehen sie stillschweigend, dass nach 1930 eine 40-jährige Abkühlung trotz steigenden $CO_2$-Gehalts folgte (siehe Bild 13). Meines Erachtens spielen beide Faktoren eine Rolle, wobei Klimagase den kleinen Juniorpartner abgeben.

243

## Was ist faul am Klima-»Modellieren«?

Ich hoffe, den Leser nicht allzu sehr mit naturwissenschaftlichem Schnickschnack erschlagen zu haben. Trotz allem wird man mir vorwerfen, ich hätte unzulässig verkürzt. Alles sei viel komplizierter. Das tun Rabulistikakrobaten immer, wenn sie nicht mehr weiterwissen. Weil aber schon diese knappe Darstellung, bei der bei weitem nicht auf alle »Ja-aber-da-ist-doch-noch-etwas-Argumente« eingegangen werden kann, für Nichtnaturwissenschaftler eine echte Herausforderung darstellt, fasse ich die Argumente knapp zusammen:

• Die Hypothese, die irdische Mitteltemperatur würde durch Treibhausgase um 33 Grad Celsius angehoben, ist monokausal und entzieht sich der Falsifikation.

• Die Erde ist ein Wasserplanet und kein Gesteinshaufen im Weltall. Deshalb verhindert bereits die tagsüber »aufgeladene« Warmwasserspeicherung der Ozeane eine Durchschnittstemperatur von minus 18 Grad Celsius, wie es die Treibhausgastheorie postuliert. Selbst am Grund eines zugefrorenen Gewässers beträgt die Temperatur immer noch plus vier Grad Celsius.

• Der anthropogene Treibhauseffekt ist ein Ultraspurenphänomen (vergleiche Bild 10 und Bild 11). Dieses Argument ist ein besonders schweres Ökoficium. Ich bleibe dabei, denn die um 33 Grad Celsius erhöhte Mitteltemperatur des Globus beruht offensichtlich nur zum geringen Teil auf Treibhausgasen. Entscheidend ist die von der kosmischen Strahlung beeinflusste Wolkendichte über dem Äquatorgürtel. Hier werden das Wetter und das längerfristige Klima gemacht. Da die Atmosphäre im 13. Jahrhundert mit Sicherheit weniger $CO_2$ als heute enthielt, es aber mindestens so warm war wie heute, ja sogar außergewöhnliche Katastrophen (»Luciaflut«, »Große Mandränke«) auftraten, kann das $CO_2$ nur geringen Einfluss haben und bestenfalls eine kleine Modulation auf der allgemeinen Temperaturkurve sein.

• Der Super-Treibhauseffekt, der den $CO_2$-Treibhauseffekt durch Wasserdampfbildung verstärken soll, wird durch die Beobachtung widerlegt (Bild 12).

• Akzeptiert man die $CO_2$-Treibhausgastheorie und rechnet nach, dann steigt die Temperatur ohne Wasserdampfverstärkung bei 100 Prozent mehr $CO_2$ nur um 0,7 Grad Cel-

sius und nicht um 5,8 oder gar um 11,5 Grad Celsius, wie Paniktrompeter des IPCC im Januar 2005 behaupteten.[134]
• »Modelle« sind eine Fiktion und nicht die Realität. Dies belegen die Probleme der treibhausgasfixierten »Klima-modellierung« mit den Wolken.
• Obwohl IR-aktive Gase ($CO_2$ und Co.) nur einen marginalen Einfluss auf das Klima haben, beruht der allgemeine Treibhauseffekt nach Jan Veizer zu 80 Prozent auf dem Wasserdampf. Weshalb dies ignoriert wird, erklärt der Leibnizpreisträger:[83] »Der Wasserkreislauf lässt sich global vom Menschen nicht so leicht beeinflussen und ist damit für die Politik uninteressant.« Auch seien die Computer falsch herum programmiert, denn Sonne und Wolken zusammen machen über den Wasserkreislauf das Klima, »außer man glaubt, dass $CO_2$ die ganze Galaxie treibt!«[135].
• In treuer Nachfolge von Nixons NATO-Initiative betreibt das IPCC mehr Politik als Wissenschaft. Hierzu äußerte sich 1996 der ehemalige Präsident der »U. S. National Academy of Science«, Frederick Seitz. Nach seinen Worten war das »Peer-Review-Verfahren«[P] für den zweiten IPCC-Report von 1995 die größte Korruptionsmasche, die er je erlebt habe.[136] Keith Shine, der Mitherausgeber dieses Reports, sagte einmal:[84] »Zunächst fertigten die Wissenschaftler einen Entwurf an. Dieser wurde im Anschluss daran von Politikern so lange redigiert, bis das gewünschte Ergebnis herauskam.«
• Peter Dietze, der im dritten IPCC-Bericht als offizieller »Reviewer« genannt wird, kommt nach sorgfältiger Analyse des irdischen Kohlenstoffkreislaufs, des Strahlungstransportmodells und des Solareinflusses zu dem Schluss, dass das IPCC die Erwärmung durch $CO_2$ um 600 Prozent zu hoch ansetzt.[45]
• Sogar der einstige Vortrompeter der Klimahysterie, Stephen H. Schneider, konstatierte 2000 ernüchtert, die tatsächliche Klimasensitivität der Erde sei *unbekannt, es wird jedoch angenommen*, dass der *wahrscheinlichste* Gleichgewichtswert (bei verdoppeltem $CO_2$) zwischen 1,5 und 4,5 Grad Cel-

---

[P] Unter dem »Peer-Review-Verfahren« versteht man die Begutachtung einer eingereichten Arbeit durch andere Wissenschaftler. Dies sichert aber keineswegs die Objektivität, denn die damit beauftragten Fachkollegen achten mehr darauf, ob sie selbst hinreichend oft zitiert werden und die politische Korrektheit gewahrt ist.

sius liegt.[137,138] Selbst der Nestor der »Klimamodellierung«, Syukuro Manabe, mahnte 2003 auf einer Tagung, sämtliche »Modellierung« mit Hochleistungscomputern sei unseriös, solange man die Klimasensitivität nicht richtig kenne.[139]

• Die Schutzheiligen der Treibhausgasreligion sind Sankt Korrelatius und Sankt Modellus. In ihrem Enthusiasmus, die Wünsche der Politapparatschikszene zu erfüllen, schrecken Klimaforscher auch nicht vor Geschichtsklitterung zurück. So urteilt der Meteorologe Hans von Storch über Manns hockeyschlägerförmige Temperaturkurve (siehe Bild 14, Seite 238) zu Recht: »Die Kurve ist schlicht Quatsch.«[140]

• Die Treibhausgashypothese ist lediglich eine Konsensmeinung wie seinerzeit die Phlogistontheorie[q], wobei die mathematischen Algorithmen der »Modelle« in sich richtig sind. Daran habe ich keinerlei Zweifel. Man kann das meinetwegen auch als »Wissenschaft« bezeichnen, nur darf man dabei nicht vergessen, dass der Einfluss der kosmischen Strahlung erst nach den Kyoto-Beschlüssen in den Modellen auftaucht und dass der Wasserdampfverstärkungsmechanismus offensichtlich weit überschätzt wird.

• Selbst die Temperatureffekte der einzelnen »Treibhausgase« sind Konsensmeinung. So wird dem Wasserdampf ein Effekt von 20,6 Grad Celsius und dem Kohlendioxid eine Erwärmung um 7,2 Grad Celsius zugeschrieben. Die Differenz zu 33 Grad Celsius (»Gesamttreibhauseffekt«) soll auf den anderen IR-aktiven Gasen beruhen. Diese Zuordnung findet man bei Schönwiese[141], der die Zahlen aus einem vom IPCC-Wissenschaftler Sir John Houghton herausgegebenen Buch[142] abgeschrieben hat. In dem Werk geben die Russen Kondratjew und Moskalenko eine komplexe Formel an, mit der man die Temperatureffekte der einzelnen Treib-

[q] Nach der im 18. Jahrhundert herumgeisternden Phlogistontheorie soll bei Verbrennungsvorgängen die Substanz Phlogiston entweichen. Dies erklärt, weshalb beispielsweise Holzrückstände nach dem Verbrennen leichter sind. Als man später feststellte, dass »verbrennende Metalle« schwerer werden, behaupteten die Anhänger der Phlogistontheorie, Phlogiston habe je nach Art der verbrennenden Substanz einmal ein positives und ein anderes Mal ein negatives Gewicht. Fast könnte man meinen, es gab schon vor 200 Jahren politisch inspirierte »Modellierer«.

hausgase berechnen kann. Rechnet man damit, resultiert tatsächlich das, was die Treibhausgasgemeinde behauptet. Die Autoren weisen auf eine in russischer Sprache geschriebene Originalveröffentlichung hin, in der die Formel angeblich plausibel hergeleitet wird.[143] Das macht doch neugierig! Deshalb traf ich 1998 in Karlsruhe einen emeritierten russischen Hochschullehrer. Der Alte Herr war Physikochemiker und sprach ausgezeichnet Deutsch. Im Gepäck hatte er eine Kopie der Originalveröffentlichung. Als wir die Stelle suchten, in der angeblich plausibel abgeleitet wird, weshalb 0,03 Prozent $CO_2$ die Atmosphärentemperatur um 7,2 °C erhöhen, landeten wir im Sachwortverzeichnis! Auch im Rest des Buches, das wir Seite für Seite durchgingen, wurden wir nicht fündig.

Als ich daraufhin mit dem ehemaligen Leiter eines großen deutschen Klimarechenzentrums Kontakt aufnahm und besonders die Rolle des Wasserdampfs hervorhob, schrieb er mir: »Lieber Herr Hug, ... bitte betrachten Sie solche Zahlen nur als Hilfsgrößen, um die Größenordnung bestimmter Effekte zu erklären. Leider wird das in der Literatur nicht richtig gemacht! Die Formel von Kondratjew vergessen Sie besser!«

## Der Trost der Wissenschaftstheorie

Was ist, wenn der Treibhauseffekt von vollkommen untergeordneter Bedeutung für unser Klima ist und wir das Ganze besser vergessen? Die Politiker sind als Vegetarier, die heimlich Braten verschlingen, fein raus, weil sie sich immer hinter ihren Klimaforschern verstecken können. Uns Bürger wird die Wissenschaftstheorie trösten. Je nach Temperament werden wir uns nach dem Jahr 2030 für eine der vier Hauptströmungen der Wissenschaftstheorie entscheiden:[144]

1. Der *Positivist* wird wütend konstatieren: Die Klimaforscher irrten fürchterlich, und das war schlimm, denn sie verfehlten die Wahrheit, und sie sind deshalb auch Lügner. Und nicht nur das. Der Positivist wird 2050 sagen: Wegen dieses Blödsinns kann ich mir heute Autofahren nicht mehr leisten und muss jeden Tag anderthalb Stunden bei Wind und Wetter auf den Bus warten.

2. Der *kritische Rationalist* wird etwas gnädiger mit den Saunameistern sein. Er wird sagen: Die Klimaforscher irrten fürchterlich. Das war schlimm. Aber es gibt ja keine endgültige Wahrheit, sondern immer nur Hypothesen mit einer gewissen Wahrscheinlichkeit. Während es vor dem Buswartehäuschen Bindfäden regnet, wird der kritische Rationalist sinnieren: Es hätte ja auch so sein können. Immerhin war der Unterhaltungswert der Klimahysterie nicht zu unterschätzen und noch dazu eine wertvolle Ergänzung zum Ozonsmog im Sommer.

3. Der *Anhänger der Paradigmentheorie nach Thomas S. Kuhn* wird sagen: Von »Irrtümern« der Klimaforscher kann man nur reden, wenn man unser heutiges Verständnis von 2050 als das wahre unterstellt. Nach 1985 war das Treibhausmodell zwar nicht von den Skeptikern aus der Wissenschaft, aber doch allgemein von den »Modellierern« und den Politikern akzeptiert. Mit der Treibhaushypothese als Paradigma ließen sich immerhin so lange die Computer füttern, bis sich am Ende herausstellte, dass das Klima von der Solaraktivität gesteuert wird. Somit gibt es immer nur Paradigmen (zum Beispiel Treibhaushypothese), die in einem »revolutionären« Prozess von anderen (zum Beispiel Solaraktivität) abgelöst werden.[145] Der Anhänger der Paradigmentheorie wird 2050 im Buswartehäuschen bei Hochsommertemperaturen um 15 Grad Celsius genauso schaudern wie seine Leidensgenossen und sich vielleicht damit trösten, dass es bald wärmer wird, wenn die Klimaforscher eine neue, politisch verwertbare Hypothese gefunden haben.

4. Der *Dadaist*, der den Denkansatz von *Paul Feyerabend* über die »richtige« Forschungsmethodologie vertritt, wird milde lächelnd sagen: »Anything goes.« Nach seiner Meinung irrten die Saunameister »nicht nur nicht«, sondern ihr Verständnis der Klimaprozesse war von einer so schönen und richtigen Geschlossenheit, wie wir es kaum erträumen konnten. Außerdem waren sie und die Politiker glücklich damit, und darauf kommt es an. Auch der Dadaist wird 2050 im Hochsommer bei 15 Grad Celsius auf den Bus warten, vielleicht eine Baskenmütze tragen, ab und zu an seinem Vin rouge nippen und sein Baguette mit Camembert verdrücken, während die Gletscher langsam wieder zu Tal kriechen.

# Die Suffizienzrevoluzzer

Mit welchen Tricks die Nachhaltigkeitsdompteure arbeiten, schildert der amerikanische Physiker Fred Singer.[146] 1991 veröffentlichte er zusammen mit Al Gores akademischem Lehrer Roger Revelle einen kritischen Aufsatz über die Treibhaustheorie im Wissenschaftsjournal *Cosmos*. Revelle, der kurz nach Erscheinen der Publikation verstarb, schrieb darin:[147] *»Die wissenschaftliche Basis des Treibhauseffekts ist viel zu unsicher, um zum gegenwärtigen Zeitpunkt drastische Maßnahmen zu rechtfertigen.«* Al Gore behauptete in seiner Katastrophenlyrik *Wege zum Gleichgewicht* genau das Gegenteil.

Kurz bevor Gore 1993 Vizepräsident der USA wurde, erhielt Singer von einem Dr. Lancaster einen Anruf. Singer sollte eingestehen, Revelle habe eigentlich gar nicht richtig an dem Aufsatz mitgearbeitet. Als sich dieser dagegen verwahrte, verbreitete Lancaster, Singer hätte Revelles nachlassende geistige Kapazität ausgenutzt, um ihn als Koautor zu gewinnen. Nachdem das widerlegt werden konnte, forderte ein Mitarbeiter Al Gores vom *Cosmos*-Herausgeber, der Aufsatz solle nachträglich zurückgezogen werden. Auch das fruchtete nicht.

Als das herabsetzende Stänkern aus Al Gores Mitarbeiterstab nicht nachließ, strengte Singer eine Verleumdungsklage an, die er haushoch gewann. In dem Prozess wurde öffentlich, dass der Vizepräsident höchstpersönlich eine Diffamierungskampagne betrieb gegen Klimaskeptiker wie Hugh Elsaesser, William Happer, Sherwood Idso, Richard Lindzen, Patrick Michaels, William Nierenberg (Nachfolger Revelles), Chauncey Starr, Roy Spencer und natürlich Fred Singer. Alle seien sie von der Ölindustrie bestochen. Damit mehr Pep hinzukam, setzte Al Gore den Redakteur von ABC Nightline, Ted Koppel, massiv unter Druck. Er solle verbreiten, die Klimaskeptiker seien von der Kohle- und Ölindustrie gesponsert.[146,148] Zum Glück ließ sich dieser nicht beeindrucken, sondern benachrichtigte Fred Singer.

Vordergründig beschäftigte man sich in der Rio-Konferenz mit Konzepten zur Minderung von Treibhausgasen, um die »Klimakatastrophe« zu verhindern. Tatsächlich ging es um die Zerstörung der Industriegesellschaft (siehe M. Strong, Seite 103). Weil es nicht mehr so weitergehen darf, so die Argumentation der Gutmenschen, müssen die bisherigen materiellen Wertvorstellungen durch eine *Suffizienzrevolution* beseitigt werden. (Es ist doch sehr zu hoffen, dass die jetzige junge Generation den Nachhaltigkeitsgouvernanten nachhaltig den Vogel zeigt.) *Lernmittel* der Volkspädagogen ist das *Handbuch lokale Agenda 21*. Die *Lehrmittel* zur Abrichtung von Ökohallelujajüngern sind: ein paar Stürme, Überschwemmungen und heiße Sommer – die Klimakatastrophe mit Blitz und Donner. *Lernziel:* Die Menschen sollen freiwillig dem »Besitzindividualismus« entsagen und auf »Gewinn und Verbrauch« verzichten.[149] Etwas, das die Mitarbeiter von Kaufhäusern und Ähnlichem interessieren könnte, die seit Jahren um ihren Arbeitsplatz bangen.

Bis 2050 soll der Wertewandel (!) eine $CO_2$-Minderung von 80 Prozent bringen.[150] Angestrebt wird das Carsharing oder im Klartext: ein ökokorrekt windgegerbtes, autofreies Leben auf dem Fahrrad unter dem Motto: »Völker tretet die Pedale!«. Oder: »Zurück zu Schusters Rappen – auf ökolinken Schlappen.« Dies dürfte unter anderem die Aufmerksamkeit von Opel-Mitarbeitern erregen, deren Arbeitsplätze 2004 um 6500 Stellen reduziert wurden.

Hier ist ein Wort zum Autofahren angebracht. 2004 gab es 600 Millionen Kraftfahrzeuge auf dem blauen Planeten und 6 Milliarden Menschen. Das durchschnittliche Atemkohlendioxid eines Menschen beträgt zirka ein Kilogramm am Tag.[151] Ein Pkw mit normaler Fahrleistung emittiert das Zehnfache. Somit atmen die Bewohner des Planeten so viel $CO_2$ aus, wie alle Pkws der Erde emittieren! Nun könnte man argumentieren, das Atemkohlendioxid sei klimaneutral, weil es letztendlich aus Pflanzen stammt, wie ein Redakteur des WDR III behauptete, der sich anlässlich der Rezension meines ersten ökokritischen Buchs entsetzlich über das Argument aufregte. Dem ist entgegenzuhalten: Auch Brot stammt aus Erdöl, denn zur Herstellung von einem Laib wird ein Liter benötigt, wovon allein die Bäckereien 0,64 Liter verheizen.[152] Das World Watch Institute nennt einen Energieverbrauch von 126.000 Kilojoule zur Erzeugung von einem Kilogramm Schweinefleisch – »entsprechend der Energiemenge von fast vier Litern Benzin«. Insgesamt verursacht nach Literaturangaben die *Nahrungsmittelproduktion* in Deutschland jährlich eine Emission von 150 Millionen Tonnen $CO_2$.[153] Das ist *das 4,2fache des Atemkohlendioxids* der Bürger! Da beißt die Ökomaus keinen Faden ab.

Für überbesiedelte Länder wie die Bundesrepublik empfiehlt die Agenda 21 ein »vernünftiges städtisches Management«, damit die »Zersiedlung der Städte nicht zu einer noch ausgedehnteren Ressourcenzerstörung führt«.[154] Da strahlt einen die ganze gutmenschliche Stadtplanung der letzten Jahre an: die Menschen möglichst dicht auf Konzentrationsbauplätzen zusammenpferchen und am Bedarf vorbeiplanen mit kleinen Wohnungen in großen Häusern statt großen Wohnungen in kleinen Häusern. Das entspricht dem Konzept des integrativen Wohnens, das Eichels rot-grüner hessischer Chaostrupp vor Jahren mit Soziosingsang umhüllte:[155] »Die günstige polyzentrale Struktur der Ordnungsräume ist durch die systematische Schwerpunktbildung bei der Siedlungsflächenplanung, bezogen auf Zentren, Achsen und Räume, nach dem Prinzip der dezentralen Konzentration weiterzuentwickeln.«

Nach dem Konzept des integrativen Wohnens sollten »die Reichen« nicht mehr in ihren Einfamilienhäusern und Villen residieren (Neid!), sondern mit den »sozial Schwächeren« unter einem Dach leben. Die »Guten« sollten die »schlechter Gestellten« zu einem besseren Leben anleiten. In diesem Sinne wollte Le Corbusier in den 20er-Jahren ganz Paris abreißen und dem Prinzip der »strahlenden Stadt« gemäß mit getrenntem Auto- und Fußgängerverkehr sowie *Großwohneinheiten* wieder aufbauen. Ostdeutschlands Platte lässt herzlich grüßen.

Da die CDU/CSU bis über die Halskrause im Schlamm der Ökofalle steckt, konnte das Umweltbundesamt während Kohls Kanzlerschaft eine lupenreine Wahlwerbung für die *Grünen/ Bündnis 90* herausgeben. In der Broschüre *Nachhaltiges Deutschland* wurde das Carsharing über den Schellenkönig hoch drei gelobt und gefordert, »dass das Fahren mit dem privaten Pkw demgegenüber in die Nähe eines egoistischen, gemeinschädigenden Verhaltens gerückt« werden solle.[156] Weiterhin solle der »Urlaub in der Region anstelle einer Fernreise treten«[r].[157] Der Einsatz von

---

[r] Das dürfte besonders die vom Weihnachts-Tsunami 2004 betroffenen Urlaubsregionen interessieren, die, auf den Tourismus angewiesen, um ihr wirtschaftliches Überleben kämpfen. Damit es dort nicht zum Desaster käme, setzten sich 2005 sogar die ökogestrickten, gleich geschalteten Sender des ARD und ZDF für Flugreisen nach Phuket ein. Schizo, schizo, tralalalala ...

Düngemitteln solle der Erlaubnispflicht[158] unterliegen, und den Bürgern müsse eine »Änderung der Ernährungsmuster«[159] anerzogen (!) werden. Ziel ist die Senkung des Fleischverzehrs um ein Drittel und des Eierverbrauchs um ein Fünftel. Die Begründung liest sich höchst drollig: »Nicht zuletzt mit Blick auf eine Solidarität mit den weniger entwickelten Ländern« wird die »Abnahme des Fleischkonsums (unter anderem durch höhere Preise)« angestrebt.[160] Eine Scheibe Salami weniger am Brot, und schon leben die Menschen in Angola besser. Den gleichen Effekt erreicht man durch Wassersparen, indem man weniger duscht – schwups, sprießt das Gras in der Sahelzone.

Zu Ludwig Erhards Zeiten standen CDU/CSU für Wirtschaftskompetenz und Freiheit. Heute haben sich die Christdemokraten sozialdemokratisiert und in einen einstimmigen Chor von Ökogutmenschen gewandelt, der sich nur noch marginal von den Linken und den Grünen unterscheidet.

Längst haben die Christdemokraten zu Herbert Gruhl aufgeschlossen, der 1978 die CDU aus Verdruss über ihre Wirtschaftsorientierung verließ. In seinem Bestseller *Ein Planet wird geplündert* argumentierte er 1975, es gäbe nichts mehr zu verteilen. Deshalb müsse der Staat »wegnehmen, entziehen, rationieren – und das nicht nur einer Gruppe, sondern allen! Er müsste eine Überlebensstrategie nicht nur konzipieren, sondern auch rücksichtslos durchsetzen. Nicht Produktionsprogramme, sondern Sparprogramme müssen aufgestellt werden. Regierungen und Parlamente werden nicht mehr den Überfluss, sondern den Mangel zu verwalten haben«[161]. Hierzu der »große« Vorsitzende Joschka Fischer 1989:[162] »Wesentliche Aufgaben der Zukunftssicherung werden enorme zusätzliche Kosten verursachen, die woanders eingespart werden müssen und also dort fehlen werden. Das heißt aber in den allermeisten Fällen, dass man jemandem etwas wegnehmen muss.«

25 Jahre nach Gruhls Parteiaustritt äußert Heiner Geißler:[163] »Wenn Gruhl bei uns geblieben wäre, hätte es die Grünen möglicherweise gar nicht gegeben.« Besonders ärgert er sich über seine Fraktion: »Die haben ihn rausgemobbt ... ein ganz entscheidend schwerer politischer Fehler.« Tatsächlich war der kauzige Mitgründer der Grünen, Gruhl, ein Asket reinsten Wassers – auch dann, wenn es nichts brachte. Der CDU-Abgeordnete Lippold erinnert sich:[163] Als er ihn einmal im Win-

ter zu irgendeinem Hauptbahnhof brachte, habe Gruhl darauf bestanden, aus Energiespargründen die Heizung im Auto abzustellen. Die Einsicht, dass der Automotor dann die überschüssige Abwärme vermehrt an die kalte Außenluft abgibt, erfordert naturwissenschaftliches Denken, das offensichtlich nicht allzu sehr verbreitet ist.

Zur Abrichtung von Ökotanzbären und -bärinnen haben das Dritte-Welt-Haus Bielefeld und der BUND 1997 eine volkspädagogische Lehrfibel mit dem Titel *Entwicklungsland Deutschland* herausgegeben. Wegen guter Erfahrungen mit Räterepubliken wird die Einrichtung eines ökologischen Rats empfohlen, der nicht nur das Parlament und die Regierung »berät«, sondern auch legislative Kompetenzen in Form eines Einspruchrechts erhalten soll.[153] Besonders über den Verbrauch tierischer Produkte regen sich die Ökoschulmeister auf. Die Verbrauchsminderung schmackhafter Fleischprodukte um 50 Prozent würde nach Auffassung der Trockenbrotenthusiasten die Treibhausgasemission um 5,7 Prozent verringern. Damit würden in Deutschland 59 Megatonnen $CO_2$ weniger emittiert, was bei einer Globalemission von 850.000 Megatonnen[164] eine Verringerung um beachtliche 0,007 Prozent ausmacht.

Die Suffizienz-Volkspädagogik ist eines der größten Erziehungsprojekte seit Maos Kulturrevolution. Wie man die Bereitschaft für so eine Kampagne weckt, hatte schon vor 70 Jahren ein deutscher Meister der Volkspädagogik verraten:[165] »Wir haben gar keine Veranlassung, unsere Absichten unter den Scheffel zu stellen. Wir sagen das offen und frei heraus: Wir *haben* eine Tendenz. Wir treten auch für diese Tendenz ein, und wir sind auch entschlossen, dem ganzen öffentlichen Leben diese Tendenz einzuhämmern und aufzuzwingen.«

Die Tendenz ist für jeden heute klar zu erkennen. Im nachhaltigen Deutschland soll »statt individuelles Eigentum nur ein Nutzungsrecht für die Dienstleistung eines Produkts erworben« werden.[166] Dies erfordert die »Änderung der Lebensstile, die die bisherigen Formen von Nutzung, Eigentum und Besitz tangieren«. Eine zukunftsorientierte Mehrfachnutzung wäre beispielsweise »die Verwendung eines Joghurtglases als Trinkglas«[166]. Wie ist es mit Toilettenpapier, das bislang nur einseitig benutzt wurde? Nicht ohne Grund schreibt die PDS in ihrem Programmentwurf 2001:[167] »Sozialismus heißt nachhaltiges Wirtschaften ... Die Forderungen nach Zukunftsfähigkeit und Nachhaltigkeit sind im Grunde nur über eine demokratisch geplante, also über eine sozialistische Wirtschaftsweise verwirklichbar, Nachhaltigkeit entspricht diametral der Markt- und Profitmaximierung.« Auferstanden aus Ruinen!

## Wer die Wahl hat, hat die Qual

Zur Wahrung der so genannten intergenerationalen Gerechtigkeit soll eine Umverteilung von den »reichen Ländern« zu »armen Ländern« hin erfolgen. Diese von allen einflussreichen Politikern vertretene Maxime wird vom US-Wirtschaftsexperten Laffer kommentiert:[168] »Man macht die Armen nicht reich, indem man die Reichen arm macht.« So ist es. Nimmt man nämlich das Weltbruttosozialprodukt in Höhe von 24 Billionen Euro und teilt es durch die Erdbevölkerung, ergibt sich ein intergenerational gerechtes Monatseinkommen von 330 Euro, mit dem am Ende der Suffizienzrevolution jeder Gehaltsempfänger auskommen müsste! Was darüber ist, wird an die Dritte Welt abgeführt. Weshalb haben wir eigentlich noch ein Wirtschaftsministerium? Sollten wir nicht besser ein Ministerium für »Suffizienzangelegenheiten« (auf Neusprech: Mini-Suff) einrichten?

Dieses könnte auch gleich den Handel mit »$CO_2$-Verschmutzungslizenzen« (Emissionsrechte) rationieren, der auf der Kyoto-Konferenz 1997 vereinbart wurde. Der Höker soll auf lange Sicht den armen Ländern zugute kommen, die ihre nicht benötigten »Emissionsrechte« ab 2008 für 100 Euro pro Tonne den »reichen Industrieländern« verkaufen können. Dass die Industrie dies auf die Warenpreise umlegt, ist sicherer als das Amen in der Kirche. Somit werden die Verbraucher letztendlich bezahlen und im Sinne der Suffizienzrevolution weniger für ihr Geld konsumieren können.

Da die Unternehmen ebenfalls am Handel untereinander verdienen können, macht ein Fabrikant, der seine Emissionsrechte an andere verkauft und seine Arbeitnehmer entlässt, unter Umständen mehr Gewinn als einer, der Zertifikate ersteigert, um seine Arbeiter durchgehend zu beschäftigen. Das macht nichts. Kein Politiker wird sich daran stören, denn fast alle sprechen sie heutzutage Grünwelsch:

– Angela Merkel 1997:[169] »Energie ist heute zu billig ... Es müssen aus meiner Sicht gezielt die Steuern auf Energie angehoben werden, sei es über Mineralöl, Heizgas oder Strom. Der gewünschte umweltpolitische Lenkungs- und Lerneffekt tritt freilich nur ein, wenn klar ist, dass die Steuersätze über Jahre allmählich angehoben werden.« Dazu ein interessanter Wahlkampfslogan von 1998:[170] »Mit Trittin Fünf-Mark-Benzin. Grüner Wahnsinn. Wir verhindern das. CDU.« In der Mainzer Fastnachtssitzung 2003 brachte es »Der Bote vom Bundestag« auf den Punkt: »Die Christen predigen die Armut, und Rot-Grün zeigt uns den Weg dahin.«

– CDU-Papier »Steuerreform – Einführung einer $CO_2$-Energiesteuer«.[171] »Wir bauen auf den bisherigen (Klimaschutz-)-Maßnahmen auf, einschließlich der von der Industrie eingegangenen Selbstverpflichtung. Diese Selbstverpflichtung erfasst nicht alle Bereiche und kann für sich allein das Ziel nicht erreichen. Deshalb muss eine $CO_2$-Energiesteuer ergänzend eingeführt werden.«

Man kann das ganze Politspektrum durchgehen, ob Kurt Biedenkopf (CDU), Alois Glück (CSU), Helmut Kohl (CDU), Hans Peter Repnik (CDU), Klaus Töpfer (CDU), Mathias Wissmann (CDU), Christian Wulff (CDU), Günter Rexroth (FDP), Exbundeskanzler Schröder nebst seiner SPD und die Grünen sowieso – alle haben sich irgendwann für die Ökosteuer ausgesprochen. »Selbst Stoiber wollte einmal ökologische Ziele im Steuerrecht verankert wissen«, schrieb die *FAZ*.[172,173] Wozu eigentlich noch wählen, wenn alle Parteien in der Ökofalle sitzen?

## Alterna(t)ive Energien

Obwohl die terrestrische jährliche Sonneneinstrahlung von $3,5 \cdot 10^{15}$ Kilowattstunden das 2500fache des geschätzten Gesamtenergiebedarfs der Menschheit beträgt, liegt die Crux »alternativer« Energien in ihrer geringen Energiedichte.[174] Rechnet man die jährliche Energieproduktion einer Solaranlage auf ihre potenzielle Volllast um, so kommt eine typische Photovoltaikanlage gerade einmal auf 800 Volllastbenutzungsstunden. Zur Erinnerung: Ein Jahr hat 8760 Stunden.

Für eine Komplettstromversorgung Deutschlands mittels Photovoltaik benötigte man eine Fläche von der Größe Schles-

wig-Holsteins (7000 Quadratkilometer). Wegen der durchschnittlich nur 15-prozentigen Verfügbarkeit der Sonneneinstrahlung[s] müssten zur Speicherung 8.000.000.000 Tonnen übliche Bleibatterien bereitgestellt werden, die, in einer Schicht
aufgestellt, die Fläche von Nordrhein-Westfalen überdeckten.
Zur Herstellung der Akkus wäre, nebenbei bemerkt, das 1,6fa-
che der jährlichen Weltbleiproduktion notwendig. Alternativ zu
Bleibatterien könnten auch 20.000 Edertalsperren errichtet werden.[174] Damit wäre der Klimaschutz tatsächlich »ein Markt un-
geahnter Größe« – für die Hersteller von Bleibatterien und für
Tiefbauunternehmen. Die erforderlichen Talsperren würden
übrigens die gesamte Fläche der alten Bundesländer überdecken.

In Freiberg (Sachsen) wurde auf einer Schule für 210.000 Euro
eine 31-Kilowattstunden-Anlage errichtet. Bei elfjähriger Ab-
schreibung und üblicher Sonnenscheindauer gelangt man zu
einem Erzeugerpreis von 86 Cent pro Kilowattstunde. Nach
Expertenangaben liegen die typischen Stromgestehungskosten
der Solarenergie zwischen 71 und 99 Cent pro Kilowattstunde (netzgekoppelt) und 1,42 Euro pro Kilowattstunde (Insel-
anlage).[175] Der Luxus wird durch die Zwangssubvention in
Form der Einspeisungsvergütung von 51 Cent pro Kilowattstunde ermöglicht. Niedriger Nutzen – hohe Kosten.

Ökoseligen Perpetuum-mobilisten hält Berthold Romacker
von AAB entgegen:[176] »Wer glaubt, mit Solarzellendächern
einen merklichen Beitrag zur großtechnischen Energieversorgung leisten zu können, der hat noch nie nachgerechnet ... Das
100.000-Dächer-Programm ist ein unüberlegter Schnellschuss,
Aktionismus um seiner selbst willen, eine Verschleuderung
volkswirtschaftlichen Vermögens.« Alles, was nach 15 Jahren
davon übrig bleiben wird, sind Zehntausende über das Land
verteilte kleine Investitionsruinen. So ist es.

Was bringt die Windradfolklore? Nicht viel. Nur 0,2 bis
zwei Prozent der auf die Erde treffenden Sonnenenergie wird
in Windströmung umgewandelt. Bedauerlicherweise beträgt
die Energiedichte nur 40 Watt pro Quadratmeter Windrad-
fläche, was noch dazu durch einen schlechten Umsetzungsgrad
von sechs Prozent weiter gemindert wird.[177] Weiterhin liefern
Windräder im Schnitt nur an 77 Tagen im Jahr Strom, während

---

[s] Im Winter während des größten Energiebedarfs nur zwei Prozent.

sie rechnerisch die restlichen 288 Tage stillstehen; dafür aber ganzjährig von den abgezockten Bürgern subventioniert werden.[175] Dennoch wird gern mit gigantischen Zahlen jongliert. So warb man 1998 mit 40 Prozent Sonderabschreibung für den größten Windpark Europas.[178] Jährlich sollten dadurch dank frommer Ökowünsche 110.000 Megawattstunden »saubere« Windenergie produziert werden. Rechnet man nach, entspricht dies knapp einem Prozent eines 1300-Megawatt-Kernkraftwerks. Beeindruckend.

Nach den Worten des verflossenen Umweltministers Trittin, der in einer demokratischen Ökovolksrepublik das »Mini-Suff« leiten dürfte, sind 2002 36,4 Millionen Tonnen $CO_2$ durch erneuerbare Energien eingespart worden.[179] Eine Ökobagatelle, weil dies ziemlich genau dem Atemkohlendioxid der Bundesbürger in Höhe von 35 bis 36 Millionen Tonnen entspricht (siehe oben). Berechnet man mit den Zahlen des Stuttgarter Energiewissenschaftlers Voß den Materialeinsatz pro erzeugter Energieeinheit, dann benötigt die Photovoltaik im Schnitt 6,6-mal so viel Eisen, 45-mal so viel Kupfer und 120-mal so viel Bauxit wie die Braunkohle.[180] Auf die Kernenergie bezogen, sind es sogar 28-mal so viel Eisen, 51-mal so viel Kupfer und 160-mal so viel Bauxit. Auch die Windräder schneiden nicht viel besser ab. Die spargelförmigen Vogeltotschläger benötigen im Vergleich zur Kernenergie 15-mal so viel Eisen, 13-mal so viel Kupfer und viermal so viel Bauxit.[180]

Der Grund für das schlechte Abschneiden alterna(t)iver Energiequellen liegt in ihrer geringen Leistungsdichte, die den Materialeinsatz je erzeugte Energieeinheit hochschraubt. Und nicht nur das. Weil selbst in einem windhöffigen Gebiet wie an der Küste Westdänemarks die Leistung der Windräder binnen Stunden zwischen null und mehr als 2000 Megawatt schwankt, müssen im Hintergrund ständig konventionelle Kraftwerke mitlaufen.[175] Herrscht Flaute, übernimmt das konventionelle Kraftwerk die Stromeinspeisung. Fällt es dem Wind gerade einmal ein, kräftiger zu blasen, müssen die konventionellen Kraftwerke sofort vom Netz genommen werden. In diesem Fall wird ihr Wasserdampf als *Regelverlust* sinnlos und nutzlos in die Atmosphäre abgeblasen.

Wegen dieser bereitzustellenden Schwankungsreserve sind Windräder *indirekte* $CO_2$-Emissionsquellen – und zwar kräftige! Nun kommt es: Je stärker die Windenergie ausgebaut wird, desto gigantischer wächst die Verschwendung. Nach Verwirklichung der Ausbaupläne rechnen große Stromproduzenten mit einem *Regelverlust* von 30 Prozent.[181] Es kommt noch besser: Weil die tatsächliche Windkraftleistung nur 14 bis 20 Prozent der Nennleistung beträgt, müssen für ein Megawatt Windenergie 0,9 Megawatt als Regelenergie am Netz bleiben. Bei deutschlandweit 12.000 Megawatt Windkraft sind folglich 10.800 Megawatt Regelenergie notwendig. Somit bleiben im Idealfall maximal 1200 Megawatt als Leistung sämtlicher Windräder übrig und nicht 12.000 Megawatt, wie Trittin behauptete![179] Bleibt als einzige Schlussfolgerung: Windräder sind eine Hobbyenergie, mit der Nachhaltigkeitspolitiker die Wirtschaft nachhaltig an die Wand fahren.

Als sich der CDU-Bundestagsabgeordnete Axel Fischer 2003 wegen der Regelenergieverschleuderei kritisch zum Erneuerbare-Energien-Gesetz (EEG) äußerte, löste er beim Umweltminister Trittin mit seinem Achtzylinder-Audi schallendes Gelächter und bei seiner eigenen Fraktion heftigsten *Widerstand* aus.[182] Der CSU-Abgeordnete Ramsauer meinte, »eine der unsinnigsten Reden, die ich je gehört habe«, und rief: »Der spricht nicht für uns!« Kann auch schlecht sein, denn die Bundestagsabgeordneten Dietrich Austermann (CDU), Thomas Dörflinger (CDU), Georg Gierisch (CSU), Josef Göppel (CSU), Peter Goertz (CDU), Hermann Kues (CDU), Helmut Lamp (CDU) und Doris Meyer (CDU) sind laut Briefkopf des BEE Beiratsmitglieder des »Bundesverbands erneuerbarer Energien e. V.«. Dazu kommen Peter Ramsauer (CSU, offene Lobbyarbeit für alternative Energien), Clemens Stroetmann (CDU, »Initiative pro Wind«), Gerhard Wächter (CDU, Promoter »Energie-Landwirte«), Martina Krogmann (CDU, niedersächsische Energieagentur, Leitantrag zur Windenergie) und Gajus-Julius Caesar (CDU, Mitinitiator einer Biogasanlage). Man kann es nur wiederholen: Da auch die FDP (Beispiel: Hans-Michael Goldmann und Angelika Brunkhorst) beim Windspargelfest mitschlemmt, stecken die bürgerlichen Parteien bis zur Halskrause in der Ökofalle. Wen kann man noch wählen? SPDGRÜNPDSCDUCSUFDP?

Sollte an den Treibhausphantasien überhaupt etwas dran sein, dann beträgt der Temperatureffekt aller 2002 in Deutschland installierten Windspargel ein Zehntausendstel Grad Celsius[45] – echt cool! Für solche Peanuts wurden 2002 jedem Bürger 27,36 Euro durch das EEG aus der Tasche gezogen, was bei einer vierköpfigen Familie 109,44 Euro ausmacht.[183] Man kann es auch anders ausdrücken: Politiker hätten auch beschließen können, wir ziehen dem Familienvater alle drei Monate 27 Euro aus der Tasche, mit der Begründung, er hätte einen Verkehrsverstoß begangen – wenn auch nicht real, so doch in Gedanken. Nach einer Studie, die der *Spiegel* 2005 veröffentlichte, muss jeder Bürger ab 2015 den Windspargelzüchtern sogar 67 Euro in den nachhaltigen Ökorachen schmeißen.[184]

Dem ehemaligen Wirtschaftsminister Müller platzte wegen des wirtschaftlichen Kollateralschadens der Kragen:[185] »Wenn ich es heute noch einmal machen könnte, gäbe es kein 100.000-Dächer-Programm zur Solarförderung.« Und er setzt noch eins drauf. In seinem Energiebericht von 2001 schreibt er, man könne nicht beides wollen, nämlich aus der Kernenergie aussteigen und gleichzeitig bis 2020 den Ausstoß von Kohlendioxid um 40 Prozent gegenüber 1990 drücken. Da die Stromproduktion zur Hälfte aus der Kohleverbrennung und zu einem Drittel aus der Kernenergie stammt, würde eine solche radikale Energiepolitik die Bürger 250.000.000.000 Euro kosten.[186] Dies sind 3125 Euro pro Kopf!

Nach Angaben des Statistischen Bundesamts kassierte der Staat 2002 von jedem Bürger 712,50 Euro an offenen und verdeckten Umweltsteuern.[187] Dennoch wurde Rot-Grün 2002 wegen eines Hochwassers und des Irakkriegs im Amt bestätigt. Offensichtlich repräsentieren Wahlen nicht mehr das Demokratieprinzip, sondern nur noch den kleinsten gemeinsamen Intelligenzquotiente und der dürfte deutlich unter 100 liegen.

Wird von Subventionen gesprochen, reagiert die Windsuchtgemeinde äußerst gereizt. Marco Bülow (SPD), der als Greenpeace-Mitglied vom Bundestag aus die Bevölkerung schurigelt, veröffentlichte 2003 folgende Pressemitteilung:[188] »Bei der Förderung der Windenergie durch das ›Erneuerbare-Energien-Gesetz‹ (EEG) handelt es sich nicht um Subventionen, sondern um ein Umlagesystem, das die Mehrkosten verursachergerecht auf die Endkunden umlegt. Eine Reduzierung der Vergütungssätze kann daher nicht zum Abbau der staatlichen Subventionen oder zur Konsolidierung des Staatshaushalts beitragen.«

Dem Bürger ist es doch ziemlich egal, ob die Subvention via Finanzamt und Staat als gigantische Kapitalvergeudungsmaschine an den Abstauber weitergereicht wird oder ob er durch das EEG über den Strompreis direkt abgezockt wird. Fazit: Der Teppichvertreter verkauft Teppiche, der Staubsaugervertreter verkauft Staubsauger, der Volksvertreter verkauft das Volk – für dumm.

Einer der führenden Apokalyptiker des IPCC, Tom Wigley, verkündete 1998 dem begeisterten Klimagasoffizium, das Kyoto-Protokoll bringe bei voller Ausschöpfung bis 2050 nur einen Temperatureffekt von 0,07 Grad Celsius.[189,190] Deshalb müsse noch wesentlich mehr getan werden. Dies erschien zunächst aussichtslos, denn die USA verweigerten die Unterschrift unter den Kyoto-Vertrag, weil sie ihre Wirtschaft nicht zerstören wollten, und auf der Weltklimakonferenz in Moskau 2003 sperrten sich die Russen. Statt der Ratifizierung gab es für die Heißluftprediger eine eiskalte Dusche.

Putins Wirtschaftsberater, Andrei Nikolayevich Illarionov, berichtete, man habe zehn Fragen an Professor Bolin vom IPCC gerichtet, von denen »leider keine einzige« beantwortet wurde.[191] Dies sei umso bedauerlicher, weil diese Fragen dem IPCC seit mindestens 20 Jahren gestellt würden. Illarionov zählte in der Konferenz genüsslich die zahlreichen Fragwürdigkeiten auf und präsentierte sie dem Publikum. Seine Schlussfolgerung:[191,192] »Das Kyoto-Protokoll hat bislang keine wissenschaftliche Begründung. Das Modell des Klimas, das hier vorgeschlagen wird, hat viele wissenschaftliche Mängel und lässt zahlreiche Faktoren unberücksichtigt. Was bislang präsentiert wurde, ist nicht überzeugend.«

Damit verstießen die Russen gegen das Al-Gore-Dogma:[193] »Die Tatsache, dass wir eine in historischen Zeiten bisher nicht da gewesene Umweltkrise haben, braucht nicht mehr diskutiert zu werden ... Und diejenigen, die um einer ausgewogenen Debatte willen der Ansicht sind, dass es beachtliche Ungewissheiten gibt, ob der Treibhauseffekt real ist, schränken unsere Fähigkeit, darauf zu reagieren, ein.«

Weil zum Inkrafttreten des Kyoto-Protokolls mindestens 55 Staaten unterzeichnen müssen, die zusammen 55 Prozent der »Treibhausgase« ausstoßen, mussten die Russen unbedingt weichgeklopft werden. Eine rege Klimadiplomatie vor allem seitens der deutschen Ökoquisition setzte ein. Im Oktober 2004 stimmte die Duma der Unterzeichnung zu. Der russische Umweltminister sagte, er habe »keinen Zweifel daran, dass Umweltschutz und Klima die geringste Rolle bei der Entscheidung gespielt haben«[194]. Entscheidend seien Zusagen der EU gewesen, den Russen den Beitritt zur Welthandelsorganisation (WTO) zu ebnen und die Aussicht auf ein 20-Milliarden-Dollar-Geschäft beim Handel mit Emissionsrechten.[194] Da kommt doch Freude beim Ökosteuerzahler auf! Endlich frei von Geldsorgen – man hat nämlich bald keins mehr.

Bleibt als vorläufiges Resümee: Das Waldsterben hat nicht stattgefunden; DDT war ein Ökoflop, der auf der Empfindlichkeit der modernen Ultraspurenmessung aufbaute; die Behauptung, 60 bis 90 Prozent aller Krebserkrankungen würden durch Umweltchemikalien (Holzschutzanstriche, Pflanzenschutzmittel und Ähnliches) ausgelöst, ist nachweislich falsch; BSE war eine politisch instrumentalisierte Hysterieposse; im Vergleich zu den natürlichen Klimafaktoren (kosmische Strahlung) ist der anthropogene Treibhauseffekt eine Marginalie. Deshalb sind Forscher, die Ökohochscholastik mithilfe von »Klimamodellierung« und Schadstoff-Ultraspurenmessung betreiben, in Wahrheit Politiker im Laborkittel.

Der heute grassierende Ökologismus nebst der freiheitsfeindlichen Ökoquisition ist eine Folge der gut gemeinten NATO-Umweltinitiative des konservativen US-Präsidenten Richard Nixon. Weil aber die »netten jungen Leutchen von 68« die Ökoangstseuche für ihre Polit-Dadaismusveranstaltung instrumentalisierten, muss sich das nächste Kapitel mit ihnen auseinander setzen.

# 11. Die kritischen netten jungen Leutchen

Manche Leser werden sich an einigen pikanten Inhalten dieses Kapitels stören. Doch die Fakten sind nun einmal, wie sie sind, und die »kritischen netten jungen Leutchen von 68«, über die ich als Zeitzeuge berichte, sind ganz einfach keine Lichtgestalten.

Im Rückblick schrieb der Politikwissenschaftler Shell: »Es bleibt rätselhaft, was eine Generation intelligenter junger Menschen, die im wachsenden Wohlstand aufgewachsen waren, dazu bewog, gegen die Institutionen des demokratischen Staates auf die Straße zu gehen.«[1] So rätselhaft ist das vielleicht gar nicht. Möglicherweise wurde die westliche Zivilisation um 1968 von einem Schweifstern überflogen, der bekiffenden »Angels Dust« ausstreute. Dadurch verwandelte sich eine verschwindende Minderheit der damaligen Jugend in einen verwirrten Haufen psychedelischer Patentrezeptträger, der, vom Psychosoziokauderwelsch der »Frankfurter Schule« berauscht, die Schaltstellen der Demokratie unterwanderte und den Marsch zu den Schmalztöpfen des verhassten kapitalistischen Schweinesystems antrat.

Vom sanften Wahn umnebelt, hüpften BaföG-genährte Marxismusjünger und Chaoten durch Berlins Straßen mit der Parole: »Terror, Haschisch, Meskalin für ein freies Westberlin.« Auf der anderen Seite des »antifaschistischen Schutzwalls« schüttelte man den Kopf: Die vorm Kapitalismus wohl Behüteten verstanden die Demo-Hopser als Spinner, die zwar von einer Art DDR schwärmten, aber keineswegs den Murks des Marxismus auskosten wollten. Andernfalls würden sie ja rüberkommen. Allein die mangelnde Freiheit in den Ländern jenseits des Eisernen Vorhangs hätte damals den gesunden Menschenverstand alarmieren müssen. Aber der ließ sich weit und breit nicht blicken.

Stattdessen gründeten 68er-Neojakobiner »kritische Universitäten«, an denen das richtige, das psychomarxistische »Bewusstsein« eingetrichtert werden sollte. Am Ende der Revolution würden alle Entrechteten und Geknechteten des Erdballs das Paradies erleben: »Diebe würden nicht mehr klauen, die Polizei wäre überflüssig, jeder würde nach seinen Bedürfnissen leben können.«[2,3] Und die Dummen arbeiten, während sich die selbst ernannte »Intelligenzija« in Debattierzirkeln mit Schwallvokabeln zukifft – ist zu ergänzen.

## Die Verwirrung der Verwirrten

Anfangs richtete sich die 68er-Revolte gegen den Vietnamkrieg – und dann eigentlich gegen alles. Besonders das deutsche Wirtschaftswunder mit seiner »Schufterei und Expropriation der Arbeiterklasse« wurde von einer teigfettsaturierten Minderheit der Bürgerkinder »infrage gestellt«. Als praktische Anleitung entwarfen die »kritischen, netten jungen Leutchen« des SDS[a] einen Plan der *begrenzten Regelverletzung*, demzufolge »Gewalt gegen Sachen« und Gesetzesübertretungen legitim sein sollten: »Legal, illegal, scheißegal.« Motto der ganzjährigen Karnevalsumzüge, pardon: Landfriedensbrüche, nein, auch falsch, ich meine natürlich Demonstrationen: »Macht kaputt, was euch kaputtmacht!« – »Der Stein, der fliegt, der Sponti kichert – hoffentlich Allianz-versichert!« – »Komm herunter vom Balkon – reih dich ein für den Vietkong!« – »High sein, frei sein – ein bisschen Terror muss dabei sein!« – »Haste Haschisch in den Taschen – haste immer was zu naschen!« Nach der Entdeckung der »begrenzten Regelverletzung« genossen die Damen »Ana Chie« und »Milli Tanz« bei den Derwischen der »Außerparlamentarischen Opposition« (APO) höchstes Ansehen.

Anstatt sich im Dezember mit dem Ho-Ho-Ho-Weihnachtsmann anzufreunden, wurde auf APO-Springprozessionen »Ho Ho Ho Chi Minh« skandiert. Mehr naive Einfalt ging kaum, denn der nordvietnamesische Führer Ho Chi Minh war nichts anderes als ein Massenmörder. Der Mann, der wegen seines Äußeren als Inkarnation der Liebenswürdigkeit galt, ließ beispielsweise 1968 während der Ted-Offensive 3000 Zi-

---

[a] »Sozialistischer Deutscher Studentenbund«.

vilisten (Priester, Mönche, kleine Beamte und Ärzte) lebendig begraben, köpfen oder erschießen. Das waren »sehr viel mehr (Menschen), als amerikanische Soldaten jemals bei ihren schlimmsten Gräueln« umbrachten.[4] Auch eine andere Galionsfigur der 68er, Che Guevara, war keineswegs ein moderner Robin Hood. Er richtete in Kuba Konzentrationslager ein, ordnete Hunderte Todesstrafen an und kümmerte sich höchstpersönlich um deren Vollstreckung, indem er etliche Delinquenten gleich selbst erschoss.[5] Insgesamt forderte der Sozialismus in seiner vollreifen Form, dem Kommunismus, gut 100 Millionen Menschenleben.[6] Das ist fast das Doppelte der 55,5 Millionen Toten des Zweiten Weltkriegs! Dennoch: Selbstaufklärung, etwa durch Lektüre des *Schwarzbuchs des Kommunismus* (Stéphane Courtois, Hrsg.), ist bei APO-Opas und -Omas so beliebt wie der Sonnenaufgang bei Graf Dracula. Flugs verschwinden sie nach 30-jähriger Berufstätigkeit (meist als Lehrer, Politiker, Richter, Journalisten) in der Versenkung – unter Mitnahme satter Pensionen – und klappen schnell den geistigen Sargdeckel zu, damit ja kein Schaden durch Belichtung à la Courtois entsteht.

1969 wurde in Berlin die Kommune 1 (K 1) gegründet, deren Mitglieder nach der reinen Lehre des Psychomarxismus lebten. Alles gehörte allen – auch die Frauen. Da vor allem das Private politisch wichtig war, wurden in der K 1 sämtliche Lebensumstände »kritisch hinterfragt« und »thematisiert«. Freudig erregt blubberte der Kommunarde Dieter Kunzelmann vor sich hin, er habe Orgasmusschwierigkeiten und -wünsche, »dass dies der Öffentlichkeit mitgeteilt werde«. Die interessierte sich zweifellos sehr dafür. Von der K 1 spaltete sich die K 2 in München-Schwabing ab, in der auch Kinder lebten, an denen nach dem Wirrkopfrezept des »Kursbuchs 17« die antiautoritäre Erziehung getestet wurde. Dazu mussten kleine Mädchen mit ihren Brüderchen schon einmal den Koitus üben, dem Vater am Penis spielen (Doktorspiele für Fortgeschrittene) und den »Erziehungsberechtigten« beim Beischlaf zuschauen.[7,8] Freud sei Dank!

Damit das revolutionäre Proletarierbewusstsein bereits die Kleinsten erleuchtete, gründete man »Kinderläden«. In denen wurde unter anderem gepredigt: Die Vietkongs seien ganz liebe Kommunisten, während die Amis gemeine Faschisten wären, die den Armen alles wegnähmen, den ganzen Tag Kaugummi kauten und Cola tränken. Auch der Weihnachtsmann kam zu Besuch – und zwar fast täglich. Er hatte aber keinen weißen, sondern einen braunen oder schwarzen Bart. Fragten die Kinder, wer das sei, erfuhren sie: »Das ist kein Weihnachtsmann, das ist ein Kommunist.«[9,10]

Eifrige Kinderladenmütter trafen sich regelmäßig in proletarischen Revolutionskränzchen. In einer dieser Cannabissitzungen äußerte eine besorgte Erziehungsberechtigte: »Mein Kind ist schon vier und onaniert noch nicht richtig!«[11] Ist ja auch schlimm! Zweifellos war die Adenauer-Ära ausgesprochen sexfeindlich: Sexualkunde in der Schule? Undenkbar! Wozu ist die Straße da? Vorehelicher Geschlechtsverkehr? Pfui, bah, das gehört sich nicht! Ein uneheliches Kind? Schande! Eltern mussten mit einer Anzeige wegen Kuppelei rechnen, wenn der 25-jährige Verlobte bei ihrer 20-jährigen Tochter über Nacht blieb! Wer im 21. Jahrhundert zur jungen Generation zählt, kann sich den lebensfremden Muff der Nachkriegszeit auch nicht annähernd vorstellen. Deshalb ist es nur zu begrüßen, dass der heuchlerische Sexualpietismus der 60er-Jahre sein wohlverdientes Ende fand. Und wie so oft in der Geschichte wurde maßlos übers Ziel hinausgeschossen. Dies belegt kein Berufenerer als der Hobbykindergärtner Cohn-Bendit, der heute als grüner Europaabgeordneter das Straßburger Parlament ziert. In seinem Buch *Der große Basar* plaudert er über seine »Erzieher«-tätigkeit:[12]

»Ich hatte schon lange Lust gehabt, in einem Kindergarten zu arbeiten. Die deutsche Studentenbewegung hat ihre eigenen antiautoritären Kindergärten hervorgebracht, die von den Stadtverwaltungen mehr oder weniger unterstützt wurden. Ich habe mich dann 1972 beim Kindergarten der Frankfurter Universität beworben, der in Selbstverwaltung der Eltern ist und vom Studentenwerk und der Stadt unterstützt wird. (...)

Die Eltern haben mich als Bezugsperson akzeptiert. Ich habe in diesem Kindergarten zwei Jahre lang gearbeitet. Dort waren Kinder zwischen zwei und fünf Jahren – eine phantastische Erfahrung. Wenn wir ein bisschen offen sind, können uns die Kinder sehr helfen, unsere eigenen Reaktionen zu verstehen. Sie haben eine große Fähigkeit zu erfassen, was bei den Großen vor sich geht. (...)

Mein ständiger Flirt mit allen Kindern nahm bald erotische

Züge an. Ich konnte richtig fühlen, wie die kleinen Mädchen von fünf Jahren schon gelernt hatten, mich anzumachen. Es ist kaum zu glauben. Meist war ich ziemlich entwaffnet. (...) *Es ist mir mehrmals passiert, dass einige Kinder meinen Hosenlatz geöffnet und angefangen haben, mich zu streicheln. Ich habe je nach den Umständen unterschiedlich reagiert, aber ihr Wunsch stellte mich vor Probleme. Ich habe sie gefragt: ›Warum spielt ihr nicht untereinander, warum habt ihr mich ausgewählt und nicht andere Kinder?‹ Aber wenn sie darauf bestanden, habe ich sie dennoch gestreichelt.«*

Wegen dieser Buchstelle wurde Cohn-Bendit vom früheren Außenminister Kinkel zur Rede gestellt.[13] Weil der rote Dany kein Lothar Späth (CDU) ist[b], sondern damals als ganz lieber Kinderladenonkel zu den »kritischen netten jungen Leutchen« gehörte, rumorte es kurz in den Medien, dann verstummten alle – wie auf Kommando. Dabei passen die Doktorspielchen des einstigen Kindergärtners bestens zum Gründungsparteitag der Grünen, wo eine »Stadtindianer-Kindergruppe« aus Nürnberg die »Legalisierung aller zärtlichen Beziehungen zwischen Erwachsenen und Kindern« forderte.[14]

Auch sonst waren die Revoluzzer recht unterhaltsam. Als der Kommunarde Fritz Teufel wegen szeneüblichen Steinwurfs während der Anti-Schah-Demonstration 1967 vor Gericht stand, kam er der Aufforderung des Richters, sich zu erheben, mit der Bemerkung nach: »Wenn's der Wahrheitsfindung dient.« Da Sicherheben natürlich nicht der Wahrheitsfindung dient, brachte ihm der respektlose Spruch große Popularität ein.[c] Der Kommunarde Heinz Pawla toppte die

---

[b] Späth stolperte als CDU-Ministerpräsident in der so genannten Traumschiffaffäre über von Firmen gesponserte Schiff- und Flugreisen. Andererseits konnte Niedersachsens Ministerpräsident Schröder (SPD) ohne Gesichtsverlust den Wiener Opernball auf VW-Kosten besuchen. Es kommt noch besser. In seinen letzten Tagen als Kanzler fädelte Schröder im September 2005 mit seinem Freund, dem russischen Präsidenten Putin, einen Vertrag über Gaslieferungen der Gesellschaft Gazprom ein. Nach seinem Abgang übernahm er den bestens dotierten Posten des Aufsichtsrats bei Gazprom. Bei Späth kam es zum Skandal, weil man eine Vermischung privater Interessen mit seiner politischen Tätigkeit vermutete.

[c] Noch 20 Jahre später schwärmte eine Münchner Kellnerin, »De Deifi kimmt«, als er ein Bierzelt betrat.

»begrenzte Regelverletzung«: Als er wegen einer der szeneüblichen Rechtsübertretungen angeklagt wurde, bereitete er sich mit einem speziellen Darmtraining auf den Gerichtsprozess vor. Kaum im Gerichtssaal, ließ er blitzschnell seine Hose runter, entleerte sich vor dem Richtertisch und wischte sich danach mit Gerichtsakten seelenruhig den Hintern ab.[3] Die Multikultiduselei der 68er, über die heute selbst ehemalige Protagonisten wie Otto Schily (SPD) stöhnen, hat ihre Wurzeln in der Aktivität ausländischer Studenten. So wurden die Demonstrationen anlässlich des Schahbesuchs in Berlin – die Initialzündung der deutschen 68er-Bewegung – von CISNU-Aktivisten der iranischen Studentenschaft organisiert[d].[15] Auch die amerikanische Bürgerrechtsbewegung »Black Panthers« mischte kräftig mit. Ihre zentrale Figur, die bekennende Kommunistin Angela Davies, war Musterschülerin von Herbert Marcuse und brachte den Antiamerikanismus nebst »kritische« Sitten aus Berkeley unter die Leute. Sit-in, Go-in und Teach-in wurden zu Synonymen für Vorlesungsstörungen. Dem schlossen sich Sleep-in und Love-in als progressive Formen öffentlich ausgeübter Promiskuität an.

Der Bürgerkrieg in Biafra (1967–1970) ist ein weiterer Auslöser der 68er-Multikultieuphorie gewesen. Aus »Fernstenliebe«, die wohl ihre Wurzeln in der ewig unerfüllten »Bestrafungserwartung nach dem kollektiven Ausrasten von 1933 bis 1945« hat, wurden in Universitätsstädten Biafrakomitees gegründet.[16] Nachdem der Biafrikaner Obi Ifiebo als Unruhestifter über Nacht in sein Herkunftsland abgeschoben wurde, begannen sich die 68er für das Asylrecht zu interessieren.[15]

Zweifellos war der Protest gegen den Vietnamkrieg berechtigt, und manches in der verkrusteten Nachkriegsgesellschaft

---

[d] Zur Erinnerung: Der 2. Juni 1967 gilt als Beginn der 68er-Revolte in Deutschland. Die Situation eskalierte, als iranische Studenten nachmittags die Polizeiabsperrungen durchbrechen wollten und Geheimdienstleute des Schahs als so genannte Prügelperser mit Schlagstöcken auf die Demonstranten losgingen. Daraufhin setzten sich die Unruhen bis in die Nacht fort. Um 20.30 Uhr erschoss der Polizist Karl-Heinz Kurras den Romanistikstudenten Benno Ohnesorg in »putativer Notwehr«. Ab diesem Datum übernahm der bislang bedeutungslose SDS die Lufthoheit über die studentischen Debattierzirkel. Auch die spätere RAF-Gruppe »2. Juni« benannte sich nach diesem Ereignis.

lag im Argen. Dennoch rumorte selten mehr offene Psychiatrie auf der Straße als in der Zeit um 1968. Mit dem Spruch »Feuer unterm Arsch – verkürzt den langen Marsch« machten sich die Revoluzzer auf, die bürgerliche Gesellschaft zu zerstören. Sie landeten zwangsläufig in den Parlamenten, weil es in der Bundesrepublik kein Mehrheitswahlrecht gibt und bürgerliche Parteien von entschlossenen Gruppierungen wie den 68ern leicht zu unterwandern sind.[17]

Mit anderem Vorzeichen könnten auch Rechtsradikale Erfolg haben – wenn sie denn geschickt genug wären und wie die 68er die Medien hinter sich hätten.[e] Den Triumph radikaler Minderheiten, die in einer Demokratie niemals die Mehrheit repräsentieren und dennoch als geschlossene Phalanx den Ton angeben können, beschrieb Goethe im Walpurgisnachtstraum (Faust I):

> »Von dem Sumpfe kommen wir,
> Woraus wir erst entstanden;
> Doch sind wir gleich in Reihen hier
> Die glänzenden Garanten.«

Und der Preis der glänzenden Garanten? »Die Tradition und Rituale«, schrieb der *Spiegel*, »die seit mehr als einem Jahrhundert den bürgerlichen Alltag und die ganze Lebensgeschichte geregelt hatten, waren in zehn Jahren zerbröselt – Kindererziehung, das Rollenverhalten in der Familie, sexuelle Verhaltensweisen, das Verhältnis zur Arbeit – fast alles, was bis 1968 fraglos das Zusammenleben geprägt hatte, war nun bei einer größer werdenden Minderheit ins Rutschen gekommen.«[18]

Folgt man Joachim Fernau, dann hat die Studentenrevolte in summa mehr Funktionierendes zerstört als Besseres aufgebaut, weil »jedes Mal, wenn sich alte Formen auflösen, ehe man bessere neue hat, vieles verfällt, was wertvoll war«[19]. Von schöpferischer Zerstörung im positiven Sinn nach Schumpeter kaum eine Spur. Den Grund nennt Niklas Luhmann: »Von Protestbewegungen ist nicht zu erwarten, dass sie begreifen,

---

[e] Wer Zweifel hegt, dem sei gesagt, dass politische Führungskräfte aus der 68er-Riege wegen des Radikalenerlasses 1975 noch nicht einmal als Briefträger eingestellt worden wären.

weshalb etwas so ist, wie es ist; und auch nicht, dass sie sich klar machen können, was die Folgen sein werden, wenn die Gesellschaft dem Protest nachgibt.«[20]
Heute ist die »begrenzte Regelverletzung« längst im Alltag angekommen. Man beobachtet sie in Talkshows, wo das Ins-Wort-Fallen Teil der modernen Sprachkultur meist linker Wahrheitsbesitzer ist. Sie prägt den Umgang der Bürger untereinander (höfliche Zuvorkommenheit ist out – jeder ist der Größte), findet auf der Autobahn ihr Spiegelbild (Drängeln, erzieherische Schleichfahrt und Rasen), manifestiert sich im Umgang der jüngeren mit der älteren Generation (gebt den Kindern das Kommando!), im Supermarkt (angeknabberte Lebensmittel werden einfach irgendwo abgelegt) oder in der Korruption (Politiker beschließen Gesetze, von denen sie selbst profitieren) und der Bestechung (Baugenehmigung gegen kleines Bakschisch) sowie im Sprayerunwesen (»Grüne: Teil der Jugendkultur«[93,94,95]). Das späte Rom lässt herzlich grüßen.

## Die Reichskriegsflagge der 68er

... war die »kritische Theorie« der »Frankfurter Schule«. Hinter dem harmlos klingenden Namen verbirgt sich eine weniger harmlose Praxis. Ein Kenner beschreibt sie »ihrem Wesen nach (als) destruktive Kritik aller wesentlichen Elemente der abendländischen Kultur, einschließlich des Christentums, des Kapitalismus, der Autorität, der Familie, ... der Moral, der Tradition, ... der Loyalität, des Patriotismus, des Nationalismus, des geschichtlichen Erbes, des Ethnozentrismus, der überkommenen Bräuche sowie des Konservatismus«[21].
Die 1923 gegründete so genannte »Frankfurter Schule« heißt eigentlich »Institut für Sozialforschung« und ist keine Einrichtung der am gleichen Ort ansässigen Universität, sondern eine Privatveranstaltung. Einer der Initiatoren, der Marx-Apostel Georg Lukacs, schrieb in den 20er-Jahren: »Ich sah die revolutionäre Zerstörung der Gesellschaft als die eine und einzige Lösung. Ein weltweiter Umsturz kann nicht ohne Vernichtung der alten Werte und die Schaffung neuer durch die Revolutionäre erfolgen.«[22]
Die Nachfolger Lukacs', die Philosophen Habermas, Marcuse, Horkheimer, der Musikkritiker Adorno, der Psychologe

Fromm und der Soziologe Reich, kreierten eine Marxismus-
variante, indem sie die Libidotheorie Sigmund Freuds mit dem
dialektischen und historischen Materialismus verknüpften. So
entstand der Psychomarxismus, auf den sich die »Neue Linke« nach 1968 berief. Die Stärke dieses Freudomarxismus
liegt in seiner moralingetränkten Gesinnungsethik, mit der die
Linksintellektuellen als Allzweckkeule rumfuchteln.

Das Topangebot im intellektuellen Entertainment lieferte
Wilhelm Reich, der sein Töchterchen ohrfeigte, weil es zu
Weihnachten statt der »Internationale« »O Tannenbaum«
sang.[7] Als Mitglied der kommunistischen Partei gründete er
in den 30er-Jahren den »Deutschen Reichsbund für proletarische Sexualpolitik«, der für freie Liebe, Onanie, Prostitution
und ungehinderte Abtreibung eintrat.

Zur Schaffung des theoretischen Unterbaus erweiterte der
Freudomarxist Reich den Libidobegriff (Psychokraft des
Triebgeschehens), indem er eine allumfassende schöpferi-
sche Lebensenergie postulierte, die er, von den Begriffen Or-
gasmus und Organismus abgeleitet, ORGON nannte. Die
Forschungsbemühungen des »Rosenkreuzer des Ficks« (Hans
Magnus Enzensberger über Reich) lagen also unterhalb der
Gürtellinie und drehten sich fast ausschließlich um den Or-
gasmus: »Ist mit ihm etwas nicht in Ordnung, dann sind
nicht nur Neurosen die Folge. Auch die Gesellschaft gerät aus
den Fugen.«[23] Der beeindruckten Nachwelt blieben mehr als
20 Veröffentlichungen zur ORGON-Messung erhalten, die
Reich eigenhändig in geschlossenen ORGON-Kästen durchgeführt hatte.

Besondere Beachtung verdient Herbert Marcuse. In seiner
*Kritik der reinen Toleranz* schreibt er in der verquasten Sprache, der sich Intellektuelle bedienen, wenn sie etwas ver-
schleiern wollen: »Die Idee der Toleranz erscheint, mit anderen Worten, heute wieder als dasjenige, was sie an ihren
Ursprüngen war, zu Beginn der Neuzeit – als parteiliches Ziel,
ein subversiver, befreiender Begriff und als ebensolche Praxis.
Umgekehrt dient, was heute als Toleranz verkündet und prak-
tiziert wird, in vielen seiner Manifestationen den Interessen
der Unterdrückung.«[24] Übersetzung: Zu Beginn der Neuzeit
war Toleranz ein Begriff der Befreiung. Heute (gemeint ist
1965) ist sie zu einem Instrument der Unterdrückung geworden. Dies lässt sich auch umdrehen: Seit den 90er-Jahren be-

nutzt die politisch korrekte Linke den Begriff »Toleranz« als Herrschaftsinstrument zur Schaffung von Tabuthemen. Einige Seiten weiter schreibt Marcuse über Medien und Meinungsmacht: »Blockiert wird die effektive Abweichung, die Anerkennung dessen, was nicht dem Establishment angehört; das beginnt in der Sprache, die veröffentlicht und verordnet wird. Der Sinn der Wörter wird streng stabilisiert.«[25] Vielen Dank, Herr Marcuse, besser kann man das Prinzip der Political Correctness nicht beschreiben. Durch verordnetes Neusprech wird Unsinn »streng stabilisiert« zu Sinn gemacht: Unkraut wird zu »Wildkraut«, Negerküsse werden zu »Schaumküssen«, und Asylmissbrauch wird zur »Migration«. (Achtung, Gutmenschen: Tabuthema Nr. 1 – Faschingsklatsche, pardon, Faschismuskeule auspacken!)

Der *Scheintoleranz* widmet sich Marcuse ganz besonders: »Diese Art der Toleranz stärkt die Tyrannei der Mehrheit, gegen welche die wirklich Liberalen aufbegehren.«[26] Abhilfe: Eine von Patentrezepten illuminierte radikale Minderheit stellt die Guten. Sie entmachtet die tyrannische Mehrheit und verbietet ihr das Wort (Tabuthemen!).

Über die sich daraus entwickelnde »Demokratur« schreibt Marcuse: »Aber in einer Demokratie mit totalitärer Organisation kann Objektivität eine ganz andere Funktion erfüllen, nämlich die, eine geistige Haltung zu fördern, die dazu tendiert, den Unterschied zwischen Wahr und Falsch, Information und Propaganda, Recht und Unrecht zu verwischen.«[27] Da wird manches klar. Aus diesem Grunde unterscheiden insbesondere die elektronischen Medien immer weniger zwischen Objektivität und Subjektivität und vermischen Information (Treibhauseffekt) mit Kommentar (Klimakatastrophe). Deshalb erscheinen in neuerer Zeit auch die Gegensätze von Oben und Unten, von Links und Rechts, von Gut und Böse, von Schwarz-Grün-Rot und Gelb, von Ladendiebstahl und bezahltem Einkauf, von Sachbeschädigung durch Graffiti und Kunst sowie von naturwissenschaftlichem Experiment und »Modellierung« aufgehoben.

Zur Durchsetzung politisch korrekter »Toleranz« sollen nach Marcuse auch »undemokratische Mittel« erlaubt sein, wie der Entzug der Rede- und Versammlungsfreiheit für alle »reaktionären Gruppen« – wer das ist, bestimmt der Big-Gutmensch. Das Verbot soll sich unter anderem gegen diejenigen richten, die »sich der Ausweitung öffentlicher Dienste, sozialer Sicherheit, medizinischer Fürsorge widersetzen«[28]. Gratulation, Herr Marcuse, Sie haben bereits 1965 die wesentlichen Merkmale des volksheimeligen »Wohltatenstaats« erkannt.

## Schaumsprache und Dialektik

Max Horkheimer war ein wahrer Meister der Schaumsprache. Diese dient dazu, vorwiegend banale Aussagen in endlos erscheinende, verwirrende Satzmelodien zu verpacken. Ein Beispiel gefällig? Aber gerne: »Die Subsumption des Tatsächlichen, sei es unter die sagenhafte Vorgeschichte, sei es unter den mathematischen Formalismus, die symbolische Beziehung des Gegenwärtigen auf den mythischen Vorgang im Ritus oder auf die abstrakte Kategorie in der Wissenschaft lässt das Neue als Vorbestimmtes erscheinen, das somit in Wahrheit das Alte ist. Ohne Hoffnung ist nicht das Dasein, sondern das Wissen, das im bildhaften oder mathematischen Symbol das Dasein als Schema sich zu Eigen macht und perpetuiert.«[29]

Übersetzung: Was wir als »neue Tatsache« zu erkennen meinen, ist in Wirklichkeit das Alte, weil es von Rahmenbedingungen vorstrukturiert ist, denen sich unser Denken nicht entziehen kann. Dies wird immer so sein. Ende. Hätte sich beispielsweise die technische Thermodynamik hinter einer solchen Schaumsprache versteckt, gäbe es heute noch keine Dampfturbine!

Karl Popper kritisiert die Einerseits-andererseits-vorwärts-seitwärts-rückwärts-einpark-Schaumsprache der Intellektuellen: »Wir wollen auffallen, und wir reden in einer unverständlichen, aber überaus eindrucksvollen Kunstsprache ... Das ist die Sprachverschmutzung, die Verschmutzung der deutschen Sprache, in der wir miteinander wetteifern ..., die es geradezu unmöglich macht, mit uns Intellektuellen vernünftig zu reden und uns nachzuweisen, dass wir sehr oft Unsinn reden und im Trüben fischen.«[30] So ist es.

Was aber ist Dialektik? Es ist die kunstvolle Gegenüberstellung von Begriffen wie »weniger ist mehr« oder »weniger Arbeit für alle«. Dialektik ist aber auch eine Argumentationsstrategie. In Russland erzählt man sich hierzu ein schönes Beispiel. Kolchosbauern fragten ihren Priester: »Genosse Pfarrer, was ist Dialektik?« Als Antwort brachte der Geistliche ein Gleichnis: »Zu mir kommen zwei Bauern, der eine ist sauber, der andere schmutzig. Ich biete ihnen ein Bad an. Wer von beiden wird ein Bad nehmen?« – »Der Schmutzige natürlich«, sagten die Bauern. »Nein«, antwortete der Pfarrer, »der Saubere wird baden wollen, denn er ist gewohnt zu baden. Der Schmutzige legt keinen Wert auf ein Bad, weil er immer schmutzig ist.« – »Der Saubere nimmt also das Bad«, stellten die Bauern fest. »Nein, beide«, belehrte sie der Pfarrer, »der Schmutzige hat das Bad nötig, der Saubere ist gewohnt zu baden. Wer wird also baden?« – »Beide«, meinten die Bauern verdutzt. »Nein, keiner von beiden«, schmunzelte der Pfarrer, »denn der Schmutzige ist ans Baden nicht gewöhnt, der Saubere hat es nicht nötig.« Jetzt begehrten die Bauern auf: »Das kann kein Mensch verstehen; jedes Mal sagst du uns etwas anderes. Einmal ist es der Schmutzige, dann der Saubere, dann beide, dann keiner.« – »Seht ihr, das ist Dialektik«, lächelte der Pfarrer.

Mit vergleichbaren Tricks errang die »Neue Linke« in den 70er-Jahren die Meinungshoheit in der SPD und FDP. Die CDU zog später nach.[f] Biedere Gewerkschafter, Altgenossen und Bürger, die den Hitlerismus noch am eigenen Leib erlitten hatten, wurden von dialektisch geschulten Jusos und 68er-Julis (Jungliberale) niedergebügelt und mit Geschäftsordnungstricks aus ihren Parteiämtern geboxt. Parallel hierzu lief es im gesamten öffentlichen Dienst. Ältere Lehrer, Richter und Staatsanwälte sahen sich plötzlich mit 68er-Referendaren konfrontiert, die sie in Grund und Boden »dialektierten«.

Besonders verräterisch wird es, wenn in der Politik der Begriff »wissenschaftlich« auftaucht. Meist handelt es sich um reines Balzverhalten, mit dem imponiert werden soll, um Nonsens durchzusetzen. Da ist schon einmal interessant nachzulesen, was ein DDR-Lehrbuch über den »wissenschaftlichen Charakter der marxistisch-leninistischen Philosophie« schreibt: »Der dialektische und historische Marxismus ist wissenschaftlich …, weil er sich nicht im Widerspruch zur Wissenschaft, sondern in tiefer Übereinstimmung mit ihr befindet.«[31] Verstanden? Nein, ganz einfach: Ein weißer Schimmel

---

[f] Zur Erinnerung: Als Herbert Marcuse in einem *Zeit*-Interview gefragt wurde, was von »68« übrig geblieben sei, antwortete er: »Rita Süssmuth« (CDU).

ist ein weißes Pferd, weil sein Äußeres nicht im Widerspruch zur Farbe Weiß steht. Schade, dass diese schöne »Wissenschaft« nicht die Bedürfnisse der DDR-Bürger nach Freiheit, Bananen, Telefonanschluss und höherem Lebensstandard stillen konnte.

## Lustprinzip und Technikkritik

Während Marx und Lenin in Naturwissenschaft und Technik Instrumente des Fortschritts und der Befreiung sahen, erblickte Marcuse darin *Herrschaftsinstrumente*. Nicht mehr eine Klasse von Unterdrückern, sondern das »Gehäuse technischer Rationalität« zwingt dem Einzelnen eine Lebensform auf, »die nicht seinen wirklichen, seinen wahren Zielen entspricht«[32]. Deshalb ist das Arbeitsleben in der tayloristischen Technikgesellschaft ein einziger Fluch: morgens aufstehen, statt mit Freunden vom Glucks-Glucks-Clan ein paar Fläschchen Rotwein in der Fußgängerzone zu picheln; pünktlich in der Arbeit erscheinen statt Schaufensterbummel; Einsatz bringen, statt vor sich hin zu dösen; und einordnen, statt sich zu emanzipieren. Grauenhaft – nichts als Frust!

Den dialektischen Widerspruch löste Marcuse in bewährter Art mit einer Synthese aus Freud und Marx. Bei ihm ist der Unterdrückte das Lustprinzip und der Unterdrücker das Leistungsprinzip, das den Werktätigen von außen aufgezwungen wird. Marcuse schrieb: »Wenn die Lust tatsächlich im Arbeitsakt und nicht irgendwo außerhalb seiner liegt, dann muss diese Lust aus den sich betätigenden Körperorganen und dem Körper selbst stammen und die erogenen Zonen aktivieren oder den Körper als Ganzes erotisieren; mit anderen Worten: Sie muss libidinöse Lust sein.«[32] In der lustorientierten Gesellschaftsstruktur sei die Sexualität vom »genitalen Supremat« gelöst, was zwangsläufig zur »Erotisierung der Gesamtgesellschaft« führt. Phantastisch: die ganze Welt ein Toll- und Freudenhaus!

Die heutigen Technikängste und die darauf aufbauende Technikfeindlichkeit lassen sich aber nicht allein auf Marcuse zurückführen. Hierfür steht vielmehr der Philosoph Hans Jonas mit seiner Interpretation, die viele Meinungsmultiplikatoren prägte: »Das apokalyptische Potenzial der Technik – ihre Fähigkeit, den Fortbestand der Menschengattung zu gefährden, wirft die metaphysische Frage auf, ob und warum es in Zukunft auch eine Menschheit geben soll.«[33] Im Gegensatz hierzu kritisiert Marcuse die fremdbestimmenden Strukturen des Arbeitslebens, die der Technikskeptiker Robert Jungk aufbrechen möchte. Demnach »müsse (man) auch die industrielle und technische Entwicklung der Demokratisierung unterwerfen«.

Deshalb sollte im herrschaftsfreien, demokratischen Diskurs vorab erörtert werden, ob der Kaufgegenstand überhaupt benötigt wird – sodass mit Unlust verbundene Arbeit eventuell gar nicht erst anfällt. Helmut Schoeck kommentiert den Nonsens:[34] »Endlose Palaver von missvergnügten Intellektuellen, die für ihre beschränkten Mitbürger entscheiden, was notwendig ist und was Luxus ist, würden anstelle der bisherigen Kräfte treten, denen wir die Innovationen auf den meisten Gebieten verdanken.«

Schoeck nennt auch gleich ein erhellendes Beispiel progressiver Konsumkritik:[34] »In den Jahren 1950 bis 1955 gehörte die automatische Kupplung beim amerikanischen Pkw zu den beliebtesten Prügelknaben der (mehr oder minder links-) intellektuellen Gesellschaftskritik: Wie unnötig, wie kostspielig, wie reparaturanfällig ... sei doch diese Neuerung. Unzählige Glossen und ernst gemeinte Artikel in den Zeitschriften der ›progressiven‹ Intelligenz mokierten sich über den dummen amerikanischen Autokäufer, der sich von der profitgierigen Industrie durch skrupellose Reklame Automobile mit einer völlig unnötigen automatischen Kupplung aufschwatzen ließ.« Merke: Hinter jedem Automatikgetriebe steht ein mühevoller Arbeitsgang.

Ich erinnere mich nur zu genau, wie in den 70er-Jahren in einem durchgeknallt linken Lehrerseminar in Hessen ganz im Sinne der damaligen Landesregierung stundenlang über die Mühsal des Arbeitslebens palavert wurde. Die derart konditionierten Pädagogen sollten später Berufsschüler anleiten, die Produktionsbedingungen der tayloristischen Industriegesellschaft »kritisch zu reflektieren« und »zu hinterfragen«, ob Autos, Wohnungen, Chemieprodukte und Kleidung in dem Maße notwendig seien, in dem sie produziert würden.

## Die Aufbrecher brechen auf

Um 1968 agierte in der Mainmetropole ein Trupp »verkrachter, gescheiterter Existenzen« (Christian Schmidt), die sich als bekennende Anhänger Maos und Eleven der »Frankfurter Schule« »Betriebsprojektgruppe« (BPG) nannten. Zu diesen etwa 30 SDS-Anhängern stieß der arbeitslose Josef Martin Fischer, dem, wie die *FAZ* einmal schrieb, wegen seines verkorksten Lebenslaufs »fast nichts anderes übrig (blieb), als Außenminister zu werden«.[35,36]

Erklärtes Ziel der BPG-ler war, die verkrusteten Strukturen der Nachkriegsgesellschaft aufzubrechen, um dann die Bürger mit einer »Diktatur des Proletariats mit allen Schikanen« zu beglücken. Mittraumtänzer waren der mutmaßliche Vietkongsponsor und spätere Stadtkämmerer Tom Koenigs sowie Eichels spätere Umweltministerin Margarete Nimsch[g] und der zwischenzeitlich verstorbene linke Kabarettist Mathias Beltz[h]. Auch der spätere Chef des Frankfurter Varietés Tigerpalast, Johnny Klinke, nebst dem heutigen Edelkneipier Klaus Trebes (»Wo der Pfeffer wächst«), und der Tönemacher (Musikant) Ralf Scheffler waren mit von der Partie. Das »Rumpelstilzchen« – Cohn-Bendit über Cohn-Bendit – traf erst etwas später auf die linken Batschkappen. Dafür gab er den entscheidenden Impuls zur Wandlung des roten Spontitrupps in einen Ökogesangverein.

Zur Errichtung der Diktatur des Proletariats versuchten die Hardcore-68er, Kader dort einzuschleusen, wo sich die zu Beglückenden tagsüber versteckten. Erstes Unterwanderungsziel war die Hoechst AG. Dort herrschte leider gerade Einstel-

---

[g] Die grüne hessische Umweltministerin Nimsch musste 1998 zurücktreten, weil sie einer Parteifreundin lukrative Aufträge zuschanzen wollte (»Cousinenwirtschaft«). Vor ihr musste 1995 Iris Blaul (Grüne) den Sessel räumen, weil sie ihr Amt ganz im Sinne der »begrenzten Regelverletzung« zur Protegierung ihres Lebensabschnittsgefährten Wenzel Mayer nutzte.

[h] Beltz outete sich als feministischer Lefty-Wanky in einem Aufsatz, den er zusammen mit Klaus Trebes schrieb: »Die Erlaubnis, phantasievoll zu onanieren, bedeutet nicht aufopfernde Rücksichtnahme auf Frauen, sondern kann bedeuten, sexuelle Herrschaft über Frauen gar nicht mehr ausüben zu wollen. Auf jeden Fall ist das unsere Möglichkeit, wieder mehr zu uns zu finden.«

lungsstopp. Flugs disponierte man um und versuchte es erfolgreich bei der Adam Opel AG. In Rüsselsheim firmierten die Spontisocken unter dem Namen »Revolutionärer Kampf« (»RK«), schraubten Autos zusammen und verteilten eine »Opel-Betriebszeitung«. Motto: »Den Arbeitern ihr Recht verschaffen – mit linken Schwallvokabelwaffen«.

»Die Stunde der Befreiung naht«, lautete die frohe Botschaft der »revolutionären Kämpfer«. Weil aber die »strukturelle Gewalt« der Adenauerrepublik mit satten Lohnsteigerungen und einer Fress- und Reisewelle die Herzen der Proletarier total verhärtete, musste der gesunde Menschenverstand schon einmal mit dem Vorschlaghammer bearbeitet werden. Originalton »RK-Opel-Betriebszeitung«:[37] *»Natürlich sind wir Kommunisten ... Greifen wir die Manöver an, mit denen Abwiegler aller Lager, die Gewerkschaften, die Parteien, die meisten Linken, alles ablehnen, was wirklich sagt: ›Dieses Leben ist Mist, wir wollen ein anderes!‹ Um dahin zu kommen, muss der jetzige Laden erst einmal umgekrempelt werden. Das heißt, wir wollen, dass dieser Laden nicht mehr läuft! Nur so kann unser Programm Wirklichkeit werden; eine Gesellschaft, die die unsere ist, ohne die jetzige Unterdrückung, ohne die Scheißarbeit, ohne alles, was jetzt nur besteht, um uns auszubeuten. Genau das bedeutet: Wir wollen alles.«* Sage mir niemand, die 68er hätten versagt. Von 1998 bis 2005 hatten sie die Regierungsmacht – und prompt sind über fünf Millionen ohne »Scheißarbeit«.

Trotz aller Liebesmüh kamen die fidelen Botschafter Che Guevaras bei den Proletariern nicht so recht an. Statt die RK-Leute mit feuchten Augen gerührt in die Arme zu nehmen und mit ihnen ums Hammer-und-Sichel-Kalb zu tanzen, flitzten die Werktätigen nach Feierabend mit ihren Opel Kadett zur Baustelle, um ihr Häuschen im Grünen zu errichten. Auch der erste Zelturlaub am Gardasee schien mehr Labsal zu bereiten als die aufmunternde Lektüre von Karlchens *Blauen Bänden* (vulgo: Marx-Engels-Gesamtausgabe). Kurz: Der »revolutionäre Kampf« bei der Opel AG endete im Katzenjammer.

Weil sich die Unfreien einfach nicht befreien lassen wollten, bekamen ihre Befreier Depressionen. Darüber nachzudenken, weshalb die Beglückung nicht glückte, fiel den »kritischen netten jungen Leutchen« nicht im Traum ein. Bloß nicht jammern und picheln, sondern weiter hammern und sicheln. Mit noch mehr Bieneneifer wurden die »Mao-Bibel«, das »Kapital«

und die Ergüsse der »Frankfurter Schule« studiert. Nun weiß jeder, Stubenhockerei ist ungesund. Also musste Sport betrieben werden. Aus praktikablen Gründen entschied man sich für den Kampfsport. Joschka Fischer gründete eine »Putzgruppe« (»Proletarische Union für Terror und Zerstörung«), die in den Taunuswäldern für den Endsieg des Proletariats trainierte. Bald kam die Gelegenheit, das Gelernte anzuwenden.

Es war im März 1973, als ein besetztes Haus im Frankfurter Westend geräumt werden sollte. Endlich konnte die Putzgruppe einmal richtig demonstrieren, wozu sie die ganze Zeit geübt hatte. Im Report der Frankfurter Schutzpolizei heißt es:[39] »Die Demonstranten zeigten ein bisher in Frankfurt nicht gekanntes Ausmaß an Aggressivität und Brutalität. Die Angriffe durch Steinwürfe und Würfe mit schweren Eisenteilen wurden teilweise so heftig geführt, dass die Beamten erst nach mehrmaliger Aufforderung vorgingen. Die Wurfgeschosse waren von solcher Schwere und Größe, dass Lebensgefahr bestand. Außerdem waren die Besetzer mit Latten, schweren Knüppeln, durch Schlaufen am Handgelenk befestigt, mit Bleirohren, die teilweise geschleudert wurden, bewaffnet. Sie verschossen aus so genannten ›Spatzenschleudern‹ Glaskugeln, die die Schutzschilde der Beamten durchschlugen.«

Insgesamt erlegten die »kritischen netten jungen Leutchen« 48 Beamte, die teilweise mit durchtrennten Sehnen auf der Strecke blieben. Wenn's um die gute, die gerechte, neue Gesellschaftsordnung geht, müssen kleine Kollateralschäden hingenommen werden! Der damalige Frankfurter SPD-Oberbürgermeister Rudi Arndt sah das anders: »Das sind faschistoide Chaoten, die schlimmer sind als die SA und SS in der Nazizeit.«[40] Prompt rüstete der »Scheißbullenstaat« auf: Die Polizei bekam neue Helme, wirksamere Schlagstöcke, Wasserwerfer und stärkere Schutzschilde – damit sie fit sei, wenn die Putzgruppe vereint mit Chaoten mal wieder zum Sturm auf das Schweinesystem ansetzte.

Am 19. September 1975 gab es vor dem spanischen Konsulat am Frankfurter Grüneburgpark erneut ordentlich Zoff.[41] Kurz zuvor in Spanien verurteilte Angehörige der maoistischen FRAP und zwei Mitglieder der ehrenwerten ETA sollten befreit werden. In einer Dreierformation – die Reihen fest geschlossen – griffen »totalitäre Demokraten« (Marcuse) an. In kunstvoller Wurftechnik wurde das Haus von der ersten An-

griffswelle mit Farbbeuteln verziert. Ihr folgten die Steine-
werfer, die von der dritten Gruppe, den Mollispezialisten, abgelöst wurden. 15 Minuten später hatten sich die frustrierten
Menschheitsbeglücker in alle Winde zerstreut. Brandsatz und
Sieg für die Spontis!

Es folgten weitere Scharmützel auf dem steinwurfbepflaster-
ten Weg zur heiß ersehnten »westdeutschen Sowjetrepublik«[42].
Dann, am 9. Mai 1976, wurde Ulrike Meinhof im Gefängnis
Köln-Ossendorf erhängt aufgefunden. Alle Linken waren – und
einige sind es auch heute noch – überzeugt, Frau Meinhof sei
von den »Bullenschweinen« im Knast ermordet worden. Prompt
luden die Putzgrüppler am nächsten Tag zur Molotowcocktail-
party in Frankfurt. 700 vermummte Gäste kamen. »Zündel-
Zoff« (ZZ, nicht SS) sowie »Feuer und Flamme für diesen Staat«
waren angesagt. Die Partystimmung stieg – und plötzlich, wie
aus heiterem Himmel, brannte völlig unbeabsichtigt ein Strei-
fenwagen. Der 23-jährige Polizeiobermeister Jürgen Weber erlitt
60-prozentige Hautverbrennungen und konnte nur mit Mühe in
einer Ludwigshafener Spezialklinik gerettet werden. Zeugen
haben später unter anderem einen schmächtigen jungen Mann
mit Bart und Brille identifiziert – den berufslosen 28-jährigen Josef Martin Fischer. Der junge Kettenraucher mit auffallend
schlechtem Gebiss und ohne Schulabschluss landete für zwei
Tage in Untersuchungshaft. Obwohl man ihm nichts nachweisen konnte, wurde von Insidern schriftlich dokumentiert, dass
Fischer sich selbst für den Molli-Einsatz bei der Baader-Mein-
hof-Gedächtnisparty ausgesprochen hatte.[43,44]

Die zwei Tage Knast müssen für den jungen Spontiaktivis-
ten ein Schock gewesen sein. Frau Ditfurth berichtet:[45] »Nach
der Meinhof-Demonstration hing Fischer jahrelang durch, auf
der Suche nach dem ultimativen Kick. Er fuhr Taxi und betrieb
mit günstig erworbenen Büchern ein Antiquariat.« Genauer:
Er berücksichtigte die alte Fuggerweisheit »Im Einkauf liegt
der Gewinn«, indem er zu jener Zeit hauptsächlich »vom stra-
tegisch gut geplanten Bücherklau« lebte, wie es Christian
Schmidt ausdrückte[i].[46]

In seiner übrigen Zeit tauchte der künftige Staatsmann mit
dem treuherzig-sympathischen Blick in die Esoteriksenke ab.[47]

---

[i] Ob Fischer seinen Buchladen anmeldete und dafür eine Steuerer-
klärung abgab, ist nicht bekannt.

Oft fand man ihn im Fakir-Schneidersitz auf dem Bett, im Hintergrund Sitarmusik und neben sich eine Portion halluzinogener Pilze. Fischers Rat:[48] »Wenn Sie Erleuchtung wollen, müssen Sie Glockendüngerling suchen.« Während solcher Trips bekam Fischer Angst – Angst vor sich selbst, wie er schriftlich bekannte:[49] »Stalin war so ein Typ wie wir ... Wir müssen diese psychische Kaputtheit aus uns rauslassen ... Es ist unser und mein dunkelstes Kapitel, ich weiß – oder ahne es besser nur, weil ich da selber wahnsinnig Angst vor bestimmten Dingen in mir selbst habe. Bartsch und Honka[j] sind Extremfälle, aber irgendwo hängt das als Typ in mir drin ... da wurde dann leicht auch, ja die Lust am Schlagen draus, ein tendenziell sadistisches Vergnügen.«

Die gedrückte Stimmung erklärt auch Fischers Spontipredigt vom Pfingstsonntag 1976 anlässlich des großen »Antirepressionskongresses« auf dem Frankfurter Römerberg. Vom Hafttrauma beeindruckt, »heulte der revolutionäre Leitwolf« (Christian Schmidt) eine herzzerreißende Jeremiade in den hessischen Himmel:[50] *»Das Ankämpfen dagegen, die Weigerung, sich noch nicht selbst politisch aufzugeben, obwohl der Gegner übermächtig und jeden Tag barbarischer erscheint, macht einen wesentlichen Bestandteil von uns aus. War es früher der Neid der Hungernden, den die Bourgeoisie unter ihren reichlich gedeckten Tischen vermutete, so ist es heute der Wahnsinn gescheiterter Existenzen, die sich in Karriere und Konsumgesellschaft nicht zurechtfinden ... Wir Linksradikalen ..., wir sind die Wahnsinnigen, die Utopisten ...«*

Wie recht der spätere Grün-Guru mit seinem Bekenntnis hatte, belegt eine Untersuchung der Psychiatrieärzte Bullenkamp und Voges von 2004.[51,52] Demnach stimmten zwei Drittel der

---

[j] Fritz Honka war ein Frauenmörder in Hamburg, der in den 70er-Jahren vier Frauen mit nach Hause nahm, erdrosselte und in Stücke zersägte.
Jürgen Bartsch war der homoerotisch veranlagte Adoptivsohn einer Fleischerfrau, der zwischen 1962 und 1966 vier Jungen zur Stillung seines Sexualtriebs in einem abseits gelegenen ehemaligen Luftschutzkeller ermordete. Das Landgericht Düsseldorf verurteilte den Mörder zu insgesamt zehn Jahren Jugendhaft. Weil Bartsch sich als Raubtier fühlte, wollte er sich während seiner Haftzeit kastrieren lassen. Bei dieser Operation verstarb er.

psychisch Kranken bei der Bundestagswahl 2002 für Rot-Grün. Weil sich die Patienten von den Linken eher vertreten sahen als von den Konservativen, brachte es die CDU bei Insassen therapeutischer Wohneinrichtungen nur auf 18 Prozent, wohingegen mehr als 30 Prozent ihr Kreuzchen bei den Grünen machten. Bleibt anzumerken, dass die Veröffentlichung im Internet von ihren Lesern bewertet werden sollte. 28 Prozent benoteten die Publikation mit »mangelhaft« oder »ungenügend«. Wenn es auch zahlenmäßig nicht ganz hinkommt: Diese Abstimmung repräsentiert die klassische »sanft-rabiate Ein-Drittel-Gesellschaft«, die seit Jahren fast alle Wahlen entscheidet.[53]

## Der Grünwahn macht sich auf die Ökosocken

1976 wurde der bereits im Kapitel 10 erwähnte Herbert Gruhl Vorsitzender des BUND. Ganz offensichtlich glaubte der einstige CDU-Abgeordnete an das Panikkonzert, mit dem der Club of Rome 1972 nach Nixons Vorgaben die Zivilisation total meschugge machte: Hysteriemorphinisten aller Länder, vereint euch – das Ende des Planeten ist nah!

Weil Gruhl – vornehm ausgedrückt – auch vor äußerst ungewöhnlichen Ideen zur Lösung des Bevölkerungsproblems nicht zurückschreckte, wurde er von Jutta Ditfurth dem »ökofaschistisch-rechtskonservativen« Lager zugeordnet.[54] Dies mag nahe liegen, denn unter anderem identifizierte er sich mit den malthusianischen Ideen des Franzosen René Dubos, indem er schreibt:[55] »Jenseits dieser Grenzen wird eine Überbevölkerung aller Wahrscheinlichkeit nach psychologische Schäden verursachen. Für einige überfüllte Populationen mag dann Gewalt oder sogar die Atombombe eines Tages keine Drohung mehr sein, sondern eine Befreiung.« Seid fruchtbar und mehret euch, bis dass die Bombe platzt?

Nach der Trennung von seinen Christdemokraten versuchte sich Gruhl 1978 zunächst erfolglos mit der Gründung der Umweltschutzpartei »Grüne Aktion Zukunft« (GAZ). Danach tat er sich mit Petra Kelly zusammen und gründete mit ihr 1980 in Karlsruhe[k] die Partei der Grünen.[56]

---

[k] Der Ort war nicht von ungefähr gewählt worden, denn der von Hartkopfs Beamten initiierte BBU residierte dort.

Was war das für ein Happening! Alle redeten wirr durcheinander, und die abstrusesten Anträge kamen auf den Tisch. Beispielsweise wurden das »Recht zum Ausziehen von zu Hause ab zwölf Jahren« und die »Abschaffung der Schulpflicht« gefordert.[14] Selten kam ein solch kurzweiliges Sammelsurium unterschiedlichster Weltanschauungen zusammen – total abgedreht: Deutschnationale, Christlich-Konservative, großbürgerliche Anthroposophen, katholische Entwicklungshilfegruppen, Kosmopoliten, bräunliche Blut-und-Boden-Blubberer, anarchistische Basisdemokraten (»Keine Macht für niemand!«), Feministinnen, linksradikale K-Gruppen, Atomgegner, Anti-NATO-Initiativen und Anti-Anti-Gruppen. (Der Antipasti-Toskana-Trupp gelangte erst später zum Grünwahn, nachdem sich Oskar Lafontaine durch Saarbrückens Edelitaliener geschmaust hatte.)

So viel hohes »K« konnte nicht gut gehen, denn Herbert Gruhl war ein Wertkonservativer mit starker Kirchenbindung, der von linksradikalen Patentrezepten überhaupt nichts hielt.[57] Die Ehrfurcht vor der Schöpfung und das Bekenntnis zu gewachsenen Bindungen in Familie, Volk und Heimat gingen ihm über alles. Deshalb verließ er im gleichen Jahr den embryonal-linksradikalen Ökokindergarten. Abgesehen davon wäre für ihn der heutige Schwulen- und Lesbenkult der rot-grünen Schrullenrepublik vollkommen undenkbar!

## Rote Spontifüße in grünen Strickstrümpfen

Vorhang hoch fürs Kasperltheater. Auftritt Cohn-Bendit. Tritra-trullala! Kurz vor der hessischen Landtagswahl 1978 forderte der heutige Europaabgeordnete im »Pflasterstrand« eine »Neue APO« (NAPO), die als Bürgerinitiative mit dem sinnigen Namen »Chaos & Sumpf« den außerparlamentarischen »Kongress der Irren« weiterführen sollte. Ziel der BI: ein Sitz im hessischen Landtag. Dort angekommen, wollte Cohn-Bendit nicht mitarbeiten, »sondern die Institutionen chaotisieren, den Herrschenden ihre selbstherrlichen Mauscheleien versalzen und den Landtag als Bühne benutzen, um ihn zu verarschen«[58].

Weil auf seine Spontibrüder und -schwestern nicht unbedingt Verlass war, fuhr Kasper Dany gleich eine Doppelstrategie. Am 23. Juli 1978 tauchte er auf der Gründungsversammlung der »Grünen Liste Hessen« (GLH) in Alsfeld auf. Dort verkaufte er sich als Rumpelstilzchen und forderte für seine BI »Chaos & Sumpf« fünf Ministerposten zur »Durchsetzung destruktiver Triebe«. Prompt wurde er auf Platz sieben der Landesliste aufgestellt. Ein guter Mann! Noch hatte Staatssekretär Hartkopf mit seiner ausdauernden Ökoblasmusik (siehe Seite 57 ff.) die technikgläubige Bevölkerung nicht meschugge genug gemacht. Deshalb erwies sich die »GLH« als Rohrkrepierer. Doch ganz langsam stellte sich der gewünschte Erfolg ein. Die Dauerbeschallung aus Paniktrompeten mit DDT, Krebs, Waldsterben, Seveso (1976) und Harrisburg (1979) sorgte peu à peu für Gänsehaut. 1979 landeten die Grünen mit 5,1 Prozent im Bremer Landesparlament, und zwei Jahre später erreichten sie in Frankfurt 6,4 Prozent. Ohne Joschka, Dany und Sponti-Entourage zogen Jutta Ditfurth und Manfred Zieran als Politmimen in den Frankfurter Römer. Wegen der angeblich lebensgefährlichen Luftbelastung Frankfurts veranstalteten sie gleich einen Gasmaskenball mit weiß geschminkten Gesichtern, während drinnen einige Stadtverordnete versuchten, die Tür zuzuhalten.[59]

Fischer hatte immer noch nichts mit den Ökos am Hut, sondern zog heftig über die »grünen Mäuse« und »Ökospießer« her. Der einzige Sponti, der die grünen Zeitzeichen richtig deutete, war Cohn-Bendit. Nach der Schilderung von ehemaligen Genossen trug er Fischer regelrecht zur Jagd. Dieser kapitulierte irgendwann und plädierte zögerlich für die neue Ökopartei mit den Worten: »Es ist allein die Einsicht in die Alternativlosigkeit zu diesem Übergang, der mich für die Grünen stimmen lässt.«[60]

1978 sagte Fischer noch: »Seien wird doch einmal ehrlich: Wer von uns interessiert sich denn für die Wassernotstände im Vogelsberg, für Stadtautobahnen in Frankfurt, für Atomkraftwerke irgendwo, weil er sich persönlich betroffen fühlt?«[61] 2002 fand man Fischer im staatsmännischen Zweireiher auf einem Wahlplakat mit seinem Markenzeichen, dem goldigtreuherzigen Blick. Darunter: »Innen grün – außen Minister«. So viel zum Thema Heucheln. Jutta Ditfurth, die fraglos nicht Ehrenmitglied in Fischers Fanclub ist, schrieb über ihn: »Alles, was Macht bedeutete, reizte ihn. Der Inhalt war gleichgültig.«[62] Da mag was dran sein, denn bei der hessischen Landtagswahl von 1982 ließ sich keiner der »spontanen« Pflaster-steinathleten persönlich auf die Liste der Grünen setzen.[63]

Als Fischer 1985 Umweltminister in Hessen unter Holger Börner werden sollte, lachte sich die Pflasterstrandredakteurin Gisela Wülffing halb tot: »Für mich ist es aber auch komisch, dich in Zusammenhang mit dem ›Begriff‹ Ökologie zu bringen.« Fischer, fast schon der künftige Staatsmann, konterte: »Du kennst eben nur einen bestimmten Teil von mir. Ich bin auf dem Land groß geworden und habe zum Beispiel viel Ahnung von Pilzen.«[64] So viel zur Sachkunde. Anpassungs-fähigkeit ersetzt die Kompetenz, weshalb ihm Börner später bescheinigte: »Ein guter Mann.«

## Mit dicken Hamsterbacken an den Fleischtrögen des Schweinesystems

Nach der legendären »Willy-Wahl« von 1972 lebte sich im Westen der freudomarxistische Wahn in Form einer informel-len DGB-SPD-FDP-Regierungskoalition aus. Einigen war das noch nicht links genug. Von Patentrezepten illuminierte Jusos verlangten »die Umwandlung der heutigen SPD in eine kon-sequent sozialistische Partei«[65]. Folgerichtig wurde der Sozial-staat während Brandts Kanzlerschaft in einem unvorstellbaren Maße aufgebläht – der Einstieg zum Abstieg war geschafft. Sat-te Lohnsteigerungen (1974 setzte die ÖTV unter Heinz Klunker elf Prozent durch) ließen das Gefühl aufkommen, Geld sei eine Zahl, an die man beliebig viele Nullen anhängen kann. Es muss nicht erwirtschaftet werden, sondern braucht nur verteilt zu werden. An Steuern dachte niemand – die zah-len sowieso immer nur die anderen. Somit wuchs der Sozial-staat bis 1974 doppelt so schnell wie das Bruttosozialpro-dukt.[66] Das konnte schon damals nicht gut gehen, denn in Japan werkelten hoch motivierte Arbeitnehmer für kleines Geld, während in Deutschland der mitregierende, linksintel-lektuelle DGB Marcuses Technikkritik pflegte.

1974 kam es zum Eklat. Willy Brandt musste aufgrund einer Spionageaffäre und wegen Differenzen mit Herbert Wehner zurücktreten. Ihm folgte Helmut Schmidt – vielleicht einer der besten Kanzler, die das Land je hatte. Dennoch hatte er von An-fang an keine Chance – aber er nutzte sie, denn er versuchte den unsozialen Sozialstaat zurückzustutzen, der die Leistungsträger demotiviert und dafür die Leistungsverweigerer und Unfähigen belohnt. Leider war der Rotfilz (BaföG für 16-jährige Schüler, Rente mit 63, 100 Prozent Lohnfortzahlung im Krankheitsfall usw.) schon viel zu fest verwurzelt, wodurch einfache Industriearbeit in Deutschland bereits damals viel zu teuer wurde. Als schließlich die Arbeitslosenquote binnen zweier Jahre von 890.000 auf 1.833.000 stieg, kam es nach 13 Jahren, 1982, zum Bruch der sozialliberalen Koalition. Helmut Schmidt musste gehen. Konservative Bürger hofften auf ein Ende der linken Tütelütütkultur. Sie hofften vergebens, denn die FDP rettete »unverzichtbare Teile« sozialliberaler Errungenschaften in die neue Koalition rüber. Außerdem war auch die CDU schon hinreichend von Edel-68ern unterwandert, sodass Kohl die versprochene Wende nicht schaffen konnte.

Als Kohl im Frühjahr 1983 den Bundestag neu wählen ließ, sprangen die Ökos über die Fünfprozenthürde. Am 5. März zogen erstmals 29 grüne Abgeordnete mit Blumentopf und Schlabberpulli unter Veranstaltung eines Happenings in den Deutschen Bundestag ein. Unter ihnen der 35-jährige Abgeordnete Joschka Fischer, der gleich neue Verkehrsformen einführte und Proben seiner bestechenden Rhetorik zum Besten gab, indem er den Bundestagspräsidenten Richard Stücklen mit seinem berühmten Sponti-Ausdruck titulierte: »Mit Verlaub, Herr Präsident, Sie sind ein Arschloch!«, nachdem dieser Frau Nickels das Mikrofon abgedreht hatte. Besondere Heiterkeit erregten die Grünen auf der CDU-Tribüne, als Waltraud Schoppe 1983 während der Abtreibungsdebatte im Bundestag anstelle der »fahrlässigen Penetration« andere Techniken des Liebesspiels forderte, »die lustvoll sind und die Möglichkeit einer Schwangerschaft ausschließen«.

Während die Grünen im Bundestag Happenings feierten, tat sich auf Länderebene einiges. Durch den Koalitionswechsel bedingt, liefen der FDP 1983 die linksliberalen Wähler davon. Da die Partei aber noch nicht recht im bürgerlichen Lager angekommen war, flog sie in Bayern, Bremen, Hamburg, Hessen und Rheinland-Pfalz raus. In Schleswig-Holstein stürzte sie sogar von 5,75 auf 2,2 Prozent ab.

Infolge der Entwicklung fürchtete Willy Brandt um die Zukunft der SPD. Was tun, wenn die FDP als potenzieller Koalitionspartner wegfiele? Als Rettungsbötchen für seine Visionen linker Politik erschienen ihm nur die Grünen geeignet.[67] Deshalb bearbeitete Brandt 1985 den hessischen Ministerpräsidenten Holger Börner, den Grünen ein Koalitionsangebot zu machen. Am 12. Dezember 1985 wurde der Putzgruppenführer Joschka Fischer standesgemäß kostümiert in Nike-Turnschuhen, Lederjacke und Jeans als hessischer Umweltminister vereidigt. Die erste Etappe war geschafft, und die reich gefüllten Fleischtöpfe des Schweinesystems begannen sich für den Herrscher über Streuobstwiesen und Gelbbauchfrösche wie im Märchen zu öffnen. Dicke Dienstlimousine, sattes Salär nebst katzbuckelnden Referenten. Da das Sein das Bewusstsein prägt, mussten nur noch die störenden roten Socken gegen grüne Strickstrümpfe ausgetauscht werden. Dies gelang 1988, als die Ökofundis durch eine von der Realo-Gang um Joschka Fischer eingefädelte »Finanzintrige« (Jutta Ditfurth) abgefertigt wurden.[68, 69] Hätten wir noch ein Feudalsystem, würde Fischer geadelt, und sein Wappen zeigte »gekreuzte Turnschuhe mit Pflasterstein und Achtzylinderdienstlimousine«.

Der Erfolg grüner Paniktrompeter in Hessen ist nicht allzu verwunderlich. Nach einer vergleichenden Untersuchung der R+V-Versicherung von 1998 sind die Hessen die größten Angsthasen der Republik.[70] Welches miese Politspiel damit getrieben wurde, erläuterte der CDU-Bundestagsabgeordnete Klaus Minkel: »Die Rhein-Main-Region ist durch Rot-Grün wirklich schon genug geschädigt worden. Es war eine hessische Spezialität, vor jeder Wahl einen kleinen Störfall bei der Hoechst AG hochzuziehen, damit man sich hinterher als Schützer von Mensch und Umwelt produzieren konnte. Das Ergebnis davon ist, dass die einst größte Pharmafirma der Welt ins Ausland verduftet ist. Das Ausland stellt künftig die teuren Rechnungen an Deutschland aus.«[71]

## Liebespädagogik oder In der Schule toben sich die 68er aus

1964 schrieb der Religionspädagoge Georg Picht das Buch *Die deutsche Bildungskatastrophe* mit der zentralen Aussage: »Bildungsnotstand heißt wirtschaftlicher Notstand. Der bisherige wirtschaftliche Aufschwung wird ein rasches Ende nehmen, wenn uns die qualifizierten Nachwuchskräfte fehlen, ohne die im technischen Zeitalter kein Produktionssystem etwas leisten kann.«[72] Weil in Deutschland nur 6,8 Prozent eines Jahrgangs das Abitur machten, müssten umgehend 90 Prozent der Hochschulabgänger Lehrer werden, um den künftigen Abiturienten- und Akademikerbedarf zu stillen.[73,74] Vor allem in den sozial benachteiligten Schichten gäbe es ein unermessliches Reservoir intelligenter, studierfähiger Jugendlicher. Damit war das »sozial benachteiligte Arbeiterkind« entdeckt, das vom Studium ausgeschlossen werde, weil seine Eltern arm seien.[75]

Für die Linke war damit die Bildungsreform als Fortsetzung der Sozialpolitik mit anderen Mitteln definiert. Wie Kinder, die beim Plündern eines Bonbonladens nicht an späteres Bauchweh denken, verschwiegen die illusionistischen Bildungssozialisten damals, dass die nach 1970 zusätzlich eingestellten Lehrer am Ende ihres Berufslebens eine vom Steuerzahler zu finanzierende Pension erwarten dürfen. Auch die Folgekosten der zahlreichen Schulneubauten wurden verschwiegen. Live now – pay later!

Von Picht inspiriert, begann unter Kultusministern links gestrickter Bundesländer (A-Länder) ein verbissen geführter Wettkampf um den »Grö-chan-geb-az« – den größten Chancengeber aller Zeiten. Dazu passt, dass sich in Hessen von 1970 bis 1974 der Sozialwissenschaftler Ludwig von Friedeburg als Kultusminister verwirklichen durfte, der bei Adorno seine Habilitationsschrift verfasst hatte. Es ist also nicht verwunderlich, wenn hessische Lehrpläne damals zu einem Tummelplatz soziologischer Wirrwarrbegriffe verkamen. Alle anderen linken Bundesländer wetteiferten mit, und irgendwann knickten auch die konservativen B-Länder ein. Sie mussten es auch. Andernfalls hätte ein bayerischer Abiturient bei der Bewerbung um ein NC-Fach keinerlei Chancen gegenüber einem Abiturienten aus Nordrhein-Westfalen gehabt.

Das Motto der bildungspolitischen Zauberlehrlinge lieferte der Behaviorismusforscher John B. Watson: »Gebt mir ein Dutzend gesunder, wohl gebildeter Kinder und meine eigene Umwelt, in der ich sie erziehe, und ich garantiere, dass ich jedes nach dem Zufall auswähle und es zu einem Spezialisten in irgendeinem Beruf erziehe, zum Arzt, Richter, Künstler, Kaufmann oder zum Bettler und Dieb, ohne Rücksicht auf seine Begabungen, Neigungen, Fähigkeiten, Anlagen und die Herkunft seiner Vorfahren.«[76] Die Umwelt ist allein ausschlaggebend, nicht die

Begabung, nicht die Neigung oder gar die genetisch vorstrukturierte Intelligenz.[l] Ein Stück aus dem Tollhaus!

Von Watson inspiriert, begannen gutmenschliche Kultusminister, den Klassenkampf in die Schulen zu tragen und die emanzipatorische – besser emanzipathologische – Pädagogik verpflichtend umzusetzen. Nur so schien es möglich, die Abiturientenquote auf mindestens 40 Prozent zu erhöhen. Besonderes Augenmerk sei auf den »schwächeren Schüler« zu richten, der keineswegs überfordert werden dürfe. Spaß muss die Schule machen und darf auf keinen Fall der affirmativen Auslese dienen![m] Damit sich die Lehrer auch daran hielten, wurden trickreiche Verordnungen erlassen. In Hessen beispielsweise musste eine Klassenarbeit wiederholt werden, wenn mehr als 25 Prozent der Schüler eine schlechtere Note als »Vier« bekamen[n].[77] Änderte sich im Ergebnis nichts, musste das Resultat durch die Konferenz genehmigt werden.

Folge: Viele Lehrer wurden unter dem Druck ständiger Wiederholungsarbeiten regelrecht weichgekocht. Sie resignierten und gaben auch dann noch eine »Vier«, wenn beispielsweise nur 30 Prozent der Aufgaben gelöst wurden. Eine »Zwei« erteilte man bei 70 Prozent usw. Dadurch bedingt, passten sich die Noten automatisch dem Niveau einer Klasse an, denn in einer guten Klasse entsprechen 30 Prozent einer »Fünf« und 70 Prozent einer »Drei«. Politisch beabsichtigte Folge: Auch mäßig begabte Schüler erreichen das Abitur. Alle sind gleich – gleich schlecht. Die Fundamente für PISA waren gelegt.

Dass die Schule auch eine *Allokationsfunktion* hat, die fern

---

[l] Wackere Streiter gegen den gleichheitsideologischen Behaviorismuswahn waren A. R. Jenssen und J. Eysenck. Mit ihren Forschungen zur Intelligenzmessung belegten sie, dass 80 Prozent der individuellen Intelligenzunterschiede auf Vererbung beruhen. Daraufhin wurden sie aufs Übelste angegriffen – Eysenck anlässlich eines Vortrags an der London School of Economics sogar tätlich.[103]

[m] Der Begriff »affirmativ« ist ein Schwallwort aus der soziologischen Forschung und wurde sinngemäß von der psychosoziologischen Liebespädagogik übernommen. Gemeint ist in diesem Zusammenhang eine Auslese, welche die bestehende Herrschaft des Bildungsbürgertums festigt.

[n] Die Grenze ist nach 2002 auf 33 Prozent angehoben worden. Dies ändert nicht allzu viel an der »pädagogischen Niveauanpassung« von Klassenarbeiten.

von ungerechter sozialer Auslese jungen Menschen ihre Begabungen aufzeigt, war in den psychedelischen 70er-Jahren vollkommen verpönt und ist es eigentlich auch heute noch. Vielleicht wäre damit aber auch dem jungen Robert Steinhäuser geholfen gewesen, der 2002 im Erfurter Gutenberggymnasium 16 Menschen erschoss, weil er meinte, ohne Abitur keine Chance zu haben.

An den finsteren Zukunftsaussichten ist leider etwas dran. Denn, wenn 50 Prozent eines Jahrgangs das Abitur machen, dann ist es nicht nur entwertet, es wird auch gleich zur Voraussetzung für eine (Wunsch-)Lehrstelle. Man kann es auch anders sagen: Wenn jeder Haushalt eine Villa und einen Rolls-Royce hat, dann ist jede Familie bettelarm, die sich nur ein Reihenhäuschen und einen S-Klasse-Mercedes leisten kann. In den 60er-Jahren stellten Banken und Sparkassen hauptsächlich Realschüler ein. Heute setzen sie das Abitur voraus. Weil den Letzten die Hunde beißen, sind die Hauptschüler die Gekniffenen. (Was waren das doch für goldene Zeiten, als man ohne Schulabschluss durch Steinewerfen und Taxifahren noch Außenminister werden konnte!)

Damit der Bildungsbär so richtig brummt, stellte man in den 70er-Jahren seelenlose Betonklötze mit Flachdächern und riesigen Fenstern auf die grüne Wiese, deren Klassenräume von freudomarxistischen Junglehrern der 68er-Generation gestürmt wurden – es gab damals kaum andere. Plötzlich war das ganze Jahr Advent, denn der Weihnachtsmann mit schwarzem Rauschebart, schmuddeligem Hemd, kumpelhaftem Auftreten und fleckigen Jeans stand knoblauch- und retsinaduftend am Pult als fröhlicher Botschafter von Marx, Engels und des Club of Rome. Ergänzt wurde er von Freunden und Freundinnen permissiver Laisser-faire-Erziehung.

Wurden die Kids irgendwann zu nervig, rettete sich der avantgardistische Liebespädagoge an eine Hochschule für Lehrerausbildung oder an ein Seminar, um von dort aus die Umsetzung der emanzipathologischen Pädagogik zu leiten. Infolgedessen wurde die Wissensvermittlung im Sinne der Kenntnisse mit einem Kainsmal versehen.[o] Der Bildungsauf-

---

[o] Wörtlicher Ausspruch eines hessischen Seminarleiters 1976: »Schüler sind keine Lernmaschinchen.« Damit befand er sich voll in Übereinstimmung mit der damaligen Landesregierung. Merke: PISA stinkt vom Kopf, und zwar vom politischen Führungskopf her.

trag verwandelte sich in »Kreativitätstraining«, »Übung der verbalen Kommunikationskompetenz« (diskutieren statt können!) und »Schlüsselqualifikationserwerb«: Wissen ist Macht – nix wissen macht auch nix. Ergänzt wurde die liebespädagogische Politshow durch »Mengenlehre« und »Ganzheitsmethode«. Außerdem habe die Schule einen sozialen Bildungsauftrag, demzufolge die Schüler einen »Ekel vor der existierenden Gesellschaft«, ihrer »Entmenschung«, »Dehumanisierung« und »Unterdrückung« empfinden sollen.[78] Die Folge? Ein beispielloser Ansehensverlust des Lehrerberufs.

Auch die Didaktik der Naturwissenschaften drehte sich um den sozialen Sülz. Nach Jens Pukies würden Oberschichtkinder in der Schule durch »Dichtung, Philosophie, Musik und Ähnliches« selektiert. Deshalb brauche man, »um zur Oberschicht zu gehören, ... keine Kenntnis von Naturwissenschaft und Technik zu haben«[p]. Da die Naturwissenschaften diesen *Fetischcharakter* nicht besäßen, dienten sie in der Schule nur der *Reproduktion* der unterdrückten Unterschicht. Um dies aufzubrechen, sei der naturwissenschaftliche Unterricht stärker an emanzipatorischen Lernzielen auszurichten.[79]

Konservative Lehrer und Bildungspolitiker, die sich gegen die Pädagogik der »Neuen Linken« stellten, wurden mit einem Schwall aus dem Wörterbuch der »kritischen Erziehungswissenschaft« zugedröhnt. Kleine Kostprobe gefällig? »In kritisch-rationaler Metakommunikation wendet sich die kommunikative Interaktion der Gesellschaft der scheinbaren Objektivität und Vorgegebenheit des jeweils vorhandenen Kommunikationsgefüges zu, um im Rahmen der gegebenen Wirklichkeit neue Möglichkeiten (besser: eine neue Wirklichkeit) des gesellschaftlichen kommunikativen Handelns ermittelnd zu entwerfen.«[80] Übersetzung: Neue Möglichkeiten der Verständigung und des Handelns sollen gewonnen werden, indem man die vorgefundenen Rahmenbedingungen »ziel- und zweckgerichtet« analysiert.

Folge der Bildungsreformen nach 1970: 30 Jahre später äußerten Professoren in einer Befragung, ein Drittel der Abi-

---

[p] Dies erklärt auch vielleicht die perfektionierte naturwissenschaftliche Legasthenie unserer politischen Führungsschicht, ohne die sich Nixons NATO-Umweltinitiative nicht zum heutigen Grünwahn hätte entwickeln können.

turienten sei nicht studierfähig, weil elementare Kenntnisse fehlten. 34 Prozent der Hochschullehrer hielten die analytischen Fähigkeiten der Studienanfänger für unterentwickelt, und das Abstraktionsvermögen, ohne das an einer Universität überhaupt nichts geht, sei recht bescheiden.[81] Somit ist es nur allzu verständlich, dass der Präsident des Deutschen Hochschulverbands, Schiedermair, vor einiger Zeit den Rücktritt sämtlicher Kultusminister forderte, weil sie »das Abitur kaputtgemacht oder doch den Ruf des Abiturs ruiniert« hätten.[82]

## Die »glänzenden Garanten« erobern die Justiz

Der »Marsch ehemaliger Sponti-Aktivisten durch die Institutionen« wirkte sich besonders verheerend in der Rechtspflege aus. Die Vorlage lieferten in den verrückten 70er-Jahren emanzipatorische Kriminologen, die sich mit der Behauptung durchsetzten, den Täter träfe für sein Verhalten keine oder bestenfalls nur eine geringe Schuld. In Wahrheit sei er das Opfer der Gesellschaft! Gewappnet mit Argumenten aus dem Nähkästchen der »kritischen Theorie«, reformierte die sozialliberale Regierung 1970 das Strafrecht. Sie schaffte die Zuchthausstrafe ab und richtete den Strafvollzug allgemein auf die Resozialisierung aus. Strafen sollten auf keinen Fall nur noch abschreckend wirken.

Dies steht im Gegensatz zu den Erkenntnissen der amerikanischen Kriminologen David Friedman und Gary Becker. Ihnen zufolge wägt der Kriminelle durchaus zwischen Kosten und Nutzen einer Straftat ab. Die Kosten resultieren aus der Wahrscheinlichkeit, erwischt zu werden, und der Höhe der zu erwartenden Strafe. Die Belohnung – der Nutzen – ist die Beute oder auch der »Kick« bei einer Körperverletzung. Fällt die Strafe gering aus, ist das Geschäftsrisiko des Täters entsprechend niedrig, und die Hemmschwelle sinkt in gleichem Maße. Zweifellos spielen auch Armut und schlechte Berufsausbildung eine entscheidende Rolle. Aber dies darf kein Grund für immer währende Permissivität sein, meinen Friedman und Becker. Auch ist das Alter des Straftäters zu berücksichtigen. Bei jungen Leuten hat die Zeit der Bestrafung in der Kosten-Nutzen-Abwägung naturgemäß einen geringeren Stellenwert als bei älteren Personen.[83,84] Eine zusätzliche Signalwirkung besitzt das nachsichtige

»Jugendstrafrecht«, das dazu noch von liebespädagogisch orientierten 68er-Jugendrichtern abgemildert wird. Manches Offizialdelikt wird heute durch Missbilligung nebst gemeinnütziger Arbeit im Altersheim geahndet, während das Opfer monatelang im Rollstuhl sitzt. Die Beute des Gewalttäters? Der »Kick« bei der Körperverletzung. Besonders hohen Unterhaltungswert hat die so genannte »Erlebnispädagogik«. 1998 sollte ein 14-jähriger Serientäter für 73.000 DM auf Kosten des Steuerzahlers – pardon, des Staates – an einem »erlebnispädagogischen Projekt« in Argentinien teilnehmen.[104] 160 Straftaten wurden dem kleinen Schlingel angelastet, die sich meist im Rahmen der »begrenzten Regelverletzung« bewegten, die der SDS einmal definierte (zum Beispiel Zigaretten an der Kasse vorbeischmuggeln). Aber auch Körperverletzung nebst räuberischer Erpressung zierte das Strafregister. Deshalb sollte der Lausejunge mit einem Abenteuerurlaub geläutert werden. Damit nichts passiert, gab man dem Erholungsbedürftigen einen als Kampfschwimmer ausgebildeten Sozialarbeiter mit. Prompt wollte der kleine Hobbybastler seine Begabung an einem Hotelsafe in Argentinien testen. Bedauerlicherweise wurde das aufstrebende junge Talent dabei erwischt. Die »erlebnispädagogische Maßnahme« war zu Ende. Während es in Argentinien ein großes Medienecho gab, ist hierzulande alles schnell unter den Tisch gekehrt worden.

Geht es um das Verkehrsstrafrecht, setzen Gutmenschen auf die abschreckende Wirkung von Strafen. So forderte die Justizministerin Zypries 2003 längere Fahrverbote, weil die Praxis in der Vergangenheit »zeigte, dass der alte Strafrahmen eines Fahrverbots von drei Monaten offenbar nicht genügend vor Verkehrsstraftaten abschrecke«[85]. Der Frankfurter CDU-Stadtrat Heumann kommentiert den zwiespältigen Nonsens: »Wir haben in Deutschland einen Rechtsstaat für Kriminelle und einen Obrigkeitsstaat für Autofahrer.«[86]

Der »Rechtsstaat« hat sogar eine eigene Zeitschrift. Es ist die im Herbst 1968 in Frankfurt gegründete Zeitschrift *Kritische Justiz*. Das erste Heft des vierteljährlich erscheinenden Periodikums war knallrot, und der Marxist Werner Hofmann ließ sich darin über »Die Krise des Staates und das Recht« aus. Die Themen der heute zitierfähig gewordenen Zeitschrift waren – wen wundert's? – vom Geist der »Frankfurter Schule« durchdrungen. Die Rolle der Justiz im Nationalsozialismus wurde genauso intensiv kritisch thematisiert wie »die Wirkungen des Strafrechts und des Strafvollzugs«. Damals war der heutige geschäftsführende Redakteur Rainer Erd Referendar beim späteren grünen hessischen Justizminister Rupert von Plottnitz. Anlässlich des 30-jährigen Jubiläums des Juristenjournals erläuterte Erd: Frankfurt sei als Gründungsort der Zeitschrift prädestiniert gewesen ... als Ort der »Frankfurter Schule« um Theodor Adorno und Max Horkheimer und als Zentrum der Studentenproteste. Deshalb fühle sich die Redaktion der *Kritischen Justiz* auch heute noch (1998) dem Geist der »Frankfurter Schule« verpflichtet.[87]

1997 kam der »Bund Deutscher Kriminalbeamter« (BDK) auf einer Tagung zu folgendem Ergebnis: »Verbrechen lohnt sich wieder.«[88] Die Moralwächter des »Rechtsstaats« hätten den allgemeinen Bewusstseinsschwund für Recht und Unrecht zu verantworten, denn die ›rechtsstaatliche‹ Strafprozessordnung kenne mittlerweile ›mehr als 20 Gründe für die Verfahrenseinstellung, aber nur zwei, »die es erlauben, einen Tatverdächtigen in Haft zu nehmen.« Damit ein Haftbefehl gegen einen Einbrecher durchkommt, muss man diesem 20 bis 25 Einbruchsdelikte nachweisen können!

Dem Präsidenten eines Oberlandesgerichts, der zugab, »am Ausbau dieses Rechtsschutzsystems selbst mitgewirkt zu haben«, wurde vorgeworfen, »der überzogene Rechtsschutz schützt den Täter und nicht das Opfer«. Der Statistik nach wurden 1997 in Deutschland 74,6 Prozent aller Strafverfahren eingestellt. Von den restlichen endeten 17,8 Prozent mit Geldstrafen und ganze 7,6 Prozent mit Freiheitsstrafen. Der Rechtssoziologe Sack kommentiert diesen Unsinn: »Historisch gesehen lässt sich die Entwicklung des modernen Strafrechts sogar als Geschichte seiner *Abschaffung* lesen.«[89] Fazit: Der Marsch der 68er durch die Institutionen ist zumindest in der Justiz und den Schulen perfekt geglückt. Aber auch anderweitig klappte es flächendeckend.

## Die Ankunft der 68er in den Redaktionsstuben

Nachweislich haben Hardcore-68er die Medien systematisch zum »Angst- und Meinungsmachen« unterwandert und missbraucht.[90] Die Strategie des langen Marschs an die Schaltstellen der Meinungsmacht wurde, wie bereits beschrieben, von Marcuse vorgegeben. Demnach erfüllt in einer totalitären Demokratie die »Objektivität eine ganz andere Funktion …«, nämlich die, eine geistige Haltung zu fördern, die dazu tendiert, den Unterschied zwischen Wahr und Falsch, Information und Propaganda, Recht und Unrecht zu verwischen«[91].

Den daraus abgeleiteten Tendenzjournalismus ortete Karl Steinbuch bereits 1975. Er schrieb, 80 Prozent der Medienzunft fühlten sich dem linken Lager zugehörig.[92] Wie bereits erwähnt (siehe Seite 60), wählen die Produzenten der vollsynthetischen Scheinrealität überwiegend Grün. Und nicht nur das. Damit das Meinungsshampoo bei der rot-grünen Gehirnwäsche auch richtig einwirkt, nimmt die Linke vollkommen ungeniert Einfluss auf die Besetzung einschlägiger Gremien. So beispielsweise 1999 bei der Eroberung des Fernsehratsausschusses »Politik und Zeitgeschehen« beim ZDF.[96,100]

Auf ihre Medienhelfer können sich die »glänzenden Garanten« des 68er-Lebensgefühls blind verlassen. Als Anfang der achtziger Jahre die Polizei gegen Fischer ermittelte, weil in seinem Wagen die Mordwaffe transportiert worden war, mit der man 1981 den hessischen Wirtschaftsminister Karry erschossen hatte, wurde so gut wie nicht darüber berichtet. Doch als Franz Josef Strauß 1971 in Amerika von zwei Prostituierten die Brieftasche geklaut bekam, quoll den Betreibern der veröffentlichten Meinung wochenlang die Schadenfreude aus allen Knopflöchern. Das Ermittlungsverfahren gegen Fischer wurde übrigens sofort eingestellt, als dieser – 1985 von Willy Brandt initiiert – hessischer Umweltminister wurde. Einige sind halt gleicher als die anderen.

Nach der Verhaftung des Exterroristen Hans-Joachim Klein kam es 1998 zum Eklat. Plötzlich blubberte die Sponti-Vergangenheit der 68er-Führungsclique aus der Jauchegrube der Geschichte hoch, denn Cohn-Bendit hatte den untergetauchten Terroristen lange Zeit zusammen mit anderen Intellektuellen in Frankreich versteckt und finanziell unterstützt. Der ganze 68er-Politklüngel befand sich in heller Aufregung. Dazu gab es keinen Grund. Schließlich hießen die Damen und Herren weder Erika Steinbach (CDU) noch Lothar Späth (CDU) oder Franz Josef Strauß (CSU). Noch nicht einmal die Immunität von Cohn-Bendit wurde aufgehoben. Erwartungsgemäß wurde dies von der Straßburger Vollversammlung abgelehnt, weil die dem »Abgeordneten vorgeworfenen Taten mit seiner politischen Tätigkeit in Zusammenhang stehen.«[97] Das lässt Böses ahnen! Dennoch musste Fischer 2001 in der Angelegenheit Klein vor Gericht aussagen. Natürlich ging es aus wie das Hornberger Schießen. Alles tropfte damals am beliebtesten Politiker ab – als wäre er mit Teflon überzogen. Merkwürdigerweise brachte zur gleichen Zeit die *Süddeutsche* plötzlich die CDU-Schwarzgeldaffäre aufs Tapet, die sofort für helle Aufregung in der veröffentlichenden Meinung sorgte. Wie gesagt, auf ihre Presse-Hiwis können sich die 68er verlassen.

Zur Erinnerung: Als die grüne französische Umweltministerin Dominique Voynet die Bundestagswahl 1998 durch Meldungen über Castortransportbehälter zu beeinflussen versuchte, sprangen sofort alle Berufsaufreger drauf (vergleiche Seite 23).[98,99] 2002 spielten die Medien ebenfalls wieder mit. Diesmal kamen neben dem Irakkrieg die Klimakatastrophe – und das Fernsehen zu Hilfe. Da standen die 68er-Transformierer der Industriegesellschaft in Gummistiefeln vor laufender Kamera. Aufgeregt blubberten sie ins Mikrofon, die Elbeüberschwemmung sei ein Vorbote der Klimakatastrophe. Kameraschwenk, nächstes Bild: Ein Haus verschwindet in den Fluten. Und das Schönste: 70 Prozent der Bundesbürger fühlen sich durch eine solche öffentlich-rechtliche Berichterstattung gut informiert[101] – Orwells »Telescreen« lässt vorbildlich grüßen.

## Das Lebensgefühl einer ganzen Generation?

In der heftig geführten Bundestagsdebatte von 2001 um die Sponti-Vergangenheit der 68er-Amt- und Würdenträger äußerte die von der Ökohysterie lebende Verbraucher«schutz«-ministerin Künast, Joschka Fischers Vergangenheit repräsentiere das Lebensgefühl einer ganzen Generation. Das ist in doppelter Hinsicht falsch:

– Erstens sind die 68er eine hauchdünne Minderheit, weil von den infrage kommenden Jahrgängen die wenigsten beim großen Sackhüpfen mitmachten. Die meisten gingen ihrer Ausbildung oder ihrem Studium nach und bekamen höchstens am Rande etwas mit von der Verwirrung der Verwirrten.

– Zweitens: Hätte sich wirklich eine ganze Generation dem freudomarxistischen, psychedelischen Lebensgefühl der 68er hingegeben, wäre das Land spätestens vor 20 Jahren zusammengebrochen. Den Autofabriken fehlten die Ingenieure, den Handwerksmeistern die Gesellen und der Pharma- und Chemieindustrie die Naturwissenschaftler.

Die 68er repräsentieren ganz und gar nicht eine ganze Generation. Ihre Patentrezepte sind von gestern und taugen nicht für die aktuellen und kommenden Herausforderungen.

*FAZ*-Leser Arthur Kreuzer reagiert auf die »intellektuell unredliche Verallgemeinerung« der Frau Ministerin:[102] »Jener Generation zwischen 15- und 30-Jährigen dürften um 1970 etwa 25 Millionen angehört haben. Ein Drittel mag den systemkritisch Eingestellten zuzurechnen sein. Höchstens einige hunderttausend, also wenige Prozent, werden bereit gewesen sein, für ihre kritische Überzeugung auf die Straße zu gehen. Nur einige zehntausend mögen sich am ›zivilen Ungehorsam‹, Blockaden und Besetzungen beteiligt haben. Ein paar tausend haben eventuell Sponti-Gruppen angehört und ›Gewalt gegen Sachen‹ verübt. Noch weniger werden sich wie Jung-Fischer als ›militante Straßenkämpfer‹ an Gewaltaktionen beteiligt haben. Das können ungefähr 0,01 Prozent ihrer Generation gewesen sein.«

So ist es! Leider gelangten die »glänzenden Garanten der 68er-Generation« an die Macht und dürften höchstens biologischen Zwängen weichend langsam wieder von den »Trögen des von ihnen gehassten Schweinesystems« ablassen. Es sei denn, die heute 30-Jährigen scheuchen endlich die APO-Opas und -Omas aus ihren politischen Ämtern – und zwar in allen Parteien.

# 12. Der deutsche Patient und seine Krankmachpfleger

Lassen wir das Ganze noch einmal im Schnelldurchlauf Revue passieren. Bekanntlich benötigen Demokratien zur Stabilisierung gemeinsame Werte, denen sich die Bürger verpflichtet fühlen und die von Vierjahreskaisern und -königen als Herrschaftsinstrumente genutzt werden können. So weit, so gut. 1969 schlug Richard Nixon die NATO als Koordinierungsinstitution für ein internationales Umweltschutzprogramm vor. Rein zufällig war zwei Jahre zuvor ein Bestseller mit dem Titel *Verdammter Friede* erschienen, in welchem Lösungsstrategien zur Stabilisierung der Demokratie nach dem denkbaren Ende des Kalten Kriegs vorgeschlagen wurden (siehe Seite 61). Als potenziell bedrohlicher Stellvertreterfeind wurde die Umweltverschmutzung empfohlen.

Natürlich ist an Verschwörungstheorien nie etwas dran – bewahre! Dennoch ist es schon sehr bemerkenswert, dass einige Zeit danach die einflussreiche Anthropologin Margaret Mead von Wissenschaftlern im Namen der US-Regierung glaubhafte Bedrohungsszenarien einforderte, mit denen man die Bevölkerung in Ökopanik versetzen könne (siehe Seite 56). Hinzu kommt eine weitere Parallele. In den 70er-Jahren fanden mehrere NATO-Umweltkonferenzen statt, an denen die deutschen Staatssekretäre Dahrendorf und Hartkopf teilnahmen. Letzterer glaubt offenbar selbst an die heraufbeschworenen Endzeitgespenster und führte im säkularisierten Deutschland den *Ökologismus* als Eschatologieersatz[a] ein.

---

[a] In der christlichen Glaubenslehre ist die Eschatologie der Glauben an den Weltuntergang, bei dem Jesus inmitten von Katastrophen das Reich Gottes bringt. Modern: Der grüne Jesus bringt die heile Windmühlchenwelt inmitten der Klimakatastrophe und kassiert dafür monatlich mit der Stromrechnung ordentlich Kirchensteuer.

Am 8. Januar 1986 offenbarte Hartkopf in Bad Kissingen die Manipulationsstrategie, mit der er das grüne Religionssurrogat durchsetzte (siehe Seite 57). Zunächst regten seine Ministerialbeamten die Gründung von Bürgerinitiativen wie dem BBU an. Dann zündeten sie an Hochschulen einschlägige Forschungsaktivitäten und versorgten anschließend die Medien mit »Tendenzinformationen« (Waldsterben, DDT, Pflanzenschutzmittelrückstände in der Babynahrung usw.).

Auf den grünen Politkarnevalswagen sprang um 1983 ein fröhlicher Sponti-Trupp mit Pflastersteinen samt feministischen Ökotanzmariechen auf. Den neuen Angsttrompetern ging es vor allem um die Macht, die verhasste bürgerliche Leistungsgesellschaft in einen trübsinnigen, spätrömischen Endzeithaufen zu wandeln (vergleiche Kapitel 11). Zupass kam die latente Glaubensbereitschaft weiter Bevölkerungskreise an Erdstrahlen, Hasenpfoten, schwarze Katzen, Wasseradern, Wünschelruten und Wahrsagerinnen. Die Einfaltspinselei wurde von Ökoschwadroneuren geschickt umgelenkt auf Schadstoffe im Nanogrammbereich, Elektrosmog, Kernkraft, Treibhausgase, Gentechnik und andere Hysteriekracher.

Da nach dem Zweiten Weltkrieg mit der Umwelt wahrhaftig schludrig umgegangen wurde, gab es in den 60er-Jahren tatsächlich jede Menge Schäden (zum Beispiel Gewässereutrophierung durch phosphathaltige Waschmittel) und auch Massenvergiftungen (zum Beispiel durch Kadmium und Quecksilber[1]). Somit mussten Hartkopfs Bemühungen zwangsläufig auf fruchtbaren Boden fallen. Unterstützt wurden seine Anstrengungen durch die damals als Routinemethode eingeführte »instrumentelle Analytik«, mit der bis dato kaum messbare Schadstoffspuren quantifizierbar wurden. Dies nutzte die Ökoquisition zur Festsetzung von Umweltgrenzwerten im unteren Krümelbereich, deren Notwendigkeit man sich von handverlesenen Forschergremien bestätigen ließ. Totschlagargument: Vorsichts- und Vorsorgeprinzip. Übertreibungen konnten nicht ausbleiben.

Ich weiß, ich weiß, es ist alles viel komplizierter. Im Hintergrund hör ich schon das Geklapper gutmenschlicher Dauergebetsmühlchen: Man darf es nicht holzschnittartig in Schwarzweißtechnik zerfleddern, sondern muss alles dialektisch einerseits-andererseits-vorwärts-seitwärts-rückwärts im herrschaftsfreien Diskurs zerkauen, bis ein Sauerteig daraus geworden ist. Nur so gelangt man zu den »richtigen« Schluss-folgerungen – über die offensichtlich nur Wahrheitsbesitzer verfügen.

Nun besitze ich weder die Wahrheit noch die Deutungs-hoheit, sondern bin in hohem Maße skeptisch und frage, ob das alles so stimmt, womit der Ökosadomasoclub die Bevölkerung seit Jahren von einer Hysterie in die nächste jagt. Meine Zweifel wurden bestärkt, als die EU 2002, von deutschen Öko-jammertalern bedrängt, den Dioxingrenzwert neu festsetzte, wodurch die naturwissenschaftliche Existenzberechtigung der Grünen auf den 0,000.000.000.003-Gramm-Bereich reduziert wurde. Dies ist die Menge des Giftstoffs, die in einem Gramm eines Lebensmittels maximal enthalten sein darf.[2] Und prompt wurde man fündig – ausgerechtet in Eiern von Freilandhüh-nern. Wie der berühmte Göttinger Mescalero, »konnte und wollte (und will) ich eine klammheimliche Freude nicht ver-hehlen«, als ich zum ersten Mal davon hörte. Ach, wären es doch Käfighühner gewesen! Was hätten die Hühnerstallrevo-luzzer für ein Trara machen können! Aber so?

Das Land hat ganz andere Probleme als den Ökoeiertanz. Man kann es mit der Situation eines Patienten im Kranken-fahrstuhl mit fast leeren Batterien vergleichen, der mit seinem Pflegepersonal zufällig auf eine Autobahn geraten ist. Während Autofahrer mit Arbeitsplätzen im Kofferraum hupend vorbei-brausen, führen seine Betreuer byzantinische Diskussionen. Der eine meint, man müsse nur die Batterien gerechter auf Vor-der- und Hinterräder verteilen, dann würde das Vehikel schon autobahntauglich. Der nächste erwidert:»Das reicht nicht, ohne Solarzellen und Windrädchen wird der Rollstuhl nicht viel schneller.« Ein ehemaliger Pfleger des Auswärtigen meint, ein paar zusätzliche Patienten im Rollstuhl würden zumindest mehr Schwung bei der Bergabfahrt bringen. Sein Chefarzt ver-ordnet mit ruhiger Hand, man solle den Autofahrern die Steuern senken, dann würde vielleicht einer aus Mitleid den Patienten abschleppen.»Nein«, gibt der Oberarzt zu bedenken, »dann muss dieser den Steuerausfall zahlen und hat vielleicht noch weniger Geld für neue Bandagen, wenn es zum Unfall kommt.«

Längst ist es zum Unfall gekommen, und zwar bereits vor 1998, danach aber erst recht! Kein Geringerer als Joschka Fi-scher beschrieb bereits 1989 die Folgen einer rot-grünen Koa-

lition:[3] »*Es kam immer schlimmer, es kommt immer schlimmer, und alles spricht gegenwärtig dafür, dass es auch in Zukunft noch schlimmer kommen wird.*«
So ist es. Während der ersten Regierungszeit des 68er-Komitees kam es noch schlimmer als unter Kohl: Griff in die Taschen durch Einführung der Ökosteuer (»Rasen für die Rente«), missglückte Steuerreform[b], weitere Abzocke durch das EEG, Wegfall des Bankgeheimnisses, Novellierung des Heimarbeitergesetzes, das den jungen Bill Gates in Deutschland zum Heimbastler herabgestuft hätte. Dazu gesellte sich die unnötige Ausweitung der Mitbestimmung, die vor allem mittelständische Unternehmen belastet. Den höchsten Unterhaltungswert aber hatten die lang vermisste Schwulenhochzeit und der ständige Ministerwechsel von 1998 bis 2002.[c]
Weil man die Regierungszeit eines insuffizienten Polit-

---

[b] Die Körperschaftsteuer wurde so gestaltet, dass große Konzerne nur noch maximal 25 Prozent zahlen und ihre Verluste im Ausland anrechnen können (vergleiche laufende Verluste bei DaimlerChrysler; BMW/Rover fünf Milliarden in den Sand gesetzt; VW/Rolls-Royce mehrere Milliarden). Weil den Gemeinden die Einnahmen wegbrechen, zahlen die Bürger die Zeche durch erhöhte Abgaben, schlaglochübersäte Straßen und verwahrloste Schulgebäude.

[c] Bodo Hombach baute seine Villa auf Kosten des Veba-Konzerns etwas zu üppig um und wurde von Frank Steinmeier abgelöst. Oskar Lafontaine flüchtete aus dem Finanzministerium, weil er seinen Fundisozialismus nicht durchsetzen konnte (seit er nach der Wahl von 2005 als MdB der SED – pardon, der »Linkspartei« – agiert, scheint er sich wohler zu fühlen). Nachfolger wurde der absolute Siegertyp Hans Eichel, der gerade die Hessenwahl wegen des rot-grünen Multikultigetöses verloren hatte. Herta Däubler-Gmelin stolperte 2002 über ihren albernen Faschismusreflex. Ihr folgte Brigitte Zypries. Ulla Schmidt löste wegen der politisch instrumentalisierten BSE-Krise Andrea Fischer ab. Auf Christine Bergmann folgte Renate Schmidt. Rudolf Scharping wurde frisch verliebt von einem Sponsor neu eingekleidet und musste deshalb Peter Struck den Ministersessel überlassen. Im Ministerium für Verkehr, Bau- und Wohnungswesen kam es gleich dreimal zum Austausch in der Reihenfolge Franz Müntefering – Reinhard Klimmt – Kurt Bodewig. Letzterem folgte 2002 der Toll-Collect-Minister Manfred Stolpe – bekannt als Kollekten-Manni. Karl-Heinz Funke stolperte wie Andrea Fischer über BSE und wurde von Renate Künast abgelöst (»die mit dem Huhn tanzt«). Wahrlich eine beachtliche rot-grüne Jagdstrecke.

komitees nicht wie bei einem Videorekorder schnell vorspulen kann, verglich mancher die Zeit von 1998 bis 2002 mit einer vierjährigen Freiheitsstrafe, die man halt absitzen müsse. Wie schon in Kapitel 10 erwähnt, repräsentieren Wahlen unter spätrömischen Verhältnissen nur noch den kleinsten gemeinsamen Intelligenzquotienten. Deshalb ging die »deutsche Selbstzerstörung« nach der Bundestagswahl von 2002 weiter und war mit der Wahl 2005 nicht abgeschlossen, weil einfach gestrickte Bürger allen Ernstes immer noch glauben (!), die Linke würde sich für die Interessen des kleinen Mannes einsetzen. Das tut sie mitnichten, denn auch bei Sozialdemokraten und Sozialisten geht es nur um die Macht und nicht um das Wohlergehen der Bürger (zum Beispiel weniger Bürokratie, weniger Steuern). Wer Zweifel daran hegt, dem sei die Lektüre des Parteienkritikers Hans-Herbert von Arnim empfohlen.[52]

## Die deutschen Wurmerkrankungen

Der Patient leidet an einer Unzahl von Wurmerkrankungen. Die übelste ist der **Arbeitslosigkeitsbandwurm**, der während der Kohl'schen Regierungszeit nicht auskuriert wurde, obwohl die Symptome bereits vor 1982 manifest waren. 1998 tönte der Kanzlerkandidat Schröder: »Wenn wir es nicht schaffen, die Arbeitslosenquote signifikant zu senken, haben wir es weder verdient, wieder gewählt zu werden, noch werden wir wieder gewählt.«[4] Starke Worte – schwache Wirkung. Damals waren es 4,3 Millionen, bis 2002 hatte sich nicht viel geändert, und am Ende von Rot-Grün waren es mehr als fünf Millionen. Schröder hätte besser vorher ein Flugblatt gelesen, das sein Vizekanzler Joschka Fischer mitverantwortete, als er die Opel-Mitarbeiter in den 70er-Jahren für Marx und Engels begeistern wollte (siehe Seite 277): »*Nur so kann unser Programm Wirklichkeit werden; eine Gesellschaft, die die unsere ist, ohne die jetzige Unterdrückung, ohne die Scheißarbeit, ohne alles, was jetzt nur besteht, um uns auszubeuten.*«

Sage mir niemand, die 68er hätten ihr Ziel verfehlt. Selbst nach der Wahl 2005 sitzen etliche von ihnen noch immer in Achtzylinderdienstlimousinen mit Chauffeur, während fast zehn Prozent ohne Scheißarbeit am Straßenrand stehen. Zweifellos hat der Ökologismus auch Jobs geschaffen – unter anderem für die 90.000 Beschäftigten der Bundesagentur für Arbeit, von denen nur 17 Prozent mit der Vermittlung von Arbeit beschäftigt sind.[5] Hier ein paar Beispiele für *ökogene* Arbeitsplatzvernichtung:

- 1998 hatte der Ort Zeitz (Sachsen-Anhalt) 31,5 Prozent Arbeitslose. Zwei Jahre zuvor sollte für über eine Milliarde Mark eine Zellstofffabrik gebaut werden, die 1000 neue Arbeitsplätze gebracht hätte. Das Projekt scheiterte an Umweltauflagen.[6]
- 2002 stieg weltweit der Verbrauch umweltfreundlicher, chlorfreier Lösemittel für Lacke und Kleber auf 17,5 Millionen Tonnen. Überall wurden zusätzliche Produktionsanlagen hierfür gebaut. Nur nicht in Europa. Als Grund nannte das Marktforschungsinstitut Freedonia die strenge Umweltgesetzgebung insbesondere in Deutschland und Skandinavien.[7]
- Die Mehrkosten für die Industrie durch erneuerbare Energien belaufen sich auf 2,3 Milliarden Euro. Deshalb warnte 2003 der BDI-Chef Thumann zu Recht vor weiteren Belastungen der Unternehmen und drohte mit verstärkter Abwanderung ins Ausland.[8]
- Das EEG gefährdet den Standort stromintensiver Industriezweige (Zement-, Stahl-, Papier-, Glas- und Chemieindustrie). Durch das Gesetz wird jeder Chemiearbeitsplatz mit mehreren tausend Euro zusätzlich belastet. Im Gegensatz hierzu zählen Chloralkalielektrolyseanlagen an der amerikanischen Golfküste wegen des billigen Atomstroms zu den kostengünstigsten der Welt.[9] Amerika und China sind Investors Liebling!
- Die Meyer-Werft stand mit ihren 1800 Arbeitsplätzen zu Zeiten des Ministerpräsidenten Schröder immer wieder auf der Kippe, denn seine grünen Mehrheitsbeschaffer votierten gegen den Bau eines Stauwehrs.[10]
- In Ulm gab die Firma Iveco 1997 die Lkw-Führerhausproduktion auf, weil die strengen deutschen Umweltrichtlinien nicht mehr mit vertretbaren Kosten einzuhalten waren.
- Deutsche Raffinerien mussten in den 90er-Jahren ihre Anlagen unter anderem aus Umweltschutzgründen herunterfahren oder stilllegen: 50.000 statt 100.000 Arbeitsplätze.[53]

– Die »Verordnung zur Begrenzung der Kohlenwasserstoff-
emissionen – 21. BImSchV vom 7. Oktober 1992« – zwang
Tankstellenbetreiber zur Anschaffung des ökokosmetischen »Töpfer-Rüssels« (sprich: Zapfpistole mit Gasrück-
führung). Außerdem musste der Boden versiegelt werden,
damit Autos, die auf der Straße munter vor sich hin
tropfen, das Betriebsgelände nicht verseuchen. Mancher
Eigentümer konnte die Investitionslast nicht schultern
und gab auf.
– China setzt auf den Energiemix und will vor allem die Kernkraft ausbauen. Auf die Frage, ob deutsche Ingenieure dabei
zum Zuge kämen, antwortete der chinesische Botschafter:
»Früher waren wir daran sehr interessiert. Aber weil
Deutschland inzwischen nicht mehr so auf die Nutzung dieser Technik setzt, werden wir auf diesem Gebiet wohl mehr
mit anderen Ländern zusammenarbeiten.«[11]
– Nach Ansicht des Ex-BdI-Chefs Hans-Olaf Henkel macht
der Umweltwahn unsere Wirtschaft kaputt.[12] So ist es. Opel-
Mitarbeiter mussten nicht nur wegen der Lohnkosten um
ihre Jobs fürchten, sondern auch, weil die Energiekosten in
Rüsselsheim um 30 Prozent höher als in Schweden bei Saab
liegen.[13]
– Als das Kernkraftwerk Stade im Herbst 2003 stillgelegt wurde, musste auch die AKZO Nobel schließen. 175 direkt Beschäftigte verloren ihren Arbeitsplatz, weil der Atommeiler
keinen Dampf mehr für den Salinenbetrieb lieferte. Die
Aussegnungsfeierlichkeiten samt kaltem Büfett und Be-
stattungsredner Trittin wurden übrigens mit 30.000 Euro
vom Steuerzahler bezuschusst.[14,15]
– Unter deutscher Regieanweisung führte die EU noch
während der Regierung Kohl eine Sprachregelung ein, wonach »die Anwendung des Grundsatzes ›Vorsicht‹ eine Grenze festlegt, die erheblich unter der vertretbaren Norm
liegt«.[16] Dies wurde zur Basis des ökokosmetischen
REACH-Konzepts, das die chemische Industrie nicht nur
zur systematischen Risikokontrolle verpflichtet, sondern
auch die Beweislast bei *vermuteten* Gesundheits- und Umweltschäden umkehrt. Das Problem trifft insbesondere den
Mittelstand, der in vielen Fällen seine Produkte mit erheblichem Aufwand ändern muss oder gezwungen wird, toxi-
kologische Prüfungen durchzuführen, die nach EU-Angaben

zwischen 85.000 (»Basisbeschreibung«) und 575.000 Euro (»langfristige Prüfungen«) kosten![17] Ein mittelständischer Betrieb kann daran zugrunde gehen.

Die »Bühler Kunststoffe Farben und Additive GmbH« mit 65 Beschäftigten müsste durch das ursprünglich geplante REACH-Konzept nach einer Wirtschaftlichkeitsstudie jährliche Zusatzkosten von 400.000 Euro verkraften.[18] Und selbst dann, wenn die Firma nicht den Rollladen runterlässt, dürfte die Ökokosmetikrechnung an den Verbraucher weitergereicht werden. Den Letzten beißen nämlich die Hunde – oder glaubt jemand ernsthaft, Ökotheaterfestspiele wären kostenlos? Der Verband der Chemischen Industrie schätzte, dass durch das REACH-Konzept in seiner ursprünglich beabsichtigten Form 20 bis 40 Prozent der Produkte im unteren Tonnagebereich in Deutschland nicht mehr zu wirtschaftlichen Bedingungen hergestellt werden können.[19]

Nach einer Studie des Consultingunternehmens Arthur D. Little würde REACH in seiner Hardcorefassung im deutschen Industriesektor mindestens 150.000 Arbeitsplätze und 1,4 Prozent der Wertschöpfung vernichten. Sollte die Offenlegung von Betriebsgeheimnissen und anderer sensibler Daten erforderlich werden, können bis zu 2.350.000 Arbeitsplätze und 20,2 Prozent der Wertschöpfung verloren gehen.[20]

Trittin schrieb in einer Lobeshymne auf das REACH-Konzept über die sechs Tonnen ortho-Nitroanisol, mit denen 1993 die ehemalige Hoechst AG nach einem Störfall die Umwelt belastete: »Selbst denjenigen, die im Betrieb mit ortho-Nitroanisol umgingen, war nicht bekannt, dass die Substanz krebserregend wirkt.«[56] Das konnte auch nicht bekannt sein, denn trotz jahrzehntelangen Kontakts mit Tausenden Kilogramm der Chemikalie erkrankte niemand. Beim ortho-Nitroanisol verfütterte man ein halbes Jahr lang täglich Dosen von bis zu 900 Milligramm pro Kilogramm. Die derart traktierten Tiere bekamen Tumore in der Blase und im Dickdarm. Um eine vergleichbare Belastung zu erlangen, müsste ein 70 Kilogramm schwerer Mensch ein halbes Jahr *Tag für Tag* 63 Gramm der »hochgiftigen« Chemikalie essen. Dahingegen betrug die tägliche Höchstbelastung eines Menschen in der Umgebung des Werks gerade einmal belanglose 0,00017 Gramm.

Den Schutz vor Krebserkrankungen der Bevölkerung durch den Ökologismusglaubenskatechismus kann man leicht anhand der Bilder 1 (Seite 47) und 5 (Seite 146) abschätzen. Er ist so gut wie null, weil Umweltchemikalien kaum Einfluss auf die Erkrankungsrate haben! Wem Zweifel kommen, der soll ruhig noch einmal die Forschungsergebnisse von Doll und Peto nachschlagen (Seite 147). Die Bedeutungslosigkeit anderer Chemikalieneffekte braucht hier nicht noch einmal wiederholt zu werden (vergleiche Kapitel 6 und 9). Die größeren Gesundheitsrisiken der Bevölkerung heutzutage sind »andere Faktoren wie Alkohol und Drogen, Tabakkonsum sowie, insbesondere bei Kindern, Übergewicht und Bewegungsmangel«, stellt der Umweltmediziner Professor Eickmann fest.[54]

Wer profitiert eigentlich von REACH? Zunächst einmal die Schweiz. Sie bietet als weißer REACH-Fleck in Europa eine attraktive Produktionsbasis. Das gilt natürlich auch für China.[55]

Die verbissene teutonische Ökomanie, mit der wir inzwischen sogar die EU verrückt gemacht haben, erinnert mich an den Meister einer Werkstatt, der eines Morgens auf einer Öllache ausrutscht. Nach Genesung von seiner Gehirnerschütterung ordnet er an, den Betrieb von morgens bis abends zu putzen und die Kunden bis auf weiteres zu vertrösten. Als er schließlich Pleite geht, berichtet er dem erstaunten Konkursverwalter, er hätte zwar keine Autos mehr repariert, aber in seinem Betrieb wären jetzt Unfälle bei den Inspektionsarbeiten ausgeschlossen. Im Hintergrund steht die arbeitslose Belegschaft und spendet begeistert Beifall.

Nach Angaben der von 1998 bis 2005 regierenden rot-grünen Narrenhausbetreiber sollen der Umweltschutz und insbesondere die Förderung alternativer Energien 1,5 Millionen Arbeitsplätze gebracht haben.[21] Die genaue Analyse der Zahlen zeigt, dass Minister Trittin in seiner Bilanz auch die 40.000 Bahnmitarbeiter mitzählte. Außerdem tauchen darin die Schornsteinfeger, die Angestellten von Gärten und Zoos, die Müllabfuhr, die Kanalarbeiter sowie die Arbeitnehmer der Toilettenschüsselhersteller auf. Mir ist nicht bekannt, dass es sich dabei um *neue* Arbeitsplätze handelt.

Das **Bildungssystem leidet am liebespädagogischen Spulwurm**, der seit den 70er-Jahren einen hektischen Aktionismus nach dem andern abspult – damit ja niemand der »Auslese« zum Opfer fällt.[d] Motto: Wir ändern früh, wir ändern spät, wir ändern, bis nichts mehr geht – und ist der Plan auch noch so gut gelungen, er verträgt dennoch Änderungen. Deshalb ist es an der Zeit, sozialromantischen Kultusadministrationen mit ihrem Pestalozzi- und Rousseau-Fimmel auf die Finger zu hauen. Weil aber die Grünen die psychedelischen Bildungsreformen der 70er-Jahre mit Zähnen und Klauen verteidigen, ist auch PISA ein Teil der Ökofalle.

Ohne Zweifel gibt es durchaus erfolgreiche Gesamtschulen, dennoch ging das liebespädagogische Bildungsexperiment gründlich in die Hosen. Dies belegte eine Befragung von Hochschulabsolventen.[e] Ihrer Meinung nach eignete sich die »emanzipatorische« Gesamtschule am wenigsten als Fitnesscenter für ein Studium.[22]

In England und Amerika heißt das Herzstück des linken Bildungsabsolutismus »Comprehensive School«, während die Franzosen das Etikett »Collège« draufgeklebt haben. In beiden Ländern machte man sehr durchwachsene Erfahrungen. Das angebliche »Child centred learning« erwies sich wegen des rapide sinkenden Niveaus als Phantasmagorie. Frau Thatcher sah sich deshalb genötigt, die Gesamtschule zu reformieren, und wurde dabei sogar von den Eltern aus sozial schwachen Schichten unterstützt. Sie verlangten die Rückkehr zum gegliederten System, damit ihre Kinder bessere Chancen bekämen.

---

[d] Den Eltern minderbegabter Kinder redete man ein, ihr Spross sei zwar Legastheniker, aber hoch begabt. Als Beispiel muss Ferdinand Piëch herhalten, der als Ingenieur promovierte und es als Enkel von Ferdinand Porsche zum Chef von VW brachte. Auch Einstein war angeblich ein Schulversager, was überhaupt nicht stimmt. Immer mehr Lachnummern werden kreiert. Ein Kind mit schlechter Mathenote wird von Psychopädagogen zum Arithmastheniker erklärt, obwohl es einfach überfordert ist. Bildungseuphoriker wollen nicht wahrhaben, dass Menschen unterschiedlich begabt sind. Alle sind gleich – notfalls gleich schlecht, und der Lehrer ist dran schuld.

[e] Das weibliche Geschlecht ist natürlich immer mit eingeschlossen. Nur kann kein vernünftiger Mensch das Doppelnennungsgesülz auf die Dauer ertragen.

So gaaaaanz langsam tut sich etwas. Weil immer mehr überforderte Schüler ihre Klassenkameraden durch Stören des Unterrichts am Lernen hindern, führte man in einigen Bundesländern wieder Kopfnoten ein. Sofort jaulte die linke Lehrergewerkschaft GEW in Niedersachsen laut auf: »Bei Kopfnoten gehe es um Zwang zu Wohlverhalten, Erzeugung von Duckmäusertum und Dressur; die Disziplinierung der Schüler mit Verhaltensnoten [ist] ein Rückfall ins pädagogische Mittelalter.« Allmählich bemüht man sich auch um das Zentralabitur. Dadurch könnten Abiturleistungen in Deutsch nicht mehr durch »darstellendes Spiel« ersetzt werden.[23] Dies hätte zur Folge, dass ein in Nordrhein-Westfalen oder Bremen bestandenes Abitur in Bayern nicht mehr als Behindertenausweis gälte. Die Fächer Physik, Chemie und Biologie mit Gesellschaftslehre zum Lernfeld »Natur und Gesellschaft« zusammenzufassen war auch nicht gerade der Renner.

Da in Gymnasien immer noch die »harten Fächer« Chemie und Physik abgewählt werden dürfen, ist das Abitur zur Lachnummer verkommen. Der Unterhaltungswert offenbarte sich, als man in Heidelberg die Vorkenntnisse angehender Mediziner für das Chemiepraktikum testete. Dabei wurden Formeln vorgegeben, und die Studenten sollten aufschreiben, um was es sich handelte. Hier eine kleine Auswahl: Fe (Eisen) = Ferlecit; Hg (Quecksilber) = Halogen; Sn (Zinn) = Sargon, Silicon, Strychnin; $Hg_2Cl_2$ (Quecksilber-I-chlorid) = Hägarchlorid, Dihägarchlorid; He (Helium) = Helenium; B (Bor) = Bellium; und Co (Kobalt) = Conium.[24] Über die naturwissenschaftliche Komplettlegasthenie unserer Führungsschicht in Politik und Medien braucht man sich wahrhaftig nicht zu wundern. Nur so konnte eine eng umschlungene Glaubensgemeinschaft von Ökologismuspriestern entstehen.

PISA ist auch das Ergebnis einer Illusionistenpädagogik, die schwache Schüler nicht durch Umstufung fördert, sondern formal immer weiterkommen lässt, obwohl sie mangels Begabung nichts lernen – können. In Hessen kam der gesetzlich verordnete »Elternwille« hinzu, durch den weiterführende Schulen bestens mit überforderten Schülern versorgt wurden. Das Ergebnis ist im Bild 16 auf Seite 308 zu bewundern. Es zeigt das Faksimile[f] der Nacherzählung eines zwölfjährigen hessischen Realschülers. Nachdem die Lehrerin die Arbeit wohlwollend mit »mangelhaft« bewertet hatte, beschwerte sich die Mutter bei der Schulleitung. Ihr Sohn sei ja so begabt, nur wäre er unterfordert und käme deshalb nicht mit! Man solle ihn doch versetzen. Damit liegt sie ganz auf der Rille der hessischen Grünen, deren schulpolitische Sprecherin im Landtag verlangte, »auf das Instrument des Sitzenbleibens zu verzichten«[25].

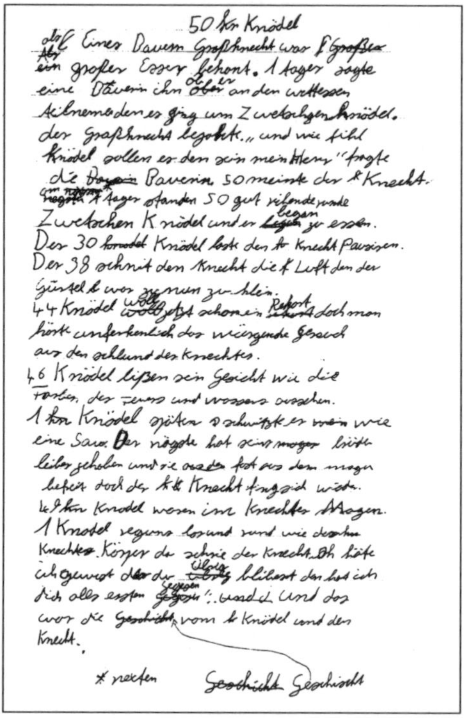

*Bild 16: Nacherzählung eines zwölfjährigen Realschülers*

---

[f] Zusammenfassende Kurzübersetzung des Elaborats: Ein Bauer hatte einen Knecht, der bei Tisch ordentlich zulangte. Die Bäuerin forderte ihn zu einem Wettessen auf, bei dem der Knecht 50 Zwetschgenknödel verspeisen sollte. Beim 30. Knödel musste er pausieren, der 38. schnitt ihm die Luft ab, und der Gürtel ward zu eng. Der 44. verursachte »unferkenlich« ein würgendes »Gereuch« usw. Am Schluss blieb ein Knödel übrig, worauf der Knecht schrie: »Wenn ich das gewusst hätte, hätte ich diesen Knödel zuerst gegessen!«

Ein Trost bleibt: Die emanzipatorische Pädagogik konnte und kann nicht verhindern, dass begabte Schüler ihren Weg machen. Nur wird ihnen ein Teil der Bildung vorenthalten, weil der Lehrer wertvolle Unterrichtsminuten mit – überforderten – Störern vergeuden muss. Picht hatte vollkommen Recht: Der Wohlstand des Landes hängt entscheidend vom Bildungsstatus seiner Bevölkerung ab, denn Deutschland besitzt keine Rohstoffe und lebt maßgeblich von der Kreativität seiner Ingenieure, Naturwissenschaftler, Betriebswirte und anderer Akademiker. Das ist auch der Grund, weshalb Schulabschlüsse nicht zum Persilschein abgewertet werden dürfen, die wohlfeil beim Zeugnisdiscounter um die Ecke verscherbelt werden. Was haben eigentlich Unternehmen davon, wenn sie heute Abiturienten auf eine Lehrstelle einstellen müssen, für die sie vor 35 Jahren noch Realschüler nehmen konnten? Was hat die Gesellschaft davon, wenn ein Drittel der Studenten das Studium mangels Eignung abbricht und der Steuerzahler zuvor Zigtausende in das aufstrebende Talent investiert hat? Oder kostet das Bildungssystem nichts?

Zwei Dinge muss man den Pädo-Gutmenschen noch ins schweinslederne Merkbuch schreiben: Erstens können staatliche Organe nicht die Fürsorge und Erziehung der Eltern ersetzen. Kinder sind nämlich keine Gegenstände, die man wie in Huxleys Buch von der »schönen neuen Welt« irgendwo abstellt. Deshalb ist die Schule auch kein Kinderparkplatz, damit die Mutti möglichst ganztägig im Supermarkt das Geld für den Urlaub auf Mallorca verdienen kann (Achtung: hier ist wieder einmal kämpferisch-engagierte Empörung angebracht).[g] Zweitens muss das Ansehen des Lehrerberufs angehoben werden. Gelingt dies nicht, werden immer mehr hoch qualifizierte Persönlichkeiten den Beruf meiden, was sich auch bei denen im Portemonnaie bemerkbar machen wird, die dem Exkanzler Schröder zustimmen: »Lehrer sind faule Säcke.«

---

[g] Natürlich sind mir die Probleme allein erziehender Mütter und Väter bewusst. Für sie muss gesorgt werden. Aber der feministische Emanzipationstraum von Kindern und Beruf hat leider Grenzen, spätestens dann, wenn Kinder das Gefühl bekommen, nur eine »Anschaffung« zu sein, für die man sich abends zwischen der Tagesschau und dem Krimi ein paar Minuten Zeit nimmt.

Der Sozialstaat ist vom **zehrenden Saugwurm** befallen. Der Bundesverfassungsrichter Udo Steiner nannte einmal den Grund: »Die Deutschen sind gleichheitskrank.«[26] Wenn ein anderer mehr als man selbst habe, wird dies hierzulande nicht als Ansporn genommen, sondern vermutet, das sei Unrecht. Um diesen Gefühl vorzubeugen, habe »der deutsche Sozialstaat den Menschen von Kopf bis Fuß auf Ansprüche eingestellt«. So etwas macht süchtig. Deshalb versucht heutzutage jeder, aus dem staatlichen System so viel herauszuholen, wie es nur geht. Steiner nannte Beispiele aus der Praxis des Verfassungsgerichts. Da gab es den Sozialhilfeempfänger, der es als verfassungswidrig ansah, dass der Staat für seine Kinder keine neuen Fahrräder anschafft. Auch gab es Verfassungsbeschwerden wegen des angeblich schlechten Essens im Krankenhaus und weil der Staat die Kosten von vier Euro für Shampoo in der Klinik nicht übernehmen wolle. Die Klagen wurden abgewiesen. Dennoch ist der Sozialstaat, wie er in den letzten Jahrzehnten herangemästet wurde, eine wahre Landplage. Gemäß dem Solidaritätsprinzip meint jeder, die »Reichen« zahlen, er habe den Nutzen. Das stimmt nicht. 2004 erhielt jeder Bürger 8416 Euro an staatlichen Transferleistungen – die er natürlich vorher selbst einbezahlt hatte.[27] Im Zweifelsfall in Form der Mehrwertsteuer.

Diese Mentalität führt nach Steingart zur »Kernschmelze des Energiezentrums«, wo die Wertschöpfung stattfindet, wo investiert und gearbeitet wird. So ist es. Immer mehr hängen am Sozialtropf, und der Regierung Kohl fiel hierzu nichts Besseres ein, als die Wiedervereinigung mithilfe der Rentenkasse zu finanzieren. Unter anderem ist dadurch der Westen zu einer Kolonie des Ostens geworden, der unermüdlich die Wertschöpfung der alten Bundesländer absaugt und dennoch nicht auf die Beine kommt.[28]

Die Frühverrentung nach der Wiedervereinigung schaufelte 500.000 Leistungsträger von der Plus- auf die Minusseite der Bilanz. Ein solches Schnäppchen ließen sich auch die Arbeitgeber im Westen nicht entgehen und senkten ihre Personalkosten zulasten des Beitrags- und Steuerzahlers. Ergänzt wird der Sozialillusionistenstaat durch eine Allroundversorgung: Pflegeversicherung, 100-Prozent-Lohnfortzahlung im Krankheitsfall, Kindergeld[h], Wohngeld sowie Sozialhilfe, Arbeitslosen-, Kranken- und Rentenversicherung. Dazu gesellen sich Wintergeld in der Bauwirtschaft, Konkursausfallgeld, Jugendhilfe, Vermögensbildungsgesetz, Unfallversicherung, Leistungen bei Schwangerschaftsabbruch, Fahrtkostenerstattung für Schüler, Ausbildungsförderungsgesetz, Eingliederungshilfe sowie Kriegsopferfürsorge. Kaum ein Gebiet wird vom staatlichen Wohltatenfüllhorn nicht abgedeckt.

Bei kleinsten Korrekturen des »Sozialstaats« wird sofort losgejammert – etwas, das Chinesen mit ihren 70 Euro Monatslohn nicht tun. Als es unter Helmut Kohl um die Kürzung der Lohnfortzahlung im Krankheitsfall, das Zurückfahren des Schlechtwettergeldes und die Einführung eines demografischen Faktors in der Rentenformel ging, hielt der gewerkschaftseigene SPD-Sozialexperte Ostertag im Bundestag dagegen: »Den Weg in eine andere Republik, die Demontage des Sozialstaates machen wir Sozialdemokraten nicht mit.« Danach trat Norbert Blüm ans Rednerpult und erklärte die absurde Wahrheit. Seit 1989 sind die Sozialausgaben pro Kopf um zwölf Prozent angestiegen, während in der gleichen Zeit das Bruttosozialprodukt um 15 Prozent sank. Woher soll das Geld kommen?

Der **Angstseuchenwurm** befällt das Gehirn, führt unter Erstarrung zu Wahrnehmungs- und Herzrhythmusstörungen. Gleichzeitig sorgt er für Lachnummern wie Dioxin-Eier, DDT-verseuchte »Housing Areas« und Acrylamid-Pfannkuchen. Er hat aber auch die hohen Unkosten zu verantworten, mit denen die Wirtschaft belastet ist. So gab beispielsweise die Chemieindustrie im Jahr 1999 rund 6,6 Milliarden Mark für den Umweltschutz aus, von denen sicher ein Teil unter der Rubrik Ökokosmetik zu verbuchen ist.[29] Das Geld wäre besser in die Forschung gesteckt worden. Und nicht nur das. Der Angstseuchenwurm ist auch mitverantwortlich für den Reformstau im Sozialsystem, obwohl niemand in ein Loch fallen würde,

---

[h] Wegen der lähmenden Angst, die Bevölkerungsdichte könnte bei gleichzeitiger Vergreisung zurückgehen, wetteifern beim Kinderthema alle Politiker. Stoiber schlug im Wahlkampf 2002 sogar ein monatliches Familiengeld von 1200 Euro für die ersten drei Lebensjahre vor.

wenn das deutsche Volksheim nach holländischem, dänischem oder Schweizer Muster umgebaut würde.

Der **Umbauwurm** der Industriegesellschaft hat nichts mit einem Umweltschutz mit Maß und Ziel zu tun. Er ist vielmehr ein Parasit, der sich im Kernenergieausstieg und unter anderem in der so genannten »sanften Chemie« austobt. Über Letztere fabulierte vor Jahren ein promovierter Greenpeace-Chemiker (!) in der GP-Hauspostille: »Gewalt in der Chemie – wir dürfen die Stoffe nicht mehr foltern.« »Die Chemie (sei) einen gewalttätigen Weg gegangen«, denn ihre synthetischen Produkte seien das Ergebnis »heftiger Gewalt« und »gewalttätig herbeigeführter chemischer Reaktionen unter extremem Druck und mörderischer Hitze«, wobei »die Stoffe (niemals) das freiwillig mitmachen, was ihnen auferlegt wird.« Nach Auffassung des Fachmanns für Kokolores sind die Reaktionskessel der Industrie »Folterkammern der Stoffe«. Deshalb sei »das Dschingis-Khan-Element aus den Chemikern herauszubekommen, dieses Reitersturmartige, dieser blindwütige Expansionismus«[30]. Vielleicht würde ein Udo-Lindenberg-Konzert helfen: »Rock gegen Molekülfeindlichkeit«!

Offensichtlich hat der Greenpeace-Chemiker in Vorlesungen zur »physikalischen Chemie« einen gesunden Tiefschlaf abgehalten, andernfalls wäre ihm das »Prinzip von Le Chatelier« bekannt. Es lautet: »Ein im Gleichgewicht befindliches System weicht einem von außen einwirkenden Zwang aus.« Ähnlich wie 68er-Wirrkopfprozessionen den Wasserwerfern der Polizei auswichen, so weicht ein chemisches Gleichgewicht einem äußeren Zwang aus. Nur mit dem Unterschied, dass es nicht mit Pflastersteinen zurückschmeißt, sondern die gewünschten Produkte entstehen lässt.

Mit großem Erfolg wendet man das Le-Chatelier-Prinzip bei der Synthese von Ammoniak nach Haber-Bosch an. Dabei wird Wasserstoff mit Stickstoff im Reaktionsraum bei 300 bar (Folter!) und 500 Grad Celsius (Scheiterhaufen!) umgesetzt. Eine Großanlage »quält« dazu täglich 176 Tonnen Wasserstoff und 823 Tonnen Stickstoff und lässt dabei 1000 Tonnen Ammoniak entstehen. Dieser sorgt in Form von Kunstdünger dafür, dass Müsli und Brötchen zu erschwinglichen Preisen auf den Tisch kommen. Wo eigentlich bleibt das Gutmenschenkomitee »Für ein freies Ammoniak«?

Der grüne Technikkritiker Arnim von Gleich sorgt für Heiterkeit, wenn er »das naturwissenschaftliche Experiment mit der Folter im Verhör« vergleicht. Der »sanfte« (feministische?) Chemiker würde sich auf die »teilnehmende Beobachtung« konzentrieren, statt brutale Verhörmethoden anzuwenden.[31] Glückliche Moleküle durch sanfte Chemie! Statt synthetischer Produkte empfiehlt der Grünapostel Substanzen aus Urgroßmutters Haushaltsschatz: »Pflanzliche Harze, Wachse, Öle, Duftstoffe (ätherische Öle), Schleimstoffe, Fasern und Färbedrogen ... Bei den Lösemitteln spielen das Zitrusfruchtschalenöl ... neben Pflanzenölen die wichtigste Rolle.«

Und jetzt kommt der Stich in den Ökoluftikusballon: 1992 wurden in Europa 270.000 Tonnen Ethylacetat für Lacke, Kunststoffdispersionen, Kleber und anderes mehr benötigt. Würde man diese Tonnage durch »sanftes« Zitrusfruchtschalenöl ersetzen, müsste man mindestens 5.400.000 Tonnen Fruchthüllen verarbeiten.[32] Will man außerdem die Lösemittel Toluol (1994: 596.948 Tonnen) und Xylol (1994: 669.727 Tonnen) durch den Naturstoff ersetzen, wären noch einmal 12.000.000 Tonnen Zitrusschalen fällig.[33] »Kennst du das Land, wo zwischen verrotteten Chemieanlagen Zitronen geschält werden?«

Der **Technophobiewurm** ist ein enger Verwandter des **Arbeitslosigkeitsbandwurms**, der besonders von den 68er-Grünsocken gepflegt wird. In den 80er-Jahren machten sich die Gutmenschen über den Computer her (Jobkiller, Überwachungsstaat). 2004 freute sich Finanzminister Eichel (SPD) über das BaFin-System, mit dem seine Büttel per Mausklick erfahren, welcher Bürger bei welcher Bank ein Konto unterhält. Am liebsten würden die Grünen heute jedem Schüler mit Steuergeldern ein Notebook spendieren, und Frau Wieczorek-Zeul wollte die Armut in der Dritten Welt mittels Internetanschluss bekämpfen (Heiterkeit auf der Tribüne!).

Über die blockierte rote Gentechnik wurde schon ausführlich berichtet (siehe Seite 108). Ähnlich sieht es auf dem Acker aus, wie ein Experte 2005 konstatierte: »Risikoforschung in Deutschland im Bereich grüne Gentechnik solle nicht die wahren Risiken aufdecken und erforschen, sondern die politisch erdachten und vorgegebenen Risiken bestätigen.«[34] So viel zum Wert wissenschaftlicher Forschung im Dienste der grünen Bewegung. Auch die grüne Gentechnik wird irgendwann von den Gutmenschen akzeptiert werden, denn ohne diese moderne Technik wird man kaum den größer werdenden Magen der Menschheit füllen können (siehe Geleitwort Professor Hopp).

Auch in der Stammzellenforschung steckt der Technophobiewurm. Um ihre Arbeit fortzuführen, siedelten 2004 Wissenschaftler von Deutschland nach England (Newcastle) über. Sie verließen die Bundesrepublik, weil ein Gesetz von 2002 jegliche Forschung an embryonalen Stammzellen verbietet, es sei denn, die Stammzellen wurden vor dem 1. Januar 2002 gewonnen.[35] Merke: Zellen nach dem 1.1.2002 sind ethisch wertvoll, davor nicht.

Die deutsche Kerntechnik, die zu den sichersten in der Welt zählte, wurde von Rot-Grün demontiert. Die Forschungen am »inhärent sicheren« Hochtemperaturreaktor (HTR) sind eingestellt worden. Damit niemand auf die Idee kommt weiterzumachen, wurde die Versuchsanlage in Hamm-Üntrop 1989 abgerissen. 2003 kündete die chinesische Regierung an, bis zum Jahr 2020 30 Kernreaktoren dieses Typs errichten zu wollen.

Aus politischen Gründen wurde in Deutschland der Bau des Transrapid immer wieder ausgebremst. Weil gegen Bedenkenträger und Einwender kein Spontangrün gewachsen ist, fand jahrelang keine Alltagserprobung statt. Erst 2003 nahmen die Chinesen eine 31,5 Kilometer lange Strecke zwischen dem Flughafen Pudong und der Long Yang Rd. Station in Betrieb.

Wegen des Technophobiewurms unterliegt in Deutschland alles einem umständlichen Genehmigungsverfahren. Will beispielsweise ein Tapetenkleisterhersteller seine Produktion um ein Drittel erhöhen, bedarf es gemäß § 15 des Bundes-Immissionsschutzgesetzes eines einjährigen Genehmigungsverfahrens mit amtlicher Bekanntmachung, bei dem Einwender kostenfrei ihre Lust am Nölen und Blockieren ausleben können, obwohl sich der Schadstoffausstoß der Anlagen kaum erhöht.[36]

Der Technophobiewurm hat noch andere Folgen. Immer weniger Jugendliche wollen Ingenieur werden und Chemiker schon gar nicht mehr. Die Zahl der Diplomabschlüsse in dieser Naturwissenschaft lag 1994 bei 3500 und liegt heute bei knapp 1000. Während Deutschland den Ökologismus pflegt, begeistern sich im Sudan oder auf Trinidad 82 bis 84 Prozent aller Jungen und 70 bis 82 Prozent aller Mädchen für die Technik und wollen einen entsprechenden Beruf erlernen.[37] Auch das werden wir im Portemonnaie merken.

Der **Reglementierungs- und Bürokratiewurm** wird von Wirtschaftsführern wolkig mit »Rahmenbedingungen« umschrieben (vergleiche Seite 98, Bild 2). Dabei ist das REACH-Konzept der EU nur die Spitze des Eisbergs. Tatsächlich hat sich die Europäische Union, deren Unterhalt 2003 knapp 100 Milliarden Euro verschlang[i], zu einem unkontrollierten Bürokratenkongress entwickelt. Dabei belastet jede Verordnung die Arbeitgeber mit zusätzlichen Kosten – hier ein paar Milliönchen, dort einige Milliarden. In der Zeit von 1990 bis 2004 gab es in Europa allein zum Umweltschutz 500 neue Verordnungen, deren Kosten sich für die Industrie enorm aufsummierten – Belastungen, die in China nicht anfallen.[38]

Welcher Unfug hierzulande betrieben wird, belegt der Fall der oberfränkischen Firma Junghans, über den das Bayerische Fernsehen am 31. Januar 2005 berichtete. Der Firmeninhaber, der in seinem Betrieb 45 Mitarbeiter beschäftigte, kam nach eigenen Angaben kaum noch dazu, sich seiner eigentlichen Aufgabe zu widmen. Über 30 Prozent seiner Arbeitszeit vergeude er mit dem Ausfüllen von Firlefanzformularen, wie solche über »Umweltschutzmaßnahmen im mittelständischen Betrieb«. Aus Notwehr trat der Unternehmer in einen Behördenstreik und bezahlte bereitwillig 600 Euro »Streikgeld«. Dies sei allemal billiger, als in schwierigen Zeiten die Firma wegen Papierkrams zu vernachlässigen. Im Fernsehinterview nannte der Betriebsinhaber auch gleich eine Alternative: »Ich brauche nur 26 Mitarbeiter zu entlassen, dann entfällt die Statistikpflicht.«

Der Mittelstandssprecher Siebert rechnet vor: »50 Prozent unserer Mitarbeiter arbeiten für die Auflagen von Berufsgenossenschaften, Banken, Gewerbeaufsichtsämtern, Finanzämtern, Zollverwaltungen und Sozialversicherungen – und nur die zweiten 50 Prozent unserer Mitarbeiter sind produktiv für das Unternehmen übrig.«[39]

---

[i] Legt man das auf 380 Millionen Einwohner der EU um, so bezahlt jeder Bürger vom Säugling bis zum Greis 233 Euro im Jahr 2003 für den Bürokraten-Klapparatismus, den sich Politiker geschenkt haben.

Der **Pattexwurm** sorgt permanent für Heiterkeit, weil Politakteure ihr persönliches Schicksal mit dem des Landes gleichsetzen und sich dabei äußerst wichtig vorkommen. Trotz des Unterhaltungswerts ist es ein Ärgernis erster Ordnung! Als der bayerische CSU-Ministerpräsident Max Streibl seinen Sessel wegen der »Amigo-Affäre« nur widerwillig räumte, spottete die Linke: »Streibl – Bleibel.« Auch Kurt Biedenkopf (CDU) haftete mit hoher Klebekraft an seinem Sessel. Dies veranlasste Frau Simonis (SPD) kurz vor der schleswig-holsteinischen Landtagswahl 2005 zur Äußerung: »Ich würde es mir gerne ersparen, wie Kurt Biedenkopf vom Stuhl gekratzt und rausgetragen zu werden.«[40]

Kaum war die Wahl gelaufen, drückte sie kräftig auf die Pattextube. Die SPD erhielt 29 Sitze, die CDU 30, die Grünen vier und die FDP ebenfalls vier. Die Bürgerlichen hätten also einen Sitz mehr als die Schrill-Schrulligen – wäre da nicht der »Südschleswigsche Wählerverband« (SSW). Dieser ist von der Fünfprozentklausel ausgenommen und bekam mit 3,6 Prozent der Zweitstimmen zwei Sitze im Parlament. Ohne großes Zögern strebte Frau Simonis eine Minderheitsregierung an, die von dem traditionell links stehenden SSW toleriert werden sollte. (Eine wichtige Rolle spielte hier die Einführung der flächendeckenden Einheitsschule.)

Obwohl die Bürgerlichen 1,9 Prozent Wählerstimmen mehr erhielten als Rot-Grün, sollte der Wählerwille durch eine marginale Splitterpartei ins Gegenteil verkehrt werden.[41] Da ein Abgeordneter nicht mitspielte, betrug das Stimmenverhältnis bei der Wahl der Ministerpräsidentin 34 : 34. Insgesamt viermal probierte es Frau Simonis. Immer kam das gleiche Ergebnis heraus. Richtig erheiternd. Man stelle sich einmal eine Fastnachtssitzung vor. Längst sind schon die Letzten gegangen. Der Saaldiener stellt bereits die Stühle hoch, und der Elferrat macht unbeirrt weiter – tuff-täh – tuff-täh.

Anfang 2005 erwischte es den erfolgreichsten Schulversager der Republik. Joschka Fischer sorgte als Außenminister für frischen Wind im Schleusergeschäft durch einen Erlass, in dem wörtlich stand: »In dubio pro libertate« – im Zweifel für die Reisefreiheit. Dies hatte zur Folge, dass sich die Zahl der Scheintouristen aus der Ukraine und Russland binnen eines Jahres verdoppelte.

Als dies aufflog, sagte Michael Glos (CSU) als Liebhaber deutlicher Worte: »Rund fünf Millionen Menschen sind mithilfe dieses Rechtsbruchs nach Deutschland und in die europäischen Partnerstaaten eingeschleust worden, halten sich illegal in den europäischen Ländern auf und fördern dort Schwarzarbeit, Prostitution, Menschenhandel und andere kriminelle Machenschaften. Sie sind dafür der Zuhälter – wenn man so will –, Herr Bundesminister Fischer.«ʲ

Der *Spiegel* sieht einen Schaden von einigen Milliarden Euro, die der Außenminister mit seinem 68er-Traum von der einen »Welt ohne Grenzen« verursachte.[42] Da eine Milliarde pro Bundesbürger 12,50 Euro ausmacht, wäre eine vierköpfige Familie bei fünf Milliarden mit 250 Euro an der Multikultifolklore beteiligt. Zunächst tauchte Fischer ab und hoffte, dass alles im Sand verliefe. Das tat es aber nicht. Die Medien – o Wunder – bohrten immer weiter. Da ging Fischer in die Offensive und beschuldigte die Presse, man wolle die Grünen kaputtschreiben. Dann holte der »größte anzunehmende Außenminister« *(Die Zeit)* tief Luft und krähte angekrätzt in die Mikrofone: »Für mögliche Versäumnisse und Fehler meiner Mitarbeiter trage ich die politische Verantwortung.«[43] Die Mitarbeiter sind schuld – nicht er! Im Zweifelsfall der Pförtner in der Kiewer Botschaft, der die Scheintouristen vorgelassen hatte.

Während andere Politiker ihre Ämter wegen Lappalien aufgaben, erwies sich Fischer als wahres Kukident-Wunder. Nicht er, sondern die Kohl-Regierung wäre schuld, sie hätte mit »Reiseschutzpapieren« die Voraussetzungen für den Visa-Skandal geschaffen. An Rücktritt denke er überhaupt nicht. Am 28. Februar 2005 veranstaltete die *Bild*-Zeitung eine TED-Umfrage. Die Leitungen brachen sofort zusammen. Von 38.000 Teilnehmern verlangten 87 Prozent den Rücktritt des Außenministers, nur 13 Prozent wollten ihm verzeihen – noch nicht einmal das schrillschrullige Drittel kam zusammen.[44] So viel zum basisdemokratischen Selbstverständnis von Politikern. Auch in den eigenen Reihen hatte Fischer – anfänglich – schlechte Karten. Oswald Metzger sagte, normalerweise bedeute politische Verantwortung immer den Rücktritt. Wenn der Außenminister für Fehler bei der Visa-Vergabe die politische Verantwortung übernehme, aber im Amt bleiben wolle, habe er die falsche Vokabel gewählt.

---

ʲ Für seine Äußerung in der Plenarsitzung des Deutschen Bundestags vom 24. November 2004 entschuldigte sich Glos später genauso wie seinerzeit Fischer, nachdem er den Präsidenten des Bundestags als Arschloch tituliert hatte – noblesse oblige.

Fischers Reaktion wird verständlich, wenn man einmal bei ihm nachschlägt. In seinem Buch *Ökologie im Endspiel* sieht er sich nicht als »Psychologisierer der Macht«, »vielmehr ist Eulenspiegel für mich als Politiker ein wesentlicher Orientierungspunkt«.[45] Bei so viel Offenheit rentiert sich ein Blick in die einschlägige Literatur. Dort steht: Eulenspiegel ist »eher ein boshafter Kobold als ein friedfertiger Spaßmacher, ein schadenfroh vexierender Geist, der Zwietracht stiftet, anstatt klug zu versöhnen; mit einem Wort: Er ist ein Schalk ... als Typ begriffen ist er stets zugleich Narr«[46].

Der Körper des deutschen Patienten ist mit weiteren Krankmachern durchseucht. Da wäre beispielsweise der gewerkschaftseigene **35-Stunden-Wurm**, der Arbeitsplätze kostete, den Aufbau Ost gefährdet und im Westen etliche Firmen in Schieflage brachte.[k] Dazu gesellt sich der gleich machende **Hochlohnwurm**, der von Bessermenschen mit Macht verteidigt wird. Zwei besonders virulente Krankmacher kommen hinzu. Nämlich der **Bundesratblockierwurm**, der in enger Symbiose mit dem **Kleine-Parteien-Drehwurm** lebt. Beide Erreger wurden von Oskar Lafontaine mit Erfolg gegen die Kohl-Regierung eingesetzt. Als ginge es nicht um das Land, sondern nur darum, einmal im Fond einer Dienstlimousine mit Chauffeur zu sitzen. Ein besonders unappetitliches Würmchen trägt den Namen **Political Correctness**. Es ist eng mit dem **Lügen- und Heuchelwurm** verwandt. All diese Würmer und noch mehr stecken im Körper des Patienten, um den sich eine aufgeregt gackernde Krankmachpflegerschar versammelt hat.

## Die Entwurmungskur

Patentrezepte habe ich natürlich nicht, aber dennoch hilft gegen eine derartige Erkrankung nur eine kräftige Entwurmungstherapie – die in diesem Fall auch die »radikalen Min-

---

[k] Dies dürfte unter anderem einer der Gründe sein, weshalb der Kaufhauskonzern Karstadt Probleme bekam. Auch wollte die IG Metall 2003 allen Ernstes in den neuen Bundesländern die 35-Stunden-Woche einführen, obwohl die Produktivität dort gerade einmal 58 Prozent des westlichen Niveaus beträgt.

derheiten« von den Schalthebeln der Macht entfernt. Die Arzneien sind manchmal bitter und schmecken nicht unbedingt. Etliche der Medikamente sind nicht ganz ohne Nebenwirkungen, und andere schmecken richtig süß, wie diejenigen, die den *Political-Correctness-Wurm* austreiben.

Als Erstes wäre der *Angstseuchenwurm* zu beseitigen. Ihn wird man am leichtesten mit einer Handbewegung los. Sollte die Ökoquisition wieder einmal das Grammofon aufziehen, um an heißen Tagen die zerkratzte Platte von der Klimakatastrophe aufzulegen, schaltet man am besten gleich die Orwell'sche Sprechtüte ab. Dasselbe ist angezeigt bei Ökolitaneien über gefährliche Zinnverbindungen in Unterhosen, Weichmacher in Kunststoffen oder Giftrückstände im Babybrei. Beim Fernsehen hilft einfach weiterzappen oder den Ausschaltknopf drücken, dazu die Zeitung umblättern und am Wahltag keine Politiker mehr ankreuzen, die, auf der Angsttrompete spielend, den täglichen Ökohorror beschwören. Ich weiß, das wird das schrill-schrullige Wählerdrittel nicht bekehren, aber man muss ja nicht unbedingt den Mitläufer spielen und dann für alle möglichen Ärgernisse mitverantwortlich zeichnen. In Hessen beispielsweise versucht die CDU-Kultusministerin den liebespädagogischen Spulwurm zurückzudrängen, nachdem die Wähler Rot-Grün den Laufpass gaben.

Der *Arbeitslosigkeitsbandwurm* ist ein enger Verwandter des *35-Stunden-Wurms* und des *Hochlohnwurms*. Diese drei lassen sich nicht so leicht ausmerzen. Als Erstes muss der Patient eine kräftige Dosis bitter schmeckender Niedriglohntinktur schlucken, denn an einfachen Jobs herrscht kein Mangel, wie mir ein Pole vor einiger Zeit versicherte: »Arbeit ist in Deutschland genug, nur Händ und Füß müssen Ruhe haben.« Wieso also können ganze Familienclans in der dritten Generation von Sozialhilfe leben, statt »gezwungenermaßen« für Niedriglohn zu arbeiten?[1] Die Antwort gibt Hans D. Barbier von der *FAZ*: »Die Gewerkschaften haben mit Erfolg alles

---

[1] Ein Vollsozialhilfeempfänger lebt dabei noch gar nicht einmal so schlecht. Neben einem zugegebenermaßen nicht allzu üppigen Handgeld kommt der Steuerzahler auf für die Miete, die Heizung, den Strom, das Wassergeld, die Müllabfuhr, die Hausverwaltung und vieles mehr. Dazu kommen wegen der Wahrung der Menschenwürde Gelder zur Anschaffung *neuer* Gegenstände (Fernseher, Wasch-

getan, solche Arbeitsplätze auf dem Verhandlungsweg wegzubügeln und mit Pathos diejenigen zu sozialkriminalisieren, die den Begriff auch nur in den Mund genommen haben.«[47] Gegen den *35-Stunden-Wurm* hilft nur eine längere Arbeitszeit, dann verliert auch der *Hochlohnwurm* seine Virulenz.

Ein weiteres Heilmittel ist die Entkopplung von Arbeit und Sozialstaat. Hierzu muss man dem »Generationenvertrag« endlich in den Hintern treten. Er ist ein Muster ohne Wert.

Die Sozialversicherungen, die ja eigentlich keine Versicherungen sind, müssen privatisiert und kapitalisiert werden. Dann erwachsen, wie vielfach empfohlen, die Beiträge aus der Wirtschaftskraft des Landes (Aktien usw.).

Dem wirtschaftskraftzehrenden *Bürokratiewurm* kommt man am besten bei, indem alle Gesetze, Verordnungen und Erlasse mit einem Verfallsdatum versehen werden. Ein Konzept, das Roland Koch einmal vorschlug. Dann löst sich der Parasit von selbst auf. Es kann doch nicht angehen, dass 60 Prozent aller weltweit veröffentlichten Steuerliteratur in Deutschland gedruckt werden. Nur damit der Fiskus auch das letzte Schlupfloch stopft, um vom Mittelstand genügend Schmiermittel für den Sozialstaat abzapfen zu können (die unteren Einkommen werden kaum belastet, während Bestverdiener sich mithilfe von Beratern drücken oder in Steuerparadiese flüchten).

Der *Technophobiewurm* konnte sich erst richtig breit machen, nachdem der *Angstwurm* die Eingeweide des Patienten befallen hatte. Zum Glück spricht der Technophobiewurm auf die gleichen Arzneien an. Beide Würmer haben einen nicht zu geringen Anteil an der Arbeitslosigkeit im Lande. Unser *Technophobiefimmel* schadet auch der Dritten Welt, wie das Beispiel Sambias belegt. 2002 wollten die Amerikaner dem hungerleidenden Land mit Schiffsladungen von Mais aus der Krise helfen. Auf Betreiben der EU und von Greenpeace (!) wur-

---

maschine, Möbel, Schuhe, Kleidung usw.). Im Krankheitsfall werden die Klinikaufenthalte und Arztkosten von der Gemeinschaft getragen, wobei oftmals noch Medikamente verschrieben werden, die dem Normalbürger wegen der Budgetierung nicht so ohne weiteres zustehen. Selbst die Altersversorgung kommt nicht zu kurz. Jemand, der beschließt, seine Lebensplanung auf Sozialhilfe aufzubauen, bekommt diese auch nach seinem 65. Lebensjahr.

de dies von Präsident Levy Mwanawasa mit großer Geste abgelehnt, weil der Mais »genmodifiziert« sei.

2001 zerstörten Mitglieder der Earth Liberation Front ein Monsanto-Labor, in dem virusresistente Süßkartoffeln entwickelt wurden, mit denen die Ernährung Hunderttausender Kinder in Afrika hätte sichergestellt werden können.[48] Die Beispiele belegen zudem die enge Verwandtschaft des *Technophobiewurms* mit dem *Heuchelwurm*, die sich auch dann präsentiert, wenn Mitglieder einer BI ihre kongenialen Schunkelbrüder und -schwestern mit dem Handy zusammentrommeln, um gegen den Bau einer Mobilfunkantenne zu protestieren.

Was hilft gegen den *Political-Correctness-Wurm*? Ein gutes Mittel sind Spott und die Satire – zwei süß schmeckende *Anti-PC-Tinkturen*. Einfach in kräftigen Dosen schlucken. Vorsicht: kann süchtig machen und als Nebenwirkung ein schmerzendes Zwerchfell verursachen. Aber nur so bleibt ein Zigeunerschnitzel ein Zigeunerschnitzel und wird nicht zum »Mobile-Minderheiten-Bratling«. Negerküsse sind Negerküsse und keine Schaumküsse. Oder man macht gleich Afroamerikanerküsse daraus, dann kann man die Schaumsprache der PC-Vorturner auch als »Afroamerikaner-Radebrech« kennzeichnen. Ein Beispiel unfreiwilliger Satire brachte Ulrike Holler, als sie im rot-grünen Hessischen Rundfunk (wo sonst?) eine Schriftstellerin als »Gästin« begrüßte. Den PC-Wurm wird der Patient auch los, wenn er ihn einfach ignoriert.

Welches Kraut ist aber gegen den *Bundesratsblockierwurm* gewachsen? Gabor Steingart empfiehlt, dem Bundesrat seine Macht zu nehmen, indem die Kompetenzen zwischen Bund, Ländern und Kommunen anders verteilt werden. »Der Bundesrat hat ... (dann) keine Berechtigung mehr und kann, wie seinerzeit von Adenauer vorgeschlagen, durch einen Senat nach amerikanischem Vorbild ersetzt werden.«[49] Mit der Blockadepolitik wäre es vorbei.

Was kann man gegen den *Kleine-Parteien-Drehwurm* tun? Wie das Beispiel Simonis' nach der Schleswig-Holstein-Wahl 2005 zeigt, sind die kleinen Parteien eine echte Landplage. Nur: Wie wird man sie los? Und ist dann nicht die Demokratie gefährdet? Nein! Als ich im Sommer 2001 einen befreundeten Chemiker in England besuchte, saßen wir abends im Garten seines Londoner Hauses zusammen. Nachdem wir einige Zeit über die deutsche »Denglischsucht« gelästert hatten und über den »Facility Manager«[m] und das »Handy« lachten, kamen wir auf die deutsche Krankheit zu sprechen, die sich insbesondere in der Existenz der Grünen manifestiert. Mein Freund, der sich auch wegen der Brent-Spar- und BSE-Hysterie große Sorgen um den deutschen Geisteszustand machte, meinte, wir müssten das Mehrheitswahlsystem einführen. Auf meine Frage, ob das nicht die Demokratie verfälschte, erwiderte er: »Nein, ganz und gar nicht. Das funktioniert bei uns recht gut und in anderen Ländern ebenso. Wir haben sogar neben den beiden großen Parteien die Liberalen im Parlament.« Tatsächlich finde ich seine Idee gar nicht einmal so schlecht.

Zweimal bestand die Chance hierfür. Im Dezember 1966 rechtfertigten Herbert Wehner und Helmut Schmidt den Eintritt in die große Koalition mit der CDU/CSU damit, dass nur so die Einführung des Mehrheitswahlrechts durchgesetzt werden könne.[50] 1998 bestand wieder die Chance. Die Bevölkerung wollte den in seiner Endzeit ungeliebten Kanzler aus Oggersheim abwählen und eigentlich eine große Koalition mit Reformpotenz (Thomas Bellut, ZDF). Zur Belohnung gab es Rot-Grün. Inzwischen haben die Grünen, die ihr eigenes Volk hassen (Vera Lengsfeld), eine freiheitsfeindliche Gesinnungsdemokratie im Lande errichtet und verharren in ideologischen Zeiten: »Umweltverschmutzung gilt als Sünde, für die man büßen muss, und deshalb muss die Buße auch so teuer wie möglich sein. Das ist das ökologisch-protestantisch-christliche Denken, das man so nur in Nordeuropa findet.«[51]

Mit einem Mehrheitswahlrecht würden weder die Grünen noch die Liberalen komplett verschwinden, wie das Beispiel Ströbele zeigt. Sie könnten aber nicht mehr das verbogene Zünglein an der Waage spielen. Dafür würden aus einigen Landtagen die rechtsradikalen DVU- und NPD-Leute verschwinden. Was ist eigentlich schlimm daran? Wenn es vielleicht noch nicht klappt mit dem Mehrheitswahlrecht, weil der Leidensdruck noch nicht hoch genug ist, wünsche ich dem deutschen Patienten gute Besserung.

---

[m] Im Englischen ein Hausmeister, in Deutschland Chef einer bestimmten »Business Unit« eines größeren Konzerns.

# Literaturangaben

Da nicht alle Abkürzungen geläufig sein dürften, werden einige hier vorgestellt.

*Dtsch. med. Wschr.* = Deutsche medizinische Wochenschrift
*FAS* = Frankfurter Allgemeine Sonntagszeitung
*FR* = Frankfurter Rundschau
*SZ* = Süddeutsche Zeitung
*NZ* = Neue Zürcher Zeitung
*WamS* = Welt am Sonntag
*WAZ* = Westdeutsche Allgemeine Zeitung
*WK* = Wiesbadener Kurier
*CR* = Chemische Rundschau
*PCN* = Pest Control News
*BdW* = Bild der Wissenschaft
*CLB* = Chemie in Labor und Biotechnik
*ChiuZ* = Chemie in unserer Zeit
*MNU* = Der mathematische und naturwissenschaftliche Unterricht
*Nachr. a. d. Chem.* = Nachrichten aus der Chemie, der Technik und dem Laboratorium (»Blaue Blätter«, mehrfach umbenannte Mitgliederzeitschrift der Gesellschaft deutscher Chemiker)
*Nachr. Chem. Tech. Lab.* = Nachrichten aus der Chemie (»Blaue Blätter«, mehrfach umbenannte Mitgliederzeitschrift der Gesellschaft deutscher Chemiker)
*PhiuZ* = Pharmazie in unserer Zeit
*Spektr. d. Wiss.* = Spektrum der Wissenschaft

Es ist zwar wissenschaftlich unüblich, dennoch habe ich Bücher, die in einem vorhergehenden Kapitel genannt waren und im *Folgekapitel* wiederum auftauchen, nicht mit »a. a. O.« gekennzeichnet, sondern neu benannt. Denn nichts ist lästiger, als in einem Literaturverzeichnis nach »a. a. O.« zu suchen, wenn der Literaturhinweis viele Seiten vorher angeführt war.

### Präludium

1  *FAZ*, 26. November 2004
2  *WK*, 15. November 2002
3  D. Hiller in *Wiesbaden extra*, Mitgliederzeitschrift des CDU-Kreisverbands Wiesbaden, 11/1997, S. 15
4  *WK*, 22. Januar 2001
5  *FAZ*, 14. Januar 2003
6  *FAZ*, 30. Dezember 2002

# Literaturangaben

7   *FAZ*, 17. März 2003
8   Jutta Ditfurth, *Das waren die Grünen. Abschied von einer Hoffnung*, Econ Taschenbuchverlag, 2000, S. 207
9   H. E. Müller, *Dtsch. med. Wschr.*, 113 (1988), S. 1537
10  »Homöopathie hat lediglich einen Placeboeffekt«, *Ärztl. Prax.*, 36/2005
11  H. E. Müller, *Dtsch. med. Wschr.*, 113 (1988), S. 907
12  Aijimg Shang et al., *Lancet*, 366 (2005), S. 726
13  Jan P. Vandenbroucke, *Lancet*, 366 (2005), S. 692
14  E. Davenas, F. Beauvais, J. Amara, M. Oberbaum, B. Robinzon, A. Miadonna, A. Tedeschi, B. Pomeranz, P. Fortner, P. Belon, J. Sainte-Laudy, B. Poitevin, J. Beneviste, *Nature*, vol. 333 (1988), S. 816
15  *Die Welt*, 8. August 2003
16  *wikipedia – Internetenzyklopädie*, Dezember 2005

## Kapitel 1  Volkspädagogen, Hexenwahn und Ökologismus

1   Roland Emmerich, *SZ*, Interview, 26. Mai 2004
2   *Damals*, 1/1974, S. 34
3   Golo Mann, August Nitschke (Hrsg.), *Weltgeschichte. Eine Universalgeschichte*, Bd. 5, S. 502 ff. und S. 532 ff.
4   Otto von Corvin, *Pfaffenspiegel*, Verlag Hubert Freistühler, Schwerte/Ruhr, S. 141
5   Golo Mann, August Nitschke, a. a. O., Summa Historica, S. 428 ff.
6   Otto von Corvin, a. a. O., S. 166
7   Siegfried Obermeier, *Die unheiligen Väter. Gottes Stellvertreter zwischen Machtgier und Frömmigkeit*, Scherz Verlag, Bern/München/Wien 1995, S. 216 ff.
8   *Damals*, 6/2002, S. 14
9   *Damals*, 5/1977, S. 459
10  Hans-Peter Schwarz, *Das Gesicht des Jahrhunderts. Monster, Retter, Mediokritäten*, Siedler Verlag, 1998, S. 614
11  Hans-Peter Schwarz, a. a. O., S. 606
12  Hans-Peter Schwarz, a. a. O., S. 612
13  *Spiegel*, 17/1988
14  Hans-Peter Schwarz, a. a. O., S. 618
15  James R. Huntley, *Das Atlantische Bündnis und die Umweltkrise*, NATO-Informationsabteilung, Brüssel 1971, S. 7
16  E. Gärtner, *CR*, 13/2002, S. 14
17  James R. Huntley, a. a. O., S. 9
18  James R. Huntley, a. a. O., S. 12
19  *VDI nachrichten*, 30. April 1999
20  *Nato-Brief*, 12/1969
21  *Nato-Brief*, 1/1970
22  *Nato-Brief*, 9/1969
23  *Nato-Brief*, 6/1969
24  *Nato-Brief*, 5/1970
25  James R. Huntley, a. a. O., S. 26
26  *BdW*, 2/1978, S. 106
27  Ernst von Aster, *Geschichte der Philosophie*, Alfred Kröner Verlag, Stuttgart 1949, S. 216

28 Hans Joachim Störig, *Kleine Weltgeschichte der Philosophie*, Knaur Taschenbuch, 1963, S. 405 ff.
29 Ernst von Aster, a. a. O., S. 136
30 B. Emil König, *Geschichte der Hexenprozesse*, Bechtermünz Verlag, Eltville am Rhein 1989, S. 42
31 Kurt Baschwitz, *Hexen und Hexenprozesse*, dtv, 1966, S. 348
32 James R. Huntley, a. a. O., S. 33
33 *BdW*, 11/1976, S. 130
34 *BdW*, 1/1975, S. 65
35 Kurt Baschwitz, a. a. O., S. 132 ff.
36 Alfred Zänker, *Die vielen Gesichter der Dummheit*, MUT-Verlag, Asendorf 2001, S. 86
37 Mannheimer Morgen, 29. April 1987, zitiert nach Heinrich Eilingsfeld, *Der sanfte Wahn*, Südwestdeutsche Verlagsanstalt, Mannheim 1989, S. 98
38 Hans Erich Stier, *Deutsche Geschichte im Rahmen der Weltgeschichte*, Deutsche Buchgemeinschaft, Berlin/Darmstadt/Wien 1958, S. 472
39 Kurt Baschwitz, a. a. O., S. 86
40 Rüdiger Glaser, *Klimageschichte Mitteleuropas. 1000 Jahre Wetter, Klima, Katastrophen*, Primus Verlag, 2001, S. 91
41 *FAZ*, 21. Dezember 1983
42 *FAS*, 22. August 2004
43 *PCN*, September 1999, S. 28
44 ARD/ZDF-Videotext, 07–99, S. 141
45 Karen Green, John Bigelow, *Philosophy*, Bd. 73, Heft 248 (1998)
46 *Umwelt*, a3-Verlag, 3–4/1996, S. 19
47 Heinz Hug, *Der tägliche Ökohorror – So werden wir manipuliert*, Verlag Wolfgang Brune, Leipzig, neu bearbeiteter Nachdruck der zweiten Auflage, Leipzig, VBL, 2004, S. 38
48 Dietrich Schwanitz, *Bildung. Alles, was man wissen muss*, Eichborn Lexikon, Eichborn, Frankfurt am Main 1999, S. 482
49 Heinz Hug, a. a. O., S. 207
50 Heinz Hug, a. a. O., S. 83
51 Heinrich Röck, *Eiswissen und Lernkurve*, Verlag Alois Erdl OHG, Trostberg 1998, S. 23
52 *Umwelt*, a3-Verlag, 10/1994, S. 97
53 Dirk Maxeiner und Michael Miersch, *Die Zukunft und ihre Feinde*, Eichborn AG, Frankfurt am Main 2002, S. 211
54 *Damals*, 11/1992, S. 2
55 *FAS*, 11. Mai 2003
56 *NZ*, 4. Februar 2002
57 *NZ*, 26. Januar 2001
58 St. Schneider et al., »Neglecting the Complexities« in *Scientific American*, 1/2002, S. 61–72
59 Bookreview von Stuart Pimm und Jeff Harvey in *Nature*, vol. 414 (2001), S. 149
60 Pressemitteilung, Dänisches Institut für Umweltforschung, 17. Dezember 2003
61 B. Emil König, *Geschichte der Hexenprozesse*, Bechtermünz Verlag, Eltville am Rhein 1989, S. 427 ff.
62 Kurt Baschwitz, a. a. O., S. 126

63  H. L. Byrden, H. R. Lonworth, S. A. Cubbungham, *Nature*, vol. 438 (2005), S. 655
64  Leo Sievers, *Juden in Deutschland*, Gruner + Jahr, Hamburg 1977, S. 54
65  *Die Zeit*, 19. Dezember 2004
66  Referat Dr. Günter Keil, AgPU-Klausurtagung 25./26. August 2005, Kloster Maurach/Birnau (Bodensee)

**Kapital 2  Panikkapellmeister, Dom-Pérignon-Society und Ökoschunkelgruppen**

1  *Nato-Brief*, 5/1971
2  Margaret Mead in *The Atmosphere: Endangered and Endangering*, The National Institute of Environmental Health Sciences, 1975, DHEW Publication (NIH) 77-1065, pp. XIX
3  James R. Huntley, *Das Atlantische Bündnis und die Umweltkrise*, NATO-Informationsabteilung, 110 Brüssel 1971
4  *BdW*, 5/1978, S. 138
5  Staatssekretär Dr. Günter Hartkopf, Umweltverantwortung – eine organisatorische Herausforderung, Redeprotokoll Bad Kissingen, 8. Januar 1986
6  Franz Alt in *BdW*, 4/1976, S. 94
7  *FAZ*, 10. Juni 2002
8  *FOCUS*, 40/1996
9  M. Dietrich Kley, Aktuelle Perspektiven der industriellen Energie und Kraftwirtschaft 1992, Redeprotokoll VIK-Tagung Essen, 30. Oktober 1992
10  Leonard C. Lewin, *Verdammter Friede*, Scherz-Verlag, Bern/München/Wien 1968, S. 107
11  Leonard C. Lewin, a. a. O., S. 102
12  Leonard C. Lewin, a. a. O., S. 106
13  Leonard C. Lewin, a. a. O., S. 105
14  Leonard C. Lewin, a. a. O., S. 103
15  Alexander King, Bertrand Schneider, *The First Global Revolution*, Pantheon books, New York, S. 115
16  *Nato-Brief*, 12/1970
17  *Nato-Brief*, 2/1970
18  James R. Huntley, a. a. O., S. 37
19  *FAZ*, 11. September 2001
20  *WWF-Journal*, 3/1996, S. 44
21  *FAZ*, 13. Dezember 2004
22  Dirk Maxeiner, Michael Miersch, *Die Zukunft und ihre Feinde*, Eichborn AG, Frankfurt am Main 2002, S. 143
23  *BdW*, 3/1977, S. 62
24  *Die Welt*, 21. Juli 2004
25  Heinz Hug, *Der tägliche Ökohorror – So werden wir manipuliert*, Verlag Wolfgang Brune, Leipzig, neu bearbeiteter Nachdruck der zweiten Auflage, Leipzig, VBL, 2004, S. 78
26  *Wirtschaftwoche*, 47/2002
27  Burkhard Müller-Ullrich, *Medienmärchen*, Blessing Verlag, München 1996, S. 27

28 Heinz Hug, a. a. O., S. 211
29 Ivar A. Aune, Nikolaus Graf Prachma, *Greenpeace: Umweltschutz ohne Gewähr*, J. Neumann-Neudamm Verwaltungsgesellschaft Edition Aktuell mbH (i. G.), Melsungen 1996, S. 93 ff.
30 *Spiegel*, 38/1991
31 *NOVO*, Nr. 42, 11–12/1999
32 *WK*, 24. September 1997
33 *Die Ereignisse um Brent Spar*, Deutsche Shell AG (Hrsg.), Hamburg 1995, S. 266
34 *CLB* 50 (1999), Heft 12, S. 448
35 Heinz Hug, a. a. O., S. 217
36 *FAZ*, 17. Dezember 1997
37 *FAZ*, 3. September 1999
38 *FAZ*, 17. Dezember 1997
39 *FAZ*, 21. Februar 1997
40 Dirk Maxeiner, Michael Miersch in *Die Welt*, 26. Januar 2005
41 *NOVO*, Nr. 46, 5–6/2000
42 Heinz Hug, a. a. O., S. 138
43 *FAS*, 4. Juli 1999
44 *Die Welt*, 17. Juli1999
45 *WK*, 5. Dezember 1998
46 *WK*, 13. Januar 2004
47 *Die Welt*, 29. September 2004
48 Heinz Hug, a. a. O., S. 91
49 *FAZ*, 25. Februar 1998
50 *FAZ*, 16. Juni 1998
51 *FAZ*, 10. Januar 2003
52 *FAS*, 29. Dezember 1996
53 *FAZ*, 1. April 2003
54 Hans-Hermann Hoppe, *Demokratie – Der Gott, der keiner ist*, Manuscriptum Verlagsbuchhandlung Thomas Hoof KG, Waltrop und Leipzig 2003, S. 7
55 *FAZ*, 23. Juli 1997
56 *FAZ*, 29. August 1997
57 *FAZ*, 17. September 1997
58 *Hessische Wirtschaft*, 8/1994
59 *FAZ*, 14. Januar 2003
60 Aldous Huxley, *Schöne neue Welt*, Fischer Bücherei, 1953, S. 14 ff.
61 *FAZ*, 9. September 2004
62 *FAZ*, 14. November 2001
63 *FAZ*, 26. Mai 2004
64 *FAZ*, 6. April 2001
65 *FOCUS*, 40/1997
66 M. Krachler, Antimon – ein globaler Schadstoff, *Nachr. a. d. Chem.*, 53 (2005), S. 883
67 *ADACmotorwelt*, 5/2005
68 *Med. Trib.*, 40/2005
69 Aldous Huxley, a. a. O., S. 18
70 Aldous Huxley, a. a. O., S. 41

## Kapitel 3  Das Waldsterbenselend

1 Nach Heinrich Röck, *Eiswissen und Lernkurve*, Verlag Alois Erdl OHG, Trostberg 1998, S. 71
2 *Spiegel*, 35/1981, 36/1981 und 37/1981
3 M. Krieter, K. Haberer, *Vom Wasser*, Bd. 64 (1985), S. 219
4 M. Krieter, Im Wald bald nur noch tote Baumskelette, *FAZ-Beilage* 8, 12. Januar 1985
5 *Römpp Lexikon Chemie*, CD-Version 2.0, a. a. O.
6 J. Rubin, *Ruhr-Universität Bochum, Naturwissenschaften*, 1/1998
7 Claus Bliefert, *Umweltchemie*, VCH-Wiley, Weinheim 1997, S. 149
8 *BdW*, 12/1982, S. 109
9 Björn Lomborg, *Apocalypse No?*, zu Klampen Verlag, Lüneburg 2002, S. 212
10 *Umwelt*, a3-Verlag, 10/1994, S. 97
11 O. Kandler, *Naturwiss. Rundsch.*, 47 (1994), S. 419
12 E. D. Schulze, O. L. Lange, *ChiuZ*, 24 (1990), S. 117
13 J. P. Vité, W. Francke, *ChiuZ*, 19 (1985), S. 11
14 H. Mohr, *Spektr. d. Wiss.*, 1/1994, S. 48
15 L. O. Hedin, G. E. Likens, *Spektr. d. Wiss.*, 4/1997, S. 52
16 T. E. Graedel, Paul J. Crutzen, *Chemie der Atmosphäre*, Spektrum Akademischer Verlag, Heidelberg/Berlin/Oxford 1993, S. 160
17 *CLB*, 50 (1999), Heft 12, S. 475
18 J. Winkler et al., *J. Atmosph. Chem.*, 42 (2002), S. 465
19 Th. Hofner, D. Klockow, *ChiuZ*, 32 (1998), S. 182
20 *Angew. Chem.*, 111 (1999), S. 1742
21 Heinz Hug, *Der tägliche Ökohorror – So werden wir manipuliert*, Verlag Wolfgang Brune, Leipzig, neu bearbeiteter Nachdruck der zweiten Auflage, Leipzig, VBL, 2004, S. 272
22 *CLB*, 49 (1998), Heft 2, S. 65
23 Aaron Wildavsky, *But is it true?*, Cambridge/Massachusetts/London, 1996, S. 290 ff.
24 *VDI nachrichten*, 31. Januar 2003
25 *FAZ*, 29. Januar 2002
26 Rudi Holzberger, *Das sogenannte Waldsterben*, Verlag Wilfried Eppe, Bergatreute 1995, S. 252
27 Heinrich Röck, *Eiswissen und Lernkurve*, Verlag Alois Erdl OHG, Trostberg 1998, S. 73
28 *FAZ*, 18. Dezember 2001
29 Heinz Hug, a. a. O., S. 318
30 *WamS*, 7. November 2004
31 Udo Ulfkotte, *So lügen Journalisten*, Bertelsmann Verlag, München 2001, S. 110
32 *Die Zeit*, 9. Januar 2004
33 *Referat Dr. Günter Keil*, AgPU-Klausurtagung 25./26. August 2005, Kloster Maurach/Birnau (Bodensee)

## Kapitel 4  Die DDT-Paniktrompeter

1 Stefan Böschen, *Risikogenese,* Leske + Budrich Verlag, Opladen, 2000, S. 105 ff.
2 D. A. Ratcliffe, *Nature,* vol. 215 (1967), S. 208
3 Fr. Graham jun., *Seit dem stummen Frühling,* Biederstein, München 1971, S. 125 ff.
4 Fr. Graham jun., a. a. O., S. 59
5 J. Gordon Edwards, *21st Century Sience & Technology,* 2/1992, S. 41
6 *Römpp Lexikon Chemie,* CD-Version 2.0, a. a. O.
7 Frederick Coulston, *Regulatory Toxicology and Pharmacology,* 5 (1985), S. 329
8 Aaron Wildavsky, *But is it true?,* Cambridge/Massachusetts/London 1996, S. 56
9 Fred H. Tschirley, *Spektr. d. Wiss.,* 4/1986, S. 38
10 Aaron Wildavsky, a. a. O., S. 69
11 R. G. Heath, *Nature,* vol. 224 (1969), S. 47
12 Fr. Graham jun., a. a. O., S. 115
13 Bruno Streit, *Lexikon Ökotoxikolgie,* VCH-Wiley, 2. Auflage, Weinheim 1994, S. 230
14 Aaron Wildavsky, a. a. O., S. 70
15 Frederick Coulston, a. a. O., S. 352 ff.
16 R. Tarjan, T. Kemeni, *Food and Cosmetics Toxicology,* 7 (Mai 1969), S. 215
17 Aaron Wildavsky, a. a. O., S. 17
18 M. F. Ortelee, *AMA Arch. Ind. Health,* 18 (1958), S. 440
19 H. Greim, W. Hillesheim, H. Sterzl-Eckert, *Biologische Bedeutung synthetischer und natürlicher endokrinologisch wirksamer Stoffe – Auswirkung auf die menschliche Gesundheit,* Sachstandsbericht Bundesumweltamt 1997
20 D. Law et al., *Arch. Environm. Health,* 15 (Dezember 1967), S. 774
21 *Qualitätssicherung in der Umweltmedizin,* Hrsg.: Berliner Ärztekammer und Kassenärztliche Vereinigung, Berlin 1997
22 Aaron Wildavsky, a. a. O., S. 61
23 WHO 1993 (nach Herbert Obenland, ARGUK-Umweltlabor, Oberursel 1999)
24 Wolfgang Forth, Dietrich Henschler, Walter Rummel, Klaus Starke, *Allgemeine und spezielle Pharmakologie und Toxikologie,* 6., völlig neu bearbeitete Auflage, BI Wissenschaftsverlag, Mannheim/Leipzig/Wien/Zürich 1992, S. 786
25 Walter Braun, Axel Dönhardt, *Vergiftungsregister, Haushalts- und Laborchemikalien, Arzneimittel – Symptomatologie und Therapie,* 3., überarbeitete und erweiterte Auflage, Georg Thieme Verlag, Stuttgart/New York 1982, S. 128
26 Aaron Wildavsky, a. a. O., S. 77
27 S. a. Frederick Coulston, a. a. O., S. 330
28 Aaron Wildavsky, a. a. O., S. 78
29 Frederick Coulston, a. a. O., S. 333
30 William D. Ruckelshaus, *Consolidated DDT Hearings: Opinion and Order of the Administrator,* Federal Register 37 (July 7th, 1972)
31 Dixie Lee Ray, Lou Guzzo, *Environmental Overkill. Whatever Happened to Common Sense?,* Regenery Publishing, Inc., 1993, S. 165

32 http://www.epa.gov/history/admin/agency/ruckelshaus.htm
33 Christian Simon, *DDT – Kulturgeschichte einer chemischen Verbindung*, Christoph Merian Verlag, 1999, S. 101 und S. 165
34 *Chemie mit Chlor*, Bayer AG Konzernzentrale Öffentlichkeitsarbeit, Leverkusen 1995, S. 50 ff.
35 http://w3.whosea.org/en/Section10/Section21/Section340_4026.htm
36 *New York Times*, 8. Januar 2005

**Kapitel 5  Im Sozialismus ist noch ein Ökohimmelbettchen frei**

1 Dirk Maxeiner, Michael Miersch, *Die Zukunft und ihre Feinde*, Eichborn AG, Frankfurt am Main 2002, S. 142
2 *FAZ*, 29. November 2004
3 *FAZ*, 23. August 2004
4 *Reformierte Nachrichten*, 18. Juni 1999
5 Maurice Strong, Interview mit Jim Johnston, *British Columbia Report* vom 18. Mai 1992, vol. 3, Nr. 37, S. 22
6 Dixie Lee Ray, *Environmental Overkill*, Regency Publishing, INC., Washington D. C. 1993, S. 11
7 Ronald Bailey, »Who is Mairice Strong?«, *The New Republic*, 1. September 1997
8 Elaine Dewar, *Cloak of Green*, Larimar & Co., Toronto, Ontario, 1995, S. 254
9 Dyan Machan in *Forbes*, 12. Januar 1998
10 Mary Abdoo auf: www.bacapoa.org/poa/bacahistory.html (offizielle Webseite der Baca Ranch)
11 Dixie Lee Ray, a. a. O., S. 5
12 *Römpp Lexikon Chemie*, CD-Version 2.0, a. a. O.
13 *BdW*, 5/1979, S. 138
14 Dirk Maxeiner, Michael Miersch, a. a. O., S. 49
15 H. Elingsfeld, *MELLIAND TEXTILBERICHTE*, 3/1992, S. 211
16 Heinz Hug, *Der tägliche Ökohorror – So werden wir manipuliert*, Verlag Wolfgang Brune, Leipzig, neu bearbeiteter Nachdruck der zweiten Auflage, Leipzig, VBL, 2004, S. 53 ff.
17 Telefonische Auskunft, Öffentlichkeitsarbeit Sanofi-Aventis vom 15. Februar 2005
18 *FAZ*, 27. November 2004
19 *FAS*, 16. März 2003
20 Niklas Luhmann, *Die Gesellschaft der Gesellschaft*, Suhrkamp, Frankfurt 1998, S. 1092
21 *Time*, 28. Juli 2003, S. 40 ff.
22 Dirk Maxeiner/Michael Miersch, a. a. O., S. 47
23 Aaron Wildavsky, *But is it true?*, Cambridge/Massachusetts/London 1996, S. 429
24 Marshall I. Goldman in Manfred Glagow (Hrsg.): *Umweltgefährdung und Gesellschaftssystem*, R. Piper & Co. Verlag, München 1972, S. 90 ff.
25 Gerhard Kade in Manfred Glagow (Hrsg.): *Umweltgefährdung und Gesellschaftssystem*, R. Piper & Co. Verlag, München 1972, S. 140 ff.
26 BverWG 4. Senat AZ IV 54.56, Entscheidung vom 16. Juli 1965, Betr.: WG § 34 Abs. 2

27  Hans-Jürgen Quadbeck-Seeger (Hrsg.), *Chemie – Rekorde; Menschen, Märkte, Moleküle*, Wiley-VCH, Weinheim/New York/Chichester/Brisbane/Singapore/Toronto 1997, S. 258
28  http://www.antifa-duisburg.de/dummheit.htm
29  Gary E. Marchant, Kenneth L. Mossman, *Arbitrary and Capricious – The Precautionary Principle in the European Courts*, International Policy Press, London, S. 31 ff.

## Kapitel 6  Das Giftpandämonium

1  Heinz Hug, *Der tägliche Ökohorror – So werden wir manipuliert*, Verlag Wolfgang Brune, Leipzig, neu bearbeiteter Nachdruck der zweiten Auflage, Leipzig, VBL, 2004, S. 97
2  Heinz Hug, a. a. O., S. 99
3  *WK*, 18. Juli 1998
4  *FAZ*, 2. September 1998
5  *Höchster Kreisblatt*, 1. März 1999
6  *FAZ*, 20. November 1997
7  *FAZ*, 2. September 1998
8  *FAZ*, 7. April 1999
9  *FAZ*, 24. März 1998
10  *WK*, 29. Januar 1998
11  U. Heudorf, M. Peters, J. Angerer, *Umweltmed. Forsch. Prax.*, 4 (4) (1999), S. 202
12  *FR*, 19. Dezember 1997
13  Bundesarbeitsgemeinschaft Mehr Sicherheit für Kinder e. V., Bonn 1999
14  *FAZ*, 2. September 1998
15  *FR*, 6. Mai 1998
16  *Nature*, vol. 395 (1009), S. 338
17  E. Anastassiades, R. Wilson, J. S. Stewart, G. D. Perkin, *Br. Med. J.*, 287 (1983), S. 1181
18  *FAZ*, 26. November 2004
19  *ChiuZ*, 26 (1992), S. 8
20  *WK*, 30. November 2004
21  Wolfgang Forth, Dietrich Henschler, Walter Rummel, Klaus Starke, *Allgemeine und spezielle Pharmakologie und Toxikologie*, 6., völlig neu bearbeitete Auflage, BI Wissenschaftsverlag, Mannheim/Leipzig/Wien/Zürich 1992, S. 749
22  Bruno Streit, *Lexikon Ökotoxikolgie*, VCH-Wiley, 2. Auflage, Weinheim 1994
23  Karlheinz Lohs, Dieter Martinez, *Gift, Magie, Nutzen und Verderben*, Callwey, München 1986
24  Müfit Bahadir, *ChiuZ*, 25 (1991), S. 239
25  Hans-Jürgen Quadbeck-Seeger (Hrsg.), *Chemie Rekorde, Menschen, Märkte, Moleküle*, Wiley-VCH, Weinheim/New York/Chichester/Brisbane/Singapore/Toronto 1997, S. 143
26  Karlheinz Lohs, Dieter Martinez, a. a. O., S. 80
27  *Thüringer Landeszeitung*, 9. November 1996
28  Arbeitskreis Chemische Industrie und Katalyse (Hrsg.), *Gift, Macht und Geld*, Köln 1986, S. 88

# Literaturangaben

29  Wolfgang Dekant, Spiro Vamvakas, *Toxikologie für Chemiker und Biologen*, Spektrum Akademischer Verlag, Heidelberg/Berlin/Oxford 1994, S. 196
30  Hans-Jürgen Quadbeck-Seeger (Hrsg.), *Chemie Rekorde, Menschen, Märkte, Moleküle*, a. a. O.
31  Industrieverband Agara e. V., Frankfurt (Hrsg.), *Wirkstoffe im Pflanzenschutz und Schädlingsbekämpfungsmittel*, BLV Verlagsgesellschaft mbH, München/Wien/Zürich 1990
32  Claus Bliefert, *Umweltchemie*, VCH-Wiley, Weinheim 1997, S. 26
33  Bruce N. Ames, Louis Swirsky Gold, *Angew. Chem.*, 102 (1990), S. 1233
34  Walter Braun, Axel Dönhardt, *Vergiftungsregister, Haushalts- und Laborchemikalien, Arzneimittel – Symptomatologie und Therapie*, 3., überarbeitete und erweiterte Auflage, Georg Thieme Verlag, Stuttgart/New York 1982, S. 388
35  *FAZ*, 29. Januar 2003
36  Claus Bliefert, a. a. O., S. 61
37  Wolfgang Forth, Dietrich Henschler, Walter Rummel, Klaus Starke, a. a. O., S. 260
38  W. W. Kilgard et al., *Calif Agric*, 35 (1981), S. 6
39  C. D. Warren, *Chem. Eng. News*, 61 (1983), Nr. 24, S. 588
40  Wolfgang Dekant, Spiro Vamvakas, a. a. O., S. 33 ff.
41  S. a. Heinz Hug, a. a. O., S. 156 ff.
42  *Nachr. a. d. Chem.*, 49 (2001), S. 145
43  *WK*, 4. August 2002
44  *Nachr. Chem. Tech. Lab.*, 47 (1999), S. 295
45  *WK*, 3. Januar 1998
46  T. E. Graedel, Paul J. Crutzen, *Chemie der Atmosphäre*, Spektrum Akademischer Verlag, Heidelberg/Berlin/Oxford 1993, S. 417
47  S. a. *Qualitätssicherung in der Umweltmedizin*, Hrsg.: Berliner Ärztekammer und Kassenärztliche Vereinigung, Berlin 1997
48  *CLB*, 1/2000, S. 31
49  *FAZ*, 19. November 2004
50  Jürgen Thorwald, *Das Jahrhundert der Detektive*, Bd. 3, Droemer Knaur, 1972, S. 54 ff.
51  Jürgen Thorwald, a. a. O., Bd. 3, S. 20 ff.
52  Daniel C. Harris, *Lehrbuch der Quantitativen Analyse*, Vieweg/Braunschweig/Wiesbaden 1997, S. 766
53  Ursula Wintermeyer, *Die Wurzeln der Chromatographie, Historischer Abriss von den Anfängen bis zur Dünnschichtchromatographie*, GIT Verlag, Darmstadt 1989, S. 69 ff.
54  G. Damköhler, G. Theile, *Angew. Chem.*, 56 (1943), S. 4
55  W. Gerhard Pohl, *CHEMKON*, 5, 1/1998, S. 7
56  Fritz Prior, *CHEMKON*, 5, 1/1998, S. 9
57  *Nachr. Chem. Tech. Lab.*, 36 (1988), S. 985
58  Daniel C. Harris, a. a. O., S. 835
59  *CLB*, 50, 5/1999, S. 168
60  J. Rubin, *Ruhr-Universität Bochum, Naturwissenschaften*, 1/1998
61  *CLB*, 54, 2/2003, S. 54
62  *Nachr. a. d. Chem.*, 51 (2003), S. 93
63  Douglas A. Skoog, James J. Leary, *Instrumentelle Analytik, Grundlagen – Geräte – Anwendungen*, Springer-Verlag, Berlin/Heidelberg/New York 1996, S. 242

64  Douglas A. Skoog, James J. Leary, a. a. O., S. 265
65  Karl Cammann (Hrsg.), *Instrumentelle Analytische Chemie, Verfahren, Anwendungen und Qualitätssicherung*, Spektrum Akademischer Verlag GmbH, Heidelberg/Berlin 2001, S. 5–74 ff.
66  *BdW*, 6/1979, S. 64
67  *Nachr. Chem. Tech. Lab.*, 45 (1997), S. 1090
68  *WK*, 27. August 2002
69  R. Weber, *ChiuZ*, 17 (1983), S. 146
70  *Dt. Ärzteblatt*, 90 (1993), S. A1–708
71  Heinz Hug, a. a. O., S. 149
72  Industrieverband Agara e. V., Frankfurt (Hrsg.), *Wirkstoffe im Pflanzenschutz und Schädlingsbekämpfungsmittel*, a. a. O., S. 370
73  *FAZ*, 7. April 1999, S. N2
74  *PCN*, Januar 2002, S. 33
75  *PCN*, Dezember 2000, S. 28
76  *PCN*, November 2001, S. 38
77  *PCN*, Dezember 2000, S. 21
78  *PCN*, März 1999, S. 5
79  *FAZ*, 15. September 1999
80  *FAZ*, 13. September 1999
81  Peter Janich, Peter C. Thieme, Nikolaos Psarros (Hrsg.), *Chemische Grenzwerte – Eine Standortbestimmung von Chemikern, Juristen, Soziologen und Philosophen*, Wiley-VCH Verlag GmbH, Weinheim/New York/Chichester/Brisbane/Singapore/Toronto 1999, S. 67
82  *CLB*, 44 (1993), S. 87
83  S. Lit. 15, Kap. 5
84  Peter Janich, Peter C. Thieme, Nikolaos Psarros (Hrsg.), a. a. O., S. 33
85  *FAZ*, 29. November 2004
86  J. Marsh, *Edinburgh. New Philosophical Journal*, 21. Oktober 1836, S. 229

**Kapitel 7  Die Krebsposaune**

1  B. M. Rothschild et al., *Naturwissenschaften*, 90, 11/2003, S. 495
2  *BdW*, News, 22. Oktober 2003
3  Udo Ulfkotte, *So lügen Journalisten*, Bertelsmann Verlag, München 2001, S. 152
4  Walter Krämer, Gerald Mackenthun, *Die Panik-Macher*, Piper Verlag, München/Zürich 2001, S. 201
5  *BdW*, 5/1979, S. 138
6  Hanswerner Mackwitz, Babara Köszegi, *Zeitbombe Chemie – Strategien zur Entgiftung unserer Welt*, ORAC Verlag, Wien 1983, 2. Auflage, S. 242
7  »Insights Chemical Carcinogens and Cancer in Perspective«, *The Texas Institute for Advancement of Chemical Technology*, vol. 1 (no. 1), 1989, S. 1–28 (die Abbildung befindet sich auf Seite 3)
8  Nach R. Vogelsang, *MNU*, 6/1980, S. 328
9  Wolfgang Forth, Dietrich Henschler, Walter Rummel, Klaus Starke, *Allgemeine und spezielle Pharmakologie und Toxikologie*, 6., völlig neu bearbeitete Auflage, BI Wissenschaftsverlag, Mannheim/Leipzig/Wien/Zürich 1992, S. 754

Literaturangaben

10  *FUTURE*, Das Aventis-Magazin, 1/2003, S. 10 und S. 40
11  J. Knöpnadel, L. Altenhofen, G. Altenhofen, G. Brenner, *Der Internist*, 44 (2003), S. 268
12  A. Eickhoff, C. Maar, B. Birkner, J. F. Riemann, *Der Internist*, 44 (2003), S. 278
13  H.-O. Adami, D. Trichopoulos, *N. Engl. J. Med.*, 348; 17 (2003), S. 1623
14  *FAZ*, 11. November 1998, S. N2
15  *Bundestagsdrucksache*, 12/4817 vom 28. April 1993
16  M. Krautter, A. Schlumberger, *Pestizide – vom Acker frisch auf den Tisch*, Greenpeace Deutschland vom 25. September 2003
17  *FAZ*, 4. April 2003
18  *FAZ*, 24. April 2003
19  *PhiuZ*, 14 (1985), S. 1
20  *Ökotest*, 1. November 1999
21  BgVV, *Lebensmittelmonitoring 1995*
22  *Römpp Lexikon Chemie*, CD-Version 2.0, a. a. O.
23  *NEW ZEALAND Agrichemical Manual*, P. O. Box 11 092 Wellington, APISTAN, Insectizide, New Product
24  *FUTURE*, a. a. O., S. 25
25  *N. Engl. J. Med.*, 347 (2002), S. 1645
26  S. a. *Spiegel*, 49/2002, S. 208
27  *FAZ*, 4. November 1998
28  *CLB*, 49 (1998), Heft 3, S. 109
29  *WK*, 14. Dezember 2004
30  Otfried Strubelt, *Gifte in unserer Umwelt, Toxische Gefahren von Arsen bis Zyankali*, DVA, Stuttgart 1989, S. 100
31  *BdW*, Aktuelle Wissenschaft, 8/1979, S. 2
32  *Deutsche Forschungsgemeinschaft, MAK- und BAT-Werte-Liste 2002*, Wiley-VCH, Weinheim 2002, S. 122
33  *BdW*, 12/1981, S. 111
34  A. Nahrstedt, *PhiuZ*, 6 (1977), S. 150
35  *Qualitätssicherung in der Umweltmedizin*, Hrsg.: Berliner Ärztekammer und Kassenärztliche Vereinigung, Berlin 1997, a. a. O.
36  *Medical Tribune*, 11. Juni 1997
37  *NZ*, 25. Oktober 2004
38  Klaus Naumann, *ChiuZ*, 27 (1993), S. 33
39  Bruce N. Ames, Louis Swirsky Gold, *Angew. Chem.*, 102 (1990), S. 1233, a. a. O.
40  Dixie Lee Ray with Lou Guzzo, *Environmental Overkill, Whatever Happened to Common Sense?*, Regnery Publishing, Inc., 1993, a. a. O., S. 161
41  H. R. Glatt, R. Kahl, R. J. Laib, *BdW*, 12/1981, S. 112
42  C. J. Estler (Hrsg.), *Pharmakologie und Toxikologie*, 5., überarbeitete und erweiterte Auflage, Schattauer Verlag, Stuttgart/New York 2000, S. 806
43  B. N. Ames, *Free Radical. Res. Commu.*, 14 (1989), S. 121
44  C. G. Fraga et al., *Proc. Natl. Acad. Sci. USA*, 87 (1990), S. 4533
45  M. K. Shigenaga et al., *Proc. Natl. Acad. Sci. USA*, 86 (1989), S. 9697
46  Heinrich Eilingsfeld, *Der sanfte Wahn*, Südwestdeutsche Verlagsanstalt, Mannheim 1989, a. a. O., S. 176
47  *FUTURE*, a. a. O., S. 36

48  *FUTURE*, a. a. O., S. 29
49  *Science*, vol. 300 (2003), S. 949
50  Otfried Strubelt, a. a. O., S. 83 ff.
51  Wolfgang Forth, Dietrich Henschler, Walter Rummel, Klaus Starke, a. a. O., S. 717
52  Wolfgang Dekant, Spiro Vamvakas, *Toxikologie für Chemiker und Biologen*, Spektrum Akademischer Verlag, Heidelberg/Berlin/Oxford 1994, S. 370
53  Wolfgang Forth, Dietrich Henschler, Walter Rummel, Klaus Starke, a. a. O., S. 794
54  CHEMKON, 2, 3/1994, S. 158
55  Jutta Ditfurth, *Das waren die Grünen – Abschied von einer Hoffnung*, Econ Taschenbuchverlag, 2. Auflage, München 2000, S. 248 ff.

**Kapitel 8  Die Säulenheiligen der Ökoquisition**

1  M. Kremer, CHEMKON, 5, 3/1998, S. 165
2  P. Mocarelli, P. Brambilla, P. M. Gerthoux, D. G. Patterson jun., L. L. Needham, *Lancet*, 348 (1996), S. 409
3  W. J. Rogan, B. C. Gladen, Y.-L. Leon Guo, Ch.-CH.- Hsu, *Lancet*, 352, (1999), S. 206
4  *Nachr. Chem. Tech. Lab.*, 47 (1999), S. 313
5  H. Hug, *Nachr. Chem. Tech. Lab.*, 47 (1999), S. 694
6  D. Schrenk, *Nachr. Chem. Tech. Lab.*, 47 (1999), S. 694
7  Dirk Maxeiner, Michael Miersch, *Ökooptimismus*, Metropoliton Verlag, Düsseldorf 1997, S. 49
8  Hans-Peter Beck-Bornholt, Hans-Hermann Dubben, *Der Hund, der Eier legt – Erkennen von Fehlinformation durch Querdenken*, Rowolth Taschenbuchverlag GmbH, Reinbek bei Hamburg 1997, S. 37
9  http://cdl.niedersachsen.de/blob/images/C6555513_L20.pdf (die offizielle Regierungsseite mit dem hochinteressanten Dokument wurde aus nicht näher genannten Gründen wieder gelöscht). Information durch Ludwig Lindner, Marl.
10  Hans Rudolf Christen, Günter Baars, *Chemie*, Verlag Sauerländer, Aarau/Frankfurt am Main/Salzburg, Diesterweg Verlag, Frankfurt am Main, 1. Auflage, 1997, S. 166
11  Peter W. Atkins, *Physikalische Chemie*, VCH, Weinheim/New York/Basel/Cambridge/Tokio, 2. Auflage, 1996, S. 2
12  T. E. Graedel, Paul J. Crutzen, *Chemie der Atmosphäre*, Spektrum Akademischer Verlag, Heidelberg/Berlin/Oxford 1993, S. 335
13  Heinrich Röck, *Eiswissen und Lernkurve*, Verlag Alois Erdl OHG, Trostberg 1998, S. 16
14  Ulrich Cubasch, *Phys. Bl.*, 51 (1995), S. 269
15  T. E. Graedel, Paul J. Crutzen, a. a. O., S. 336
16  R. Brayson, *Environmental Conservation*, 20 (1993), S. 339
17  James R. Huntley, *Das Atlantische Bündnis und die Umweltkrise*, NATO-Informationsabteilung, 110 Brüssel 1971, S. 51
18  Kontroversen: Hat die Zukunftsforschung noch eine Zukunft?, *BdW*, 6/1976, S. 98
19  *Nachr. Chem. Tech. Lab.*, 51 (2003), S. 788

Literaturangaben

20 Dennis Meadows, Donella Meadows, Erich Zahn, Peter Milling, *Die Grenzen des Wachstums, Bericht des Club of Rome zur Lage der Menschheit*, dva, Stuttgart 1972, S. 15
21 Dennis Meadows, Donella Meadows, Erich Zahn, Peter Milling, a. a. O., S. 47
22 Dennis Meadows, Donella Meadows, Erich Zahn, Peter Milling, a. a. O., S. 61
23 *FAZ*, 28. Mai 1998
24 Kernenergie – Basiswissen, *Informationskreis Kernenergie*, Bonn 1999, S. 21
25 *FAZ*, 23. März 2003
26 *SZ*, 4. Oktober 1975
27 *Stern*, 22/1974
28 J. Oeppen, J. Vaupel, *Science*, 296 (2002), S. 1029
29 B. Schrader, *Nachr. Chem. Tech. Lab.*, 47 (1999), S. 1019
30 *BdW*, 5/1976, S. 70
31 Heinrich Röck, a. a. O., S. 12
32 *WK*, 15. Januar 2000
33 Kernenergie – Basiswissen, a. a. O., S. 98
34 Dennis Meadows, Donella Meadows, Erich Zahn, Peter Milling, a. a. O., S. 113
35 Elisabeth Ströker, *Einführung in die Wissenschaftstheorie*, 2. Auflage, Darmstadt 1977, S. 88 ff.
36 Karl Popper, *Logik der Forschung*, Tübingen 1976, S. 8 und S. 54
37 *Rundgespräche der Kommission für Ökologie, Klimawandel im 20. und 21. Jahrhundert: Welche Rolle spielen Kohlendioxid, Wasser und Treibhausgase wirklich?*, Verlag Dr. Friedrich Pfeil, München 2005, S. 125

**Kapitel 9 Ökopotpourri**

1 M. Angrick, D. Rewicki, *ChiuZ*, 14 (1980), S. 149
2 W. Grosch, *ChiuZ*, 24 (1990), S. 82
3 *Römpp Lexikon Chemie*, CD-Version 2.0, a. a. O.
4 Udo Pollmer in *E.U.L.E.N-Spiegel*, 4/2002
5 *CHEMKON*, 10, 1/2003, S. 51
6 *FAZ*, 26. April 2002
7 *FAZ*, 24. Dezember 2002, S. N1
8 *FAS*, 15. Dezember 2002
9 *WK*, 2. Dezember 2002
10 *FAZ*, 4. Dezember 2002
11 James R. Huntley, *Das Atlantische Bündnis und die Umweltkrise*, NATO-Informationsabteilung, 110 Brüssel 1971, S. 11
12 Björn Lomborg, *Apocalypse No!*, zu Klampen Verlag, Lüneburg 2002, S. 249
13 Dirk Maxeiner, Michael Miersch, *Lexikon der Ökoirrtümer, Überraschende Fakten zu Energie, Gentechnik, Gesundheit, Klima, Ozon, Wald und vielen anderen Umweltthemen*, Eichborn, Frankfurt am Main 1998, S. 277
14 *FAZ*, 12. September 2003

15  *FAZ*, 17. Juni 1999
16  Aaron Wildavsky, *But is it true?*, Cambridge/Massachusetts/London 1996, S. 186 ff.
17  W. E. Cook, *Brit.*, *J. Indust. Med.*, 11 (1927), S. 1024
18  J. E. Allemann, B. T. Mossmann, *Spektr. d. Wiss.*, 11/1997, S. 86
19  S. Lit. 70, Kap. 6
20  G. Asplund, A. Grimvall, C. Peterson, *The Science of the Total Environment*, 81/82 (1989), S. 239
21  R. D. Agostino jun., R. Wilson, *The Hazard Risk and Public Policy*, in K. R. Forster, D. E. Bernstein, P. Walter (Hrsg.):»Phantom Risk; Scientific Interference an the Law«, MIT Press, Cambridge/Massachusetts 1993
22  *Dt. Ärzteblatt*, 88 (1996), S. A-2402
23  *FAZ*, 13. März 2002 (»Blut und Boden – Paradigmenwechsel im Künast-Ministerium ersetzt Wissenschaft durch Okkultismus«)
24  *FAZ*, 20. März 2002 (kritischer Leserbrief des Göttinger Agrarökonomen Professor Schaefer-Kehnert zu Lit. 23)
25  *FAZ*, 16. Januar 2003
26  *FAZ*, 17. Januar 2003
27  http://www.verbraucherministerium.de/index-000AF232926C1DDCBC3D01A5C0A8E066.html
28  *FAZ*, 6. Februar 2003
29  *FAZ*, 24. Januar 2003
30  S. Bhakdi, J. R. E. Bohl, *Pharm. Ztg.*, 21. März 2002, S. 42
31  *FAZ*, 2. September 1999
32  *Spiegel*, 11/2000
33  European Commission, *Report on the Monitoring and Testing of Ruminants for the Presence of Transmissible Spongiform Encephalopathy* (TSE) in 2002, Juni 2003
34  A. Krüger, *Berliner Heilpraktiker Nachrichten*, 4/1994
35  *ChiuZ*, 31 (1997), S. 314
36  *Nachr. a. d. Chem.*, 49 (2001), S. 454
37  *CR*, 21/2003, S. 45
38  »Die BSE-Krise in Deutschland und Europa – Umdenken in Sachen Verbraucherschutz?«, *Aktualitätendienst*, Klett Verlag, 2001
39  *Nachr. a. d. Chem.*, 49 (2001), S. 158
40  *FAZ*, 2. Dezember 2000
41  *FAZ*, 30. November 2000
42  *PCN*, 4/2001, S. 4
43  *FAZ*, 12. Januar 2001
44  *FAZ*, 13. August 2001
45  *FAS*, 4. Januar 2004
46  *FAZ*, 8. Januar 2004
47  N. J. Andrews, H. J. T. Ward, S. N. Cousens, P. G. Smith, A. M. Molesworth, R. S. G. Knight, R. G. Will, *Lancet*, 361 (2003), S. 751
48  Deutsche Alzheimer Gesellschaft, *Die Alzheimer Krankheit – Das Wichtigste*, Mitteilung, 22. Dezember 2003
49  *FAZ*, 29. Januar 2001
50  http://www.vwd.de/vwd/news.htm?id=20867250&navi=home&sektion=branchen *(Vereinigte Wirtschaftsdienste GmbH, Information vom 1. Oktober 2003)*

Literaturangaben

51  FAZ, 20. Dezember 2001
52  FAZ, 6. Januar 1998
53  S. Lit. 34, Kap. 4 (die Fakten finden sich auf S. 17 der Literaturstelle)
54  ChiuZ, 27 (1993), S. 33
55  A. Rehorek, Inst. f. Anlagen- und Verfahrenstechnik, Fachhochschule
    Köln, Skript: Chemie für Rescue Engineering, S. 20
56  Hans-Jürgen Quadbeck-Seeger (Hrsg.), Chemie Rekorde, Menschen,
    Märkte, Moleküle, Wiley-VCH, Weinheim/New York/Chichester/
    Brisbane/Singapore/Toronto 1997, S. 162, a. a. O.
57  S. Lit. 38 in Kap. 7
58  FOCUS, 17/1996
59  Kölnische Rundschau, 17. April 1996
60  Deutscher Bundestag, 13. Wahlperiode, Drucksache 13/4729 vom
    23. Mai 1996
61  7 überraschende Wahrheiten zu PVC, Arbeitsgemeinschaft PVC und
    Umwelt e. V., 1995
62  WAZ, 25. April 1996
63  Ruhr Nachrichten, 25. April 1996
64  Nach DIN 53436
65  M. Engelmann, J. Skura, Gummi Fasern und Kunststoffe, 49 (1996),
    S. 554
66  Unabhängige Sachverständigenkommission beim Ministerpräsiden-
    ten des Landes Nordrhein-Westfalen zur Prüfung der Konsequenzen
    aus dem Brand auf dem Rhein-Ruhr-Flughafen Düsseldorf vom
    14. April 1997, S. 2–55
67  FAZ, 11. April 1997
68  Unabhängige Sachverständigenkommission beim Ministerpräsiden-
    ten des Landes Nordrhein-Westfalen, a. a. O., S. 2–27 ff.
69  E.-J. Spindler, Chem. Technik, 49, 4/1997, S. 193
70  Greenpeace Nachrichten, 2/1986, S. 14
71  Greenpeace Nachrichten, 2/1989, S. 18
72  ChiuZ, 20 (1986), S. 165
73  S. Lit. 4, Kap. 8
74  Fred H. Tschirley, Spektr. d. Wiss., 4/1986, S. 38
75  H. Thoma, Chemosphere, 17 (1988), S. 1369
76  Privatmitteilung, Dr. Heinrich Röck, ehemals Vorstand, SKW Trostberg
77  Dt. Ärzteblatt, 101 (2004), S. C 2777
78  Wolfgang Forth, Dietrich Henschler, Walter Rummel, Klaus Starke,
    Allgemeine und spezielle Pharmakologie und Toxikologie, 6., völlig
    neu bearbeitete Auflage, BI Wissenschaftsverlag, Mannheim/Leipzig/
    Wien/Zürich 1992, S. 794
79  Ärzte Ztg., 16. Dezember 2004
80  Heinz Hug, Der tägliche Ökohorror – So werden wir manipuliert, Ver-
    lag Wolfgang Brune, Leipzig, neu bearbeiteter Nachdruck der zweiten
    Auflage, Leipzig, VBL, 2004, S. 183 ff.
81  M. G. Ott, A. Zober, Occup. Environ. Med., 53 (1996), S. 606
82  WHO, IARC Monographs on the Evaluation of Carcinogenic Risk to
    Humans, Polychlorinated Dibenzo-para-dioxins and Polychlorinated
    Dibenzofurans, vol. 69, 4.–11. Februar 1997
83  W. Sandermann, Deutsche Apotheker-Zeitung, 124 (1984), S. 1268
84  W. Sandermann, Naturwiss. Rdsch., 37, 5/1984, S. 173

85  *Deutsches Ärzteblatt online*, 13. Dezember 2004
86  *FAZ*, 13. Dezember 2004
87  *Oberösterreichische Nachrichten*, 11. Dezember 2004
88  Otfried Strubelt, *Gifte in unserer Umwelt, Toxische Gefahren von Arsen bis Zyankali*, DVA, Stuttgart 1989, S. 175
89  Heinz Hug, a. a. O., S. 188
90  Heinz Hug, a. a. O., S. 239
91  Heinz Hug, a. a. O., S. 26
92  *taz*, 15. September 1994
93  H. Greim, W. Hillesheim, H. Sterzl-Eckert, *Biologische Bedeutung synthetischer und natürlicher endokrinologisch wirksamer Stoffe – Auswirkung auf die menschliche Gesundheit*, Sachstandsbericht Bundesumweltamt 1997
94  *Pesticides News*, Nr. 43, März 1999, S. 20–21
95  S. Lit. 42, Kap. 6
96  S. Lit. 44, Kap. 6
97  *Die Welt*, 5. Juli 1999
98  A. Cockburn, *Nature*, 399 (1999), S. 407
99  L. E. B. Kruuk et al., *Nature*, 399 (1999), S. 459
100  H. Greim, W. Hillesheim, H. Sterzl-Eckert, a. a. O.
101  N. E. Skakkebaek, R. M. Sharp, *Lancet*, 341, (1993), S. 1392
102  E. Gärtner, *BdW*, 2/1997, S. 60
103  S. F. Arnold, D. M. Klotz, P. H. Vornier, J. R. Guilett, J. A. McLachlan, *Science*, 272 (1996), S. 1489
104  K. W. Gaido et al., *CIIT Activities*, 17 (1997), S. 1
105  J. A. McLachlan, *Science*, 277 (1997), S. 459
106  Angaben der Universitätsfrauenklinik »Das Hormonlabor der Frauenklinik Heidelberg« vom 9. Januar 1994
107  Nach N. Scholz, »Arbeitskreis PVC-Fakten, Workshop vom 10. Dezember 2003«: *Weichmacher, Legislative und Marktentwicklung*
108  *VDI nachrichten*, 18. Juli 2003
109  Heike Trombach, Diplomarbeit, *Langfristige Trends in der Spermienproduktion von Bullen? Retrospektive Analyse einiger Spermienparameter zwischen 1972 und 1997*, Veterinärmedizinisches Institut der Universität München, Wintersemester 1999/2000
110  Strahlenschutzkommission, 75. Sitzung vom 20. Februar 1987
111  http://www.umweltinstitut.org/frames/all/m228.htm
112  *SZ*, 18. April 1996
113  James R. Huntley, a. a. O., S. 34
114  Bundesministerium für Umwelt, Naturschutz und Reaktorsicherheit, *Umweltpolitik – Agenda 21*, 1997, S. 22 ff. und 212 ff.
115  Heinz Hug, *Der tägliche Ökohorror – So werden wir manipuliert*, a. a. O., S. 196
116  *FAZ*, 24. Februar 2003
117  B. Müller-Ullrich, *Technische Mitteilungen*, 92 (1999), Heft 3, S. 116
118  *FAZ*, 18. Februar 2000
119  Stellungnahme der Wiesbadener Stadtkämmerei zur Mag.-Vorlage Nr. 95/70/023 vom 15. November 1995
120  Schreiben der Entsorgungsbetriebe der Landeshauptstadt Wiesbaden an die Hauseigentümer vom Januar 1998

# Literaturangaben

121 *FAZ*, 21. August 1997

122 Vorlage an die Betriebskommission der Landeshauptstadt Wiesbaden am 14. Dezember 1999, Vorlage-Nr. 29/99

123 Nach Kaltschmitt M., Reinhardt G. A. (Hrsg.) (1997), *Nachwachsende Energieträger: Grundlagen, Verfahren, ökologische Bilanzierung*. Vieweg Verlag, Braunschweig/Wiesbaden, beträgt der Dieselverbrauch eines Lkw-Zuges mit 20,5 Tonnen bei einem Massenauslastungsgrad von 100 Prozent Hin und null Prozent Rück 23,9 g/(t km). Da für den Hin- und Rückweg nach Misserode 446 Kilometer zu fahren waren, mussten 213 Kilogramm Dieselsprit dabei verbraucht werden. Rechnet man mit einem $CH_2$-Inkrement von 14 g/mol, dann resultieren 670 Kilogramm $CO_2$ für jede Fahrt im Dienste des nachhaltigen Umweltschutzes.

124 Vorlage an die Betriebskommission der Landeshauptstadt Wiesbaden am 27. September 2000, Vorlage-Nr. 30/2000

125 *Umwelt*, 1/1999, S. 30

126 E. Gärtner, »Materialeinsparung durch Intelligenzvergeudung« in *CR*, 11/2002, S. 16

127 Online-Nachrichtendienst, *medienbüro.sohn*, 53123 Bonn vom 12. November 2003, Gunnar Sohn: »Würzburger Verpackungsordnung schlachtet heilige Kühe«, Wettbewerb, »Grau in Gelb« und der große Wurf der Entsorgungswirtschaft

128 Information durch Dr. Rüdiger Baunemann, *Verband der Chemischen Industrie*, VCI, Karlstraße 21, 60329 Frankfurt am Main

129 *FAZ*, 30. Dezember 2003

130 *FAZ*, 25. Februar 2003, S. T1

131 *BdW*, 3/1976, S. 66

132 F. S. Rowland, M. Molina, *Nature*, vol. 249 (1974), S. 810

133 T. E. Graedel, Paul J. Crutzen, *Chemie der Atmosphäre*, Spektrum Akademischer Verlag, Heidelberg/Berlin/Oxford 1993, S. 150

134 F. Zabel, *ChiuZ*, 21 (1987), S. 141

135 *Römpp Lexikon Chemie*, CD-Version, a. a. O.

136 Paul J. Crutzen, Mein Leben mit $O_3$, NOx und YZOx-Verbindungen (Nobel-Vortrag), *Angew. Chem.*, 108 (1996), S. 1878

137 T. E. Graedel, Paul J. Crutzen, a. a. O., S. 409

138 T. E. Graedel, Paul J. Crutzen, a. a. O., S. 480

139 G. Cario, *Nature*, 3082, vol. 122 (1928), S. 810

140 S. Rosseland,, *Nature*, 3092, vol. 123 (1929), S. 207

141 R. Wood, *Nature*, 3104, vol. 123 (1929), S. 644

142 E. Tönsberg, F. W. P. Götz, *Die Naturwissenschaft*, 22/1935, S. 357

143 *Nachr. Chem. Tech. Lab.*, 45 (1997), S. 383

144 T. E. Graedel, Paul J. Crutzen, a. a. O., S. 410

145 Hans Rudolf Christen, Fritz Vögtle, *Grundlagen der organischen Chemie*, Otto Salle Verlag, Frankfurt am Main, Verlag Sauerländer, Aarau/Frankfurt am Main/Salzburg, 1. Auflage, 1989, S. 305

146 *FAZ*, 27. November 1999

147 *MNU*, 3/2000, S. 188

148 *FAZ*, 25. September 2002

149 *FAZ*, 31. März 1999

150 Fengsheng He, Shaoguang Wang, Lihui Liu, Shuyang Chen, Zuowen Zhang, Jinxiu Sun, *Arch Toxicol*, 1989, 63, S. 54–58

151 F. He, J. Sun, K. Han, Y. Wu, P. Yao, S. Wang, L. Liu, *Br. J. Indust. Med.*, 1988, 45, S. 548–551

Literaturangaben

152 *Health Effects of Permetrhrin-Impregnated Army Battle-Dress Uniforms*, Subcommittee to Review Permethrin Toxicity from Military Uniform, Committee on Toxicology, Board on Environmental Studies and Toxicology, Commission on Life Sciences, National Research Council, National Academic Press, Washington, D. C., 1994, S. 2
153 *BdW*, 1/1996, S. 62
154 *BdW*, 1/1996, S. 64
155 *Wortprotokoll Fachveröffentlichung Anhörung »Pyrethroide«* am 29. März 1995 im Bundesinstitut für gesundheitlichen Verbraucherschutz und Veterinärmedizin, Thielallee 88–92, 14195 Berlin, S. 74
156 *Wortprotokoll Fachveröffentlichung Anhörung »Pyrethroide«*, a. a. O., S. 75
157 http://www.heartland.org/Article.cfm?artId=15434
158 *Umweltmed. Forsch. Prax.*, 7 (5), S. 288 (2002)
159 H. W. Bennets, E. J. Underwood, F. L. Shier, *Aust. Vet. J.*, 22 (1946), S. 2
160 K. Kallela (1964), *The incident of plant oestrogens in Finnish pasture and fodder plants with special reference to their possible effects in cases of sterility in/of ruminants*, Thesis – College of Veterinary Medicine, Helsinki, S. 132
161 N. R. Adams, *Proc. Soc. Exp. Biol. Med.*, 208 (1), (1995), S. 87
162 N. R. Adams, *J. Anim. Sci.*, 73 (5) (1995), S. 1509
163 *REACH – Magazin für eine moderne Chemie*, Juli 2004, Hrsg.: Bundesministerium für Umwelt, Naturschutz und Reaktorsicherheit, S. 7

**Kapitel 10  Nachhaltigkeits-Fieberträume im Klimagas-Treibhaus**

1 http://www.unsystem.org/ (Stand Februar 2003)
2 James R. Huntley, *Das Atlantische Bündnis und die Umweltkrise*, NATO-Informationsabteilung, 110 Brüssel 1971, S. 11
3 R. A. Houghton, G. M. Woodwell, *Spektr. d. Wiss.*, 6/1989, S. 106
4 U. Riebesell, D. Wolf-Glandrow, *Spektr. d. Wiss.*, 7/1992, S. 28
5 *SZ-Magazin*, 23. Juni 2000, S. 23
6 *HEIDELBERG APPEAL to the Heads of States and Governments*, Michel Salomon, M. D., Paris, June 22nd 1992
7 IPCC, *Climate Change 2001*, Chap. 1.2.1, Natural Forcing of the Climate System
8 J. T. Kiehl, K. E. Trendberth, *Bull. Amer. Meteor. Soc.*, 78 (1997), S. 197
9 Gary E. Thomas and Knut Stamnes, *Radiative Transfer in the Atmosphere and Ocean*, Cambridge University Press, 1999, S. 128
10 R. A. Hanel, *J. Geophys. Res.*, 77 (1972), S. 2629
11 V. G. Kunde et al., *J. Geophys. Res.*, 79 (1974), S. 777
12 Privatmitteilung Professor Raschke, ehemals GKS, Forschungszentrum Geesthacht
13 N. D. Coggeshell, E. L. Sailer, *J. Chem. Phys.*, 15 (1947), S. 65
14 H. Hug, *CHEMKON*, 7, 1/2000, S. 6
15 H. Hug, *GIT Laborfachzeitschrift*, 5/2002, S. 548
16 Christian Schönwiese, *Klimaänderungen*, Springer-Verlag, Berlin/Heidelberg/New York 1995, S. 13
17 E. Raschke, R. Hollmann, *Strahlungsübertragung in der Atmosphäre:*

*Modellierung und Messung*, Preprint zum $CO_2$-Kolloquium der DECHEMA in Frankfurt/Main am 11. Oktober 2001

18  Heinz Hug, *Der tägliche Ökohorror – So werden wir manipuliert*, Verlag Wolfgang Brune, Leipzig, neu bearbeiteter Nachdruck der zweiten Auflage, Leipzig, VBL, 2004, S. 246

19  Schaut man beispielsweise in der deutschen Ausgabe des *Scientific American*, dem *Spektrum der Wissenschaft*, nach, so findet man zwischen 1982 (R. Revelle, *Weltklima: Wärmer und feuchter durch Kohlendioxid?*, Heft 10, S. 16) und 2000 (H. Herzog et al., *Die Entsorgung von Treibhausgasen*, Heft 5, S. 48) mehr als 55 größere Artikel, die sich alle mit der Klimaänderung durch anthropogene Einflüsse befassen. Obwohl in vielen dieser Aufsätze sehr ausführlich über komplexe Details berichtet wird, findet man keinen einzigen, in dem der atmosphärische Strahlungstransport und sein Zusammenhang mit dem Treibhauseffekt erläutert werden. Geschweige denn, in dem etwas über den spektroskopischen Sättigungscharakter des Phänomens berichtet wird. Dies ist zumindest bemerkenswert.

20  H. Flohn, *Nachr. Chem. Tech. Lab.*, 32 (1984), S. 305

21  J. Barrett, *Spectrochimica Acta*, Part A (1995), S. 415

22  Bernhard Schrader (Hrsg.), *Infrared and Raman Spectroscopy*, VCH, Weinheim/New York/Basel/Cambridge/Tokio 1995, S. 668

23  Helmut Günzler, H. Michael Heise, *IR-Spektroskopie. Eine Einführung*, VCH, Weinheim/New York/Basel/Cambridge/Tokio 1996, S. 58

24  H. Hug, *CR*, 4/1998, S. 9

25  IPCC, *Climate Change 2001*, Working Group I: The Scientific Basis, Chap. 6.3.5

26  T. E. Graedel, Paul J. Crutzen, *Chemie der Atmosphäre*, Spektrum Akademischer Verlag, Heidelberg/Berlin/Oxford 1993, S. 414

27  IPCC, *Climate Change 1994*, Radiative Forcing of Climate Change and Evaluation of the IPCC IS92 Emission Scenarios, Cambridge University Press, S. 174

28  Bernhard Schrader, a. a. O., S. 256 ff.

29  Helmut Günzler, H. Michael Heise, a. a. O., S. 18 ff.

30  *Wirtschaftswoche*, 16/1998, S. 16

31  *FOCUS*, 47/1997, S. 210

32  E. Raschke et al., *CR*, 19/1998, S. 9

33  H. Hug, *CR*, 4/1999, S. 17

34  H. Hug, *CR*, 5/1999, S. 10

35  H. Hinzpeter, *promet*, 15, Heft 2/3 (1985), S. 49

36  Dies schreibt der amerikanische Meteorologe Richard S. Lindzen in einem Artikel in der *FAZ* vom 27. Dezember 1989. Lindzen ist nicht irgendwer, sondern »Alfred P. Sloan Professor of Meteorology at the Massachusetts Institute of Technology«, dem MIT. Da der Forscher international anerkannt ist, stellt er für die Treibhausökoquisition mit seinen Einwendungen gegen die Klimakatastrophe ein besonderes Ärgernis dar. In einer Anhörung vor der Enquete-Kommission des deutschen Bundestags wurde er von einem der führenden deutschen Professoren als Idiot bezeichnet, der immer noch Zweifel habe.

37  IPCC, *Climate Change 2001*, Working Group I: The Scientific Basis. Contribution of Working Group I to the Third Assessment Report of the Intergovernmental Panal on Climate Change, Chap. 7.2.1.1

38  H. Flohn, *BdW*, 12/1978, S. 132
39  Sv. Arrhenius, *The Philosophical Magazine*, Series 5, vol. 41, no. 251, April 1896, nach TISGLOW, vol. 3, no. 1, 1992 (Nachdruck)
40  P. A. Cox, *The Elements on Earth*, Oxford University Press, 1986
41  C. C. Wallén, *Environment. Int.*, 2 (1979), S. 351
42  G. S. Callendar, *Q. J. R. met. Soc.*, 64 (1938), S. 223
43  G. S. Callendar, *Tellus*, 10 (1958), S. 243
44  *Spektr. d. Wiss.*, 6/1993, S. 522
45  Peter Dietze, offzieller Reviewer des dritten Berichts des IPCC in: *Mitwissen – Mittun*, 13/2003
46  Al Gore, *Wege zum Gleichgewicht*, Fischer Taschenbuch Verlag, 1995, S. 17
47  Hans H. J. Labohm, *Energy & Environment*, 1. Juli 2002, vol. 13, no. 3, pp. 341–352 (12)
48  Margret Thatcher, Speech opening Headley Center for Climate Prediction and Research, 1990 May 25th
49  Eine ausführliche Beschreibung findet sich auch bei Richard S. Courtney: *Global Warming: How it all began*, http://www.john-daly.com/history.htm
50  G. N. Plass, *J. opt. Soc. Americ.*, 42 (1952), S. 677
51  G. N. Plass, *J. Royal Meteorological Soc.*, 82 (1956), S. 310
52  *Nachr. a. d. Chem.*, 51 (2003), S. 786
53  D. K. Edwards, *J. Opt. Soc. Am.*, 50 (1960), S. 617
54  L. S. Rothman et al., The HITRAN database: 1986 edition, *Appl. Opt.*, 26 (1987), S. 4058
55  L. S. Rothman et al., The HITRAN molecular database: editions of 1991 and 1992, *J Quant. Spectrosc. Radiat. Transfer*, 48 (1992), S. 469
56  H. Hinzpeter, a. a. O., S. 1
57  G. N. Plass, Daniel J. Fivel, *J. Meteor.*, 12 (1955), S. 191
58  W. D. Sellers, *J. Appl. Meteor.*, 8 (1969), S. 392
59  S. Manabe, R. T. Wetherald, *J. Atmos. Sci.*, 32 (1975), S. 3
60  Aaron Wildavsky, *But is it true?*, Cambridge/Massachusetts/London 1996, S. 442
61  S. Schneider, S. Rasol, *Science*, 173 (1971), S. 138
62  *FAZ*, 25. Februar 1977
63  Udo Ulfkotte, *So lügen Journalisten*, Bertelsmann Verlag, München 2001, S. 116
64  Aaron Wildavsky, a. a. O., S. 342
65  Heinrich Röck, *Eiswissen und Lernkurve*, Verlag Alois Erdl OHG, Trostberg 1998, S. 16 ff.
66  Björn Lomborg, *Apocalypse No!*, zu Klampen Verlag, Lüneburg 2002, S. 310 ff.
67  IPCC 1997, *An Introduction to Simple Climate Modells used in the IPCC Second Assessment Report*, IPCC Technical Paper II
68  K. Hasselmann, *Phys. Bl.*, 55 (1999), S. 27
69  Ulrich Cubasch, *Phys. Bl.*, 51 (1995), S. 269
70  *Nachr. Chem. Tech. Lab.*, 47 (1999), S. 790
71  *FAS*, 11. Mai 2003
72  L. Bengtsson, E. Roeckner, M. Stendel, *J. Geophys. Res.*, 104 (1999), S. 3865–3876
73  J. Hansen et al., *J. Geophys. Res.*, 93 (1988), S. 9341

74 R. D. Cess et al., *Science*, 262 (1993), S. 1252
75 R. D. Cess, *J. Geophys. Res.*, 101 (1996), S. 12791
76 E. R. Lippincott et al., *Science*, 164 (1969), S. 1482
77 »Die Geschichte vom Polywasser«, M. Herberhold, *ChiuZ*, 5 (1971), S. 154
78 Professor Graßl in: *FOCUS*, 1/1997
79 J. M. Barnola, D. Raynaud, Y. S. Korotkevich, C. Lorius, *Nature*, 329 (1987), S. 408
80 H. Fischer et al., *Science*, 283 (1999), S. 1712
81 B. P. Flower, *Nature*, 399 (1999), S. 313
82 U. Berner, Hj. Streif, *Klimafakten*, Schweizerbart'sche Verlagsbuchhandlung, Stuttgart 2000, S. 172
83 *VDI nachrichten*, 19. Januar 2001
84 Z. Jaworowski, *21st Century*, 12 (1999–2000), S. 64
85 U. Berner, Hj. Streif, a. a. O., S. 82
86 U. Berner, Hj. Streif, a. a. O., S. 213
87 *BdW*, 12/1997, S. 42
88 *IPCC 2001, TAR*, Bd. 1, S. 134 und S. 248
89 J. T. Houghton, G. J. Jenkins, J. J. Ephraums (Hrsg.), *Climate Change. The IPCC Scientific Assessment*, 1990, Cambridge University Press, S. 202
90 M. Mann, *Geophys. Res. Let.*, 26 (1999), S. 759
91 Christian Schönwiese, a. a. O., S. 79 ff.
92 E. Raschke, *Fresenius J. Anal. Chem.*, 371 (2001), S. 791
93 E. Andren, T. Andren, G. Sohlenius, *Boreas*, 29 (2000), S. 233
94 A. Hiller, T. Boettger, C. Kremenetsi, *The Holocene*, 11 (2001), S. 491
95 G. Mikalsen, H. P. Sejrup, I. Aarseth, *The Holocene*, 11 (2001), S. 437
96 A. Nesje, S. O. Dahl, J. A. Matthews, M. S. Berrisford, *J. of Paleolimnology*, 25 (2001), S. 329
97 S. J. Brooks, H. J. B. Birks, *Quarter. Science Rev.*, 20 (2001), S. 1723
98 F. McDermott et al., *Quarter. Science Rev.*, 18 (1999), S. 1021
99 S. Niggeman et al., *Quarter. Science Rev.*, 21 (2003), S. 555
100 L. Bodri, V. Cermak, *Global and Planetarx Change*, 21 (1999), S. 225
101 M. L. Filippi et al., *J. of Paleolimnology*, 21 (1999), S. 19
102 W. Soon, S. Baliunas, *Climate Research*, 23 (2003), S. 89
103 St. McIntyre, R. McKitrick, *Energy & Environment*, 1. November 2003, vol. 14, no. 6, pp. 751–771 (21)
104 *The Wall Street Journal*, 31. Juli 2003
105 *FAZ*, 18. Juli 2001
106 R. A. Kerr, *Science*, 276 (1997), S. 1040
107 H. Hug, eigene Überschlagsrechnung der Enthalpie der Weltmeere bis zu einer Tiefe von zehn Metern unter der Annahme, dass nach der Hypothese (!) die Weltmeere (Fläche 361 Millionen Quadratkilometer) von minus 18 auf plus 15 Grad Celsius durch Treibhausgase erwärmt werden. Verwendet wurden die üblichen kalorischen Größen (spezifische Schmelzwärme, spezifische Wärmekapazität von Eis und Wasser beziehungsweise Meerwasser). Die Unterscheidung, ob man mit Meerwasser oder mit Süßwasser rechnet, ändert am Ergebnis relativ wenig.
108 E. G. Nisbeth, *Globale Umweltveränderungen*, Spektrum Akademischer Verlag, Heidelberg 1994, S. 36
109 Bernhard Schrader (Hrsg.), *Infrared and Raman Spectroscopy*, a. a. O., S. 141

Literaturangaben

110  J. Lean, *Geophys. Res. Let.*, 16 (2000), S. 2425
111  M. Fligge, S. K. Solanki, *Geophys. Res. Let.*, 14 (2000), S. 215
112  U. Berner, Hj. Streif, *Klimafakten*, a. a. O., S. 29
113  H. Svensmark, E. Friis-Christensen, *J. Atmos. Solar. Ter. Phys.*, 59 (1997), S. 1225
114  S. V. Veretenenko, M. I. Pudovic, *J. Geomagn. Aeronomy*, 4/2001, S. 1
115  Th. Landscheidt, 1st Solar & Space Weather Euroconference, *The Solar Cycle and Terrestrial Climate*, S. 135
116  Th. Landscheidt, a. a. O., S. 497
117  Th. Landscheidt, *J. Coast. Res. Spec. Iss.*, S. 371–382
118  Th. Landscheidt, *Energy & Environment*, 1. Mai 2003, vol. 14, no. 2–3, pp. 327–350 (24)
119  N. J. Shaviv, J. Veizer, *GSA Today*, vol. 13, no. 7 (2003), S. 4–10
120  *Die Zeit*, 10. Juli 2003
121  *VDI nachrichten*, 25. Juli 2003
122  *VDI nachrichten*, 19. Januar 2001
123  Informationsdienst Wissenschaft vom 24. Oktober 2003, Potsdaminstitut für Klimafolgenforschung
124  Ruhr-Universität Bochum, Presseinfo 334 vom 31. Oktober 2003
125  Sv. Björck, *Geology*, Dezember 2001, vol. 29, no. 12, p. 1107 (»High-resolution analyses of an early Holocene climate event may imply decreased solar forcing as an important climate trigger«)
126  I. G. Usoskin, S. K. Solanki, M. Schüssler, K. Mursula, K. Alanako, *Phys., Rev. Let.*, 91 (2003), S. 211101-1
127  *FAZ*, 29. Oktober 2003, S. N1
128  *WamS*, 4. Januar 2004
129  M. Lockwood, R. Stamper, M. N. Wild, *Nature*, 399 (1999), S. 437
130  U. Berner, Hj. Streif, a. a. O., S. 20
131  S. Solanki, M. Schüssler, M. Fligge, *Nature*, 408 (2000), S. 445
132  P. Reimers, *Nature*, 433 (2005), S. 403
133  *Geo*, 10/2004, S. 193
134  D. A. Stainfoth et al., *Nature*, 433 (2005), S. 403
135  Vortragstagung vom 15. Mai 2004, Friedrich-Naumann-Stiftung und Rudolf-von-Benningsen-Stiftung, Göttingen
136  Frederick Seitz, *The Wall Street Journal*, 12. Juni 1996
137  *FAS*, 1. Dezember 2002
138  St. J. DeCanio, R. B. Howard, A. H. Sansted, St. H. Schneider, St. L. Thomson, *New Directions in the Economics and Integrated Assessment of Global Climate Change*, Pew Center, Oktober 2000
139  *FAZ*, 17. September 2003, S. N1
140  *Spiegel*, 41/2004
141  Schönwiese, *Klimaänderungen*, a. a. O., S. 135
142  K. Ya. Kondratjew und N. I. Moskalenko in J. T. Houghton (Hrsg.), *The Global Climate*, Cambridge University Press, 1984, S. 226
143  K. Ya. Kondratjew und N. I. Moskalenko, *Thermal Emission of Planets*, Leningrad, Gidrometeozidat, 1977 (in Russisch), S. 263
144  Nach R. Löw, *ChiuZ*, 13 (1979), S. 82
145  Thomas S. Kuhn, *Die Entstehung des Neuen*, Suhrkamp-Taschenbuch Wissenschaft, Frankfurt 1978, S. 421
146  S. Fred Singer in Michael Gough (Hrsg.), *Politicizing Science – The*

*Alchemy of Policymaking*, Hoover Institution Press, Stanford University, Stanford, California, 2003, S. 283

147   S. F. Singer, C. Starr, R. Revelle, *Cosmos*, 1 (1991), S. 28

148   S. Lit. 52, Kap. 1

149   M. Linz (Koordination) u. a., *Von nichts zu viel – Suffizienz gehört zur Zukunftsfähigkeit*, Wuppertal Papers, Nr. 125, Dezember 2002, S. 39

150   M. Linz (Koordination) u. a., a. a. O., S. 63

151   Heinz Hug, a. a. O., S. 125

152   *BdW*, 2/1980, S. 40 (Cesare Marchetti fragt: »Wie viel Öl kostet unser täglich Brot?« Eine wahrhaftig interessante Frage, denn die Ökoquisition geht davon aus, dass die Deckung der schieren menschlichen Grundbedürfnisse, wie Essen, Trinken, Einkleiden usw., ökoneutral ist.)

153   Dritte Welt Haus Bielefeld, BUND, Misereor (Hrsg.), *Entwicklungsland Deutschland – ein Schaubilderbuch*, Peter Hammer Verlage, Wuppertal 1997, S. 170

154   Bundesministerium für Umwelt, Naturschutz und Reaktorsicherheit, *Umweltpolitik – Agenda 21*, 1997, S. 47

155   *FAZ*, 20. Oktober 1998

156   Umweltbundesamt, *Nachhaltiges Deutschland*, 2., durchgesehene Auflage, Erich Schmidt Verlag, 1997, S. 243

157   Umweltbundesamt, *Nachhaltiges Deutschland*, a. a. O., S. 245

158   Umweltbundesamt, *Nachhaltiges Deutschland*, a. a. O., S. 169

159   Umweltbundesamt, *Nachhaltiges Deutschland*, a. a. O., S. 167

160   Umweltbundesamt, *Nachhaltiges Deutschland*, a. a. O., S. 171

161   Herbert Gruhl, *Ein Planet wird geplündert*, S. Fischer Verlag, Frankfurt/Main 1975, S. 307

162   Joschka Fischer, *Der Umbau der Industriegesellschaft*, Eichborn, Frankfurt am Main 1989, S. 108

163   *FAS*, 13. Juli 2003

164   Claus Bliefert, *Umweltchemie*, VCH-Wiley, Weinheim 1997, S. 146

165   Josef Goebbels zitiert nach: H. Huber, A. Müller (Hrsg.), *Das Dritte Reich, seine Geschichte in Bildern und Dokumenten*, Verlag Kurt Desch, München/Wien/Basel 1969, Band 1, S. 117

166   Michael Müller, Peter Hennicke, *Wohlstand durch Vermeiden*, Wissenschaftliche Buchgesellschaft, Darmstadt 1994, S. 129

167   Programmentwurf der PDS vom 7. Mai 2001

168   *Criticon*, 176, Winter 2002/03, S. 12

169   *FR*, 17. Juni 1997

170   *FAZ*, 10. September 1998

171   Beschluss C83 des CDU-Parteitages, Karlsruhe 1995

172   *FAZ*, 7. April 1998, S. 1

173   *FAZ*, 7. April 1998, S. 3

174   Vorlesungsskript, Professor Bösnecker, FH München, Energie und Umwelt, Teil 2, Sommersemester 2002

175   Vortrag Professor Alt, RWE Rhein-Ruhr AG, *Energiewirtschaftliche Bedeutung der Windenergie im liberalisierten Strommarkt*, vom 2. Oktober 2003

176   *VDI nachrichten*, 1. September 1999

177   Ferdinand Cap, *Energieversorgung – Probleme und Ressourcen*, B. G. Teubner Verlag, Stuttgart 1981, S. 57

178 *FAZ*, 19. Dezember 1998
179 Bundesministerium für Umwelt, Naturschutz und Reaktorsicherheit (Hrsg.), *Umweltpolitik – Erneuerbare Energien in Zahlen* – Stand: März 2003, Berlin 2003, S. 9
180 Alfred Voß, *Erneuerbare Energien und nachhaltige Energieversorgung*, DECHEMA-Vortrag vom 14. November 2002 in Frankfurt
181 *FAZ*, 25. März 2003, S. T1
182 *FAZ*, 3. Februar 2003
183 Bundesministerium für Umwelt, Naturschutz und Reaktorsicherheit (Hrsg.), *Umweltpolitik – Erneuerbare Energien in Zahlen*, a. a. O., S. 15
184 *Spiegel*, 4/2005
185 *Die Woche*, 16. März 2001
186 *FAZ*, 27. November 2001
187 *t-online*, Themen vom 3. Juni 2004
188 MdB Marco Bülow, Pressemitteilung vom 12. August 2003
189 T. Wigley, *Geophys. Res. Let.*, 25 (1998), S. 2285
190 J. L. Johnston, *Regulation*, vol. 21, no. 4, p. 19, 1998
191 *The Moscow Times.com* vom 1. Oktober 2003, S. 3
192 Presseerklärung der russischen Regierung, Wirtschaftsberater N. Illarionov vom 3. Oktober 2003
193 *Memphis Commercial Appeal*, 5. August 1990
194 *FAZ*, 23. Oktober 2004

**Kapitel 11 Die kritischen netten jungen Leutchen**

1 *FAZ*, 6. Februar 2001
2 *Spiegel*, 15/1988
3 *Spiegel*, 17/1988
4 Stéphan Courtois, Nicolas Werth, Jean-Louis Panné, Andrzej Paczkowski, Karel Bartosek, Jean-Louis Margolin, *Das Schwarzbuch des Kommunismus – Unterdrückung, Verbrechen, Terror*, Piper, München/Zürich 1998, S. 636
5 Leserbrief des Augsburger Historikers Prof. Dr. Josef Becker in der *FAZ* vom 11. Juli 1997
6 Stéphan Courtois u. a., a. a. O., S. 16
7 *Spiegel*, 18/1988
8 Sophie Dannenberg, *Das bleiche Herz der Revolution*, DVA, München 2004, S. 169
9 Sophie Dannenberg, a. a. O., S. 144
10 Sophie Dannenberg, a. a. O., S. 152
11 Klaus Rainer Röhl, *Linke Lebenslügen: Eine überfällige Abrechnung*, Ullstein Report, 1994, S. 36
12 Daniel Cohn-Bendit, *Der große Basar*, 1. Auflage, deutsche Ausgabe, Trikont Verlag, München 1975, S. 139 ff.
13 *Berliner Tageszeitung*, 31. Januar 2001
14 *FAZ*, 13. Januar 2005
15 *FAZ*, 31. März 1998
16 Henryl A. Broder, *Volk im Wahn*, Spiegel-Buchverlag, Hamburg 1997, S. 31
17 Klaus Rainer Röhl, *Fünf Finger sind keine Faust*, Universitas Verlag in F. A. Herbig Verlagsbuchhandlung GmbH, München 1998, S. 334 ff.

18  *Spiegel*, 21/1988
19  Joachim Fernau, *Deutschland, Deutschland über alles*, Herbig, München/Wien 1975, S. 31
20  Niklas Luhmann, *Die Gesellschaft der Gesellschaft*, Suhrkamp, Frankfurt/Main 1997, S. 857
21  Patrick J. Buchanan, *Der Tod des Westens*, S. 81
22  Patrick J. Buchanan, a. a. O., S. 77
23  *FAZ*, 9. Oktober 1993
24  Herbert Marcuse, *Repressive Toleranz*, in: Robert Paul Wolff, Barrington Moore, Herbert Marcuse: *Kritik der reinen Toleranz*, Suhrkamp Verlag, 1996, S. 93
25  Herbert Marcuse, a. a. O., S. 107
26  Herbert Marcuse, a. a. O., S. 94
27  Herbert Marcuse, a. a. O., S. 108
28  Zitiert nach *FAZ*, 6. Februar 2001 über »Repressive Toleranz, strukturelle Gewalt«
29  Max Horkheimer, Theodor Adorno, *Dialektik der Aufklärung*, gesammelte Schriften, Band 5, S.-Fischer-Verlag, Frankfurt/Main 1987, S. 50
30  Karl R. Popper, *Alles Leben ist Problemlösen*, Piper, München/Zürich 2000, S. 248
31  *Einführung in den dialektischen und historischen Materialismus*, Dietz Verlag, Berlin 1980, VEB, S. 33
32  Hans Sachsse, »Herbert Marcuses Kritik an der Technik«, in: *ChiuZ*, 5 (1971), S. 107
33  H. Jonas, in: R. Flöhl, *Genforschung – Fluch oder Segen?*, 1985, S. 1 –15
34  Helmut Schoeck, *Die Lust am schlechten Gewissen*, Herder-Bücherei, Freiburg im Breisgau 1973, S. 146
35  *FAZ*, 17. Februar 2003
36  Christian Schmidt, *Wir sind die Wahnsinnigen, Joschka Fischer und seine Frankfurter Gang*, Econ Verlag München-Düsseldorf GmbH, 1998, S. 21 ff.
37  Christian Schmidt, a. a. O., S. 30
38  Christian Schmidt, a. a. O., S. 109
39  Christian Schmidt, a. a. O., S. 72
40  Christian Schmidt, a. a. O., S. 77
41  Christian Schmidt, a. a. O., S. 84
42  Christian Schmidt, a. a. O., S. 75
43  Christian Schmidt, a. a. O., S. 93
44  Jutta Ditfurth, *Das waren die Grünen – Abschied von einer Hoffnung*, Econ Taschenbuchverlag, 2. Auflage, München 2000, S. 94
45  Jutta Ditfurth, a. a. O., S. 97
46  Christian Schmidt, a. a. O., S. 60
47  Jutta Ditfurth, a. a. O., S. 98
48  Christian Schmidt, a. a. O., S. 123
49  Josef Martin Fischer, *Vorstoß in »primitivere« Zeiten: Befreiung und Militanz*, in: Autonomie – Materialien gegen die Fabrikgesellschaft, Nr. 5, 2 (1977), S. 52 ff.
50  Christian Schmidt, a. a. O., S. 99
51  J. Bullenkamp, B. Voges, *Medical Tribune*, 50/2004, S. 24
52  J. Bullenkamp et al., *Psychiatr. Prax.*, 2003, 30: 444–449

53  Heinz Hug, *Der tägliche Ökohorror – So werden wir manipuliert*, Verlag Wolfgang Brune, Leipzig, neu bearbeiteter Nachdruck der zweiten Auflage, Leipzig, VBL, 2004, S. 14 ff.
54  Jutta Ditfurth, a. a. O., S. 65
55  Herbert Gruhl, *Himmelfahrt ins Nichts*, Langen-Müller, München 1992, S. 244
56  Jutta Ditfurth, a. a. O., S. 71
57  *FAS*, 13. Juli 2003
58  Christian Schmidt, a. a. O., S. 128
59  Jutta Ditfurth, a. a. O., S. 104
60  Christian Schmidt, a. a. O., S. 133
61  Jutta Ditfurth, a. a. O., S. 102
62  *FAZ*, 30. Oktober 1999
63  Christian Schmidt, a. a. O., S. 145
64  Christian Schmidt, a. a. O., S. 196
65  Gabor Steingart, *Deutschland – Der Abstieg eines Superstars*, Piper Verlag GmbH, München/Zürich 2004, S. 201
66  Gabor Steingart, *Deutschland – Der Abstieg eines Superstars*, a. a. O., S. 207
67  *FAZ*, 1. Oktober 1998
68  Jutta Ditfurth, a. a. O., S. 106
69  Jutta Ditfurth, a. a. O., S. 142
70  *WK*, 28. Oktober 1998
71  MdB Klaus Minkel (CDU), Rede vom 23. September 2004
72  Georg Picht, *Die deutsche Bildungskatastrophe*, Walter-Verlag, Olten/Freiburg im Breisgau 1964, S. 17
73  Georg Picht, a. a. O., S. 22
74  Georg Picht, a. a. O., S. 25
75  Georg Picht, a. a. O., S. 73
76  Wolfgang Brezinka, *Die Pädagogik der Neuen Linken*, Ernst Reinhardt Verlag, München/Basel, 6., verbesserte Auflage, 1981, S. 110
77  Vgl. auch *WK*, 12. Juli 2003
78  Josef Kraus, *Spaßpädagogik – Sackgassen deutscher Bildungspolitik*, Universitas Verlag in F. A. Herbig Verlagsbuchhandlung GmbH, München 1998, S. 139
79  J. Pukies, »Vorschläge für einen emanzipatorischen Unterricht in den Naturwissenschaften«, *päd-extra*, Nr. 23/24 (1975), S. 19
80  Karl-Hermann Schäfer, Klaus Schaller, *Kritische Erziehungswissenschaft und kommunikative Didaktik*, Quelle & Meyer, Heidelberg 1976, S. 143
81  *FAZ*, 8. Juni 2002
82  *FAZ*, 13. März 1992
83  David Friedman, »Rational Criminals and Profit-Maximizing Police«, in: Mariano Tomasi, Kathril Ierulli, *The New Economics of Human Behavior*, Cambridge University Press, 1995
84  G. Becker, »Crime and Punishment. An Economic Approach«, *Journal of Political Economy*, 76 (1968), S. 169
85  *WK*, 22. Juli 2003
86  *FOCUS*, 33/2003
87  *FAZ*, 3. November 1998
88  *FAZ*, 8. November 1997

Literaturangaben

89 *FOCUS*, 8/1998
90 Karl Steinbuch, *Ja zur Wirklichkeit*, Wilhelm Heyne Verlag, München 1975, Taschenbuch, S. 119 ff.
91 Herbert Marcuse, a. a. O., S. 108
92 Karl Steinbuch, a. a. O., S. 19
93 *HAUS- UND GRUNDBESITZ*, 9/1997
94 *FAZ*, 16. Oktober 1999
95 *FAZ*, 22. Juli 2003
96 *epd medien*, Nr. 69 vom 4. September 1999
97 *taz*, 2. Juli 2003
98 *WK*, 2. Juni 1998
99 *FAS*, 7. Juli 1998 (die FAS titelt sinnigerweise: »Castor lässt Grüne strahlen«)
100 *FOCUS*, 13/1999
101 *WK*, 28. Oktober 1999
102 *FAZ*, 19. Januar 2001
103 Dietrich Schwanitz, *Bildung. Alles, was man wissen muss*, Eichborn Lexikon, Eichborn, Frankfurt am Main 1999, S. 469
104 *FAZ*, 24. September 1998

**Kapitel 12  Der deutsche Patient und seine Krankmachpfleger**

1 Heinz Hug, *Der tägliche Ökohorror – So werden wir manipuliert*, Verlag Wolfgang Brune, Leipzig, neu bearbeiteter Nachdruck der zweiten Auflage, Leipzig, VBL, 2004, S. 212 ff.
2 *FAZ*, 18. Januar 2005
3 Joschka Fischer, *Der Umbau der Industriegesellschaft*, Eichborn, Frankfurt am Main 1989, S. 8
4 *Spiegel*, 21. September 1998
5 Gabor Steingart, *Deutschland – Der Abstieg eines Superstars*, Piper Verlag GmbH, München/Zürich 2004, S. 292
6 *FAZ*, 11. April 1998
7 *CR*, 22/2003, S. 11
8 *SZ*, 25. Februar 2005
9 *CR*, 22/2003, S. 5
10 *FAZ*, 10. Februar 1998
11 *Osnabrücker Zeitung*, 14. Januar 2005
12 *Bild*, 15. September 2004
13 *FAZ*, 22. Oktober 2004
14 Privatmitteilung Dr. Lindner, *Bürger für Technik*, 45770 Marl, Kurzbrief Nr. 146
15 *Ruhrnachrichten*, 27. September 2004
16 *Nachr. a. d. Chem.*, 49 (2001), S. 623
17 *Nachr. a. d. Chem.*, 50 (2002), S. 1113
18 Arthur D. Little, *Economic Effects of the EU Substances Policy, Supplement to the Report on the BDI Research Project 18th December 2002*, dated 31st August 2003, S. 29
19 *Die neue europäische Chemikalienpolitik, REACH – Was kommt auf uns zu?*, BASF (Hrsg.), Stand: Januar 2004
20 Arthur D. Little, a. a. O., S. 8

350

21  *FAZ*, 13. Juli 2004
22  *FAZ*, 5. August 1996
23  *FAZ*, 26. Februar 2005
24  *GIT Laborfachzeitschrift*, 5/2002, S. 547
25  *WK*, 13. September 2004
26  *FAZ*, 14. März 2005
27  *FAZ*, 5. Februar 2005
28  Gabor Steingart, *Deutschland – Der Abstieg eines Superstars*, S. 234 ff.
29  *Chemiewirtschaft in Zahlen*, Verband der chemischen Industrie (Hrsg.), 1999, S. 16 und S. 103
30  Aus dem Aufsatz eines *Greenpeace-Chemikers*, zitiert nach Heinz A. Staab, »Das Bild der Chemie im Wandel der letzten hundert Jahre«, Rede aus Anlass des hundertjährigen Bestehens der Berufsgenossenschaft der chemischen Industrie am 5. Juni 1985 in Heidelberg, Sonderdruck der Berufsgenossenschaft der chemischen Industrie
31  Arnim von Gleich, *Der wissenschaftliche Umgang mit der Natur*, Campus Verlag, Frankfurt am Main/New York 1989, S. 124 ff.
32  *Römpp Lexikon Chemie*, CD-Version 2.0
33  *Chemiewirtschaft in Zahlen*, Verband der chemischen Industrie (Hrsg.), 1998, S. 30
34  *NZ*, 12. März 2005
35  *Frontal 21*, ZDF, 16. November 2004
36  *WK*, 19. August 1996
37  *FAS*, 29. August 2004
38  *chemie report*, 6/2004, S. 8
39  *FAZ*, 5. Februar 2005
40  *Die Welt*, 10. Februar 2005
41  *FAZ*, 3. März 2005
42  *Spiegel*, 6/2005
43  *Spiegel*, 8/2005
44  *Bild*, 1. März 2005
45  Joschka Fischer (Hrsg.), *Ökologie im Endspiel*, Wilhelm Fink Verlag, München 1989, S. 17
46  *Die Volksbücher von Till Eulenspiegel, Hans Clawert und den Schildbürgern*, Hans Schünemann Verlag, Bremen 1962, S. 18 ff.
47  *FAZ*, 16. Juli 2004
48  *FAZ*, 9. August 2004
49  Gabor Steingart, a. a. O., S. 262
50  Gabor Steingart, a. a. O., S. 265
51  Der Umweltökonom Richard Tol im *Spiegel*, 8/2005
52  Hans Herbert von Arnim, *Das System – Die Machenschaften der Macht*, Knaur Taschenbuch, 2004, S. 60 ff.
53  »Sicherung des Raffineriestandorts Deutschland«, Mineralwirtschaftsverband e. V., 1997, S. 5
54  *chemie report*, 8/2004, S. 2
55  *CR*, 5/2005, S. 8
56  *REACH – Magazin für eine moderne Chemie*, Juli 2004, Hrsg.: Bundesministerium für Umwelt, Naturschutz und Reaktorsicherheit, S. 5

# Sachwortregister

Hitzerekordjahr 15
Hochdosistierversuch 90 ff., 139, 150, 158 ff.
Hochdruckflüssigkeitschromatografie (HPLC) 134
Ho Chi Minh 263
Hockey-Stick-Kurve 238, 246
Hoechst AG 108 ff., 276, 286, 304
Hoffmann, Luc 63
Holzstäube 153
Homöopathika 18
Homo sapiens 16
Homo sapiens sapiens 16, 56, 114, 233
Horkheimer, Max 269, 272 ff.
Houghton, Sir John 230, 246
Housing-Area-Affäre 115 ff.
HPLC-MS-Kopplung 134
Hüttl, Reinhard 86
Humanpapillomavirus HPV-16 149
Huxley, Aldous 74, 193, 309
Hypothese 169, 239, 244

Ignoranztheorie 107
Immunoassay 135
Indolcarbinol 162
induktiv gekoppelte Plasmaspektroskopie (OES-ICP) 135
Infektionen 89, 147
Infrarotspektrometer 178
Innozenz III. 25
Innozenz IV. 35, 163
Innozenz VIII. 25
Inquisition 26, 33, 39, 45, 173
Insektenbefall, Wald 83
Isoflavone 201
Institorius, Heinrich 32
instrumentelle Analytik 132 ff.
Insulin 108
Intellektuelle 275
IPCC (Intergovernmental Panel on Climate Change) 213, 230, 245 f., 260
*Iron Mountain*-Konferenz 61
IR-Spektroskopie 231

Jakob, Alfons 189
Jodmethan (Methyliodid) 153
Johannes XII. 25
Jonas, Hans 107, 274

Jungk, Robert 172
Juschtschenko, Viktor 198
Justizreform 291

Kade, Gerhard 113
Kadmium 298
Kaffeesäure 161
Kahn, Herman 172, 178
Kaliumcyanid (»Zyankali«) 118
Kandler, Otto 80
Kanzerogen 140
Kanzerogene, Klasseneinteilung 150 ff.
Kaposi-Sarkom 149
Kelly, Petra 281
Kepler, Johannes 168
Kernkraftwerke 257, 259, 303, 314 ff.
Kernkraftwerke (Krebsgefahr) 147, 167
Kernkraftwerke (thermale Umweltverschmutzung) 176
Ketzer 25
KGB 113
Killerzellen 157
Kirchhoff'sches Strahlungsgesetz 218
Klein, Hans-Joachim 294
Klimaforschung, Klimaforscher 170
Klimakatastrophe 213, 271
Klimamodelle 221, 234 ff., 239
Klimasensitivität der Erde 245 f.
Klimaskeptiker 249
Knochenkrebs 145
Knollenblätterpilz 125
Kohl-Regierung 41, 86 ff., 241, 310 ff., 317
Kohlendioxid s. Treibhausgase und $CO_2$-Treibhauseffekt
Kohlendioxidemission, Nahrungsmittelproduktion 250 ff.
Kommune 1 (K 1) 264
Kommunismus, Opfer des 264
Konzentrationsgift 126
Kopernikus, Nikolaus 51
Korrelation 147, 163 ff., 228
Kräfte, terrestrische 187
Krankenhauskeime 192
Krebs 145 ff., 283, 305
krebserregend s. kanzerogen